广州古今文丛

第四辑

梅城白话

胡蔼云
谢关保

/ 编著

文汇出版社

图书在版编目（CIP）数据

梅城白话 / 胡蔼云，谢关保编著. —上海：文汇
出版社，2023.5
ISBN 978-7-5496-4030-0

Ⅰ.①梅… Ⅱ.①胡… ②谢… Ⅲ.①吴语-建德
Ⅳ.①H173

中国国家版本馆 CIP 数据核字（2023）第 070574 号

梅城白话

编　　著／胡蔼云　谢关保
责任编辑／熊　勇
装帧设计／书香力扬

出版发行／**文匯**出版社
　　　　　上海市威海路 755 号
　　　　　（邮政编码 200041）
经　　销／全国新华书店
印刷装订／成都兴怡包装装潢有限公司
版　　次／2023 年 5 月第 1 版
印　　次／2023 年 5 月第 1 次印刷
开　　本／710×1000　1/16
字　　数／465 千
印　　张／23

ISBN 978-7-5496-4030-0
定　　价／98.00 元

总　序

　　隋文帝仁寿三年（603）设立睦州，是严州建制之始。初期区域与州治多变，到武周神功元年（697）所辖六县逐渐固定，并开始以建德为州治，以迄于后世。新中国成立后，继民国建制，设立建德专区，1950年3月，建德专区与衢州合并，1955年3月又重设建德专区，直至1959年最后撤销。所属六县，寿昌并入建德，遂安并入淳安，分水并入桐庐，先后划入金华地区和今之杭州市。但是，前后千余年间所形成的严州文化，仍附丽于原来六县的大地上，积淀于原来六县人民的血脉中。它的民风士气，它的核心价值观，曾指导严州人千余年间的思想与行为，并且至今仍在继续发挥作用。

　　严州是浙江人类历史的发祥地，习近平总书记在论"浙江精神"时，对这一重大历史史实有过专门的论述。距今有十万年历史的"建德人"是浙江人类文明的始祖。正是他们在严州这片土地上繁衍生息，进而走向良渚和河姆渡，才有了浙江人类文明的开端。古人云：一方水土养一方人。人与自然的和谐相处，从而也滋养出一方灿烂的文化。文化是民族的血脉，是人类共同的精神家园。作为严州人"心灵家园"的严州文化，内涵十分丰厚，对这一古代地域文化进行抢救性发掘和研究，对这一地域古今名人进行研究评点，是今人的责任。目的是使严州传统文化的精华，与中国新文化、新思想进行对接，扎实推进社会主义文化强国的建设。这是全面建成小康社会、实现中华民族伟大复兴的需要，也是引领风尚、教育人民、服务社会、推动发展的需要，更是建立社会主义核心价值观的需要。

　　故乡建德市的"严州文化研究会"是因此而成立的，《严州古今文丛》也是因此而编辑出版的。现值文丛陆续出版之际，特作总序如上。

倪云海

2014年3月十一日

一声乡音一缕情

——写在《梅城白话》一书出版之际

严州文化研究会　陈利群

严州方言研究，是中国方言研究起步比较晚的一个片区。直到 20 世纪 90 年代初，北京语言大学曹志耘教授深入古严州所属的建德、淳安、寿昌、遂安四个地区的乡村，进行了为期两年多的课题调研，写出了《严州方言研究》一书，首先在日本出版，至此，严州方言研究才真正算是破题了。《严州方言研究》的出版，在国内外产生了广泛的影响，特别是日本学界产生了轰动。第二年，该书获得了北京大学王力语言学奖。可见影响之大、非同小可。

二十年之后，曹志耘教授在补充修订后，再版《徽语严州方言研究》。2018 年，北京语言大学黄晓东博士的《钱塘江流域——九姓渔民方言》和吴众博士的《严州地理方言》的出版和问世，向严州方言研究的体系化发展迈出了第一步。

但是，严州方言研究中有一个中心区域，也是非常重要的区域至今无人涉及，这就是古严州府治所在地的"梅城方言"的研究，基本上属于空白，亟待补缺。这个课题在 2015 年发生了戏剧性的变化，就在这一年的春天，当时任教浙江财经大学的黄晓东博士，带着他的研究生来梅城做"中国濒危方言抢救"："钱塘江流域——九姓渔民方言研究"专题。梅城地处钱塘江流域的中游，这里三江汇流，历史上是九姓渔民的集中住居地，所以黄晓东博士把课题研究的大本营放在梅城。这就有了我们交流的机会。在我心中萦绕多年的想法油然而生。当我向黄晓东博士提出可否做"梅城方言"的研究时，黄晓东博士非常支持。正好那段时间里严州方言的建德片区的传承人——胡蔼云、谢关保夫妻，天天张罗和陪同黄晓东博士做课题，我们就把任务交给他们两位。他们俩能接受任务，也是有一定的基础的。因为在此前一年，浙江省档案局来梅城做严州方言抢救保护的录制工作，他们全程参与，已经积累了一些经验。而且他们被省里确定为"梅城白话"的传承人。因此我们觉得他们两个应该能够完成这项任务。

胡蔼云、谢关保夫妻都是热心人和有心人。他们一边陪黄晓东博士做"九姓渔民方言"的调研，一边向黄晓东博士学习讨教简单的方言研究的知识和方法，同时开始慢慢积累资料。前后历经六个寒暑，跑了几百个地方收集资料，向一千多位世居的"老梅城"请教，此中变故和心酸无法用言语表达。因为就在《梅城白话》的调查工作进行到一半的时候，胡蔼云丈夫，作者之一谢关保先生，于2017年11月6日凌晨，因心肌梗死突然去世，撒手人寰。谢关保先生，是严州古城的社会贤达和知名人士。从2010年严州古城保护与修复工程启动开始，他应聘到严州文化研究会，主持办公室的工作。为严州古城的保护工作无私奉献，直至生命的最后一刻。胡蔼云老师孤鸿失伴，工作一度中断。有好几次，我把胡蔼云老师接到严州文化研究会的办公地点——宝华洲来继续做整理资料工作，但是，睹物伤情，胡蔼云几乎无法摆脱巨大的悲痛，有一次，一天时间下来，她连一行字都写不下去。在历经了半年时间的磨难之后，顽强的胡蔼云终于从悲痛中走出来，继续他们的《梅城白话》书稿整理工作。终于在2018年脱稿，严州方言研究——《梅城白话》一书，才有了面世的机会。在此，我要向活在当下的胡蔼云老师，说一声谢谢！同时也要向长眠地下的谢关保先生表示我们的敬意。

他们不仅是严州古城保护与修复的有功之臣，更是严州古城灵魂——严州文化研究的守望者！我们没有理由不记住他们的名字。

作为严州府治所在地的——梅城，襟三江，控五州，有江南锁钥之称，

历来为兵家必争之地。朱元璋在抗蒙元，与诸侯争天下的时候，选派李文忠率领一支兵马突破长江，直取严州，并以严州为据点，经营江南地区。从元至正十八年（1358）始，前后 10 年时间，严州成为浙江行省所在地。朱元璋也因此从战略上取得了统一中国的主动权。为打败陈友谅、张士诚奠定了基础。

最早研究和探索严州方言的是著名的汉学家、日本京都大学教授平田昌司，他曾有这样的概括："汉语各方言中，对徽语的调查工作开展得比较晚，尤其是所谓的'严州片'（分布在浙江省原严州府的淳安、遂安、建德、桐庐四县）的具体特征，学术界了解得非常有限。不过，只要研究严州（睦州）的历史地理，我们会容易发现这片区域相当重要，是方言学上的一块宝地。"

首先，严州府据临安上游，当衢、歙之冲要。宋方腊倡乱于睦州。而杭、歙诸郡皆不能固，长江以南举岌岌焉，往下游经富春江直到杭州，往南过兰溪至衢州，往西溯"新安江三百里"可上徽州，是浙江内陆的水运枢纽。严州方言北接吴语太湖片、东邻吴语婺州片、南接吴语处衢片、西通徽语中心地区。既处于"吴根越角"又靠东南大道的位置，"必然导致各地方言成分的混杂，就有可能产生一种过渡性的特殊方言"。

其次，在历史上，徽州的粮食进口、土产出口都要靠新安江，严州是徽州商品输出必经之地。在明代万历年间，严州府城外有前后两街"徽人杂处，舟车往来，生意凑集，亦称闹市"。长期频繁的商旅来往，使徽、严二州形成了一个文化区。到了 20 世纪二三十年代，近代工业和海外贸易的发展，引起徽帮的没落，浙赣铁路、杭徽公路通车以后，陆运代替水运，严州竟变成了一个闭塞的地域。此后，徽、严的交流也似乎不如往年密切，我们已经不大能够看得出本来存在的"新安江流域方言文化区"。特别是新安江库区移民和富春江库区移民近 30 万人，原有的方言区格局被割裂，外来人口不断增多。近几年随着高速公路、高速铁路的建成，城镇化的推进，许多古老的村落被新兴城镇所淹没，严州方言的生存空间越来越窄小了，严州方言也许在某一个早上醒来的时候就成为濒危物种了。这绝不是危言耸听，而是我们不得不面对的现实。因此，现在的严州方言亟待我们去发掘和整理。通过我们的努力，让祖先留下的遗产保留下来，让古老方言所传递的信息得到很好挖掘和整理，为丰富我国的方言学作出贡献。胡蔼云、谢关保夫妻所做的"梅城方言"的探索工作，是值得我们这些严州的后人为之点赞的。

做严州方言的研究，是一项非常艰苦的工作。严州方言区在徽语系中，又有很特殊的情况。如曹志耘教授的《严州方言研究》中就说过，在徽语中心区，一般是一个县一种话，县、乡镇的内部差异不是很大。而在严州地区，"最低层次上的方言乃至文化的形成与分布的一个关键性的制约因素"是"源"（山谷中的一条溪流流经整个区域），"在县与县之间、乡镇与乡镇之间表现出很大的差异性"。"四县方言的今声调调类和调值极不一致，连调规律都很复杂，第一第二人称代词单数形式的差异叫法，源头都无法考证。这事实也许要求我们重新探讨严州方言的归属问题"。以梅城白话为例，即使第一人称，在梅城城内，上半城和下半城都不一样，如，我：上半城称"党"，下半城称："卬"。怎么会有这样的区别，在徽语方言区和吴语方言区，都是没有先例的。

严州方言的复杂性，还表现在建德、寿昌两地存在的对内使用白读、对外使用文读的一种独特的双方言现象，对内说话叫作"梅城白话"或者"寿昌说话"，是比较纯粹的本地方言。对外说话叫作"浙江方言"（官话），语音系统比较接近浙江省权威方言——杭州话，跟吴语区的人对话交流没有很大的困难。一般来说，具备以下条件时很容易出现这种双方言现象："一是本地方言和官话（或地域共同方言）互相听不懂；二是本地方言的内部差异比较复杂；三是对外接触的机会比较频繁等。建德、寿昌两地方言难懂，并且分别是过去水、陆运输的中转站"，历史上，严州作为水陆交通要道，商旅交往频繁，特别是徽商的崛起，给方言的变化带来内在的要求。本地官话也就应运而生了。这些现象为研究"严州语言层次和地域社会的关系提供了一个很好的事例"。正是因为这样的复杂情况和神秘性，所以，做方言学的都对严州方言的研究特别感兴趣。日本京都大学平田昌司教授就预备要深入徽州、

严州四百个地点进行布点调查，以期完成该地区的语言地图和文化图册。

严州方言是一种非常古老的语言。许多字词的发音、声调、语境，有闽粤方言的古老成分。是百越方言进化中很好的例证。如梅城白话中的：

"吃早饭"，叫"吃五更"。

"泥石流"，称"出蛟"。

这些都是很古的词汇。像这样的事例非常多，需要我们去考据和研究。

胡蔼云祖籍徽州，已在严州古城——梅城居住六代，是地地道道的严州"老姆"。她说一口纯正的"梅城白话"。对梅城白话有天然优势。对老梅城人的居住群落、家庭变化都了如指掌。所以在做梅城白话调研的过程中，她的路线图就比较实用，能够让最原始的梅城方言得到挖掘，取得了比较理想的方言收集的效果。

曹志耘教授在《严州方言研究》一书的后记里这样写道：严州方言也像烟雾缭绕的新安山水一样，始终给人一种神秘的感觉。严州也是一个充满魅力的地方，那里山清水秀，民风古朴，地域文化厚实而独特，虽然近年来随着千岛湖的开发，观光客接踵而来，但对各方面的研究者来说，依然是一片处女地，我希望看到有更多的学者来关心严州，研究严州。

做严州方言研究，"梅城方言"是核心地区。胡蔼云、谢关保的《梅城白话》一书，是按非遗方言保护的要求来写作的。并且在内容上，突出本土乡音的特点，在童谣、歇后语、词条、谚语、故事等方面，下了很大的功夫。其中不乏精彩神来之笔。在注音方面，也是下足功夫。这些方面很多是让人看得懂，特别是梅城"老伯"能从书中感觉到乡音的亲切，乡音的美好。

《梅城白话》一书，是介于专业的严州方言研究和普及性的梅城方言研究兼有的作品。是"梅城方言"研究的破题之作。尽管还有一些不足之处，但是，该书的出版问世，正值严州古城保护与修复渐入佳境的历史时期，也是严州文化迎来新时代波澜壮阔的文化复兴的机遇期。我相信《梅城白话》一书的出版，对即将出版的《严州全书》一定会起到很好的点缀作用。同时，也是要求我们把"梅城白话"的保护提上议事日程的又一个兴奋点。这应该是无可置疑的吧。

一声乡音一缕情。

当胡蔼云老师把最终稿送给我的时候，当我在翻阅那字迹清秀的手稿的时候，我感觉到的是一份浓浓的乡音与乡情。同为严州人，我们都应该像他们那样，要多为严州文化研究尽一份责任。让已经失落和远去的古严州和依附这座古城所产生的严州文化，在新时代焕发出青春活力。

谨以上述之言，是为序。

二〇一九年仲秋

梅城白话

——梅岑把沃 méi cén bǎ wò

半朵梅花城一座，

严州方言人人说，

嗯（ń 你）好，昂（ǎng 我）好，踏（tà 大）过（gùo 家）好，

幸福生活乐陶陶。

建德严州方言，也就是梅城话，流传了一千七百多年，有很深的历史底蕴。值得探索、保留、发扬。

一、常用词汇

1. 天文 地理

太阳〔耶兜（孔）yé dōu（kǒng）〕

月亮（于聂 yǔ niè）

江（果 gǔo）

河（污 wū）

湖（污 wū）

水（学 xúe）

山（赛 sài）

石（洒 dē 　sǎ dē）

天空（帖巩 tiè gǒng）

打雷（歹铁奈　dái tiě nài）

闪电（hùe 塞　hùe sāi）

下雨（罗于　lúo yǔ）

下雪（罗戏　lúo xì）

雪化了（戏耶跳 bè xì yē tiào bè）

结冰了（计摈 bé　jì bìn bé）

冰雹（补子　bǔ zǐ）

彩虹（喝　hē）

刮风（起 fòng　qǐ fòng）

流水（tèi 学　tèi xúe）

白云（把晕　bǎ yūn）

雾（雾噜　wù lū）

烟（叶　yè）

火（胡　hǔ）

灰尘（会 oňg　hùi oǔg）

石岩（洒拓逼　sǎ tùo bī）

大江（突气　tù qì）

桥（交　jiāo）

小溪（楷拜　kǎi bài）

斜坡（恰林　qiā nín）

山坡（龙抛　loňg pào）

深山里（赛坞克龙　sài wǔ kè lǒng）

缝（fòng 刀　fòng dāo）

塔（抱拓　bào tùo）

大雨（突于　tù yǔ）

小雨（些于　xiē yǔ 猫帽于 māo mào yǔ）

暴雨（fóng 暴突于　fóng bào tù yǔ）

台风（呆 fòng　dāi fòng）

瘟疫（问聘　wèn pìn）

洪水（载突学　zǎi tù xué）

大旱（突海　tù hǎi）

淹水了（学 wē 跳 bè　xúe wē tiào bè）

水满出来了（学买缺 lài bè xúe mǎi què lāi bè）

干旱（盖害　gài hài）

溪滩（气太库　qì tài kù）

漩涡（穴污　xuè wū）

小石子（洒 dē 自嗯　sǎ dē zì ǹ）

冰凌（niñ 东锅 biè　niñ dōng guō biè）

石缝（洒 de fòng　sǎ dē fòng）

滑坡了（六落赖 bè　liè luò lào bè）

山水（赛忾学　sài kài xúe）

水沟（谑个　xùe gè）

田（爹　diē）

地（替　tì）

星星（信　xìn）

降霜（歹 sùo　dǎi sùo）

冷（乃　nǎi）

热（仪　yí）

2. 称谓　亲属

人（音　yiñ）

主人（居音过　jù yiñ gùo）

客人（kà 印　kà yìn）

男人（nāi 子害　nāi zǐ hài）

女人（玉印果　yù yìn gùo）

大人（吐音过　tù yiñ guò）

老人（老音过　lǎo yiñ guò）

小孩（些印过　xiē yìñ gùo）

男孩（贵嗯果　gùi ǹ gǔo）

女孩（喏嗯果　nùo ǹ gǔo）

老头儿（烙 dē 嗯　lào dē ǹ）

老太太（老塔布　lǎo tǎ bù）

傻子（萨鬼　sà gǔi）

瘸子（俏子　qiào zǐ）

聋子（lōng 子　lōng zǐ）

瞎子（货自　hùo zì）

疯子（次鬼　cì gǔi）

哑巴（我自　wǒ zì）

瘌痢（罗哩　lúo lī）

驼背（都杯　dū bēi）

麻子（摸子　mō zǐ）

矮子（啊自　ǎ zì）

高个子（栽子　zāi zǐ）

胖子（老嘎 dè　lǎo gá dè）

瘦子（紧廋各音　jǐn sōu gè yiñ）

婴儿（那沃嗯　nà wò ǹ）

演员（西子　xī zǐ）

店员（包多各　bāo dūo gè）

店主（烙白　lào bǎi）

教师（泻 sǎi　xiè sǎi）

医生（nūo 纵　nūo zòng）

中医医生（cào dē nūo 纵　cào dē nùo zòng）

厨师（互 dē　hù dē）

工人（共印　gòng yìn）

农民（nōng miñ　nōng miñ）

厂长（菜载　cài zǎi）

主任（句 sén　jù sén）

队长（tèi 载　tèi zǎi）

领队（您 tèi　niń tèi）

主席（句 jé　jù jé）

部长（补载　bú zǎi）

省长（sèn 载　sèn zǎi）

市长（死脏　sǐ zàng）

县长（闲脏　xián zàng）

镇长（潜载　zèn zǎi）

村长（cèn 载　cèn zǎi）

班长（拜载　bài zǎi）

组长（zù 载　zù zǎi）

渔民（靴 sùo 音　xūe sùo yiñ）

打更人（拷盖印　kào gùi yìn）

地主（替局　tì jú）

老爷（烙呀　lào yā）

石匠（洒泻　sá xiè）

木匠（么泻　mé xiè）

泥水匠（妮学泻　nī xúe xiè）

箍桶匠（库桶泻　kù tǒng xiè）

篾匠（米泻　mǐ xiè）

铁匠（歹帖老　dǎi tiè lǎo）

棉花匠（乜货泻　miē hùo xiè）

棕匠（纵泻　zòng xiè）

裁缝（塞fōng　sāi fōng）

驾驶员（忾措革　kài cùo gé）

酒匠（刁酒泻　diāo jiǔ xiè）

和尚（污sùo　wū sùo）

尼姑（妮顾　nī gù）

道士（导思　dǎo sī）

皈依弟子（贵义替子　gài yì tì zǐ）

神父（sěn 扶　sěn fú）

基督教（基dè 教　jī dè jiào）

天主教（帖局交　tiè jú jiāo）

耶稣（哑稣　yǎ sū）

军人（驮摈各音　dùo biǹ gè yīn）

官（怪　guài）

兵（摈　biǹ）

师长（寺载　sì zǎi）

排长（八载　bā zǎi）

团长（呆载　dāi zǎi）

军长（俊载　jùn zǎi）

院长（虐载　nǜe zǎi）

警察（进策　jiǹ cè）

船老大（靴过载　xūe gùo zǎi）

捕鱼人（kūo 嗯酪音　kūo ñ gè yīn）

杀猪人（sùo 自烙　sùo zì lào）

赶鸭人（要沃老　yào wò lǎo）

猎人（歹咧各音　dǎi lié gè yīn）

理发师（梯dē 泻　tī dē xiè）

售票员（骂漂各音　mà piāo gè yīn）

检票员（次漂各音　cì piāo gè yīn）

门卫（喝闷各音　hè mēn gè yīn）

算命的人（塞呡泻洒　sāi miǹ xiè sǎi）

测字的人（cà 寺泻洒　cà sì xiè sǎi）

擦鞋匠（挫哈泻　cùo hā xiè）

解放军（介放军　jiè fàng jūn）

八路军（bè 卢军　bè lǔ jūn）

新四军（新四军　xīn sì jūn）

红军（哄军　hǒng jūn）

国民党（gùe 民挡　gùe mín dàng）

反动派（犯董怕　fàn dǒng pà）

炮兵（抛摈　pāo biǹ）

枪手（切叟　qiè sǒu）

飞行员（忾 fī 计各音　kài fī jì gè yīn）

海军（亥军　hài jūn）

陆军（俊军 lé jùn）

空军（控俊　kòng jùn）

火箭军（户街俊　hù jiē jùn）

父亲（背称）（把爸　bǎ bà）

父亲（面称）（爸爸　bà bà）

母亲（背称）（嗯骂　m̌ mà）

母亲（面称）（嗯骂　m̀ mà）

公公（背称）（共　gòng）

婆婆（背称）（晡　bū）

祖父（面称）（亚亚　yà yà）

祖母（面称）（聂　niè 妈骂 mā mà）

外祖父（背称）（袜共　wà gòng）

外祖父（面称）（啊共　á gòng）

外祖母（背称）（挖布　wā bù）

外祖母（面称）（啊布　ā bù）

太公（面称）（他共　tā gòng）

太婆（面称）（塔布　tǎ bù）

太外公（面称）（塔阿共　tǎ à gòng）

太外婆（面称）（塔阿布　tǎ à bù）

兄（背称）（打顾　dǎ gù）

兄（面称）（大顾　dà gù）

嫂（面称）（臊臊　sào sào）

弟（底　dǐ）

弟媳（底夫　bǐ fū）

姐（背称）（打计　dǎ jì）

姐（面称）（大计　dà jì）

姐夫（计富　jì fù）

妹（妹　mèi）

妹夫（妹富　mèi fù）

伯父（背称）（老爸　lǎo bà）

伯父（面称）（烙爸　lào bà）

伯母（背称）（老呣　lǎo m̀）

伯母（面称）（烙呣　lào m̀）

叔父（面称）（削谑　xūe xùe）

叔母（面称）（sèn sén）

儿子（贵嗯　gùi ǹ）

儿媳（芯扶　xiǹ fú）

女儿（喏嗯　nùo ǹ）

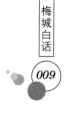

女婿（挪西　núo xī）

孙子（sèn 嗯　sèn ň）

孙媳（sèn xiń 富　sèn xiń fù）

孙女（sèn 喏嗯　sèn nùo ǹ）

孙女婿（sèn 挪西　sèn núo xī）

侄子（则 nūo　zé nūo）

侄媳妇（则芯扶　zé xiǹ fú）

侄女（则喏嗯　zé nùo ǹ）

侄女婿（则挪西　zé núo xī）

外甥（袜赛　wà sài）

外甥媳妇（袜赛芯扶　wà sà xiǹ fǔ）

表哥（俵顾　biào gù）

表嫂（俵嫂　biào sáo）

表姐（俵几　biào jǐ）

表姐夫（俵计富　biào jì fù）

表弟（俵底　biào dǐ）

表弟媳（俵底夫　biào dǐ fū）

表妹（表妹　biǎo mèi）

表妹夫（表妹富　biǎo mèi fù）

丈人（菜音烙 de cài yiń lào dē）

丈母娘（载唔捏　zái m̀ niē）

丈夫（烙共　lào gòng）

妻子（老摸　lǎo mō）

老婆舅（烙晡九　lào bū jiǔ）

舅父（背称）（九究　jiǔ jiū）

舅父（面称）（舅舅　jiù jiù）

舅母（背称）（九唔　jiǔ m̄）

舅母（面称）（舅嗨　jiù m̄）

小姨子（写义　xiě yì）

大姨（土义　tǔ yì）

小姨（些阿义　xiē ā yì）

姑父（顾扶　gù fú）

姑母（嗯聂　ǹ niè）

大姑娘（突计几　tù jì jǐ）

小伙子（喝赛果　hè sài gǔo）

祖父（背称）（哑亚　yǎ yà）

男朋友（nāi bōng 优　nāi bōng yōu）

女朋友（女 bōng 优　nǔe bōng yōu）

姨父 (大)（土义父　tǔ yì fù）
　　 (小)（写义父　xiě yì fù）

姨母 (大)（土义嗨骂　tǔ yì m̄ mà）
　　 (小)（写义嗨骂　xiě yì m̄ mà）

新郎（xiň 烙怪　xiň lào guài）

新娘（写聂子　xiě niè zǐ）

伴娘（带 děn 计计　dài děn jì jì）

娶媳妇（讨芯扶　tǎo xiň fú）

娶老婆（讨老摸　tǎo lǎo mō）

出嫁（锅烙共　gūo lào gòng）

招女婿（皂挪西　zào núo xī）

媒人 (女)（mēi 晡　mēi bū）
　　 (男)（mēi 共巩　mēi gòng góng）

主婚婆（哩寺妈骂　lī sì mā mà）

吹鼓手（缺鼓叟　què gǔ sǒu）

抬轿人（呆窍老　dāi qiào lǎo）

叫花子（讨 fài 子　tǎo fài zǐ）

小偷（sé gúe dè　sé gúe dè）

砍柴人（作仁各音　zùo sà gè yīn）

种田人（五 nōng 各音　wǔ nōng gè yīn）

收惊人（涩哈各音　sè hà gè yīn）

城里人（森力印　sēn lì yìn）

乡下人（泻里印　xiè lǐ yìn）

山里人（赛里印　sài lǐ yìn）

3. 身体

头（dē　dē）

头发（dē fò　dē fò）

脸（灭孔　miè kǒng）

辫子（别嗯　biě ǹ）

眉毛（迷猫　mī māo）

眼睛（爱近　aì jìn）

眼泪（矮哩　aǐ lī）

睫毛（爱近猫　aì jìn māo）

眼球（爱务句　aì wù jù）

耳朵（嗯独　ǹ dǔ）

耳屎（嗯独污　ǹ dǔ wū）

耳洞（嗯独痛　ǹ dǔ tòng）

鼻子（别 dē　bié dē）

鼻涕（别梯　bié tī）

鼻毛（别 dē 猫　bié dē māo）

嘴巴（倔哺　juè bū）

嘴唇（倔 sèn 逼　juè sèn bī）

舌头（死 dē　sǐ dē）

口水（塞土学　sāi tǔ xúe）

牙齿（窝词　wō cí）

牙龈（窝塞 nǔe　wō sāi nǔe）

胡子（污子　wū zǐ）

额头（啊 dē　ǎ dē）

酒窝（旧一朵　jiù yī dǔo）

嘴角（决顾　jǔe gù）

脖子（特紧　tè jǐn）

喉咙（喝 lōng　hē lōng）

食道（喝 lōng 拐　hē lōng guǎi）

胃（胃　wèi）

鼻孔（别 dē 孔　bié dē kǒng）

胸（诇铺　xioǹg pù）

喉结（喝 wé　hē wé）

肠（突栽　tù zāi）

心（芯　xiǹ）

肺（fī　fī）

肝（盖　gài）

胆囊（担囊　dàn náng）

膀胱（戏泡　xì pào）

子宫（自共　zì gòng）

阴道（音道　yiñ dǎo）

屁股（批股　pī gù）

肛门（批股痛　pī gù tòng）

肩（借排　jiè pái）

背（杯 jè　bēi jè）

手臂（嗽动拐　sòu dòng gǔai）

手腕 （嗽外 guè dè　sòu wài guè dē）

手掌 （嗽刮芯　sòu bāi xìn）

手指 （嗽子 dē　sòu zǐ dē）

手背 （嗽杯　sòu bēi）

左手 （fài 叟　fài sǒu）

右手 （训叟　xùn sǒu）

拳头 （嗟 dē　juē dē）

指甲 （自阔　zì kùo）

大腿 （突 téi　tù téi）

膝盖 （嫁 xè 库　jià xè kù）

小腿 （嫁衣抱　jià yī bào）

脚腕 （嫁歪　jià wāi）

脚背 （嫁杯　jià bēi）

脚底 （嫁刮底　jià bāi dǐ）

脚趾 （嫁子 dē　jià zǐ dē）

脚趾甲 （嫁子阔　jià zǐ kùo）

肚子 （突逼　tù bī）

肚脐 （突戏孔　tù xì kǒng）

皮肤 （逼富　bī fù）

筋脉 （近马　jìn mǎ）

肉 （nǔe　nǔe）

骨头 （gūe dè　gūe dè）

血 （序　xù）

颈椎 （特紧 gùe　tè jǐn guè）

腰椎 （杯 jè guè　bēi jè guè）

腋下 （各辣自弟火　gē là zì dì hǔo）

指尖 （zē dè 介　zē dè jiè）

手指缝 （嗽子 fòng　sòu zǐ fòng）

脚趾缝 （价子 fòng　jià zǐ fòng）

脚后跟 （价喝更　jià hè gèn）

男根 （撩子　liāo zǐ）

睾丸 （奈炮　nài pào）

奶 （那呐　nā nà）

奶头 （那呐 dē　nā nà dē）

看病 （开聘　kāi pìn）

打针 （歹潛　dǎi zèn）

开刀 （忾到　kài dào）

发热 （臊移　sào yí）

拉稀 （突逼 cà　tù bī cà）

感冒 （sùo fòng　sùo fòng）

咳嗽 （切　qiē）

溃脓 （乖弄　gūi nòng）

痱子 （fī 自　fī zì）

疖子 （垒　lěi）

发疟疾 （歹刮巩 dè　dǎi bāi gǒng dè）

肺结核 （涝聘　lāo pìn）

胃溃疡 （卫奈切　wèi nài qiè）

怀孕 （有 dè 赛 bé　yǒu dè sài bé）

大肚子 （突突逼　tù tù bī）

肚子痛 （突逼通　tù bī tōng）

近视眼 （涩了闷　sè lè mēn）

散光眼 （sái 过矮　sái guùo ǎi）

红眼睛 （oǹg 爱近　oǹg ài jìn）

青光眼 （庆过矮　qìn gùo ǎi）

死亡（统称）（洗挑bè　xǐ tiāo bè）

死亡（婉称）（姑杯　gū bēi）

4. 服饰　房舍　器具

衣服（义索　yì sǔo）

裤子（枯　kū）

衣袋（仪sùo太　yí sùo tài）

裤袋（枯太　kū tài）

内衣（歹亥赛　dǎi hài sài）

背心（杯驮　bēi dùo）

汗衫（亥义　hài yì）

单衣（带义　dài yì）

夹袄（过袄　gùo aǒ）

线衫（些赛　xiē sài）

毛线衣（猫些义　māo xiē yì）

单裤（带库　dài kù）

夹裤（过枯　gùo kū）

线裤（些枯　xiē kū）

毛线裤（猫些枯　māo xiē kū）

棉袄（乜袄　miē aǒ）

棉裤（乜枯　miē kū）

大衣（打义　dá yì）

长裤（栽枯　zāi kū）

短裤（歹架枯　dǎi jià kū）

长袖衣（栽赛朽　zāi sài xiǔ）

短袖衣（歹赛朽　dǎi sài xiǔ）

长衫（栽亥赛　zāi hài sài）

唐装（多作　dūo zùo）

西装（戏作　xì zuò）

袜子（耶模　yē mó）

鞋子（哈　hā）

单鞋（带哈　dài hà）

棉鞋（乜哈　miē hā）

雨鞋（讨哈　tǎo hà）

皮鞋（逼哈　bī hā）

帽子（帽　mào）

围巾（威近　wēi jìn）

耳环（嗯涩　ǹ sè）

梳子（么序　mé xù）

篦子（别几　biè jǐ）

围嘴儿（淤 kè 嗯　yū kè ǹ）

披肩（屁介　pì jiè）

腰带（要大　yào dà）

皮带（逼搭　bī dā）

背包（杯抱　bēi bào）

书包（序宝　xù bǎo）

手表（涩表　sè biǎo）

手链（涩捏　sè niē）

项链（杭年　háng nián）

戒子（嘎自　gā zì）

镯子（左嗯　zǔo ǹ）

毛巾（灭晡　miè bū）

脸盆（mié 笨　mié bèn）

香皂（泻 fī 搔　xiè fī sāo）

热水（仪学　yí xúe）

热水瓶（仪谑污　yí xuè wū）

茶壶（作污　zūo wū）

杯子（背　bèi）

瓶子（宾　biñ）

开水（掍拓　guǹ tuò）

冷水（乃学　nǎi xúe）

扫帚（刁走　diāo zǒu）

炊帚（泻走　xiè zǒu）

锅（sé 无　sé wǔ）

锅铲（无采　wú cǎi）

锅盖（无该　wú gāi）

剪刀（介到　jiè dào）

衣槌（poǹg 嗟　poǹg jūe）

床（梭晡　sūo bū）

桌子（zù 嗯　zù ǹ）

凳子（登　dēn）

抽屉（策德　cè dé）

火柴（耶胡　yē hǔ）

柴火（仁　sā）

调羹（标更　biāo dèn）

筷子（kūai 嗯　kūāi ǹ）

砧板（到潛白　dào zèn bǎi）

菜刀（猜到　cāi dào）

碗（崴　wǎi）

碗橱（崴盖居　wǎi gài jū）

锤子（挪 dē　nūo dē）

绳子（森　sēn）

箩筐 （噜　lū）

簸箕 （分计　fēn jì）

簸斗 （分次　fēn cì）

水缸 （穴过　xuè guò）

水桶 （穴桶　xuè tǒng）

水瓢 （穴标　xùe biāo）

扁担 （憋呆　biè dāi）

自行车 （架德挫　jià dé cùo）

茶几 （作计　zūo jì）

轮子 （lēn 刢　lēn bāi）

地簟 （篾制、晒谷用）（帖逼　tiè bī）

操场 （倒太　dǎo tài）

灰尘 （会oňg　hùi oňg）

胡同 （龙驮　lońg dùo）

房子 （wè　wè）

房间 （fō 盖　fō gài）

窗户 （忾闷　kài mēn）

柱子 （举dē　jǔ dē）

柱础 （洒顾嗯　sǎ gù ǹ）

墙 （些别　xiē biè）

厨房 （遭货　zāo hùo）

灶 （午遭　wǔ zāo）

厕所 （冻死　doňg sǐ）

风筝 （子腰嗯　zǐ yāo ǹ）

蒸笼 （怎弄　zěn loňg）

砖头 （决dè　júe dè）

瓦 （wè 我　wè wǒ）

梯子（污 tèi　wū tèi）

鸡舍（几穴　jǐ xuè）

5. 饮食

早饭（嗯盖 fài　ǹ gài fài）

中饭（嗯思 fài　ń sī fài）

晚饭（亚 fāi　yà fāi）

点心（爹芯　diè xìn）

夜宵（亚爹芯　yà diè xìn）

稀饭（决　jùe）

面条（灭　miè）

面疙瘩（马爹计　mǎ diē jì）

面粉（马粉　mǎ fěn）

粉丝（份寺　fèn sì）

凉粉（份逼　fèn bī）

馒头（māi dē　māi dē）

包子（抱子　bào zí）

饺子（叫嗯　yiào ǹ）

油条（优炸鬼　yōu zà gǔi）

汤圆（妥带　tǔo dài）

麻球（摸究　mō jiū）

粽子（宗　zōng）

油炸果（优 fì 顾嗯　yōu fì gù ǹ）

麻花（赛嗯　sài ǹ）

馄饨（温 dēn　wēn dēn）

麻糍（摸思　mō sī）

酥饼（宿 bìń　sù bìń）

烧饼（臊 bìń　sào bìń）

酒酿（旧捏　jiù niē）

发糕（fò 告　fò gào）

千层糕（且 sèn 告　qiě sèn gào）

麦饼（马顾嗯　má gù ǹ）

玉米饼（宝噜顾嗯　bǎ lù gù ǹ）

荞麦饼（交妈顾嗯　jiāo mā gù ǹ）

地瓜饼（fài 于顾嗯　fài yú gù ǹ）

南瓜饼（bè 过顾嗯　bè gùo gù ǹ）

清明粿（芹 miǹ 顾嗯　qiń miǹ gù ǹ）

疙瘩酥（戈大夙　gē dà sù）

懒粿（乃聘顾嗯　nǎi piǹ gù ǹ）

年糕（捏告　niē gào）

蛋糕（计台告　jì tái gào）

香糕（泻告　xiè gào）

酒酿圆子（旧捏约子　jiù niē yūe zǐ）

凉糕（捏歪告　niē wāi gào）

老公饼（烙共 biň　lào gòng biň）

老婆饼（老摸 biň　lǎo mō biň）

橘红糕（嗟 oǹg 告　juē oǹg gào）

八宝粥（簸宝决　bò bǎo juè）

鸡蛋（计抬　jì tái）

鸭蛋（沃太　wò tài）

鹅蛋（污太　wō tài）

鸟蛋（吊嗯太　diào ǹ tài）

米糊（米务　mǐ wù）

玉米糊（宝噜务　bǎo lū wù）

芝麻糊（自抹务　zì mǒ wù）

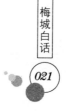
荞麦面（交妈灭　jiāo mā miè）

豆浆（特介　tè jiè）

煎糖（糊状）（心多　xiñ dūo）

冻米糖（董觅多　dǒng mì dūo）

花生糖（火 sèn 多　hǔo sèn dūo）

芝麻糖（自模多　zì mó dūo）

玉米糖（宝录多　bǎo lù dūo）

豆糖（特多　tè dūo）

白皮糖（把皮驮　bá pǐ dùo）

麻酥糖（摸夙驮　mō sù dùo）

炒地瓜片（草 fài 于气　cǎ fài yú piē）

炒地瓜条（草 fài 于刁　cǎ fài yú diāo）

炒玉米青豆（草饱噜特　cǎo báo lū dè）

菜肴（猜　cāi）

羹（务拓　wù tùo）

蒸蛋（潽计台　zèn jì tái）

排骨（八 gùe　bā gùe）

红烧肉（oñg 臊哕　oñg sào yüè）

糖醋鱼（多粗 ñ　dūo cū ñ）

肉圆（nǔe 约　nǔe yūe）

咸盐（咳捏　hāi niē）

酱油（解又　jié yòu）

味精（fí 今　fí jiñ）

豆瓣酱（特白街　tè bái jiē）

辣椒酱（fài 角街　fài jiǎo jiē）

赤豆汤（cà 特拓　cà tè tùo）

绿豆汤（lé 特拓　lé tè tùo）

莲子羹（捏子务　niē zǐ wù）

冰糖（biǐ 驮　bín dùo）

红糖（oǐng 多　oǐng dūo）

白糖（把多　bǎ dūo）

醋（粗　cū）

糖（多　dūo）

芡粉（赛粉　sài fěn）

白酒（臊酒　sào jiǔ）

黄酒（窝酒　wō jiǔ）

啤酒（逼酒　bī jiǔ）

五加皮酒（嗯果币　ň gǔo bì）

红曲酒（oǐng 缺酒　oǐng què jiǔ）

米酒（斗迷酒　dè mī jiǔ）

蜂蜜（fóng 驮　fóng dùo）

吃饭（切 fài　qiē fài）

喝粥（切决　qiē jùe）

喝汤（货拓　hùo tùo）

抽烟（切业　qiè yè）

饿（计　jì）

渴（搔　sāo）

辣（罗　lúo）

香（泻　xiè）

甜（爹　diē）

酸（赛　sài）

烫（托　tūo）

冰（摈　biǹ）

冷（乃　nǎi）

6. 动物 昆虫

公猪（拥自 yōng zì）

种猪（自共 zì gòng）

母猪（气自 qì zì）

母猪（生小猪的）（嗨自 m̀ zì）

小猪（些自 xiē zì）

公牛（臊顾 dē sào gù dē）

母牛（嗨妞 m̀ niū）

小牛（些妞 xiē niū）

老牛（老妞刣 lǎo niū bāi）

牛房（妞 nāi niū nāi）

猪圈（子奈 zí nài）

公狗（拥革 yōng gé）

母狗（嗨革 m̀ gé）

小狗（些革 xiē gé）

公羊（共耶 gòng yē）

母羊（嗨耶 m̀ yē）

小羊（些耶 xiē yē）

羊圈（耶 nāi yē nāi）

公鸡（拥计 yōng jì）

母鸡（嗨计 m̀ jì）

小鸡（些计 xiē jì）

孵小鸡（铺些计 pù xiē jì）

想孵鸡的母鸡（辣铺计 là pù jì）

鸡生蛋（计赛太 jì sài tài）

猫（冒 mào）

鸭（沃 wò）

水鸭（学沃　xué wò）

洋鸭（耶沃　yē wò）

鹅（污　wū）

兔（秃嗯　tū ǹ）

猫（冒　mào）

野猫（亚冒　yà mào）

马（模　mó）

鸟（统称）（吊嗯　diào ǹ）

鸟窝（吊嗯库　diào ǹ kù）

雁（亚沃　yà wò）

乌鸦（务老沃　wù lǎo wò）

松鼠（宋次嗯　sòng cì ǹ）

鹦鹉（oŋg决吊嗯　oŋg jué diào ǹ）

燕子（捏嗯　niē ǹ）

麻雀（摸jè吊嗯　mō jè diào ǹ）

鹰（烙印　lào yìn）

喜鹊（戏切吊嗯　xì qiè diào ǹ）

蝴蝶（污爹嗯　wū diē ǹ）

蜻蜓（芹diǹ　qiń diǹ）

蜜蜂（mié foǹg　mié foǹg）

蚂蚱（戈冒嗯　gē mào ǹ）

蚕（塞　sāi）

苍蝇（措引　cùo yiǐ）

蚊子（闷宗　mēn zōng）

跳蚤（各早　gè zǎo）

青蛙（锅摸爹计　gūo mō diē jì）

蛤蟆（辣bè搞　là bè gǎo）

蚯蚓（缺赛嗯　quē sài ǹ）

蚂蚁（末义　mò yì）

蜘蛛（自足冒嗯　zì zé mào ǹ）

蝉（子腰嗯　zǐ yāo ǹ）

蜗牛（妮优　nī yōu）

蜉蝣（夫优　fū yōu）

蚰蜒（别梯宗　bié tī zōng）

螺蛳（噜寺　lū sì）

蛇（梭　sūo）

老鼠（烙词　lào cí）

毛毛虫（罗猫宗　lúo māo zōng）

蚂蟥（末窝　mò wō）

蜈蚣（mōng 共　mōng gòng）

甲虫（艾库宗　aì kù zōng）

多脚虫（cào 哈宗　cào hā zòng）

鱼（ñ　ñ）

鱼鳞（ñ 茶　ñ nié）

蟹（猫蛤　māo há）

虾（火共　hǔo goǹg）

鳖（币　bì）

乌龟（甲鱼）（务鬼　wù gǔi）

老虎鱼（烙胡 ñ　lào hú ñ）

鲳扁鱼（仓变 ñ　cāng biàn ñ）

黄鳝（窝塞　wō sāi）

棍子鱼（滚自 ñ　gún zì ñ）

鲤鱼（力 ñ　lì ñ）

鲫鱼（jē 嗯　jē ǹ）

大头鱼（捏 pońg dè　niē pońg dè）

石蟹（洒蛤　sǎ há）

墨鱼（么 ñ　mé ñ）

龙（lōng　lōng）

虎（烙虎　lào hǔ）

豹（包嗯　bāo ǹ）

狮（寺子　sì zǐ）

狼（个拥　gè yōng）

豺狼（仁革　sā gé）

大象（突详　tù xiáng）

熊（个拥　gè yōng）

熊猫（拥冒　yōng mào）

梅花鹿（mēi 货 lé　mēi hùo lé）

野猪（亚自　yà zì）

野鸭（亚沃　yà wò）

黄鼠狼（窝次 nūo　wō cì nūo）

兔子（秃嗯　tū ǹ）

猴子（喝 sèn　hē sèn）

穿山甲（确赛顾　què sài gù）

臭虫（cé 纵　cé zòng）

泥鳅（妮 qiù　nī qiù）

金鱼（近力 ñ　jiǹ lì ñ）

蚌壳（派库　pài kù）

7. 植物

稻谷（导 guè　dáo guè）

玉米（宝路　bǎo lù）

小米（靴觅　xūe mì）

高粱（噜机　lū jī）

大麦（秃骂　tū mà）

小麦（些骂　xiē mà）

地瓜（fài于　fài yú）

荞麦（交妈　jiāo mā）

冬瓜（冻果　donɡ ɡǔo）

南瓜（bè过　bè ɡùo）

西瓜（戏果　xì ɡǔo）

黄瓜（窝过　wō ɡùo）

丝瓜（寺果　sì ɡǔo）

菜瓜（猜过　cāi ɡùo）

甜瓜（爹过　diē ɡùo）

甘蔗（盖左　ɡài zǔo）

赤豆（cà特　cà tè）

绿豆（lé特　lé tè）

扁豆（别特　bié tè）

辣椒（fài角　fài jiǎo）

豌豆（塞特　sāi tè）

蚕豆（bē特　bē tè）

花生（火sèn　hǔo sèn）

向日葵（规货子　ɡūi hùo zǐ）

西红柿（番尬　fān ɡà）

蘑菇（宋序 xiń　sonɡ xù xiń）

茄子（罗诉　lúo sù）

青菜（庆菜　qiǹ cài）

菠菜（补菜　bǔ cài）

大白菜（突把猜　tù bǎ cāi）

包心菜（抱芯猜　bào xìn cāi）

芹菜（瘸còng　qué còng）

苋菜（海菜　hǎi cài）

球菜（究猜　jiū cāi）

荠菜（洗戏猜　xǐ xì cāi）

马兰头（莫nāi dē　mò nāi dē）

韭菜（九菜　jiǔ cài）

黄花菜（紧潜　jǐn zèn）

大蒜（踏塞　tà sāi）

葱（còng　còng）

草莓（cào mēi　cào mēi）

苦叶菜（库以猜　kù yǐ cāi）

芭蕉（亚叫角　yà jiào jiáo）

月季花（雨玉oōg　yǔ yù oōg）

玫瑰（mēi规货　mēi gūi hùo）

牡丹（莫丹　mò dān）

菊花（倔货　juè hùo）

马铃薯（耶于dè　yē yǔ dè）

狗尾巴草（沃啰落　wò lūo lùo）

空心菜（控xiń菜　hoòg xiń cài）

8. 交通工具　武器

汽车（七错　qīcùo）

火车（户错　hù cùo）

飞机（fǐ计　fǐ jì）

轮船（lēn靴　lēn xūe）

三轮车（赛lèn错　sài lèn cùo）

自行车（价德错　jià dé cùo）

黄包车（窝报错　wō bào cuò）

独轮车（德 lēn 错　dé lēn cùo）

双轮车（sùo lèn 错　sùo lèn cùo）

汽艇（七艇　qī tǐng）

乌篷船（务 bōng 靴　wù bōng xūe）

轿子（俏　qiào）

火箭（户街　hù jiē）

大炮（突抛　tù pāo）

机枪（计切　jì qiè）

步枪（铺切　pù qiè）

手枪（涩切　sè qiè）

手榴弹（涩溜太　sè liū tài）

坦克（探克　tài kè）

子弹（子太　zǐ tài）

冲锋枪（còng foǹg 切　còng foǹg qiè）

地雷（替勒　tì lēi）

手雷（涩勒　sè lēi）

炸弹（左太　zúo tài）

刺刀（刺到　cī dào）

9. 代词

我〔昂（挡）　aǎg（daǎg）〕

你（嗯　ǐ）

他（gī　gī）

我们〔昂辣（我货辣）　aǎg là（wǒ hùo là）〕

你们（嗯辣　ǐ là）

他们（gī辣　gī là）

大家（踏过　tà gùo）

自己（戏该　xì gāi）

别人（比嘎　bǐ gā）

客人（kà 印　kà yìn）

我爸（昂把爸　aňg bá bà）

你爸（嗯把爸　ň bá bà）

他爸（gī 把爸　gī bá bà）

这个（革各　gé gè）

那个（么各　mé gè）

哪个（辣各　là gè）

谁（辣嘎　là gā）

这里（革力　gé lì）

那里（么力　mé lì）

哪里（辣力　là lì）

什么地方（sùo 力替 fō　sùo lì tì foñg）

怎么（合解　hé jié）

这么（革介　gé jiè）

多少（度扫　dù sǎo）

什么（sùo 力　sùo lì）

干什么（租 sùo 力　zū sùo lì）

为什么（威 sùo 力　wiē sùo lì）

10. 数量词

一（业　yè）

二（茶　nié）

三（赛　sài）

四（西　xī）

五（嗯　ň）

六（lé　lé）

七（qè qè）

八（簸 bò）

九（九 jiǔ）

十（sě sě）

十二（sé 茶 sé niě）

十五（sé 嗯 sé ň）

二十（嗯涩 ǹ sè）

二十二（聂茶 niè nié）

二十五（聂嗯 niè ň）

两个（茶嘎 nié gà）

二两（重量）（嗯茶 ǹ nié）

一元钱（业夸草票 yè kūi cǎo piào）

一角钱（业顾草票 yè gù cǎo piào）

一个人（业各音 yè gè yiñ）

一张席（业再 cào 协 yè zài cào xié）

一床被（业 sùo 比 yè sùo bǐ）

一辆汽车（业帛七错 yè bó qī cùo）

一把刀（业帛到 yè bó dào）

一支笔（业自别 yè zì biè）

一层砖（业逼决 dè yè bī júe dè）

一座桥（业更交 yè gèn jiāo）

一头牛（耶炸妞 yē zà niū）

一条鱼（耶炸 ň yē zà ň）

一条蛇（业更梭 yè gèn sūo）

一件衣服（业解义索 yè jié yì sǔo）

一条裤子（业刁枯 yè diāo kū）

一顶帽子（业顶帽 yè dińg mào）

一粒豆（业库特　yè kù tè）

一件事情（业左寺该　yè zǔo sì gāi）

一双鞋子（业 sùo 哈　yè sùo hā）

一块手帕（业夸涩近　yè kūi sè jìn）

一只篮子（耶炸 nāi dè　yē zà nāi dè）

一根绳子（业更森　yè gèn sēn）

一张嘴巴（业再倔晡　yè dài jù e bū）

一块糕饼（业亏告饼　yè kūi gào biǐ）

一片瓦（业氕 wè 我　yè piē wè wǒ）

一本书（业本序　yè bén xù）

一叠纸（业叠子　yè dié zǐ）

一捆柴（业捆仨　yè kún sā）

一阵雨（耶 cèn 雨　yē cèn yǔ）

一场雪（业栽戏　yè zāi xì）

一座山（业亏赛　yè kūi sài）

一座房子（业盖 wè　yè gài wè）

去一趟（kī 耶踏　kī yē tà）

打一下（靠耶货　kào yé hùo）

坐一会儿（俗耶货嗯　sǔ yē hùo ǹ）

吃一顿（切业菜　qiè yè cài）

路费（刟嗟　bāi jūe）

11. 时间　方位

日子（耶子　yé zǐ）

时间（思喝　sī hē）

今年（近茶　jìn nié）

明年（闷捏　mēn niē）

去年（秋聂　qiē niè）

今天（近早　jìn zǎo）

明天（闷皂　mēn zào）

后天（合耶　hé yé）

昨天（索耶　súo yé）

前天（些耶　xiē yé）

大前天（突些耶　tù xiē yé）

早晨（嗯盖早　ǹ gài zǎo）

上午（嗯盖　ǹ gài）

中午（嗯思 fài　ń sī fài）

下午（嗯合　ǹ hě）

白天（耶 sùo　yé sùo）

傍晚（亚别　yà bìè）

晚上（亚力　yà lì）

这边（革别　gé bìè）

那边（么别　mé bìè）

哪边（辣别　là bìè）

床下（梭晡弟火　sūo bū dì hǔo）

床上（梭晡 sùo　sūo bū sùo）

床头（梭 dē 别　sūo dē bìè）

上面（告德　gào dé）

下面（弟火　dì hǔo）

左边（fái 别　fái bìè）

右边（训别　xùn bìè）

中间（纵爷　zoǹg yú）

前边（些 dē　xiē dē）

后边（喝 dē　hè dē）

里面（力 dē　lì dē）

外面（袜 dè　wā dè）

旁边（刮别　bāi biè）

远（nǔe　nǔe）

近（紧　jǐn）

正面（训灭　xùn miè）

反面（fái 灭　fái miè）

侧面（cē 灭　cē miè）

家里（过里　gùo lí）

房间里（fō 盖里　fō gài lí）

房顶上（wè 顶 sùo　wè dǐng sùo）

缸里（谑过里　xuè gùo lí）

到处（买辣力　mǎi là lì）

院子里（虐子力　nǜe zǐ lì）

操场上（导太力　dǎo tài lì）

天上（帖索　tiè súo）

地上（替梭　tì sūo）

洞里（痛力　tòng lì）

缝里（fòng 力　fòng lì）

抽屉里（策斗力　cè dóu lì）

架子上（锅自 sùo　gūo zì sùo）

12. 动词

干活儿（租赛我　zū sài wó）

做事情（租寺该　zū sì gāi）

讲话（果把沃　gǔo bǎ wò）

听课（tiǹ 库　tiǹ kù）

（狗）咬~人〔熬（烈）　aǒ（liè）〕

（把肉）嚼~碎（熬　aǒ）

（用舌头）舔~（铁　tiě）

呕吐（凸　tū）

（把核）吐~掉（土　tǔ）

（把苹果）拿~过来（带　dài）

给~我一个苹果（bè　bè）

拧~螺丝（谑　xuè）

捻~碎（米　mǐ）

揉~面做馒头（玉　yù）

（把橘子）掰~开（怕　pà）

（把纸）撕~了（次　cì）

（把树枝）折~断（啊　à）

拔~萝卜（刨　bāi）

站~立（改　gǎi）

掐~脖子（策　cè）

倚~在墙上（靠　kào）

蹲~下（扽　dèn）

（用鼻子）闻（闷　nēn）

吹~泡泡（确　què）

看~电视（开　kāi）

吮吸（用吸管吸饮料）（些　xiè）

吸奶（婴儿吸母奶）（倔　juè）

迈~过门槛（怕　pà）

（脚）踩~地上（茶　cǎ）

（小孩在地上）爬（波　bō）

（慢慢走别）跑（别　bié）

跳~绳（挑　tiāo）

逃~跑（刀　dāo）

追~赶（倔　juè）

抓~小偷（kūo　kūo）

抱~小孩（宝　bǎo）

摔~跤（合　hé）

推~车（丛　cǒng）

（人）撞~到树上（错　cùo）

（人）冲~到终点（còng　còng）

（他）躲~在树后（独　dǔ）

（东西）藏~在门后（kūo　kūo）

（把碗）放~桌上（kūo　kūo）

（把茶杯）盖~上（该　gāi）

（用石头）压~住（啊　à）

摁~图钉（亲　qiñ）

（把东西）浸~到水里（今　jiñ）

（上山）砍~柴（作　zùo）

（把肉）剁~碎（再　zài）

削~苹果（下　xià）

敲~门（靠　kào）

（用毛巾）擦~手（kà　kà）

（木板）裂~开了（挂　guà）

（把脏水）倒~了（导　dǎo）

（把垃圾）扔~掉（快　kuài）

（比比谁）扔~得远（卫　wèi）

（东西）掉~地上（特　tè）

（钥匙）丢~了（特　tè）

（把纸屑）丢~了（快　kuài）

（钥匙）找~到了（心　xiñ）

捡~到十元钱（协　xié）

检~查（介　jiè）

（用手把东西）提~起来（吝　nìn）

（用手）拎~篮子（nìn　nìn）

挑~担（跳　tiào）

抬~轿（呆　dāi）

撑~船（菜　cài）

挖~地（勒　lè）

开~门（忾　kài）

关~门（怪　guài）

冲~浪（còng　còng）

拴~门（谑　xùe）

踢~球（帖　tiè）

扣~扣子（科　kē）

剥~花生（布　bù）

吃~东西（切　qiè）

炒~瓜子（草　cǎo）

翻~书（fài　fài）

（用锯）钻~个洞（再　zài）

挑~选（咋　zǎ）

赚~钱（参　cēn）

欠~他十元钱（切　qiè）

（知道）我~这件事（小 dè　xiáo dè）

（我）不知道~这件事（fè 小 dè　fè xiáo dè）

（我）认识~他（印咋　yì zǎ）

（我）不认识~他（印 fè 咋　yì fè zǎ）

（让我）想~一下（岑　cén）

（别）怕（哈　hà）

（我）要~这个（腰　yāo）

（我）有~个孩子（有　yǒu）

（他）没有~孩子（fè 有　fè yǒu）

（我）是~老师（子　zǐ）

（他）不是~老师（fè 子　fè zǐ）

（我）在~他家〔得 déi 改（gái）〕

（我）不在~他家（fè déi　fè gái）

（他）在~城里工作（得　déi）

（他坐）在~椅子上（dè　dè）

（两个人）在~说话（deí 么立 deí me lì）

叫~他一声（厄　è）

（他）骂~人（末　mò）

打猎（歹咧　dǎi lié）

（小孩）哭~了（kùe　kùe）

吵架（草壳　cǎo ké）

打架（歹锅　dǎi gūo）

打~人（靠　kào）

（他）坐~地上（俗　sú）

（他）睡~了（昆　kūn）

（到城里去）玩~（戏　xì）

玩耍（告戏　gào xì）

聊天（呆帖　dāi tiè）

捉迷藏（独冒嗯　dú mào ǒ）

翻跟头（fài 哏 dè　fài gén dè）

猜谜（菜玉嗯　cài yù ň）

遇见（pòng 咋　pòng zǎ）

收拾~房间（嗽涩　sòu sè）

休息（戏咧　xì lié）

打盹儿（歹瞌 còng　dǎi kē còng）

夹~菜（介　jiè）

斟~酒（卅　sà）

沏~茶（抛　pāo）

漱~口（朵　dǔo）

洗~脸（他　tā）

洗~脚（他　tā）

洗~手（踏　tà）

洗~澡（踏　tà）

洗~被（踏　tà）

穿~鞋（确　què）

系~鞋带（捆　kǔn）

脱~鞋（替　tì）

晒~太阳（亻　sā）

回家（贵过　guì gùo）

出门（缺闷　què mēn）

旅行（戏　xì）

砍柴（作亻　zùo sā）

劈柴（屁亻　pì sā）

打盹儿（dē kì 充　dē kì cōng）

施~肥（叫　jiào）

倒~水（导　dǎo）

搓~手（醋　cù）

钻~洞（再　zài）

剪~纸（解　jiě）

压~扁（啊　à）

搓~圆（醋　cù）

种~菜（宗　zōng）

割~稻子（gī　gī）

做~包子（租　zū）

煎~馃（介　jiè）

磨~玉米（呣　m̀）

折~纸飞机（自　zì）

抓~鱼（kūo　kūo）

13. *副词　介词　连词　助词*

太~贵（特　tè）

（兄弟三个他）最~高（顶　dǐng）

都~要（肚　dù）

只~见过一次〔自（仄）　zì（zè）〕

只~有一本（自　zì）

一起~唱歌（业起　yè qǐ）

刚~到（盖改　gài gǎi）

刚~好（刚杠　gāng gàng）

就~来（秀　xiù）

（他）又~来了（又　yòu）

（他）还~没回家（挖　wā）

（我）也~去（爷　yé）

反正~是我的（则歪　zé wāi）

不~去（fè　fè）

（我）没有~钱（fè有　fè yǒu）

（他）没有~来（啊觅　ā mì）

别~说了（fē要　fē yào）

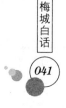
（你）不用~来（用　fē zá yòng fè zá）

（你）不要~来（fē 要　fē yào）

（我）和~他都姓王（蒿　hāo）

（我昨天）和~他去爬山（dēi　dēi）

把~门关上（bè　bè）

被~人打了（叶　yè）

一边~走~说（业别　yè biè）

（我）的~东西（各　gè）

（下雨）了~（bè　bè）

（今天天气）更~冷（更过　gèn gùo）

越~走~远（啰　yuě）

（我）要~吃饭（腰　yāo）

（我）还要（挖要　wā yào）

凑~得巧（cōu　cōu）

剩~得不多了（sèn　sèn）

（把东西）留~下（溜　liē）

（我）跟~你说（更　gèn）

对~他讲话（dēi　dēi）

（他）朝~你看（遭　zāo）

（这事）瞒~不了（māi　māi）

背（背后）~着他说（杯　bēi）

让~他去（业　yè）

很~大（买　mái）

满~多（毛　mǎo）

缺~少（缺　què）

正~在关门（潛　zèn）

趁~机溜了（参　ceñ）

借~题发挥（街　jiē）

吹（耳边）~风（确　què）

（我）与~他去（dēi　dēi）

14. 形容词

红（oŋg　oŋg）

黄（窝　wō）

蓝（nāi　nāi）

白（把　bǎ）

黑（喝　hè）

花（货　hùo）

紫（紫　zí）

粉（份 oŋg　fèn oŋg）

灰（会　hùi）

多（度　dù）

少（扫　sǎo）

大（突　tù）

小（些　xiē）

粗（促　cù）

细（西　xī）

长（栽　zāi）

短（歹　dǎi）

宽（阔　kùo）

窄（火　hǔo）

松（送　soŋg）

紧（紧　jǐn）

（人）高~（栽　zāi）

（人）矮~（啊　ǎ）

（飞机飞得）高~（告　gào）

（鸟飞得）低~（弟　dì）

（帽子戴得）正~（zēn　zēn）

（帽子戴）歪~了（袜　wà）

弯（外　wài）

直（则　zé）

斜（掐　qiā）

陡（许　xǔ）

咸（咳　hāi）

淡（歹　dǎi）

厚（合　hé）

薄（补　bǔ）

稠（合　hé）

稀（补　bǔ）

滑（六　liè）

辣（罗　lúo）

酸（赛　sài）

甜（爹　diē）

苦（苦　kǔ）

软（nǔe　nǔe）

硬（爱　ài）

黏（聂　niè）

散（sǎi　sǎi）

（结）实~（sé　sé）

圆（nǔe　nǔe）

扁~担（别　biè）

（东西压）扁~了（别　bié）

（钉子）尖~（介　jiè）

（路面）平~（宾　biñ）

（菜种得）密~（miě　miě）

稀~疏（戏　xì）

干净（盖心　gài xiñ）

脏（务粗　wù cū）

（来得）早~（早　zǎo）

（来）晚~了（资　zī）

迟~到了（资　zī）

（说）对~了（dēi　dēi）

（账算）错~了（粗　cū）

舒服（序 fé　xù fé）

难受（nāi 姑　nāi gū）

漂亮（形容年轻女性）（西怎　xī zěn）

（这朵花真）美~（漂聂　piǎo niè）

丑（形容人的长相）（cóu　cóu）

（人）好~（好　hǎo）

（人）坏~（袜　wà）

（菜）新鲜~（芯写　xiǹ xié）

陈旧（zēn qiù　zēn qiù）

腐烂（mēi 耐　mēi nài）

结实（jè sé　jè sé）

牢固（捞　lāo）

新~衣服（芯　xiǹ）

肥（形容动物）（作　zūo）

胖（形容人）（作　zūo）

瘦（形容人、动物）（庹　sōu）

热闹（孬义　nāo yì）

冷清（乃芯　nǎi xìn）

乖（形容小孩听话）（挂　gùa）

调皮（跳逼　tiào bī）

顽皮（形容小孩）（歪逼　wāi bī）

聪明（从 mìn　coňg mìn）

傻（卅　sà）

笨（本　běn）

急（jè　jè）

很~慢（毛　mǎo）

超~快（毛　mǎo）

非常~大（买　mǎi）

相当~冷（交挂　jiǎo gùa）

默~黑（切　qiè）

极~细（jé　jé）

冰~冷（bíń　bíń）

柔~软（毛　mǎo）

漆~黑（切　qiē）

爽~快（梭　suàng suàng）

庞~大（卖　mài）

旧~衣服（qiù　qiù）

很大　买兔 mǎi tù　角挂兔 jiǎo gù a tù　么烙烙兔 mé lào lào tù

很小　跌 diē 些 diē diè xiē　角挂些 jiǎo gùa xiē　些 gùe niñ 定 xiē gùe niñ dìng niñ dìng

很粗　埋醋 mái cù　角挂醋 jiǎo gùa cù　么烙烙醋 mé lào lào cù

很细　jé 西 jé xī　角挂西 jiǎo gùa xī　jé 西 mòng 哄 jé xī mòng hoňg

很长　埋栽 mái zāi　角挂栽 jiǎo gùa zāi　么烙烙载 mé lào lào zāi

很短　跌 diè 歹 diē diè dǎi　　角挂歹 jiǎo guà dǎi　　么烙烙歹 mé lào lào dǎi

很宽　卖阔 mài kùo　　角挂阔 jiǎo guà kùo　　么烙烙阔 mé lào lào kùo

很窄　jé 火 jé hǔo　　角挂火 jiǎo guà hǔo　　么烙烙火 mé lào lào hǔo

很紧　帖紧 tiè jǐn　　角挂紧 jiǎo guà jǐn　　么烙烙紧 mé lào lào jǐn

很松　屁快 pì kùai　　角挂快 jiǎo guà kùai　　么烙烙快 mé lào lào kūa

很高　埋告 mái gào　　角挂告 jiǎo guà gào　　么烙烙告 mé lào lào gào

很低　奈弟 nài dì　　角挂弟 jiǎo guà dì　　么烙烙弟 mé lào lào dì

很矮　奈啊 nài á　　角挂啊 jiǎo guà á　　啊呗拢冻 á bè lòng dòng

很多　埋度 mái dù　　角挂度 jiǎo guà dù　　么烙烙度 mé lào lào dù

很少　跌 diè 嗯 diē diè ǹ　　角挂扫 jiǎo guà sǎo　　买扫各 mǎi sǎo gè

很厚　埋合 mái hé　　角挂合 jiǎo guà hé　　么烙烙合 mé lào lào hé

很薄　jé 补 jé bǔ　　角挂补 jiǎo guà bǔ　　买补各 mǎi bǔ gè

很直　别则 biè zé　　角挂则 jiǎo guà zé　　则呗拢统 zé bè lòng tóng

很弯　毛外 mǎo wài　　角挂外 jiǎo guà wài　　外哩 jē 各 wài lī jē gè

很陡　别许 biè xǔ　　角挂许 jiǎo guà xǔ　　么烙烙许 mé lào lào xǔ

很平　血宾 xùe biñ　　角挂宾 jiǎo guà biñ　　么烙烙宾 mé lào lào biñ

很绉　毛仄 mǎo zè　　角挂仄 jiǎo guà zè　　仄资 gūe dè zè zī gūe dè

很正　别怎 biè zēn　　角挂怎 jiǎo guà zēn　　血怎 xuè zēn

很快　fì 夸 fì kūa　　角挂夸 jiǎo guà kūa　　么烙烙夸 mé lào lào kūa

很慢　卖 tèn tén mài tèn tén　　角挂卖 jiǎo guà mài　　么烙烙卖 mé lào lào mài

很早　买早 mái zǎo　　角挂早 jiǎo guà zǎo　　么烙烙早 mé lào lào zǎo

很晚　买亚 mái yà　　角挂亚 jiǎo guà yà　　么烙烙亚 mé lào lào yà

很迟　买资 mái zī　　角挂资 jiǎo guà zī　　么烙烙资 mé lào lào zī

很美　西怎 xī zén　　漂聂 piǎo niè　　么烙烙好开 mé lào lào hǎo kāi

很丑　sé cé sé cé　　角挂 cé jiǎo guà cé　　fē 嘚了 cé fē dè liǎo cé

很胖　滚作 gǔn zūo　老嘎 dè lǎo gǎ dè　nǔe 勒类 nǔe lēi lèi

很瘦　紧廋 jǐn sōu　角挂廋 jiǎo gùa sōu　紧廋 gūe 了 dè jǐn sōu gūe lè dè

很富　塞局 sāi jú　角挂有 jiǎo gùa yǒu　么烙烙亥 mé lào lào hài

很穷　dē dè 爹 dē dè diē　角挂垌 jiǎo gùa jiōng　么烙烙垌 mé lào lào jiōng

很好　潧好 zèn hǎo　角挂好 jiǎo gùa hǎo　么烙烙好 mé lào lào hǎo

很坏（指人）　袜洗鬼 wà xí gǔi　角挂袜 jiǎo gùa wà　么烙烙袜 mé lào lào wà

很笨　么独 mé dú　本资本 zà běn zī běn zà　本 bè 辣戏 běn bè là xì

很聪明　潧从 mìn zèn cóng mìn　角挂从 mìn jiǎo gùa cóng mìn　么烙烙从 mìn mé lào lào cóng min

很灵（指灵验）　fē dè 了 niñ fē dè liǎo niñ　角挂 ñi jiǎo gùa niñ　么烙烙 niñ mé lào lào niñ

很灵（指灵光）　niñ fāi niñ fāi　角挂 niñ jiǎo gùa nin　么烙烙 niñ mé lào lào niñ

很圆　棍 nǔe gùn nǔe　guè lòng nǔe gùe lòng nǔe　nǔe gùe loñg 冻 nǔe gùe lōng doñg

很扁　切别 qiè bié　角挂别 jiǎo gùa bié　么烙烙别 mé lào lào bié

很平　穴宾 xùe biñ　角挂宾 jiǎo gùa biñ　么烙烙宾 mé lào lào biñ

很尖　穴介 xùe jiè　角挂介 jiǎo gùa jiè　么烙烙介 mé lào lào jiè

很锋利　fí 夸 fí kāa　角挂夸 jiǎo gùa kūa　么烙烙夸 mé lào lào hūa

很黏　聶资戈 dè niè zī gē dè　角挂聶 jiǎo gùa niè　么烙烙聶 mé lào lào niè

很散　sái 资 sái zà sái zī sái zà　角挂 sái jiǎo gùa sái　么烙烙 sái mé lào lào sái

很重　顶总 diňg zǒng　角挂总 jiǎo gùa zǒng　么烙烙总 mé lào lào zǒn

很吵　草洗刮帖 cǎ xí bāi tiè　角挂草 jiǎo gùa cǎo　么烙烙草 mé lào lào cǎo

很静　切紧 qiè jiṅ　角挂 xiń jiǎo gùa xiń　么烙烙 xiń mé lào lào xiń

很响　fē dè 了写 fē dè liǎo xié　角挂写 jiǎo gùa xié　么烙烙写 mé lào lào xié

很急　jè 喝贺 jè hē hè　角挂 jè jiǎo gùa jè　么烙烙 jè mé lào lào jè

很亮　靴聂 xúe nìe　角挂聂 jiǎo gùa nìe　么烙烙聂 mé lào lào nìe

很黑　切喝 qiē hè　角挂喝 jiǎo gùa hè　么烙烙喝 mé lào lào hè

很热　户仪 hù yí　角挂仪 jiǎo gùa yí　么烙烙仪 mé lào lào yí

很冷　潸乃 zèn nǎi　角挂乃 jiǎo gùa nǎi　么烙烙乃 mé lào lào nǎi

很干　角搔 jiǎo sāo　角挂搔 jiǎo gùa sāo　么烙烙搔 mé lào lào sāo

很湿　戏涩 xì sè　角挂涩 jiǎo gùa sè　么烙烙涩 mé lào lào sè

很硬　贴爱 tiē ài　角挂爱 jiǎo gùa ài　么烙烙爱 mé lào lào ài

很软　觅 nǔe mì nǔe　角挂 nǔe jiǎo gùa nǔe　毛 nǔe máo nǔe

很滑　wé 六资 zà wé liù zī zà　角挂六 jiǎo gùa liù　么烙烙六 mé lào lào liù

很光滑　俊过 jùn gùo　角挂过妥 jìao gùa gùo tǔo　么烙烙过妥 mé lào lào gùo tǔo

很干净　沁芹去去 qìn qiń qù qù　角挂盖心 jiǎo gùa gài xiń　么烙烙盖心 mé lào lào gài xiń

很脏　务粗洗 wù cū xǐ　角挂务粗 jiǎo gùa wù cū　么烙烙务粗 mé lào lào wù cū

很甜　mié 爹 mié diē　角挂爹 jiǎo gùa diē　么烙烙爹 mé lào lào diē

很苦　diè 苦 diè kǔ　角挂苦 jiǎo gùa kǔ　么烙烙苦 mé lào lào kǔ

很咸　洗咳 xǐ hāi　角挂咳 jiǎo gùa hāi　么烙烙咳 mé lào lào hāi

很淡　紧歹 jiṅ dǎi　角挂歹 jiǎo gùa dǎi　么烙烙歹 mé lào lào dǎi

很酸　diè 赛 diè sài　角挂赛 jiǎo gùa sài　么烙烙赛 mé lào lào sài

很辣　洗罗 xǐ lúo　角挂罗 jiǎo gùa lúo　么烙烙罗 mé lào lào lúo

很涩　涩可 sè ké　角挂涩 jiǎo gùa sè　么烙烙涩 mé lào lào sè

很轻　屁沁 pì qìn　角挂沁 jiǎo gùa qìn　么烙烙沁 mé lào lào qìn

很红　fí oñg fí oñg　角挂 oñg jiǎo gùa oñg　么烙烙 oñg mé lào lào oñg

很绿　别 lé bìe lé　角挂 lé jiǎo gùa lé　么烙烙 lé mé lào lào lé

很黄　角窝 jiǎo wō　角挂窝 jiǎo gùa wō　么烙烙窝 mé lào lào wō

很蓝　削 nāi xùe nāi　别 nài bìe nāi　么烙烙 nāi mé lào lào nāi

很白　xè 把 xè bǎ　角挂把 jiǎo gùa bǎ　么烙烙把 mé lào lào bǎ

很紫　切紫 qìe zǐ　角挂紫 jiǎo gùa zǐ　么烙烙紫 mé lào lào zǐ

很花　货了勒 hùo lē lè　角挂货 jiǎo gùa hùo　么烙烙货 mé lào lào hùo

很精（指人）　近爸 jìn bà　角挂近 jiǎo gùa jìn　么烙烙近 mé lào lào jìn

很精（指动物肉）　削近 xùe jìn　角挂近 jiǎo gùa jìn　么烙烙近 mé lào lào jìn

很肥（指动物肉）　fī 了勒 fī lē lè　角挂 fī jiǎo gùa fī　么烙烙 fī mé lào lào fī

很香　喷泻 pèn xìe　角挂泻 jiǎo gùa xìe　么烙烙泻 mé lào lào xìe

很臭　洗 cē xǐ cē　角挂 cē jiǎo gùa cē　么烙烙 cē mé lào lào cē

很稠（指稀饭）　买合 mái hě　角挂合 jiǎo gùa hé　么烙烙合 mé lào lào hé

很稀（指稀饭）　jé 补 jé bǔ　角挂补 jiǎo gùa bǔ　补休秀 bǔ xiū xiù

很密（菜种得密）　jè mié jè mié　角挂 mié jiǎo gùa mié　mié 灭则则 mié mìe zé zé

很稀（稀疏）　戏 sǎi xì sǎi　角挂 sǎi jiǎo gùa sǎi　么烙烙 sǎi mé lào lào sǎi

很深　埋 sèn mǎi sèn　角挂 sèn jiǎo gùa sèn　么烙烙 sèn mé lào lào sèn

很浅　奈且 nài qìe　角挂且 jiǎo gùa qìe　么烙烙且 mé lào lào qìe

很远　老 nǔe láo nǔe　角挂 nǔe jiǎo gùa nǔe　么烙烙 nǔe mé lào lào nǔe

很近　买紧 mái jǐn　角挂紧 jiǎo gùa jǐn　么烙烙紧 mé lào lào jǐn

很新　缺芯 qùe xìn　角挂芯 jiǎo gùa xìn　么烙烙芯 mé lào lào xìn

很旧　洗 qiù xǐ qiù　角挂 qiù jiǎo gùa qiù　么烙烙 qiù mé lào lào qiù

很大度（指气量大）　突七 tù qī　角挂突七 jiǎo gùa tù qī　么烙烙突七 mé lào lào tù qī

很吝啬　小气 xiǎo qì　角挂小气 jiǎo gùa xiǎo qì　么烙烙小气 mé lào lào xiǎo qì

二、短句

1. 严 州 古 城 有 一 千 八 百 年 历 史。
捏奏顾森有业切簸爸捏咧寺。
niē zòu gù sēn yǒu yè qiè bò bà niē liē sì。

2. 城 北 面 有 巍 峨 的 乌 龙 山。
森 bē 灭 么烙烙告各五弄赛。
sēn bē miè yǒu mé lào lào gà gè wǔ lòng sài。

3. 城 东、南、西 面 有 古 城 楼 古 城 墙。
森冻、nāi、戏灭有古森肋古森些。
sēn dòng、nāi、xì miè yǒu gǔ sēn lē gǔ sēn xiē。

4. 城 南 有 福 运 门、澄 清 门、定 川 门。
森 nāi 有笑 nāi 闷、突 nāi 闷、tiǹ 确闷。
sēn nāi yǒu xiào nāi mēn、tù nāi mēn、tiǹ qùe mēn。

5. 城东有朝京门。
森冻有遭近闷。
sēn dòng yǒu zāo jiǹ mēn。

6. 城西有武定门。
森戏有务顶闷。
sēn xī yǒu wù dǐng mēn。

7. 北 门、西 门 有 拱 辰 门 和 智 仪 门 两 个 水
门。(bē 闷、戏 闷 有 共 岑 门 嵩 资 仪 门 茶 各 靴 闷。
(bē mèn、xì mèn yǒu gòng cén měn hāo zī yí měn nié gè xùe mēn。

8.
(澄清门外有瓮城。
(建富春江水电站，水位上升，被淹在水底)

(突 nāi 闷 袜 有 哕森。
tù nāi mèn wà yǒu yǔe sēn。

9. (瓮城外有棋盘街、黄浦街。
(被淹水底)

(哕森袜有机刮尬、窝铺尬。
yǔe sēn wà yǒu jī bāi gà、wō pù gà。

10. 城 南 面 有 新 安 江、兰 江、富 春
江。(森 nāi 灭有新安江、南江、富困江。
(sēn nāi miè yǒu xiō ān jiāng、nǎn jiāng、fù qūn jiāng。

11. 三 江 口 有 南 峰 塔、北 峰
塔。(三江克有 nāi foǹg 拓、bè foǹg 拓。
(sān jiāng hè yǒu nāi foǹg tùo、bè foǹg tùo。

12. 城里有东湖、西湖。
(森力有董务、洗务。
(sēn lì yǒu dǒng wù xǐ wù。

13. 城 北 和 城 西 有 玉 泉 寺 和 开 元
寺。(森 bè 蒿森戏有哕钱寺嵩忾约寺。
(sēn bè hāo sēn xì yǒu yǔe qiǎn sì hāo kài yūe sì。

14. 北 门 街 有 府 衙、青 柯
亭。(bē 闷尬有扶呆丫闷、亲 kūo 丁。
(bē mèn gà yǒu fú dāi yā mēn、qiō kūo dīng。

15. (石板井头有六合井。(洒白近 dē 有 lé 合紧。
(吴国太教子井) (sá bǎi jìn dē yǒu lé hé jǐn。

16. 上 半 城 有 六 眼 古 井 等 很 多 古
井。(索白 sèn 有 lé 矮古紧等么烙烙度古紧。
(súo bái sèn yǒu lé ǎr gǔ jǐn bén mé lào lào dù gǔ jǐn。

17. 戴家弄有戴不凡古居。（戴过弄有戴 bè 凡顾居。dài gùo loɴg yǒu dài bè fán gù jū。）

18. 南周庙有建德侯坊。（纪念孙韶）（nāi 近庙有建 dè 合坊。nāi jìn miào yǒu jiàn dè hé faɴg。）

19. 十字街口有思范坊。（纪念范仲淹）（sé 寺尬可有思凡坊。sé sì gà ké yǒu sī fái faóng。）

20. 街 上 和 城 外 有 许 多 古 牌 坊。（尬索嵩森袜有么烙烙古八肋。gà súo hāo sēn wà yoǔ mé lào lào gǔ bā lē。）

21. 你是哪里人？（嗯子辣力音？ň zǐ là lì yiñ？）

22. 我是浙江建德梅城人。（昂子仄过街 dè 梅岑印。aňg zǐ zè gùo jiē dè méi cén yìn。）

23. 你今年多大？（嗯近茶度扫突？ň jìn nié dù sǎo tù？）

24. 我今年____岁了。（昂近茶____西 bè。aňg jìn nié ____ xī bè。）

25. 你叫什么名字？（嗯厄 sùo 力 miñ 寺？ň è sùo lì miñ sì？）

26. 我叫____（昂厄____。aňg è ____。）

27. 你家住哪里？（嗯过去辣力？ň gùo qù là lì？）

28. 我家住____。（昂过去____。aňg gùo qù ____。）

29. 谁啊？张三吗？（辣咖？再赛啊？là gā？zài sài á？）

30. 不是，我是李四。（fè 子，昂子力西。fè zǐ，aňg zǐ lì xī。）

31. 你去试试看。（嗯 kī 思寺忾。ň kī sī sì kài。）

32. 你去看看看。（嗯 kī 开忾忾。ň kī kāi kài kài。）

33. 他们都到杭州去了。（gī 辣度刀耗奏 kí bè。gī là dù dāo dūo zòu kí bè。）

34. 这件衣服有两个口袋。（革介义索有茶各太。gé jiè yì sǔo yǒu nié gè tài。）

35. 衣服洗得干干净净。（仪 sùo 踏 dè 盖改芯芯。yí sùo tà dè gài gǎi xiñ

xiǹ。)

36. 把帽子戴戴正。（bē 帽搭大 zēn。bē mào dā dà zēn。）

37. 这个吃得饱，那个吃不饱。（革各切 dè 饱，么各切 fè 饱。　gé gè qiē dè bǎo，mé gè qiē fè bǎo。）

38. 这个吃得，那个吃不得。（革各切 dē dè，么各切 fē dè。　gé gè qiē dē dè，mé gè qiē fē dè。）

39. 你去干什么！我去买菜。（嗯 kī 租 sùo 力？昂 kī 马猜。　ň kī zū sùo lì？aňg kī mǎ cāi。）

40. 你干什么去？我买菜去。（嗯租 sùo 力 kí？昂马猜 kì。　ň zū sùo lì kì？aňg mǎ cāi kì。）

41. 坐着吃比站着吃好。（俗啰赖切比改 dè 么力切好。　sǔo lūo lài qiè bí gǎi dè mé lì qiè hǎo。）

42. 有些地方把太阳叫日头。（有涩替 fō bè 他业厄租耶 dē。　yǒu sè tì fō bè tā yè è zū yé dē。）

43. 是这样做，不是那样做。（子革介租，fè 子么介租。　zǐ gé jiè zū，fè zǐ mé jiè zū。）

44. 如果明天下雨，我就不来了。（腰子闷皂罗雨，昂秀 fè lāi bè。　yāo zǐ mēn zào lúo yǔ，aňg xiè fè lāi。）

45. 黄梅天，一会太阳一会雨。（窝 mēi 帖，耶 cèn 爷 dē 耶 cèn 雨。wō mēi tiè，yē cèn yé dē yē cèn yǔ。）

46. 你先去，我们等一会儿再去。（嗯泻 kī，昂辣 dén 耶货嗯再 kī。　ň xiè kī，aňg là dén yē hùo ň zài kī。）

47. 还有五里路才能到。（袜有嗯里路再卫刀。　wà yǒu ňlǐí lù zài wēi dāo。）

48. 只有四里路了，就到了。（自有西里路 bè，秀刀 bè。　zì yǒu xī lí lù bè，xiù dāo bè。）

49. 这件太大了，换一件。（革介特突 bè，外业解。　gé jiè tè tù bè，

wài yè jié。)

50. 我明天跟他去上海。（昂闷皂更 gī kī 索海。　ǎng mēn zào gèn gī kī súo hǎi。)

51. 我现在就跟你去寄信、（昂革货秀更嗯 kī 机心。　ǎng gé hùo xiù gèn ň kī jī xiñ。)

52. 那个小伙子二十五岁。（么各喝赛果聂嗯西。　mé gè hè sài gǔo niè ň xī。)

53. 那个小孩才三四岁。（么各些印过挖自赛、西西。　mé gè xiē yìn gùo wā zì sài xī xī。)

54. 这件事情怎么做？（革作寺该合解租？　gé zùo sì gāi hé jiě zū。)

55. 他还没有说完吗？（gī 袜阿觅果了啊？　gī wà ā mì gǔo liáo à?)

56. 这是我的，那是你的。（革各子昂各，么各子嗯各。　gé gè zǐ ǎng gè，mé gè zǐ ň gè。)

57. 路上停着一辆车。（路梭丁了业帛错。　lù sūo dīng lè yè bó cùo。)

58. 我比他大五岁。（昂憋 gī 突嗯西。　ǎng biē gī tù ň xī。)

59. 我年龄没有他大。（昂捏机 fè 有 gī 突。　ǎng niē jī fè yǒu gī tù。)

60. 昨天你去没去？（索耶嗯 kī 灭？　súo yé ň kī miē?)

61. 昨天你去了吗？（索耶嗯 kī 固灭？　súo yé ň kī gù miē?)

62. 明天你去不去？（闷皂嗯 kī fè kī？　mēn zào ň kī fè kī?)

63. 你抽不抽烟？（嗯切 fè 切业？　ň qiè fè qiè yè?)

64. 你抽烟吗？（嗯切业 fé？　ň qiè yè fé?)

65. 他没有说完。（gī 阿觅果了。　gī ā mì gǔo liǎo。)

66. 你再吃一碗。（嗯再切业崴。　ň zài qiè yè wǎi。)

67. 他把碗打破了。（gī bè 崴靠趴 bè。　gī bè wǎi kào pā bè。)

68. 给我一支笔。（bè 昂业自别。　bè ǎng y zì biè。)

69. 天冷起来了。（帖乃切赖 bè。　tiè nǎi qiè lài bè。)

70. 天快亮了。（帖夸聂 bè。　tiè kūa niè bè。)

71. 天亮了，快起床。（帖聂 bè，夸爹玻且。　tìe niè bè, kūa diè bō qiě。）

72. 这只鸡生蛋了。（革 zà 计赛太 bè。　gé zà jì sài tài bè。）

73. 今天他不会来了。（近早 gī fē 卫 lāi bè。　jìn zǎ gī fē wèi lāi bè。）

74. 明天他会来的。（闷皂 gī 卫 lāi gè。　mēn zà gī wèi lāi gè。）

75. 这袋米有多重？（革太米有度扫总？　gé tài mǐ yǒu dù sǎo zóng?）

76. 这袋米有一百来斤重。（革太米有耶爸赖近总。　gé tài mǐ yǒu yē bà lài jìn zóng。）

77. 你到哪里去？（嗯刀辣力 kī?　ň dāo là lì kī?）

78. 我上街去。（昂刀尬索 kì。　aňg dāo gà súo kì。）

79. 叫他快点儿走。（厄 gī 夸爹则。　è gī kūa diè zé。）

80. 你慢慢儿走。（嗯卖卖帖则。　ň mài mài tìe zé。）

81. 这个人太可怜了。（革各音特 sái 姑 bè。　gé gè yìn tè sái gū bè。）

82. 他会来的。（gī 威 lāi 各。　gī wēi lāi gè。）

83. 他不会来了。（gī fē 卫 lāi bè。　gī fē wèi lāi bè。）

84. 我从乡下来。（昂宗泻里 lāi。　aňg zōng xiè lǐ lāi。）

85. 他到城里去。（gī 刀森力 kí。　gī dāo sēn lì kí。）

86. 他过一会儿再来。（gī 姑耶货嗯再 lāi。　gī gū yē hùo ň zài lāi。）

87. 好好地走，不要跑。（好带歹各则，fē 要别。　hào dài dǎi gè zé, fē yào bié。）

88. 你站起来。）嗯改切赖。　ň gái qiè lài。）

89. 他坐下来。（gī 俗啰赖。　gī sú lūo lài。）

90. 大家排好队。（踏过八好 tèi。　tà gùo bā hǎo tèi。）

91. 我打得过他。（昂歹 dè gī 姑。　aňg dǎi dè gī gū。）

92. 我打不过他。（昂歹 gī fè 姑。　aňg dǎi gī fè gū。）

93. 他吃不下饭。（gī fài 切 fè 罗 kī。　gī fài qiē fè lúo kī。）

94. 他吃得下饭。（gī fài 切 dè 罗 kī。　gī fài qiē dè lúo kī。）

95. 你叫他一声。（嗯厄 gī 业 sèn。　ň è gī yè sèn。）

96. 你叫一声他。（嗯厄业 sèn gī。　ň è yè sèn gī。）

97. 他刚来。（gī 盖改 lāi。　gī gài gǎi lāi。）

98. 他到现在才来。（gī 刀革货挖自 lāi。　gī dāo gé hùo wā zì lāi。）

99. 他来了三天了。（gī lāi 了赛耶 bè。　gī lāi lè sài yé bè。）

100. 他在吃饭。（gī 得么力切 fāi。　gī déi mé lì qiē fài。）

101. 我吃了一碗饭。（昂切了业崴 fāi。　ǎng qiē lè yè wǎi fài。）

102. 门开着。（闷忾 dè 么力。　mēn kài dè mé lì。）

103. 你坐着！别起来。（嗯俗 dè 么力！fē 要改切。　ň sǔ dè mé lì, fē yào gái qiē。）

104. 上海我去过。（索海昂 kī 顾。　súo hǎi ǎng kī gù。）

105. 上海我没去过。（索海昂阿觅 kī 顾。　súo hǎi ǎng ā mì kī gù。）

106. 你是哪一年来的？（嗯子辣业捏 lāi gè？　ň zǐ là yè niē lāi gè？）

107. 你什么时候回家？（嗯 sùo 力思喝鬼过？　ň sùo lì sī hē gùi gùo？）

108. 天上飞过一群鸟。（帖索 fì 姑耶 cèn 吊嗯。　tiè súo fì gū yē cèn diaò ň。）

109. 溪里游来一群鸭。（气里优赖耶 cèn 沃。　qì lǐ yōu lài yē cèn wò。）

110. 人在路上跑。（音得路梭别。　yīn déi lù sūo bié。）

111. 车在路上开。（错得路梭忾。　cùo déi lù sūo hài。）

112. 鱼在水里游。（ñ 得学力优。　ñ déi xué lì yōu。）

113. 你姓王我也姓王。（嗯心窝昂业心窝。　ň xīn wō ǎng yè xīn wō。）

114. 咱们两个都姓王。（昂辣茶嘎度心窝。　ǎng là nié gā dù xiñ wō。）

115. 水沟里有两只王八。（血各里有茶 zà 务鬼。　xùe gè lí yǒu nié zà wù gǔ。）

116. 这个人胖不胖？（革各音作 fè 作？　gé gè yiñ zūo fè zūo？）

117. 这个人胖吗？（革各音作 fè？　gé gè yiñ zūo fè？）

118. 他有多久没来了？（gī 有度扫思喝阿觅 lāi bè？　gī yǒu dù sǎo sī hē

ā mì lāi g。)

119. 他很久没来了吗？（gī 角挂度思喝阿觅 lāi 顾 bè？　gī jiǎo gùa dù sī hē ā mì lāi gù?）

120. 唱歌跳舞你会吗？（搓顾嗯挑务嗯威 fè 威？　cūo gù ň tiāo wù ň wēi fè wē?）

121. 你会唱歌跳舞吗？（嗯威搓顾嗯挑务 fè？　ň wēi cūo gù ň tiāo wù fè?）

122. 经常看书、写字是好事。（决闷开序、写寺子好寺。　jùe mèn kāi xù、xié sì zǐ hǎo。）

123. 大家要关心国家大事。（踏过腰怪芯 gùe 过秃寺。　tà gùo yāo guài xìn gùe gùo tù s。）

124. 关心、帮助别人是好事。（怪芯、败岑比嘎子好寺。　gùai xìn、bài cén bǐ gā zǐ hǎo s。）

125. 这里的水深不深？（革力各学 sèn fè sèn？　gé lì gè xúe seṇ fè sèn?）

126. 这里的水深吗？（革力各学 sèn fé？　gé lì gè xúe sèn fé?）

127. 这座桥有多少长？（革更交有度扫栽？　gé gèn jiāo yǒu dù sǎo zāi?）

128. 一江春水向东流。（业果 qùn 学冒冻 tèi。　yè gǔo qùn xúe mào dòng tèi。）

三、短文

（一）《乌鸦喝水》

一只乌鸦口渴了，到处找水喝。乌鸦看见一个瓶子，瓶子里有水。可是瓶子很高，口儿又小，它喝不着。怎么办呢？乌鸦看见瓶子旁边有很多的小石子儿。它想了一想，有办法了。乌鸦把小石子儿一个一个地衔起来，放到瓶子里，瓶子里的水慢慢儿升高了，乌鸦就喝着水了。

1. 同音字：务老沃切学

耶 zà 务老沃可搔 bè，买辣力心学切。务老沃开介耶各宾，宾力 dē 有学，枯 xè 宾特告，可自义些，gī 切 fè 咋。合解弄农昵？务老沃开介宾刮别有么烙烙洒兜自嗯。gī 岑了耶货，有派 fō bè。务老沃 bè 些洒兜自嗯业库业库该 dè 可力，再 kūo 到宾力 kì，宾力各学卖卖交买切赖 bè，务老沃秀切咋学 bè。

2. 拼音：wù lǎo wò qiè xué

yē zà wù lǎo wò ké sāo bè，mǎi là lì xiñ xúe qiè。wù lǎo wò kāi jiè yē gè biñ，biñ lì dē yoǔ xúe。kū xiè biñ tè gào，kě zì yì xiē，gī qiè fè zǎ。hé jiè nòng nóng nì？wù lǎo wò kāi jiè biñ bāi biè yǒu mé lào lào xiē sǎ dē zì ǹ。gī cěn lè yē hùo，yǒu pài fō bè。wù lǎo wò bè xiē sǎ dē zì ǹ yè kù yè kù gāi dè kě lì，zài kūo dào biñ lì kì，biñ lì gè xúe mài mài jiāo mǎi qiè lài bè，wù lǎo wò xiù qiè zǎ xúe bè。

（二）《为人民服务》（摘录）

人总是要死的，但死的意义有不同。中国古时候有个文学家叫作司马迁的说过："人固有一死，或重于泰山，或轻于鸿毛。"为人民利益而死，就比泰山还重；替法西斯卖力，替剥削人民和压迫人民的人去死，就比鸿毛还轻。张思德同志是为人民利益而死的，他的死是比泰山还要重的。

1. 同音字：威老爸心租寺该

音纵贵腰洗各，秀子洗各 miñ 多 fè 一业。纵 guè 老皂各思喝有各老泻 sǎi 厄租司骂迁各果顾："音纵有业耶腰洗各，腰么比他赛挖要总，腰么比蒿猫挖要沁巧。"威老爸心各好去 kī 洗，秀比他赛挖要总；威袜各音骂咧，威气扶老爸心嵩啊老爸心各音 kī 洗，秀比蒿猫袜要沁。再寺 dè 革各音子威老爸心各好去 kī 洗各，gī 各洗子逼他赛挖要总各。

2. 拼音：wēi lǎo bà xiñ zū sì gāi

yiñ zòng gùi yāo xǐ gè，xiù zǐ xǐ gè miñ dūo fè yī yè。zòng gùe lǎo zào gè sī hē yǒu gè lǎo xiè sǎi è zū sī mà qiān gè gǔo gù："yiñ zòng yǒu yè yé yāo xǐ gè，yāo mè bǐ tā sài wā yào zoǒng，yāo mè bǐ hāo māo wā yào qiǹ qiào。" wēi lǎo bà xiñ gè hǎo qù kī xǐ，xiù bǐ tā sài wā yào zǒng；wēi wà gè yiñ mà lié，wēi qì fú lǎo bà xiñ hāo à lǎo bà xiñ gè yiñ kī xǐ，xiù bǐ hāo māo

wà yào qiǹ。zài sì dè gé gè yiñ zǐ wēi lǎo bà xiñ gè hǎo qù kī xǐ gè，gī gè xǐ zǐ bī tā sài wā yào zǒng gè。

（三）《龟兔赛跑》

兔子和乌龟赛跑，兔子嘲笑乌龟的步子爬得慢，乌龟坚定地说总有一天它会赢。兔子说，那我们现在就开始比赛。于是乌龟拼命地爬。而兔子认为赢过乌龟太轻松了，决定先打个盹，再追上乌龟。乌龟一刻不停地努力向前爬，当兔子醒来的时候，乌龟已经到达了终点。——这则寓言告诉我们不要轻视他人，同时，稳扎稳打定能获得胜利。

1. 同音字：务鬼嵩秃嗯比赛包铺

秃嗯嵩务鬼比赛包铺，秃嗯肖务鬼各铺子玻 dè 卖，乌鬼肯 tiǹ 各果总有业耶 gī 威晕。秃嗯果，各么昂辣革货秀忾司比赛。果跳务鬼秀聘 miǹ 各玻 kǐ bè。秃嗯 jē dè 晕顾务鬼特沁宋 bé，决 tiǹ 泻歹各瞌 coǹg，再倔索务鬼。务鬼耶克 fè 丁各用咧冒些玻，dén 秃嗯 xiñ 赖各思喝，务鬼义近玻刀纵迭 bè。——革各寓捏高诉昂辣 fē 要开沁比嘎，东司，稳租稳歹耶 tiǹ 威晕各。

2. 拼音：wù gǔi hāo tū ǹ bǐ sài bāo pù

tū ǹ hāo wù gǔi bǐ sài bāo pù，tū ǹ xiāo wù gǔi gè pù zǐ bō dè mài，wù gǔi kén tiǹ gè gǔo zǒng yoǔ yè yé gī wēi yūn。tūǹ gǔo，gè mè ǎng là gé huò xiù kài sī bǐ sài。gǔo tiào wù gǔi xiù piñ miǹ gè bō kǐ bè，tū ǹ jē dè yūn gù wù gǔi tè qiñ soǹg bé，jūe tiǹ xiè dǎi gè kē còng，zài jùe súo wù gǔi。wù gǔi yē kè fè dīng gè yòng lié mào xiē bō，dén tū ǹ xiñ lài gè sī hē，wù gǔi yì jiǹ bō dāo zòng dié bè。——gé gè yù niē gāo sù ǎng là fē yào kāi qiñ bǐ gā，dōng sī，wěn zū wěn dǎi yē tiǹ wēi yūn gè。

（四）《媳妇难做》

有一个姑娘，聪明又能干，大家称她巧姑娘。后来嫁到夫家，大家说这个人家好福气，聚了个巧媳妇。

谁知道这个人家，婆婆竟有三个：一个婆婆，一个太婆婆，还有一个太太婆婆。

一个婆婆已难对付，何况有三个。

媳妇做的菜，婆婆嫌太淡，太婆婆嫌太咸，太太婆使白眼。

媳妇沏的茶，婆婆嫌太冷，太婆婆嫌太烫，太太婆婆不说话，直摇脑袋。

媳妇一空下来，婆婆叫她去绣花，太婆婆叫她去纺纱，太太婆婆叫她快去种瓜。不知听谁的好，急得团团转。

媳妇一天忙到晚，干得精疲力尽，没有听到一句好话。婆婆说她呆，太婆婆说她蠢，太太婆婆叹气说："我家娶了个笨媳妇!"

巧姑娘竟变成笨媳妇，什么缘故？

婆婆太多，媳妇难做。

1. 同音字：芯扶 nāi 租

有耶各突顾茶，从 mìn 又 nēn 该，踏过厄 gī 巧顾茶。喝 lāi 锅到烙共过，踏过度果革份音过好 fē 气，讨了各巧芯扶。

辣力晓 dè 革份音过，晡晡度有赛尬：业嘎晡晡，业嘎塔布布、袜有业嘎塔踏布布。

业嘎晡晡义近 nāi dēi 父，fē 要果有赛尬。

信扶租各猜，晡晡捏特歹，塔布布捏特咳，塔踏布布 fài 把矮。

信扶泡各作，晡晡捏特乃，塔布布捏特拖，塔踏布布 fè 果把沃，则腰 dē。

信扶业空落赖，晡晡厄 gī kī 休货，塔布布厄 gī kī 佛 sùo，塔踏布布厄 gī kī 宗过。fè 晓 dè tìn 辣嘎各好，jè dè fè 晓 dè 合解好。

信扶业耶摸刀亚，租 dè 切咧刮帖，阿觅 tìn 解业句好沃。晡晡果 gī 么，塔布布果 gī 飒，塔踏布布太可七果："昂过讨了各本信扶。"

巧顾茶憋了各本信扶，sùo 力虐姑。

晡晡特度，信扶 nāi 租。

2. 拼音：xìn fǔ nāi zū

yǒu yē gè tù gù nié，cóng mìn yòu nēn gāi，tà gùo è gī qiǎo gù nié。hè lāi gūo dào lào gòng gùo，tà gùo dù gǔo gé fèn yīn gùo hǎo fē qì，tǎo lè gè

qiǎo xiǹ fǔ。

　　là lì xiǎo dè gé fèn yiñ gùo, bū bū dù yoǔ sài gà: yè gā bū bū, yè gā tǎ bù bù, wà yǒu yè gā tǎ tà bù bù。

　　yè gā bū bū yì jiǹ nāi dēi fù, fē yào gǔo yoǔ sài gà。

　　xiǹ fǔ zū gè cāi, bū bū niē tè dǎi, tǎ bù bù niē tè hāi, tǎ tà bù bù fài bǎ aí。

　　xiǹ fǔ pāo gè zūo, bū bū niē tè nǎi, tǎ bù bù niē tè tūo, tǎ tà bù bù fè gǔo bá wò, zé yāo dē。

　　xiǹ fǔ yè kōng lùo lài, bū bū è gī kī xiū hùo, tǎ bù bù è gī kī fǒ sùo, tǎ tà bù bù è gī kī zōng gùo。fè xiǎo dè tiǹ là gā gè hǎo, jē dè fè xiǎo dè hé jiě hǎo。

　　xiǹ fǔ yè yé mō dāo yà, zū dè qiè liè bāi tiè, ā mì tiǹ jiě yè jù hǎo wò。bū bū gǔo gī mé, tǎ bù bù gǔo gī sà, tǎ tà bù bù tài ké qī gǔo: "aǹg gùo tǎo lè gè běn xiǹ fǔ!"

　　qiǎo gù nié biē lè gè běn xiǹ fǔ, sùo lì nǔe gū。

　　bū bū tè dù, xiǹ fǔ nāi zū。

　　(五)《牛郎和织女》

　　我下面给大家讲一个《牛郎和织女》的故事。

　　古时候, 有一个小伙子, 父母都去世了, 孤苦伶仃, 家里只有一头老牛, 大家都叫他牛郎。

　　牛郎靠老牛耕地为生, 与老牛相依为命。老牛其实是天上的金牛星, 他喜欢牛郎勤劳善良, 所以想帮他成个家。

　　有一天, 金牛星得知天上的仙女们要到村东边山脚下的湖里洗澡。他就托梦给牛郎, 要他第二天早晨到湖边去, 趁仙女们洗澡的时候, 取走一件仙女挂在树上的衣裳, 然后头也不回地跑回家来, 就会得到一位美丽的仙女做妻子。

　　这天早晨, 牛郎半信半疑地到了山脚下, 在朦胧之中, 果然看见七个美女在湖中戏水，他立即拿起树上的一件粉红衣裳，飞快地跑回家。

这个被抢走衣服的仙女就是织女。当天夜里，她轻轻敲开牛郎家的门，两人做了恩爱夫妻。

一转眼三年过去了，牛郎和织女生了一男一女两个孩子，一家人过得很开心。但是织女私自下凡的事被玉皇大帝知道了。有一天，天上电闪雷鸣，并刮起大风，下起大雨，织女突然不见了，两个孩子哭着要妈妈，牛郎急得不知如何是好。

这时，那头老牛突然开口了："别难过，你把我的角拿下来，变成两个箩筐，装上两个孩子，就可以上天宫去找织女了。"牛郎正奇怪，牛角就掉到了地上，真的变成了两个箩筐。牛郎把两个孩子放到箩筐里，用扁担挑起来，只觉得一阵清风吹过，箩筐像长了翅膀，突然飞了起来，腾云驾雾地向天宫飞去。飞啊，飞啊，眼看就要追上织女了，却被王母娘娘发现了，她拔下头上的一根金钗，在牛郎、织女中间一划，立刻出现一条波涛滚滚的天河，宽得望不到对岸，把小两口隔开了。

喜鹊非常同情牛郎和织女。每年农历的七月初七，成千上万只喜鹊都飞到天河上，一只衔着一只的尾巴，搭起一座长长的鹊桥，让牛郎和织女团聚。

1. 同音字：要妞贵嗯蒿仄哺喏嗯

昂地火 bē 踏过果耶各《要妞贵嗯蒿仄哺喏嗯》各海沃。

老皂各思喝，有耶各喝赛果，把爸嗨骂度姑杯 bè，光光姑德，过里自有耶 zà 老妞刷，踏过度厄 gī 要妞贵嗯。

要妞贵嗯尻老妞哩爹租赛我切切用用，蒿老妞业起姑耶子。老妞 sé 计 sùo 子帖索各近妞芯秀，gī 坏喜要妞贵嗯各今咧，捏芯好，岑拜 gī 咧各过。

有业耶，近妞芯秀晓 dè 帖索各仙恶腰刀 cèn 动灭赛价各污力踏哕。gī 秀拓 mòng bè 要妞贵嗯，腰 gī 替茶耶嗯盖刀污别 kí，dén 刀仙恶踏哕各思喝，代走业解仙恶锅 dè 序梭各仪 sūo，dē 叶 fē 要威各别过来，秀威弄咋一各漂聂各仙恶租老摸。

革业耶嗯盖，要妞贵嗯衣衣 wé wé 各刀了赛价，雾 mōng mōng 各潽革

开介切各漂聂喏嗯得污力戏学，gī 模 sèo 带了业解份 oňg 各仪 sùo，fì 爷各别过 kí。

革各叶 gī 带走仪 sùo 各仙恶秀子帖索各仄晡喏嗯。驮耶亚力，gī 沁芹叫靠忾要妞贵嗯过各闷，茶各音租了角挂好各聂老摸。

爱近一货 zà，赛聂姑 kī bè，要妞贵嗯蒿仄晡喏嗯赛了耶各贵嗯耶各喏嗯，茶各些印过，业过印姑 dè 么烙烙忾芯。辣力晓 dè，仄晡喏嗯，罗 fāi 各寺该业哕王达帝晓 dè bè。有业耶，帖索塞 huè 塞，歹铁奈，起突 foṅg，罗突雨，仄晡喏嗯一货嗯共扶秀 fè 有挑 bè，茶各些印过 kūe 切赖腰呣骂，要妞贵嗯 jè dè fè 晓 dè 合解好。

革各思喝，么 zà 老妞訶忾可 bè：“fē 要 nāi 姑，嗯 bè 昂各顾带罗赖，憋切茶 zà 噜，bè 茶各些印过 kūo 进 kì，秀好刀帖索 kī 心仄晡喏嗯 bē。”要妞贵嗯，盖改嗟 dè 机瓜，妞顾秀特刀替梭 bè。谮各憋切茶 zà 噜。要妞贵嗯 bè 茶各些印过 kāo 到噜力，用别呆跳且赖，仄干 jè 刀耶谮庆 fòng 却姑，茶 zà 噜好泻赛了仪笑拜，耶货嗯秀 fì 且赖 bè，礤 dè 晕 dē sùo 遭帖索 fì kǐ。fì 啊，fì 啊，秀腰倔咋仄晡喏嗯 bē，辣力晓 dè 业王莫捏捏开介 bè，gī 訶落赖 dē sùo 各业更近栽嗯 dē，得要妞贵嗯蒿仄晡喏嗯纵爷一货娃，模 sùo 憋切业刁喏 dē 卖特各突气，阔 dè 开 fè 接 dēi 灭各爱梭，bè 聂老摸尬忾 bé！

戏切调嗯角挂捏灭要妞贵嗯蒿仄晡喏嗯。每业捏各印咧切玉促切，森切索外 zà 戏切调嗯度 fì 刀帖索各突气告德一 zà 咳捞一 zà gè 觅簸，驮切业更买栽各娇，业要妞贵嗯蒿仄晡喏嗯呆虐。

2. 拼音：yào niū gùi ǹ hāo zè bū nùo ǹ

aňg dì hǔo bē tà gùo gǔo yē gè《yào niū gùi ǹ hāo zè bū nùo ǹ》gè hǎi wò。

lǎo zào gè sī hē，yǒu yē gè hè sài gǔo，bǎ bà m̌ mà dù gū bēi bè，guāng guāng gū dé，gùo lǐ zì yǒu yē zà lǎo niū hāi，tà gùo dù è gī yào niū gùi ǹ。

yào niú gùi ǹ kāo lǎo niū lī diē zū sài wǒ qiē qiè yoṅg yoṅg，hāo lǎo niū

yà qǐ gū nié zǐ。 lǎo niū sé jì sùo zǐ tiè súo gè jiǹ niū xiǹ xiù, gī huài xǐ yào niū gùi ǹ gè jiñ lié, niē xiǹ hǎo, cěn bài gī lié gè gùo。

yǒu yè yé, jiǹ niū xiǹ xiù xiǎo dè tiè súo gè xiān nǜ yāo dāo cèn dòng miè sài jià gè wū lì tà yǔe。 gī tùo mòng bè yào niū gùi ǹ, yāo gī tì nié yé ǹ gài dāo wū biè kí, děn dāo xiān nǜ tà yǔe gè sī hē, dài zé yè jiě xiān nǜ gūo dè sù sūo gè yǐ sùo, dē yè fē yào wēi gè bié gùo lái, xiù wēi lóng zǎ yī gè piǎo niè gè xiān nǜ zē lǎo mō。

gé yè yé ǹ gài, yào niū gùi ǹ yī yì wé wé gè dāo lè sài jià, wù mōng mōng gè zèn gé kāi jiè qiè gè piǎo niè nùo ǹ děi wū lì xì xúe, gī mǒ sùo dài · lè yè jiě fèn oñg gè yǐ sùo, fì yé gè bié gùo kí。

gé gè yè gī dài zǒu yí sùo gè xiān nǜ xiù zǐ tiè sǔo gè zè bū nùo ǹ。 dùo yé yà lì, gī qiǹ qiń jiào kào kài yào niū gùi ǹ gùo gè mēn, nié gè yiñ zū lè jiǎo gùa hǎo gè niè lǎo mō。

ài jiǹ yī hùo zà, sài niè gū kī bè, yào niū gùi ǹ hāo zè bū nùo ǹ sài lè yē gè gùi ǹ yē gè nùo ǹ nié gè xiē yiǹ gùo, yè gùo yiǹ gū dè mé lào là kài xiǹ。 là lì xiǎo dè, zè bū nùo n lǔo fāi gè sì gāi yè yǔe wáng dǎ dì xiǎo dè bè。 yǒu yè yé, tiè sǔo sāi hùe sāi, dǎi tié nài, qǐ tù foǹg, lúo tù yǔ, zè bù nùo ǹ yī hùo ǹ gòng fú xiù fè yǒu tiā bè, nié gè xiē yiǹ gùo hūe qiè lài yāo m̌ mà, yào niū gùi ǹ jè dè fè xiǎo dè hé jié hǎo。

gé gè sī hē, mé zà lǎo niū bāi kài ké bè: "fē yào nāi gū, ǹ bè aňg gè gù dài lúo lài, biē qiè nié zà lū, bè nié gè xiā yiñ gùo kūo jiǹ kì, xiù hǎo dāo tiè súo kì niñ zè bū nùo ǹ bē。" yào niū gùi ǹ gài gái jūe dè jī gūa, niū gù xiè tē dāo tì sūo bè。 zèn gé biē giè nié zà lū。 yào niū gùi ǹ bè nié gè xiē yiǹ gùo kūo dào lū lì, yoǹg biè dāi tiào qié lài, zè gàn jè dāo yē cèn qiǹ fòng què gū, nié zà lē hào xiè sài lè yǐ xiǎo bài, yē hùo ǹ xiù fì qié lài bè, cǎ dè yēn dē sùo zāo tiè súo fì kǐ。 fì ā fì ā, xiè yāo jùe zǎ zè bū nùo ǹ bé, là lì xiǎo dè yè wǎng mò niè niè kài jiè bè, gī bāi lùo lài dē sùo gè yè gèn jiǹ zāi ǹ dē, děi yāo niē gùi ǹ hāo zè bū nùo ǹ zòng yé yī hùo wǎ, mǒ sùo biē qiè yè diāo nùo dē mài tù gè tù qì, kùo dè kāi fè jiē dēi niè gè aì sūo, bè niè lǎo mō gà kài bé!

xì qiè diào ǹ jiǎo gùa niē miè yào niū gùi ǹ hāo zè bū nùo ǹ。měi yè niē gè yìn lié qiè yǔ cù qiè, sēn qiè sǔo wài zà xì qiè diào ǹ dù fì dāo tiè súo gè tù qì gào dé, yī zà hāi lāo yī zà gè mì bò, dùo qiè yè gèn mái zāi gè jiāo, yè yào niū gùi ǹ hāo zè bū nùo ǹ dāi nǔe。

四、声韵调

（一）声调例字（读例字字音）

1. 多（度 dù）　东（动 dòng）　该（盖 gài）　灯（拕 dèn）　高（告 gào）　猪（自 zì）

周（奏 zòu）　专（倔 jùe）　尊（zēn）　边（别 biè）　颠（dìè）租（租 zū）

安（爱 aì）　婚（混 hùn）　风（foǹg）　伤（sùo）　三（赛 sài）飞（fì）

2. 拖（踏 tà）　通（痛 tòng）　开（忾 kài）　吞（tèn）　敲（靠 kào）　吹（雀 què）

抽（策 cè）　穿（确 què）　春（qùn）　偏（pìè）　天（帖 tiè）千（切 qiè）

粗（促 cù）

3. 门（闷 mēn）　龙（lōng）　牛（妞 niū）　油（优 yōu）　鹅（污 wū）　鱼（ñ）

4. 铜（东 dōng）　皮（逼 bī）　头（dē）　糖（多 dūo）　红（oñg）穷（垌 jioñg）

陈（zēn）　床（梭 sūo）　才（则 zè）　平（宾 biñ）　寒（咳 hāi）神（森 sēn）

徐（西 xī）　扶（夫 fū）

5. 懂（懂 dǒng）　古（古 gǔ）　　早（早 zǎo）　　鬼（鬼 gǔi）　　九（九 jiǔ）　　展（赞 zàn）

纸（子 zǐ）　　走（走 zǒu）　　短（歹 dǎi）　　比（比 bǐ）　　碗（崴 wǎi）　　好（好 hǎo）

手（叟 sǒu）　　死（洗 xǐ）　　粉（粉 fěn）

6. 统（痛 tòng）　苦（苦 kǔ）　　草（草 cǎo）　　讨（讨 tǎo）　　口（决 jué）　　丑（cé）

楚（徂 cú）　　体（体 tǐ）　　普（铺 pù）

7. 买（马 mǎ）　老（老 lǎo）　　五（嗯 ň）　　有（有 yǒu）　　女（女 nǔ）　　染（茶 nié）

暖（乃务 nǎi wù）　　买（马 mǎ）　　网（模 mó）

8. 动（董 dǒng）　罪（学 xúe）　　近（紧 jiň）　　后（喝 hè）　　柱（局 jú）　　是（子 zǐ）

坐（俗 sú）　　淡（歹 dǎi）　　抱（饱 bǎo）　　厚（合 hé）　　社（séi）　　似（号泻 hào xiè）

父（丫 yā）

9. 冻（东 dōng）　怪（瓜 gūa）　　半（刮 bāi）　　四（西 xī）　　盖（该 gāi）　　帐（栽 zāi）

正（zēn）　　醉（机 jī）　　对（dēi）　　变（憋 biē）　　爱（爱 ài）　　汉（汉 hàn）

世（思 sī）　　送（松 sōng）　　放（fō）

10. 痛（通 tōng）　快（夸 kūa）　　寸（参 cēn）　　去（kī）　　抗（顶 díng）　　唱（搓 cūo）

菜（猜 cāi）　　怕（哈 hà）

11. 卖（骂 mà）　路（路 lù）　　硬（爱 ài）　　乱（奈 nài）　　岸（爱 ài）　　让（叶 yè）

漏（勒 lè）　　怒（怒 nù）　　帽（帽 mào）　　望（开 kāi）　　用（用

yòng）

12. 洞（痛 tòng）　地（替 tì）　饭（fài）　树（序 xù）　共（巩 gǒng）　阵（cèn）

助（足 zú）　贱（泻 xiè）　大（突 tù）　病（聘 pìn）　害（害 hài）　谢（谢 xiè）

13. 谷（guè）　百（爸 bà）　搭（驮 dùo）　节（计 jì）　急（jè）　竹（倔 juè）

织（仄 zè）　积（jè）　得（dè）　笔（别 biè）　一（业 yè）　黑（喝 hè）

湿（涩 sè）　锡（xè）　福（fè）　歇（戏 xì）　说（果 gǔo）　削（下 xià）

发（fò）

14. 哭（kùe）　拍（pè）　塔（拓 tùo）　切（切 qiè）　刻（kè）　曲（却 què）

出（却 què）　七（切 qiè）　秃（特 tè）　匹（piè）　缺（缺 què）　尺（cà）

铁（帖 tiè）　拍（pè）

15. 六（lé）　麦（马 mǎ）　叶（仪 yí）　月（于 yú）　人（今 jīn）　纳（嗽 sòu）

袜（模 mó）

16. 毒（德 dé）　白（把 bǎ）　盒（火嗯 hǔo ǹ）　罚（佛 fó）　局（抉 juè）　宅（wè）

食（sě）　杂（择 zé）　读（德 dé）　合（合 hé）　舌（死 dē sǐ dē。）

俗（土 tǔ）　服（fě）

（二）声母例字（读例字字音）

1. 八（簸 bò）兵（摈 bìn）

2. 派（趴 pā）

3. 爬（波 bō）病（聘 piǹ）

4. 麦（马 mǎ）

5. 飞（fì）

6. 副（夫 fū）

7. 饭（fài）

8. 问（闷 mèn）

9. 多（度 dù）　东（动 doǹg）

10. 讨（讨 tǎo）　天（帖 tiè）

11. 甜（爹 diē）　毒（德 dé）

12. 脑（脑 nǎo）　南（nāi）　年（捏 niē）　泥（妮 nī）

13. 老（老 lǎo）　蓝（nāi）　连（捏 niē）　路（路 lù）

14. 资（资 zī）　早（早 zǎo）　租（zù）　酒（酒 jiǔ）

15. 刺（疵 cī）　草（草 cǎo）　寸（参 cēn）　清（庆 qiǹ）

16. 字（寺 sì）　贼（sé）　坐（俗 sú）　全（全 quán）

17. 丝（寺 sì）　三（赛 sài）　酸（赛 sài）　想（岑 cén）

18. 祠（思 sī）　谢（谢 xiè）

19. 张（再 zài）　竹（倔 juè）

20. 拆（cà）

21. 茶（作 zūo）　柱（局 jú）

22. 争（再 zài）　装（作 zuò）

23. 抄（草 cǎo）　初（促 cù）

24. 床（梭 sūo）

25. 山（赛 sài）　双（sùo）

26. 纸（子 zǐ）　主（局 jú）

27. 车（措 cùo）　春（qùn）

28. 船（靴 xūe）　顺（训 xùn）

29. 手（叟 sǒu）　书（序 xù）

30. 十（sé）　树（序 xù）

31. 热（宜 yí）　软（nǔe）

（三）韵母例字（读例字字音）

1. 歌（顾 gù）　坐（俗 sú）　过（姑 gū）　靴（序 xù）

2. 茶（作 zūo）　牙（窝 wō）　写（写 xiě）　瓦（我 wó）

3. 苦（苦 kǔ）　五（嗯 ň）　猪（自 zì）　雨（雨 yǔ）

4. 开（忾 kài）　排（八 bā）　鞋（哈 hā）　米（米 mǐ）　赔（杯 bēi）　对（dēi）　快（夸 kuā）

5. 师（思 sī）　丝（四 sì）　试（思 sī）　戏（西 xī）　二（茶 nié）飞（fì）　鬼（鬼 guǐ）

6. 宝（宝 bǎo）　饱（饱 bǎo）　笑（肖 xiāo）　桥（交 jiāo）

7. 豆（特 tè）　走（走 zǒu）　油（优 yōu）

8. 南（nāi）　盐（捏 niē）

9. 心（信 xiǹ）　（人）参（sèn）

10. 山（赛 sài）　年（捏 niē）　半（剐 bāi）　短（歹 dǎi）　官（怪 gùai）　权（嗟 juē）

11. 根（更 gèn）　新（信 xiǹ）　寸（参 cēn）　滚（滚 gǔn）　春（quǹ）　云（晕 yūn）

12. 糖（多 dūo）　响（写 xiě）　床（梭 sūo）　王（窝 wō）

13. 双（sùo）　讲（果 gǔo）

14. 灯（扽 dèn）　升（sèn）

15. 硬（爱 ài）　争（再 zài）　病（聘 piǹ）　星（信 xiǹ）　横（歪 wāi）　兄（诇 xiòng）

16. 东（动 doǹg）　用（用 yoǹg）

17. 盒（火 hǔo）　塔（拓 tùo）　鸭（沃 wò）　接（计 jì）　贴（帖 tiè）　法（fò）

18. 十（sě）　急（jè）

19. 辣（罗 lúo）　八（簸 bò）　热（仪 yí）　节（介 jiè）　活（我 wǒ）　刮（过 guò）　月（于 yú）

20. 七（切 qiè）　一（业 yè）　骨（guè）　出（缺 què）　橘（倔 jùe）

21. 托（拓 tùo）　药（哑 yǎ）　郭（guè）

22. 壳（库 kù）　学（壶 kǔ）

23. 北（bè）　直（则 zé）　色（涩 sè）　国（guè）

24. 白（把 bǎ）　尺（cà）　锡（xè）

25. 谷（gùe）　六（lé）　绿（lé）　局（决 júe）

（四）两字组例字（读例字字音）

飞机（fí 计 fí jì）　开会（忾卫 kài wèi）　朋友（bōng 优 bōng yōu）

东风（动 fòng dòng fòng）　钢笔（过别 gùo bìe）　徒弟（都低 dū dī）

开车（忾措 kài cùo）　东北（动 bè dòng bè）　难过（nāi 姑 nāi gū）

当官（驮怪 dùo guài）　中国（纵 guè zòng guè）　棉裤（乜枯 miē kū）

清明（芩 mìn qín mìn）　工作（共仄 gòng zè）　驼背（都杯 dū bēi）

工人（共印 gòng yìn）　生日（赛耶 sài yé）　同意（东意 dōng yì）

开门（忾闷 kài mēn）　生活（赛我 sài wǒ）　名字（miñ 寺 miñ sì）

耕田（哩爹 lī diē）　工业（工耶 gōngyé）　毛病（猫聘 māo pìn）

工厂（共才 gòng cái）　开学（忾壶 kài hú）　长寿（栽涩 zāi sè）

身体（sèn 子 sèn zǐ）　农村（nōng cèn nōng cèn）　排队（八 tèi bā tèi）

乡长（泻载 xiè zǎi）　良心（捏芯 niē xìn）　毛笔（猫别 māo bìe）

天井（帖紧 tiè jǐn）　骑车（机措 jī cùo）　颜色（哀涩 āi sè）

孙女（sèn 喏嗯 sèn nùo ǹ）　爬山（玻赛 bō sài）　头发（dē fò dr fò）

公社（工 seǐ gōng seǐ）　　眉毛（咪猫 mī māo）　　留级（溜 jè Liē jè）

公里（共里 gòng lí）　　农民（nōng miñ nōng miñ）　　农业（nōng 耶 nōng yé）

招待（皂歹 zào dǎi）　　皮鞋（逼哈 bī hāo）　　粮食（捏 sé niē sé）

书记（需计 xū jì）　　围裙（威君 wēi jūn）　　茶叶（作衣 zūo yī）

车票（措漂 cùo piāo）　　牙齿（窝词 wō cǐ）　　同学（东壶 dōng hú）

开店（忾爹 kài diē）　　门口（闷可 mēn ké）　　火车（户措 hù cùo）

分配（份配 fèn pèi）　　团长（呆载 dāi zǎi）　　点心（爹芯 diè xìn）

车站（措载 cùo zǎi）　　长短（栽歹 zāi dǎi）　　比方（屁 fò pì fò）

军队（俊 tèi jùn tèi）　　牛奶（妞那 niū nà）　　打针（歹潜 dǎi zèn）

生病（赛聘 sài pìn）　　城市（森力 sēn lì）　　水池（谴资 xùe zī）

草鞋（cào 哈 cào hā）　　转业（眷耶 juàn yé）　　近路（紧路 jǐn lù）

倒霉（到 mēi dào mēi）　　伙食（户 sé hù sé）　　美国（妹 guè mèi guè）

检查（介作 jiè zūo）　　老师（烙思 lào sī）　　满足（买倔 mái juè）

手表（涩表 sè biǎo）　　尾巴（觅卜 mì bò）　　道德（导 dè dǎo dè）

厂长（菜载 cài zǎi）　　坐车（俗措 sú cùo）　　犯法（fái fò fái fò）

火腿（户 těi hù těi）　　动工（董共 dǒng gòng）　　礼物（力 wé lì wé）

水果（谴古 xùe gǔ）　　码头（末 dē mò dē）　　老实（老 sé lǎo sé）

起码（气模 qì mó）　　老婆（老摸 lǎo mō）　　动物（董 wé dǒng wé）

水稻（谴导 xùe dǎo）　　象棋（写机 xié jī）　　技术（几学 jǐ xué）

管理（贯力 guān lì）　　坐船（俗靴 sú xuē）　　汽车（七措 qì cùo）

改造（盖早 gài zǎo）　　老虎（烙壶 lào hǔ）　　背心（杯芯 bēi xìn）

水库（谴库 xùe hù）　　老板（烙白 lào bái）　　唱歌（搓顾 cūo gù）

海带（海大 hǎi dà）　　动手（董叟 dǒng sǒu）　　退休（tēi 秀 tēi xiù）

写信（写心 xié xīn）　　市长（死脏 sǐ zàng）　　酱油（解又 jié yòu）

比赛（比赛 bǐ sài）　　养老（耶老 yé lǎo）　　算盘（sǎi bài）

手艺（sé 义 sé yì）　　　远近（哕紧 yuě jǐn）　　　过年（姑捏 gū niē）

古代（古太 gǔ tài）　　　道理（导哩 dǎo lǐ）　　　拜年（八捏 bā niē）

写字（写寺 xié sì）　　　犯罪（fái 学 fái xúe）　　　报纸（包自 bāo zì）

准备（俊北 jùn béi）　　　满意（买义 mái yì）　　　政府（潜父 zèn fù）

粉笔（份别 fèn biè）　　　买票（马漂 mǎ piāo）　　　放火（fō 壶 fō hú）

赌博（赌北 dǔ bè）　　　市镇（sí 潜 sí zèn）　　　进口（今可 jīn ké）

享福（些 fè xiē fè）　　　受气（叟七 sǒu qī）　　　送礼（松里 sōng lí）

洗脚（他架 tā jià）　　　午饭（嗯 fài ǒ fài）　　　制造（自早 zì zǎo）

体育（替哕 tì yuě）　　　马路（抹路 mǒ lù）　　　跳舞（挑务 tiāo wù）

死活（洗我 xí wǒ）　　　社会（séi 卫 séi wèi）　　　对待（dēi 歹 dēi dǎi）

会计（愧计 kài jì）　　　调查（刁作 diāo zūo）　　　大学（达协 dá xié）

意见（意见 yì jiàn）　　　代表（太表 tài biǎo）　　　国家（guè 过 guè guò）

算账（塞栽 sāi zāi）　　　字典（寺迭 sì dié）　　　北京（bè 近 bè jìn）

种菜（宗猜 zōng cāi）　　　县长（闲脏 xiǎn zàng）　　　北方（bè fò bè fò）

政治（潜词 zèn cí）　　　户口（五可 wú ké）　　　结亲（计庆 jì qìn）

孝顺（肖汛 xiāo xùn）　　　大雨（突雨 tù yǔ）　　　骨头（gūe dè gūe dè）

救命（究命 jiū mìn）　　　味道（fí 到 fí dào）　　　铁门（帖阿 tiè mēn）

过夜（姑亚 gū yà）　　　糯米（努觅 nǔ mì）　　　发财（fò 塞 fò sāi）

近视眼（紧事矮 jinn sì ǎi）　　地道（替导 tì dáo）　　出名（确 miñ qùe miñ）

政策（潜策 zèn cè）　　　位置（位子 wèi zǐ）　　　黑板（喝白 hè bái）

信息（信 xè xiǹ xè）　　　饭店（fài 爹 fài diē）　　　缺点（确迭 què dié）

正式（zēn 涩 zēn sè）　　　事故（死顾 sǐ gù）　　　发火（fò 壶 fò hú）

建设（见涩 jiàn sè）　　　路费（路 fí lù fí）　　　发展（fò 载 fò zǎi）

副业（父耶 fù yé）　　　大路（突路 tù lù）　　　谷雨（gùe 雨 gùe yǔ）

中毒（宗德 zōng dé）　　　寿命（涩 miñ sè miñ）　　　接受（计叟 jì sǒu）

四月（西玉 xī yù）　　　电话（迭沃 dié wò）　　　黑马（喝模 hè mó）

做贼（租 sé zū sé）　　顺利（训力 xùn lì）　　发动（fò 董 fò dǒng）

地方（替 fō tì fō）　　办法（派 fō pài fō）　　节气（介七 jiè qī）

卫生（韦森 wéi sēn）　　外国（袜 guè wà guè）　　发票（fò 漂 fò piāo）

认真（印 zèn yìn zèn）　　样式（叶涩 yè sè）　　织布（仄晡 zè bū）

用功（用共 yòng gòng）　　利息（力 xè lì xè）　　出去（缺 kī què kī）

大门（土阿 tǔ mèn）　　树叶（序仪 xù yí）　　铁路（帖路 tiè lù）

问题（问低 wèn dī）　　事实（死 sé sǐ sé）　　质量（仄娘 zè niáng）

地球（替究 tì jiū）　　大麦（凸骂 tū mà）　　速度（谑独 xùe dú）

决定（嗟 tìn jūe tìn）　　落后（lé 合 lé hé）　　目录（么 lé mé lé）

节约（jē 叶 jē yè）　　十五（sé 嗯 sé ň）　　越剧（哕 jé yuě jé）

答复（dē fè dē fè）　　活动（wé 董 wé dǒng）　　婺剧（无 jié wǔ jé）

出血（缺序 qūe xù）　　力气（咧七 lié qī）　　昆曲（昆缺 kūn què）

出国（缺 guè qūe guè）　　脾气（逼七 bī qī）　　睦剧（么 jé mé jé）

作业（仄耶 zè yé）　　医生（仪 sèn yí sèn）　　京剧（京 jé jiñ jé）

复习（fè xé fè xé）　　哈痒（哈爷 hà yé）　　绍剧（扫 jé sǎ jé）

节日（jè sé jè sé）　　裂开（挂忔 guà kài）　　黄梅戏（窝 mēi 西 wō mēi xī）

结合（jè 合 jè hé）　　口水（克学 kè xué）　　皮筒鼓（逼东鼓 bī dōng gǔ）

木工（么共 mé gòng）　　肉店（núe 爹 núe diē）　　三脚班（赛架拜 sài jià bài）

立冬（咧动 lié dòng）　　白菜（把猜 bǎ cāi）　　学习（协 jé xié jé）

读书（德序 dé xù）　　服气（fé 七 fé qī）　　看书（开序 kāi xù）

石灰（洒会 sǎ hùi）　　立夏（咧货 lié hùo）　　写字（写寺 xiě sì）

麦芒（马夙 mǎ sù）　　木匠（么泻 mé xiè）　　寄信（机心 jī xiñ）

肉皮（núe 逼 núe bī）　　实现（sé 泻 sé xiè）　　抄写（cào 写 cào xié）

石头（洒 dē sǎ dē）　　服务（fé 无 fé wǔ）　　十六（sé lé sé lé）

合同（合东 hé dōng）　　蜡烛（罗倔 lúo jùe）　　手心（涩芯 sè xiñ）

日子（耶子 yé zǐ）　　中医（纵义 zòng yì）　　指头（zē dè zē dè）

墨水（么学 mé xúe）　　厨师（居寺 jū sì）　　皮肤（逼父 bī fù）

石板（洒白 sǎ bái）　　墨汁（么仄 mé zè）　　血脉（序骂 xù mà）

局长（决载 júe zǎi）　　白云（把晕 bǎ yūn）　　筋骨（近guè jìn guè）

物理（wé 力 wé lì）　　及格（jé 尬 jé gà）　　神仙（森泻 sēn xiè）

五、谚语

（一）气象

乌龙山戴帽，种田人坐轿。（五弄赛答冒，宗爹音俗俏。wǔ lòng sài dā mào, zōng diē yiñ sú qiào。）——严州府城北的乌龙山顶被云遮住，意味着要下雨了，农民可以休息了。

雪落高山顶，天气要转晴。（戏罗告赛顶，帖气腰决新。xì lúo gào sài dǐng, tiè qì yāo júe xiñ。）——高山顶上有雪了，天气要放晴了。

春霜三日白，晴到割大麦。（qùn sùo 赛耶把，心刀 gì 凸骂。qùn sùo sài yé bǎ, xiñ dāo gì tū mà。）——春天降霜连续几天白，天气就会晴，直到割大麦。

清明要明，谷雨要雨。（芹 miǹ 腰 miñ，guè 雨腰雨。qín miǹ yāo miñ, guè yú yāo yǔ。）——清明节要天晴为好，而谷雨节气最好要下雨。

清明断雪，谷雨断霜。（芹 miǹ 歹戏，guè 雨歹 sùo。qín miǹ dái xì, guè yú dái sùo。）——到清明这个节气，就不会下雪了，到谷雨这个节气，就不会降霜了。

春寒多雨水，夏寒滴不漏。（qùn 咳度玉学，货咳迭 fē 乐。quǹ hāi dù yù xué, hùo hāi dié fē lè。）——春天寒冷多雨水，夏天寒冷会没有一滴雨，会干旱。

雷打惊蛰前，春雨多绵绵。（勒歹近则些，qùn 雨度乜乜。lāi dái jìn zè xiē, qùn yǔ dù miē miē。）——在惊蛰这个节气前就打雷，这个春天会多雨水。

大旱不过七月半。（突亥 fè 姑切玉刽。tù hài fè gū qiè yù bāi。）——天

大旱，但不会旱过七月半以后。

春天里孩儿脸，一天变三变。（qùn 里 dè 些印过各灭孔，业耶憋赛憋。qùn lú dè xiē yìn gùo gè miè kǒng，yè yé biē sàibiē。）——春天天气善变，像小孩子的脸一般一会儿晴一会儿雨。

吃了端午粽，棉袄再好送。（切勒带嗯宗，乜袄再好松。qiè lè dài ń zōng，miē ǎo zài hǎo sōng。）——端午节前都还会冷的，过了端午节才能把棉袄收起来。

打鼓送黄梅，一去永不回。（靠鼓松窝 mēi，一 kī 用 fè 威。kào gǔ sōng wō mēi，yì kī yòng fè wēi。）——天空一打雷就送走了黄梅天。

小暑头上一声雷，四十九天倒黄梅。（些许 dē sùo 业 sèn 勒，西涩九耶倒窝 mēi。xiē xǔ dē sùo yè sèn lēi，xī sè jiú yé dáo wō mēi。）——小暑节气头上一声雷，会连续阴雨如黄梅天。

五月西风大水叫，六月西风石板翘。（嗯玉戏 fòng 突学交，lé 玉戏 fòng 洒白悄。ǎ yù xì fòng tù xué jiāo，lé yù xì fòng sá bǎi qiāo。）——五月西风会下大雨发大水，六月西风会久晴，大太阳晒得石板都翘起来。

六月初三雾，溪滩当大路。（lé 于促赛雾，气太多凸路。lé yú cù sài wù，qì tài dūo tù lù。）——六月初三起雾的话，会久晴或干旱，溪滩都干了可当大路走。

六月初三晴，晒干紫竹林。（lé 于促赛心，仨盖自决 niñ。lé yú cù sài xi ñ，sā gài zì jùe niñ。）——六月初三晴的话，会有持续大太阳，连竹林都会被晒干。

立春晴一日，耕田不费力。（咧 qùn 新一耶，哩爹 fē 切咧。lié qùn xiñ yé，lǐ diē fē qiè lié。）——立春节气晴一天，耕田容易，不费力。

五月南风涨大水，六月南风海也枯。（嗯玉 nāi fòng 栽突学，lé 与 nāi fò 海业库。ǎ yù nāi fòng zái tù xúe，lé yú nāi fòng hǎi yè kù。）——五月刮南风要涨大水，六月刮南风要干旱。

春寒多雨水，夏寒井底干。（qùn 咳度玉学，货咏紧底盖。qùn hāi dù yù

xúe, hùo hāi jiǐ dǐ gài。）——春天寒冷会多雨水，夏天寒冷会干旱，旱到井里都没水了。

春霜不露白，露白要赤脚。春霜三天白，晴到割大麦（qùn sùo fē 露把，露把腰 cà 价，qùn sùo 赛耶把，心刀 gì 凸骂。qùn sùo fē lù bǎ，lù bǎ yāo cà jià。qùn sùo sài yébǎ，xīn dāo gì tū mà。）——春天降霜不露白，露白要赤脚。如果春霜三天白，会晴到割大麦。

芒种后逢壬入梅，逢庚出梅。（芒纵合 foñg 音 sé mēi，fōng gěn 缺 mēi。máng zòng hé fōng yīn sé mēi，fōng gěn què mēi。）——芒种节气后逢壬进入梅雨季节，逢庚出梅雨季节。

雨打梅头，十八个大日头，雨打梅脚，田缺不用堵。（雨歹 mēi dē，sé 卜各突耶 dē，再歹 mēi 价，爹去 fē 用作。yǔ dái mēi dē，sé bò gè tù yé dē，yǔ dái mēi jià，diē pù fē yoǹg zùo。）——梅雨季开头下雨，会晴多日，梅雨季将结束下雨，水会多到田缺都不用堵。

六月盖棉被，有谷没有米。（lé 于该乜比，有 gùe fè 有米。lé yú gāi miē bí，yóu gùe fè yóu mǐ。）——六月（夏天）气温低，对农作物生长有影响，谷粒会长不饱满。

春分秋分，日夜平分。（qùn 份 qiù 份，niě 亚宾份。qùn fèn qiù fèn，niě yà biñ fèn。）——春分秋分季节，日夜时间一样长。

春东风，雨祖宗。夏东风，燥烘烘。秋东风，晒死老虾公。冬东风，雪花白蓬蓬。（qùn 冻 fòng，雨 zù 纵。货冻 fòng，臊哄宏。qiù 冻 fòng，亻洗老火共。冻冻 fòng，戏货把 bōng bōng。qùn dòng fòng，yǔ zù zòng。hùo dòng foǹg，sāo hòng hóng。qiù dòng foǹg，sā xí lǎo hǔo gòng。dòng dòng fòng，xì hùo bǎ bōng bōng。）——春东风，要下雨。夏东风，要燥热。秋东风，要有大太阳。冬东风，要下雪。

夏雨隔牛背，秋雨隔灰堆。（货雨尬妞杯，qiù 雨尬会 dèi。hùo yǔ gà niū bēi，qiù yǔ gà hùi dèi。）——夏天的雨，有时牛背这边下了，牛背那边却没雨。秋天的雨有时灰堆这边下了，灰堆那边却没雨。

立夏晴，蓑衣箬帽壁角扔；立夏雨，蓑衣箬帽满田塍。（咧货心，夙仪茶帽憋哩顾 dē 快；咧货雨，夙仪茶帽买爹森。lié hùo xiñ, sù yí niě mào biē lǐ gù dē kuài; lié hùo xiñ, sù yí niě mào mái diē sēn。）——立夏这节气如果晴，天就会长晴，不太下雨也就不太用得到蓑衣箬帽；立夏这节气如果下雨，天就会经常下雨，常常要用到蓑衣箬帽。

芒种火烧天，夏季雨涟涟。（芒纵狐臊帖，货季雨捏捏。mǎng zòng hǔ sào tiè, hùo jì yǔ niē niē。）——芒种节气如果大晴大热，夏季会雨涟涟。

过了七月半，板壁冷一半。（姑勒切玉刟，拜别乃一刟。gū lè qiē yù bāi, bài biè nǎi yì bāi。）——过了七月半，天气转凉了。

小满山头雾，小麦变成糊。（些买赛 dē 雾，些骂憋 zēn 雾。xiē mǎi sài dē wù, xiē mà biē zēn wù。）——小满节气时，山头起雾，小麦产量会不好。

雨打秋头，没草饲牛。（雨歹 qiù dē，fè 有草威妞。yǔ dǎi qiù dē, fè yóu cǎo wēi niū。）——秋季的开头下雨，就没草喂牛了。

秋雨隔田垄。（qiù 雨尬爹森，qiù yǔ gà diē sēn。）——秋天的雨，有时田垄这边的田里下到雨了，而田垄那边的田里没雨。

八月桂花整。（卜玉归货怎。bò yù gūi hùo zén。）——八月桂花开时会有几天气温很高很热。

八月乌，不见日头乌咚咚。（卜玉务，fè 街耶 dē 务东冻。bò yù wù, fè jiē yé dē wù dōng dǒng。）——八月份，有一段日子，以阴天为主，看不见太阳。

十月小阳春。（sé 玉肖 yāi qùn。sé yù xiào yāi qùn。）——十月份，有几天的气温暖如春。

午申季酉连庚戌，天上无雨地下湿。（嗯森计酉捏更些，帖索唔雨替梭涩。ň sēn jì yǒu niě gèn xiè, tiè súo m̌ yǔ tì sūo sè。）——这个季节，就是天不下雨，地上也是很潮湿的。

十月初一晴，柴炭满街行；十月初一阴，柴炭贵如金。（sé 玉卒一心，仁胎买尬心；sé 玉卒一印，仁般规淤仅。sé yù cù yì xiñ, sā tāi mǎi gà xiñ；sé yù cù yì yìn, sā tāi gū yū jìn。) 喻气候影响产量。十月初一晴，柴火木炭满街都是，而且价格低；十月初一阴，柴火木炭少，而且价格贵。

重阳无雨看十三，十三无雨一冬干。（宗耶唔雨开 sé 赛，sé 赛唔雨业冻盖。zoñg yē m̄ yǔ kāi sé sài, sé sài m̄ yǔ yè dòng gài。) 重阳这天不下雨，看看十三这天下不下雨，十三不下雨的话一冬都会干旱。

雨夹雪，落不歇。（雨果戏，罗 fè 戏。yǔ gǔo xì, lúo fè xì。) ——雨雪同时下，会一直下个不停。

白露白迷迷，秋分稻头齐，秋分不出头，割掉喂老牛。（把露把觅米，qiù 份导 dē 机，qiù 份 fē 缺 dē，gì 跳威老妞。bǎ lù bǎ mì mǐ, qiù fèn dáo dē jī, qiù fèn fē què dē, gì tiào wēi lǎo niū。) ——白露节气白，也就是天气好，秋分稻头会长齐，如果秋分长不出稻头，就长不好了，只能割掉喂牛。

冬至过掉没有节，不是下雨就是雪。（董自姑跳 fè 有介，fè 子罗雨秀子戏。dǒng zì gū tiào fè yǒu jiè, fè zí lúo yǔ xiè zí xì。) ——冬至过了以后就没有节了，不是下雨就是下雪。

烂冬油菜，燥冬麦。（奈动优猜，搔动马。nài dòng yōu cāi, sāo dòng mǎ。) ——雨雪多的冬天，有利于油菜的生长，晴天多的干燥冬天，有利于麦子的生长。

先下雪又下霜，一个麦头两人扛。（泻罗戏又罗 sùo，一各马 dē 茶各音呆。xiè lúo xì yòu lúo sùo, yī gè má dē nié gè yiñ dāi。) ——先下雪又下霜，麦子会长得很好。麦穗也大。

雷打冬，十栏九栏空。（勒餐动，sé nāi 九 nāi 控。lēi dǎi dòng, sé nāi jiǔ nāi kòng。) ——喻冬天打雷，对猪、牛、羊等动物都有影响。

邋遢冬至干净年，干净冬至龌龊年。（罗拓董自盖行捏，盖心董自务粗捏。lúo tùo dǒng zì gài xiñ niē, gài xiñ dǒng zì wù cū niē。) ——冬至节气如果下雨，过年会是好天气，冬至节气如果晴，过年会下雨或雪。

冬至月初，石板冻酥。（董自于卒，洒白东凤。dǒng zì yú cù, sá bǎi

dōng sù。)——冬至节气如果是在月初，天气会很冷。

白露，白露，肉不露。（把露，把露，nuě fē 露。bǎ lù，bǎ lù，nuě fē lù。)——白露季节，天冷了，穿长衣长裤不露肉了。

春雾雨，夏雾晴，秋雾凉风，冬雾雪。（qùn 雾雨，货雾心，秋雾捏 fonɡ，冻雾戏。qùn wù yǔ，hùo wù xi ñ，qiè wù niē fonɡ，dònɡ wù xì。)——春天起雾要下雨，夏天起雾要放晴，秋天起雾要转凉，冬天起雾要下雪。

年成熟不熟，要看三个六。（捏森学 fè 学，腰开赛各 lé。niē sēn xúe fè xúe，yāo kāi sài gè lé。)——年成好不好，要看正月初六、十六、二十六晴不晴，均晴即好。

一九晴，二九淋。三九二十七，檐冻挂笔。四九三十六，家家吃年肉。五九四十五，石板煎豆腐。六九五十四，黄狗向阴地。七九六十三，扁担头上挂汗衫。八九七十二，黄蜂吱吱吱。九九八十一，田鸡蛤蟆叫咯咯。十九足，犁耙出。（一九心，嗯九 niñ。赛九捏切，niñ 东锅别。西九赛涩 lé，过过切捏哕。嗯九西涩嗯，洒白介特夫。lé 九嗯 sé 西，窝狗昌印替。切九 lé sé 赛，别呆 dē sùo 锅亥赛。卜九切 sé 茶，窝 fònɡ 资资资。九九卜 sé 一，爹计锅摸交戈各。sé 九倔，哩玻缺。yī jiǔ xiñ，ǹ jiǔ niñ。sài jiǔ niē qiè，niñ dōnɡ gūo biè。xī jiǔ sài sè lé，gùo gùo qiè niē yǔe。ń jiǔ xī sè ň，sá bǎi jiè tè fū。lú jiǔ ń sé xī，wō gé mào yiǹ tì。qiè jiǔ lé sé sài，biè dāi dē sùo gūo hài sài。bò jiǔ qiè sé niè，wō fònɡ zī zī zī。jiǔ jiǔ bò sé yì，diē jì gūo mō jiāo gē gè。sé jiǔ jùe，lī bō què。)

日出日落胭脂红，不是雨来就是风。（耶却耶罗业子 oñɡ，fè 子雨赖秀子 fònɡ。yé què yé lǔo yè zí oñɡ，fè zí yǔ lài xiè zí fònɡ。)——日出或日落时天空云彩出现胭脂红，就意味着要下雨或起风了。

猴高日头低，大水满过溪。（喝告茶 dē 弟，突学埋姑气。hē gào nié dē dì，tù xué mǎi gū qì。)——天空出现彩虹的时候高过太阳，意味着要下大雨发大水。

东猴日头，西猴雨。早猴雨，夜猴晴。（冻喝茶 dē，戏喝雨。早喝雨，亚喝心。dòng hē nié dē，xì hē yǔ。zǎo hē yǔ ń yà hē xiñ。）——东边出虹天会晴，会出太阳。西边出虹要下雨。早上出虹要下雨，夜边出虹会天晴。

天上鱼鳞云，地上雨淋淋。（帖索嗯 niñ 晕，替梭雨 niñ niñ。tiè sǒu ñ ni ñ yūn，tì sūo yǔ niñ niñ。）——天上出现像鱼鳞般的云，表示要变天下雨了。

南闪火门开，北闪有雨来。（nāi 塞户闷忾，bè 塞有雨 lāi。nāi sāi hù mēn kāi，bè sāi yoǔ yǔ lāi。）——南面闪电雨落不下来，北面闪电会有雨来。

南边落雨北边看，北边落雨南边有一半。（nāi 别罗雨 bè 别开，bè 别罗雨 nāi 别有叶刵。niā biè lúo yǔ bè biè kāi，bè biè lúo yǔ nāi biè yǒu yè bāi。）——南边下雨了，北边下不到。北边下雨了，南边一定会下到一些。

杨柳抽心（发芽）夜夜雨。（耶溜策芯亚亚雨。yē liē cè xiǹ yà yà yǔ。）——杨柳发芽的季节多雨。

蜘蛛结网天必晴，蚂蚁搬家雨必淋。（自局冒嗯 jè 模帖别心，末义拜过雨别 niñ。zì jú mào ǹ jè mǒ tiè biè xiñ，mò yì bài gùo yǔ biè niñ。）——蜘蛛在结网，天一定晴。蚂蚁在搬家，天一定即将下雨。

水缸穿裙，大雨将临。（血过却军，突雨秀腰 lāi niñ。xùe gùo qùe juñ，tù yǔ xiù yāo lāi niñ。）——水缸外壳有水珠，将要下大雨。

烟勿出屋，滴滴答答。（叶 fè 缺 wè，跌跌 dē dè。yè fè qūe wè，diē diē dē dè。）——烟出不了屋，在屋里绕，天要下雨了。

鸡上舍迟要落雨。（计索几血资腰罗雨。jì súo jǐ xùè zī yāo lúo yǔ。）

夜晴勿是好晴。（亚心 fè 子好心。yà xiñ fē zí hǎo xiñ。）——整天下雨，傍晚突然放晴出太阳了。这不一定会晴得长久，也许夜里或明天还是会下雨。

燕低飞，披棕衣。（耶嗯弟 fi，屁凤仪。yē ǹ dì fì，pì sù yí。）——燕子低飞，意味着天要下雨了，得穿棕衣了。

猫吃水晴，狗吃水雨。（冒切学心，革切学雨。mào qiè xée xiñ，gé qiè xué yǔ。）——猫老是去喝水，象征天要继续晴。狗老是去喝水，象征天要下雨了。

蚯蚓路上爬，出门要赤脚。（缺赛嗯路梭玻，缺闷腰 cà 价。quē sài ǹ lù sūo bō，què mēn yāo cà jià。）——蚯蚓爬到路面上来了，可能要下雨了。

长晴疯痛要下雨，长雨疯痛要转晴。（栽心 fòng 通腰罗雨，栽雨 foǹg 通腰决心。zāi xīn foǹg tōng yāo lúo yǔ，zāi yǔ foǹg tōng yāo juě xīn。）——晴的时间长了，如果疯痛，可能要下雨了；下雨的时间长了，如果疯痛，天可能要转晴了。

日头打洞，落雨无缝。（耶 dē 歹痛，罗寸唔 fòng。yé dē dǎi tòng，lúo yǔ m̄ foǹg。）——天上乌云中露出日头，象征着要下大雨了。

雨落中，两头空。（雨罗纵，茶 dē 空。yǔ lúo zòng，nié dē kòng。）——雨在月中下，月初月底两头空。

午饭（中午）日头显一显，三日都不见。（嗯思 fài 耶 dē 写一写，赛耶度 fè 街。ǹ sī fài yé dē xiě yì xié，sài yé dù fè jiē。）——中午日头露了露脸，以后三天都看不到太阳。

雨落鸡叫口，路上短人走。（寸罗计交可，路梭歹音走。yǔ lúo jì jiāo hě，lù sūo dái yīn zǒu。）——雨在鸡啼的清早下，路上很少有人走。

雨落五更早，雨伞不用撑。（雨罗嗯今早，雨摁 fē 用菜。yǔ lúo ǹ jīn záo，yǔ sāi fē yòng cài。）——雨在清早的五更天下，雨伞都不用撑。

雨落秋尾巴，大水进人家。（雨罗 qiù 觅卜，突学今音过。yǔ lúo qiù mì bò，tù xué jīn yīn gùo。）——在秋季的末期下雨，会下大雨，涨大水。

（二）农事

娘好囡好，种好稻好。（捏好嗻嗯好，总好导好。niē hǎo nùo ǹ hǎo，zǒng hǎo dǎo hǎo。）——母亲好女儿好，种子选得好稻子长得好。

深耕浅种，早活发蓬。（sèn 更且宗，早我 fò poǹg。sèn gèn qiě zōng，zǎo wó fò poǹg。）——要深耕浅种，这样就能早些活早些发蓬。

过桥走在桥心，耘田耘到稻根。（姑交则 dè 交纵爷，互爹互刀导更。gū jiāo zé dè jiāo zòng yé，hù diē hù dāo dǎo gèn。）——过桥为安全起见走在桥中间，耘田耘到稻根才有效。

若要病虫少，除尽田边草。（sé 腰聘宗扫，拘盖行爹别草。sé yāo pìn zōng sǎo, jū gài xiń diē biè cǎo。）——若要病虫害少，草要除干净，就连田边上的草也不能放过。

庄稼一枝花，全靠肥当家。（zuāng 家业自货，些靠 fī 驮过。zuāngjiā yè zì hùo, xiē kào fī dùo gùo。）——庄稼如一枝花，不能少了肥料。

小麦年年收，只怕不起沟。（些骂捏捏嗽，自坡 fè 起各。xiē mà niē niē sòu, zì pō fè qǐ gè。）——小麦年年有的收，但不能忘记起沟，不起沟会影响产量。

田等秧，稻谷满仓；秧等田，没米过年。（爹等 yài，导 gùe 买措；yài 等爹，fè 有米姑捏。diē děn yài, dǎo gùe mǎi cuò; yài děn diē, fè yóu mǐ gū niē。）——田准备好了，秧一到就可种，会丰收，稻谷满仓；秧准备好了，田还没弄好，会误了季节，影响产量，所以没米过年。

秧好半熟稻。（yài 好刮穴导。yài hǎo bāi xué dǎo。）——秧选得好最要紧，秧好可抵半熟稻，长得快又好。

种麦不用灰，到老要吃亏。（宗马 fē 用会，刀老腰切愧。zōng mǎ fē yòng hùi, dāo lǎo yāo qiè kùi。）——种麦子一定要用灰，不用灰长不好，影响产量，要吃亏。

大麦浇须，油菜浇花。（凸骂叫序，优猜叫货。tū mà jiào xù, yōu cāi jiào hùo。）——大麦长须的时候要浇水，油菜开花的时候要浇水。

麦把抖一抖，一亩多一斗。（马伯德业德，业呣度业德。má bǒ dé yè dé, yè ḿ dù yè dé。）——收割打麦子的时候要多抖一抖，不浪费，会多收麦。

稻要换种，番薯（地瓜）要换垄。（导腰外总，fài 于腰外 lōng。dǎo yāo wài zǒng, fài yú yāo wài lōng。）——稻子要选种子，每年要换种，地瓜的垄也每年要重做，要换垄。

麦种不选，三年会变。（马总 fè 挑，赛聂威憋，má zǒng fè tiǎo, sài niè wēi biē。）——麦的种子如果不选好，麦子产量会不好，过几年就会变种。

泥田油菜，沙田粟。（妮爹优猜，sùo 爹血觅。nī diē yōu cāi, sùo diē xùe mì。）——泥田适合种油菜，沙质的田适合种粟。粟：谷子，一年生草木植物，花小而密集，籽实去皮后就是"小米"。

黄秧种瘦田，活转大半年。（窝业宗搜爹，我决突刣捏。wō yè zōng sōu diē, wó jǔe tù bāi niē。）——本身就是不够好的黄秧，如果再种在不肥沃的瘦田里，等到活转就得大半年，也就是说会长得慢，产量不好。

米缸无米空早起，种田无肥空种稻。（米过唔米空早起，宗爹唔 fī 空宗爹导。mǐ gùo m̌ mǐ kòng záo qǐ, zōng diē m̌ fī kòng zōng dǎo。）——米缸无米早起也没用，无米做饭。种田没有肥料，种了也没用，没有产量。

稻头花落落，一把炉灰一把谷。（导 dē 货肋了，业伯噜会业伯 gùe。dǎo dē hùo lē lè, yè bó lū hùi yè bó gùe。）——炉灰当肥料很好，会使稻子增产。

一把塘泥四两谷，两担塘泥一餐粥。（业伯多妮西茶 gùe，茶呆多妮业菜决。yè bó dūo nī xī nié gùe, nié dāi dūo nī yì cài jùe。）——塘泥很肥，用了会增加产量的。

口气白，好种麦。（可气把，蒿宗马。kě qì bǎ, hāo zōng mǎ。）——口里呼出的气白了，也就是降到一定的气温了，可以种麦子了。

麦熟要抢，稻熟要养。（马学腰且，导学腰爷。mǎ xúe yāo qiě, dǎo xué yāo yé。）——麦子成熟了要马上抢收，稻子熟了还得要再养一养，更成熟些才收割。

若要家家富，林木满山坞。（sé 腰过过夫，niñ 么埋赛无。sé yāo gùo gùo fū, niñ mé mái sài wú。）——要致富，先种树。林木满山坞，家家都会富起来。

千棕万桐，一世不穷。（切宗外东，业司 fè 迥。qiè zòng wài dōng, yè sī fè jiōng。）——有很多棕树和桐树，一世都不会穷了。

宁可食无肉，不可居无竹。（niñ 库切 fè 有 nǔe，fē 库去 fè 有猫倔。niñ kù qiè fè yǒu nǔe, fē kù qù fè yǒu māo jùe。）——宁可无肉吃，也不可让住

的地方无竹子，比喻住的环境要好。

麦子屁股痒，越压越肯长。（马各批股 yái，哕啊哕肯载。mǎ gè pī gù yái, yúe à yúe kén zǎi。）——麦子要压，越压越长得好。

（三）卫生保健

伤风勿避风，从春咳到冬。（sùo fòng fē 屁 fòng，宗 qùn 切到动。sùo fòng fē pì fòng, zōng qùn qiē dào dòng。）——感冒了要避风，否则不容易好，会咳很长时间。

一日三片姜，勿用开药方。（业耶赛 piè 介，fē 用忾牙 fò。yè yé sài piè jiè, fē yòng kài yá fò。）——每天吃几片姜，可以预防生病，不生病当然不用开药方了。

若要小儿好，三分饥来七分饱。（sé 腰些印过好，赛份计来切份饱。sé yāo xiē yìn gùo hǎo, sài fèn jì lái qiè fèn bǎo。）——为了小孩的健康，不要给他们吃得太饱，有七分饱就可以了。

一天笑三笑，郎中勿要找；一天愁一愁，毛病入心头。（业耶肖赛肖，nūo 纵 fē 要心；业耶搜业搜，猫聘罗芯 dē。yè yé xiāo sài xiāo, nūo zòng fē yào xīn；yè yé sōu yè sōu, māo pìn lúo xìn dē。）——每天都要多笑，有利于身体健康，连医生都不用找；每天多发愁，毛病会上身，入心头，所以还是多笑好。

一天舞几舞，寿长九十五。（业耶舞几舞，嗽栽九 sé 嗯。yè yé wú jǐ wú, sòu zāi jiú sé ň。）——每天要多活动，动动舞舞人会长寿。

饭后一杯茶，老来勿眼花。（fài 合业背作，老 lāi fē 矮货。fài hé yè bèi zūo, lǎo lāi fè ǎi hùo。）——饭后要泡杯茶喝喝，会明目的，会减缓老花。

擦擦胸，勿伤风；擦擦背，无病痛。（措措诇，fè sùo fòng；措措杯，呣聘通。cùo cùo xiòng, fè sùo fòng；cùo cùo bēi, ḿ pìn tōng。）——经常擦擦胸，可预防感冒；经常擦擦背，会减少病痛。

心平福就多，气高祸勿少。（芯宾 fè 秀度，七告五 fè 扫。xìn bīn fè xiù dù, qī gào wú fè sǎo。）——要心平气和，福自然就会多了，太会生气不好，

会惹祸上身。

立如松，坐如钟，睡如弓。（改淤宋，俗淤纵，昆淤共。gái yū sòng，sú yū zòng，kūn yū gòng。）——站要有站姿，如松；坐要有坐姿，如钟；睡要有睡姿，如弓；有利于身体健康。

慢吃慢吞身体壮，吃食慌快生黄胖。（卖切卖 tèn sèn 体作，切 sé 货夸赛窝坡。mài qiè mài tèn sèn tí zūo，qiè sé hùo kūa sài wō pō。）——慢吃慢吞有利于消化，对身体有好处，吃食太快太急会影响消化，对身体不好。

春天出门不带衣，回家难免请太医。（qùn 帖却闷 fè 搭义，鬼过 nāi mié 请仪 sèn。qùn tiè qùe mēn fè dā yì，gǔi gùo nāi mié qǐn yí sèn。）——春天气温变化很大，出门不带衣的话，天气一变冷会着凉，回家难免要看医生。

立冬洗洗辣椒根，今年冻疮勿会生。（咧冻踏踏 fài 角更，近茶董愧 fē 卫赛。lié dòng tà tà fài jiáo gèn，jìn nié dǒng kùi fē wèi sài。）——立冬时节，用辣椒根泡水洗手洗脚，可防止生冻疮。

早饭皇帝餐，午饭大丞餐，夜饭讨饭餐。（嗯盖 fài 窝低菜，嗯思 fài 达岑菜，亚 fāi 讨 fài 菜。ǹ gài fài wō dī cài，ǹ sī fài dá cěn cài，yà fāi táo fài cài。）——为身体健康着想，早饭要吃得好，中饭要吃得饱，晚饭要吃得少。

牙痛不是病，痛起来要人命。（窝词通 fè 子聘，通切腰音 mìn。wō cǐ tōng fè zí pìn，tōng qiè yāo yīn mìn。）

（四）其他

年纪活到八十八，不要笑别人跷脚眼瞎。（捏机我刀卜 sé 卜，fē 要肖比咖俏价矮货。niē jī wǒ dāo bò sé bò，fē yào xiāo bǐ gā qiào jià ǎi hùo。）——人有旦夕祸福，就算年纪活到很大了，也不能去笑别人，因为明天是个未知数，不知自己会怎样。

墙头一蓬草，风吹两面倒。（些 dē 一 pòng 草，fòng 却茶灭倒。xiē dē yī pòng cǎo，fòng què nié miè dǎo。）——喻立场不稳。

吃曹操的饭，做刘备的事。（切遭操各 fài，租溜沛各寺。qiè zāo cāo gè fài，zū liū pèi gè sì。）——喻吃里爬外。

勿要看虾公勿出血，烧熟以后都还要红一下。（fē 要开火共 fè 却序，臊学义合度挖要 oñg 一货。fē yào kāi hǔo gòng fè qūe xù, sào xúe yì hé dù wā yào oñg yī hùo。）——喻不要把人看扁了。

塘岸上刮屑，油（芝）麻整船翻。（多森 sùo 过泻，优摸潜靴 fài。dūo sēn sùo gùo xiè, yōu mō zèn xūe fài。）——顾此失彼，因小失大。

老的人嘴多，小的人手多。（老各音决度，些各音叟度。lǎo gè yīn jǔe dù, xiē gè yīn sǒu dù。）——老人话多，小孩毛手毛脚。

外甥狗，吃吃门外走。（袜赛革，切窃闷袜则。wà sài gě, qiē qiè mēn wà zě。）——外甥再亲，还是要回到爸爸、妈妈、爷爷、奶奶的身边去。

拉泡尿，到兰溪。拉泡屎，到桐庐。（cà 泡戏，刀 nāi 气。cà 泡鸟，刀东噜。cà pào xì, dāo nāi qì。cà pào wū, dāo dōng lū。）——指路程。到兰溪近一些（拉泡尿的时间到兰溪了），到桐庐稍远（拉泡屎的时间到桐庐了）。这些都是比喻。

一人一个心，赚钱不够买灯芯。（业音一各芯，参草票 fè 哥马掭芯。yè yīn yī gè xìn, cēn cǎo piào fè gē mǎ dèn xìn。）——人心要齐，心不齐赚不到钱。

勿要看蚌壳没有脚，照样会走路。（fē 要开派库 fè 有架，遭业威走路。fē yào kāi pài kù fè yǒu jià, zāo yè wēi zǒu lù。）——不要看不起人，每个人都有每个人的特长、能力。

坐要坐得稳，站要站得正。（俗要俗 dè 稳，改要改 dè zēn。sǔ yào sǔ dè wěn, gǎi yào gǎi dè zēn。）——指办事要稳，要公正。

碗里无份，盘里无份，管什么！（崴力嘸份，刮力嘸份，拐 sùo 力。wǎi lì m̄ fèn, bāi lì m̄ fèn, guǎi sùo lì。）——不要多管闲事。特别是跟你无关的事情不要多管。

多管闲事多吃屁。（度拐咳寺度切批。dù guǎi hāi sì dù qiè pī。）——多管闲事会惹来不必要的麻烦。

船靠码头，码头不靠船。（靴尻莫 dē，莫 dē fè 尻靴。xūe kāo mò dē,

mō dē fè kāo xūe。）——比喻封建社会男婚女嫁，男求女，不能女求男；地方势力，弱势力求强势力。

一竹篙打死一船人。（一倔告靠洗业靴音。yī jùe gào kào xǐ yè xūe yi ñ）——好差不分，打击一大片。

三年不改腔，不是好婆娘。（赛聂 fè 改妾，fè 子好晡捏。sài niè fè gái qiè，fè zí hǎo bū niē。）——指外地人嫁到本地，三年还不会讲本地话，就不是好婆娘。

后头看看值一百，前头看看一载吓。（赫 dē 开忾则一爸，些 dē 开忾业载哈。hè dē kāi kài zé yī bà，xiē dē kāi kài yè zǎi hà。）——后面看看，条杆好，值一百，前面看看丑，吓一跳。

东摘茄子，西摘南瓜。（动 zà 罗凤，戏 zà bè 过。dòng zà lúo sù，xì zà bè gùo。）——比喻讲话东拉西扯。

螺蛳壳里做道场。（噜寺库力租套栽。lū sì kù lì zū tào zāi。）——比喻办事场地特小。

媒人是腌菜缸里的石头。（mēi 音子聂猜过里各酒 dē。wēi yiñ zí niè cāi gùo lí gè sǎ dē。）——用完就扔了。

有桥勿坐坐猪箅。（有俏 fè 俗俗自補。yǒu qiào fè sú sú zì bǔ。）——喻不识抬举。

齷齪吃齷齪大，齷齪勿吃是么都（呆子）。（务粗切务粗突，务粗 fē 切子么独。wù cū qiè wù cū tù，wù cū fē qiè zí mé dú。）——开脱自己不良的卫生习惯。

三拳头敲不出一个屁。（赛嗟 dē 靠 fē 缺一各批。sài jūe dē kào fē què yī gè pī。）——比喻闷声不响的人。

糠箩里跳到米箩里。（阔噜力挑到米噜力。kùo lū lì tiāo dào mǐ lū lì。）——穷到富。

晴带伞，饱带饭。（心搭塞，饱搭 fài。xiñ dā sāi，bǎo dā fài。）——防雨，防饥。

一个萝卜抵一个孔。 （一各啰晡抵一各孔。yī gè lūo bū dǐ yī gè kǒng。）——没有空缺。

半路里杀出个程咬金。（刣路力 sùo 缺各增咬进。bāi lù lì sùo què gè zēn yǎo jìn。）——不速之客。

肚子痛埋怨灶司菩萨。（吐逼通妈约遭寺晡 sùo。tù bī tōng mā yuē zāo sì bū sùo。）——错怪了。

夜（野）猫勿晓得面花。（亚冒 fè 晓 dè 灭货。yà mào fè xiǎo dè miè hùo。）——不自量力。

招女婿，牵把戏。（皂挪西，切泊戏。zào nǔo xī, qiè bǒ xì。）——招上门女婿，花头多。

候人算，没穷汉。（喝音塞，呒迥咳。hē yīn sāi, m̄ jiǒng hāi。）——有些事情变化莫测，不候人算。

铜钿眼里翻筋斗。（东爹矮力 fài 哏 dè。dōng diē ǎi lì fài gén dè。）——一切向钱看。

痴进勿痴出。（次今 fè 次缺。cì jīn fè cì què。）——假痴。

喊破嗓子，不如做出样子。（yùa 趴喝 lōng, fè 於租缺业子。yùa pā hē lōng, fè yū zū què yè zí。）——光喊不做没用，要做出榜样才有效。

下雨天挑稻草。（罗雨帖巩跳导草。lúo yǔ tiè gǒng tiào dǎo cǎo。）——稻草湿了，越挑越重，比喻工作、生活担子越挑越重。

只可男大七，不可女大一。（自库 niā 突妾，fē 库女突业。zì kù nāi tù qiè, fē kù nǔ tù yè。）——封建社会的老思想，老规矩，婚姻男女，只可男大，不能女大。

讲话么烙烙咋，咋来咋去咋到刺窝里去。（果把沃么烙烙 zà, zà lāi zà kī zà 刀刺拜库里 kì。（gúo bǎ wò ḿ lào lào zà, zà lāi zà kī zà dāo cī bài kù lí kì。）——东拉西扯，乱讲话。

对你讲话，好比是对板壁哈气。（dēi 嗯果把沃，号必子 dēi 拜别蛤七。dēi ń gúo bǎ wò, hào bì zí dēi bài biè há qī。）——跟你讲话没反应，没用。

七赶八赶，赶到市面散。（切改卜改，改刀死灭塞。qiè gǎi bò gǎi, gǎi dāo sǐ miè sāi。）——赶不到，迟了。

七捡八捡（挑），捡个漏灯盏。（切改卜改，改各勒邓载。qiè gái bò gái, gái gè lè dèn zǎi。）——七挑八挑，挑来挑去，最后还是挑到个差的。

门槛么烙烙精。（闷楷么烙烙近，mēn kǎi ḿ lào lào jìn。）——守得牢，精巴。

两脚站得稳，不怕大风吹。（茶架改 dè 稳，fè 坡突 fòng 却。nié jià gǎi dè wěn, fè pō tù fòng què。）——立场要稳，心要正，这样才不怕大风大浪。

吃不穷，穿不穷，打算不好一世穷。（切 fè 迵，确 fè 迵，歹塞 fè 好业思迵。qiè fè jiōng, què fè jiōng, dái sāi fè hǎo yè sī jiōng。）——干什么事情都要有打算，有计划。

要吃吃乌骨鸡，要弄弄麻狸鼟。（腰切切务 gùe 计，腰弄弄摸哩鼟。yāo qiè qiè wù gùe jì, yāo lòng lòng mō lī bì。）——乌骨鸡营养好，好吃。麻狸鼟有味道，好玩。

哪壶不开提哪壶。（辣污 fè 忾低辣污。là wū fè kài, dī là wū。）——哪件事不爽，不好解决，偏提哪件事。

凳头上的鸡蛋。（dēn dē sùo 各计台。dēn dē sùo gè jì tái。）——比喻这个人或这件事情不牢靠。

船老大多，撑破船。　（靴过载度，菜趴靴。xūe gùo zǎi dù, cài pā xuē。）——作主的人太多也会坏事。

卖屁股贴草纸。（骂批顾帖 càe 子。mà pī gù tiè càe zí。）——给别人办事还得为别人花费，倒贴。

吃家饭，拉野屎。（切过 fài，cà 哑污。qiè gùo fài, cà yǎ wū。）——吃里爬外。

吃得邋遢，做得菩萨。（切 dè 罗拓，租 dè 晡 sùo。qiè dè lúo tùo, zū dè bū sùo。）——不讲卫生的人的说辞。

麻子搽粉，嗇嗇老本。（模子作粉，sé sé 老本。mō zí zūo fěn, sé sé lǎo bén。）——花费太大，不合算。

大匹大拉撒。（突撇突晃飒。tù piè tù láo sà。）——指做事粗糙。

鼻头屎当酱吃。（别 dē 污多街切。bié dē wū dūo jiē qiè。）——小气、精巴。

高不配，低不受 。（告 fè 胚，弟 fè 叟。gào fè pēi, dì fè sǒu。）——眼高手低。

饿起肚皮看昆腔。（务切突逼开困切。wù qiè tù bī kāi kùn qiè。）——看戏入迷，忘了肚饿。

嘴翘鼻头高。（决悄别 dē 告。jùe qiāo bié dē gào。）——生气的样子。

眼睛开只闭只。（艾近忾 zà 逼 zà。aì jìn kài zà bī zā。）——不要多看多管。

马屁拍在狗腿上。 （模批 pè dè 狗 téi sùo。mó pī pè dè gǒu téi sùo。）——比喻人乱拍马屁，没用。

看眉毛动眼睛。（开咪猫董爱近。kāi mī māo dǒng aì jìn。）——察言观色。

吃素碰到月大。（切苏 pòng 咋雨突。qiè sē pòng zǎ yǔ tù。）——想早点开始或早点结束，谁知月大，还得再等一天，比喻办事不顺。

十只鸡满天飞，十只箩有得做。（sé zà 计买帖 fì，sé zà 噜有 dè 租。sé zà jì mái tiè fì, sé zà lū yǒu dè zū。）——指十个手指的鸡、箩纹，都是鸡纹，满天飞，有得玩，都是箩纹，会做事做得很辛苦。

赌博鬼烘吊桶。（赌 bè 鬼哄刁桶。dǔ bè gǔi hòng diāo tǒng。）——赌博入迷，吊桶烘桶都分不清。

上门勿伤客。（索闷 fè sùo kà。súo mēn fè sùo kà。）——来者便是客，不能伤客。

吃百家米。（切爸过米。qiè bà gùo mǐ。）——比喻要饭的人讨米、讨饭。

蛇咬匹，讲勿出。（梭熬 piè，果 fē 缺。sūo aǒ piè, gǔo fē què。）——

难言之隐。

六月债，还得快。（lé 于扎，歪 dè 夸。lé yú zā, wāi dè kūa。）——比喻张三吃了李四的亏，不久，李四也吃了别人的亏。

前世勿修，修到严州。（些思 fè 秀，秀刀捏奏。xiē sī fè xiù, xiù dāo niē zòu。）——指在严州境遇不好的外地人或境遇不好的严州本地人怨自己投生在严州不好。

前世修修，出生贵州。（些思秀宿，缺赛归奏。xiē sī xiù xiǔ, què sài gūi zòu。）——这是过去穷人的话，认为贵州是贵人出生的地方。

聋子听不见狗叫。（lōng 子 tìn fè 街狗交。lōng zí tìn fè jiē gǒu jiāo。）——指别人的骂人话、不好的话假装听不见。

瘦肉肥肉自己吃，骨头骨脑请客人。（近啰 fī 啰戏该切，gūe dè gùe 脑芹 kà 印。jìn yǔe fī yǔe xì gāi qiè, gūe dè gùe nǎo qín kà yìn。）——指待客之道不好的人。

嘹天（吹牛）十八万，老北瓜（南瓜）当夜饭。（cà 帖 sé 卜外，老 bè 过多严 fāi。cà tiè sé bò wài, lǎo bè gùo dūo yà fāi。）——指说大话，吹牛的人。

衣服角撞死人。（仪 sùo 顾挫洗音。yǐ sùo gù cùo xǐ jīn。）——比喻有钱人、有权人的威风。

面皮老老，肚皮饱饱。（灭逼老烙，突逼饱抱。miè bī lǎo lào, tù bī bǎo bào。）——脸皮厚一点，能多拿多吃。

砻推磨，磨推砻。（lōng tèi 呣，呣 tèi lōng。lōng tèi m̀, m̀ tèi lōng。）——推来推去，不担责。

冬至勿出年外。（董自 fē 缺捏袜。dǒng zì fū què niē wà。）——指事情快好了。

六月的雪，十二月的钿。（lé 于各戏，涩嗯玉各爹。lé yú gè xì, xè ǹ yù gè diē。）——六月的雪稀少，十二月的钱珍贵。

手腕骨头往里弯。（嗽至 gūe dè 冒里外。sòu wāi gūe dè mào lí

wài。）——亲帮亲，邻帮邻之意。

屁股还没擦干净。（批股阿觅 kà 盖心。pī gù ā mì kà gài xīn。）——扫尾工作没做好。

会打算盘珠子。（威歹 sái 拜自嗯。wēi dǎi sái bài zì ǹ。）——会精打细算。

地洞都好钻下去了。（替痛度好再罗 kì bè。tì tòng dù hǎo zài lúo kì bè。）——指做错事、坏事没脸见人了。

扯来扯去，扯到刺窝里去了。（zà lāi zà kī，zà 刀刺拜库里 kì bè。）——东拉西扯，乱说话。

老牛吃嫩草。（老妞切嫩草。lǎo niū qiē nèn cǎo。）——指年纪大的人泡年纪轻的人。

若要俏，冻得咯咯叫。（sé 要悄，东 dè 格格交。sé yào qiāo，dōng dè gé gé jiāo。）——冬天里，要漂亮，穿得少，冻着了。

三十夜的火，元宵的灯。（赛 sé 亚各壶，约肖各扽。sài sé yà gè hǔ，yūe xiào gè dèn。）——旺、红火。

一只碗不响，两只碗叮当。（一 zà 崴 fè 写，茶 zà 崴丁当。yī zà wǎi fè xiě，nié zà wǎi dīn dāng。）——一个人吵不起来，两个人不合就会吵起来。

恶鬼脸孔菩萨心。（务鬼灭孔晡 sùo 芯。wù gǔi miè kǒng bū sùo xìn。）——面恶心善。

（这个人）勿是省油的灯。（fè 子 sái 优各扽。fè zí sái yōu gè dèn。）——这个人是个厉害的角色。

上勿了台板凳桌。（索 fè 疗呆劏 dēn zì。súo fè liǎo dāi bāi dēn zù。）——指形象或水平、能力很差。

一头清一头浑。（业 dē 庆，业 dē 温。dè dē qìn，yè dē wēn。）——一会儿清醒，一会儿糊里糊涂。

鸡要吃叫，鱼要吃跳。（计腰切交，ń 要切挑。jì yāo qiè jiāo，ń yào qiè tiāo。）——要吃新鲜的活鸡、活鱼。

你做初一，我就做十五。（嗯租卒业，昂秀租 sé 嗯。ń zū cù yè，ǎng xiù zū sé。）——你一枪，我一刀，对着干。

小心撑得万年船。 （笑芯菜德外捏靴。xiào niǹ cài dé wài niē xūe。）——凡事多加小心为好。

眉毛胡子一把抓。（迷猫污子业帛 juà。mī mā wú zí yè bǒ juà。）——做事不分轻重缓急，大小事一把抓。

跟狗吃屎，跟老虎吃肉。（更革切污，更烙虎切 yué。gèn gě qiè wū，gèn lào hǔ qiè yúe。）——跟没用的人干吃瘪，跟有用的人干会有收获，有成就。

噱头噱头噱个头，蹩脚蹩脚蹩双脚。（血 dē 血 dē 血各 dē，别架别架别 sùo 架。xùe dē xùe dē xùe gè dē，bié jià bié jià bié sùo jà。）——头要整理好（噱头），脚也要整理好，穿好鞋袜，否则就难看了（蹩脚）。

云头里各太阳，被絮里的针。（晕 dē 力各耶 dē，比西力各潜。yūn dē lì gè yé dē，bǐ xī lì gè zèn。）——比喻后娘的阴毒。

一个铜钿一个命。（一各东爹一各敏。yī gè dōng diē yī gè miǹ。）——精巴，把钱看得比命还重要。

狗勿要对马跑。（革 fē 要 dēi 模泡。gé fē yào dēi mǒ pào。）——比喻弱的不要去和强的比，差的不要去和好的比。

索面寻勿着头。（sùo 灭心 fè 咋 dē。sùo miè xiñ fè zǎ dē。）——比喻乱发火，寻事找不到理由。

老鸭勿生蛋的地方。 （烙窝 fè 赛太各替 fō。lào wō fè sài tài gè tì fō。）——比喻非常荒凉的地方。

老虎追在后头，还要看看是雌的还是雄的。（烙虎倔 dè 喝 dē，挖要开忾子气革挖自佣各。lào hǔ jùe dè hè dē，wā yào kāi kài zí qù gé wā zì yōng gè。）——比喻性格特耐、慢的人。

扣丁扣。（坷订坷。kē dìng kē。）——比喻做事、拿东西、带钱、付钱等都扣得刚刚好。

老虎勿发威，把我当病猫。（烙虎 fē fò 卫，bè 昂多聘冒。lào hǔ fē fò wèi，bè ǎng dūo pìn mào。）——老虎指"我"。

扶勿起各烂番芋（地瓜）。（夫 fè 起各奈 fài 于。fū fè qí gè nài fài yǔ。）——即：扶不起的阿斗。

老鼠骑在牛背上。（烙词机 dè 妞杯 sùo。lào cǐ jī dè niū bēi sùo。）——喻以小胜大或以小欺大，高高在上。

锣鼓响，脚底痒。（噜鼓写，架刣底爷。lū gǔ xié，jià bāi dǐ yě。）——听到锣鼓响，忍不住会跑去看。

蛇大窟窿大。（棱实坷弄突。sūo tū kē lòng tù。）——事情做得大，排场大，开支也大，亏损也会大。

狗头好做，人头难做。（各 dē 蒿租，音 dē 㖞租。gè dē hāo zū，yiñ dē nāi zū。）——做人难之意。

越冷越起风。（啰乃啰起 fòng。yǔe nǎi yǔe qí fòng。）——比喻雪上加霜，事情越难办越有想不到的阻力。

无头勿着碰。（呣 dē fè 咋 pòng。m̄ dē fè zǎ pòng。）——摸不着头脑。

汗毛皮打仗。（咳猫逼歹栽。hāi mō bī dǎi zāi。）——大惊小怪，小事大作。

犁勿着耙着。（哩 fè 咋破咋。lī fè zǎ pò zǎ。）——算不到哪里，哪时，会碰到，撞到，用到。

看菜吃饭。（开猜切 fài。kāi cāi qiè fài。）——看菜好、差，决定吃多少饭。看事情缓急，讲什么话，怎么做。

懒病婆娘拉长线。（乃聘晡捏辣栽些。nǎi pìn bū niē là zāi xiē。）——指懒女人缝补时穿针的线拉得老长，可缝久一点，少穿几次线。

捞勿上筷子。（撩 fè 索夸嗯。liāo fè sǔo kūa ǹ。）——指水平臭，能力差。

八尺布里算。（卜 cà 晡力塞。bò cà bū lì sāi。）——在规定的范围里算。

大匹大拉撒。（突撇突晃飒。tù piè tù lá sà。）——大手大脚毛里毛糙。

瞎子摸熟路。（货自噷学路。hùo zì m̀ sǔe lù。）——指办事的人找老熟人、老客户、老地方等。

弄堂鬼迷熟人。（龙驮鬼觅学音。lóng dùo gǔi mì xúe yiñ。）——指专骗熟悉的人的不良行为。

撑硬头船。（菜爱 dē 靴。cài ài dē xūe。）——指脾气执拗，不知道转弯。

里外里，盖破被。（里袜里，该趴比。lí wà lí，gāi pā bǐ。）——比喻破罐子破摔。

吃心乌溜溜。（切芯务溜六。qiè xìn wù liē liè。）——比喻贪心。

乌之咯了得。（务资咯了 dè。wù zī gē lè dè。）——不讲道理，乱缠。

漆里乌里拉。（切喝污哩辣。qiē hè wū lǐ là。）——指东西很黑。比喻天很暗，伸手不见五指。

扯里骨了得。（次力 gūe 勒 dè。cì lì gūe lē dè。）——喻乱扯、乱讲。

摇丁骨了得。（腰丁 gūe 勒 dè。yāo diñ gūe lē dè。）——比喻摇摇晃晃，不稳。

头发胡子一把抓。（dē fò 污子业帛 jùa。dē fò wū zí yè bó jùa。）——不管轻、重、缓、急，好、坏一把抓。

见眉毛动眼睛。（街咪猫董爱近。jiē mī māo dǒng ài jiǹ。）——察言观色之意。

借别人的屌划火。（街比嘎各撩子娃壶。jiē bǐ gā gè liāo zǐ wá hú。）——用别人的东西、钱财，办事，做人情。

擦天十八万，老北瓜（南瓜）当夜饭。（cà 帖 sé 玻外，老 bè 过多亚 fāi。cà tiè sé bō wài，lǎo bè gùo dūo yà fāi。）——比喻吹牛吹得很大，谁知穷得晚饭都没着落，只有南瓜当晚餐。

勿管三七廿一。（fè 拐赛切捏业。fè guǎi sài qiè niē yè。）——什么都不管，豁出去了。

三一三十一。（赛业赛 sé 业。sài yè sài sé yè。）——平均分配。

十五十六。（sé 嗯 sé lé。sé ň sé lé。）——比喻慢吞吞；酒喝过量，分不清东南西北。

摇令骨啷当。（腰令 gūe 啷当。yāo liǹ gūe lāng dàng。）——比喻人走路摇来晃去，不稳；比喻东西摆得不稳，摇摇晃晃。

太阳从西边出来。（耶 dē 宗戏别缺 lāi。yé dē zòng xì biè què lāi。）——比喻某件原先认为不可能的事，做了，成了。

刁勿刁毛勿毛。（吊 fè 吊猫 fè 猫。diào fè diào māo fè māo。）——比喻说话做事不三不四。

一边剪刀一边尺。（业别介到业别 cà。yè biè jiè dào yè biè cà。）——干脆利落之意。

黑心乌溜溜。（喝芯务溜六。hè xiǹ wù liē liè。）——很黑心、贪心。

吃心乌溜溜。（切芯务溜六。qiè xiǹ wù liē liè。）——喻非常贪心。

牛吃草，羊去赶。（妞切草，耶 kì 改。niū qiè cǎo，yē kì gǎi。）——赶不掉的，牛与羊一起吃草了。比喻让张三去处理李四的事，他们俩就同流合污了，怎么处理。

牙齿咬舌头。（窝齿熬死 dē。wō cí aǒ sí dē。）——自己人弄自己人或自己人之间常有口角。

纸火香拎得手上烧。（字壶泻 niǹ dè 叟 sùo 臊。zì hú xiè niǹ dè sǔo sùo sào。）——指托人办事，临时送礼。

村村锣鼓响，处处唱婺剧。（cèn cèn 噜鼓写，买辣力搓无 jé。cèn cèn lē gǔ xié，mǎi là lì cūo wǔ jé。）——严州人喜欢听婺剧，特别是农村，年年、村村都要演婺剧。

武戏慢慢来，文戏踩破台。（武西卖卖 lāi，温西查趴呆。wǔ xī mài mài lāi，wēn xī cǎ pā dāi。）——武戏文做，文戏武做。

脸孔上的肉挖到嘴里吃。（灭孔 sùo 各啰勒刀决力切。miè kǒng sùo gè yǔe lè dāo jǔe lì qiè。）——六亲不认。

夜猫勿晓得面花。（亚昌 fè 晓 dè 灭货。yà mào fè xiǎo dè miè hùo。）——喻自己不知道自己。

脸皮厚得子弹都打不进。（灭逼合 dè 子太度歹 fè 今。miè bī hě dè zǐ tài dù dǎi fè jiñ。）——比喻脸皮特厚。

气得头顶上冒烟。 （七 dè dē 顶 sùo 冒业。qī dè dē dǐng sùo mào yè。）——比喻非常非常生气的样子。

瘦得豆节签样。（廋 dè 特机切爷。sōu dè tè jī qiè yé。）——比喻人瘦得跟绕豆藤用的细竹竿一样。

绣花枕头稻草芯。 （休货潜 dē 导草信。xiū hùo zèn dē dǎo cǎo xiǹ。）——比喻外面好看，里面没用的人。

只有买错勿有卖错。 （自有码粗 fè 有骂粗。zì yǒu mǎ cū fè yǒu mà cū。）——只有消费者买错，没有商家卖错。

要么勿开口，开口就哩丑。（腰么 fè 忾可，忾呆秀力 cǒu。yāo mè fè kài ké，kài ké xiù lì cǒu。）——指水平差，要么不开口，开口就出丑。

三问勿开口，神仙难下手。（赛闷 fè 忾可，森泻 nāi 罗叟。sài mèn fè kài kě，sēn xiè nāi lǔo sǒu。）——几问都不开口，不表态，谁也没法下手。

那哪母猪无皮胎。（呐哪姆自污逼 tèi。nà nǎ m̀ zì wū bī tèi。）——比喻动作慢，性格耐的人。

眼睛掉到灰尘里。（爱近特 dè 会 oǐng 力。aì jìn tè dè hùi oǐng lì。）——指看不清真伪、好坏。

十相留一相，日后好相见。（sé 些溜业些，义合好再街。sé xiē liē yì xiē，yì hé hǎo zài jiē。）——喻事情不要做绝。

叽里呱啦是个佛，勿响勿了是个贼。（计力挂辣子各 fé，fè 写 fē 勒子各 sé。jì lì gùa là zí gè fé，fè xié fē lè zí gè sé。）——比喻开朗的性格是好的，闷声不响不好。

后生，后生，勿晓得明朝嗯该（早上）。（喝赛，喝赛，fè 晓 dè 闷皂嗯盖。hè sài，hè sài，fè xiǎo dè mēn zào ǹ gài。）——不要认为自己年轻，意想不到的事随时会发生。

三个女人一阵鸭。 （赛各玉印果一蹭沃。sài gè yù yìn gǔo yī cèng

wò。）——比喻女人在一起叽叽喳喳会讲。

十个汤瓶九个盖，盖来盖去不够盖。（sé 各妥摈九各该，该 lāi 该 kī fè 哥该。sé gè tǔo bìn jiǔ gè gāi，gāi lāi gāi kī fè gē gāi ǒ）——用钱、做事没有计划，摆来摆去摆不平。

脚踩两头船。（嫁查茶 dē 靴。jià cǎ nié dē xuū。）——立场不稳，而且两头都想占便宜。

冻头勿冻脚。（东 dē fè 东架。dōng dē fè dōng jià。）——冬天再冷，头可以不戴帽子，但脚不能不穿鞋子。

扶勿起各阿斗。（夫 fè 起各阿斗。fū fè qí gè à dé。）——没用的人，你再扶他、用他都没用。

扇破骨子在。（塞趴 gēe 自载。sāi pā gēe zì zǎi。）——比喻事业失败了，基础还在，人衰了，骨气还在。

鞋掉到袜里。（哈特 dè 模力。hā tē dè mǒ lì。）——比喻办事不认真，不急，稀里糊涂。

口水渥死人。（塞吐学 wè 洗音。sāi tù xúe wè xǐ yiñ。）——舆论大也会伤人。

插个洞，拉泡尿。（dè 各痛，cà 泡戏。dè gè tòng，cà pào xì。）——比喻一板一眼，不灵活。

骨头睏，要讨猎（打）。（gūe dè 栽，腰讨咧。gūe dè zài，yāo tāo lié。）——讲犯事的人，是骨头睏，要遭人打。

必坦六十四。（别抬 lé sé 西。biè tái lé sé xǐ。）——慢吞吞，胸有成竹，不慌不忙。

起得早，人家好。（玻 dè 早，音过好。bō dè zǎo，yiñ gùo hǎo。）——早上起得早，肯干，勤劳，这份人家一定会过得好。

响屁不臭，臭屁不响。（写批 fè cē，cē 批 fè 写。xiě pī fè cē，cē pī fè xiě。）——比喻做人、做事，哇啦哇啦的不一定有坏心，闷声不响的有可能包藏祸心。

站哪只船，帮哪只船。（改辣 zà 靴，拜辣 zà 靴。gǎi là zà xūe，bài là zà xūe。）——喻：立场稳。

里哇里，盖破被。（里袜里，该趴比。lí wà lí，gāi pā bǐ。）——反正这样了，狠下一条心，豁出去了。

鸡蛋里头挑骨头。（计台力 dē 挑 gūe dè。jì tái lì dē tiǎo gūe dè。）——寻事，没事找事。

冷弄里射出来。（nái 弄力洒缺赖。nái lòng lì sǎ qūe lài。）——①想不到的事发生。②冷门。

了子看青天。（撩子开庆帖。liāo zí kāi qìn tiè。）——不行了，没用了。

狗了子当不了磨心。（狗撩子驮 fè 了姆芯。gé liāo zǐ dùo fè liāo m̀ xìn。）——比喻能力差，水平不够。

闲事不管，饭吃三碗。（咳寺 fè 拐，fài 切赛崴。hāi sì fè guǎi，fài qiè sài wǎi。）——劝人不要多管闲事。

有理无理一顿砍。（有理嗨理业 dēn 凯。yǒu lí m̀ lí yè dēn kǎi。）——指不讲道理，不问青红皂白乱骂人，训人。

无理白空就不来。（污力把控秀 fè lāi。wū lì bǎ kòng xiù fè lāi。）——无缘无故就不来。

破的船还有三斤钉。（趴各靴袜有赛近钉。pā gè xūe wà yǒu sài jìng diǹ。）——喻不要看不起人。

懒病多尿屎。（乃聘度戏污。nǎi piǹ dù xì wū。）——懒人的花样多，尽找拉尿拉屎等借口偷懒。

野猪不晓得自己皮厚。（亚自 fè 晓德戏该逼合。yà zì fè xiǎo dè xì gāi bī hě。）——喻没有自知之明。

吃得碗里，看得盘里。（切 dè 崴力，开 dè 剐力。qiē dè wǎi lì，kāi dè bāi lì。）——不满足，贪心。

冬瓜里烂出，心坏看不出。（凉果里奈缺，芯袜开 fē 缺。dòng gǔo lí nài què，xìn wà kāi fē què。）——外表好，但包藏祸心。

台上、船上、和尚。（呆 sùo，靴 sùo，污 sùo。dāi sùo，xūe sùo，wū sùo。）——喻游走四方的人，与他们交往不可靠。

官路上卖人情。（怪路 sùo 骂音心。guài lù sùo mà yiñ xiñ。）——借别人的力、别人的财做人情。

两张嘴唇皮，讲讲不稀奇。（茶再决 sèn 逼果过 fè 戏机。nié zài jùe sèn bī gǔo gùo fè xì jī。）——光讲不做，容易。

老远的亲戚不如隔壁邻居。（老哕各庆切 fè 淤咖别 niñ sùo。lǎo yǔe gè qiñ qiè fè yū gā biè niñ sùo。）——远亲不如近邻。

棉花枕头稻草芯。 （乜货潸 dē 导草芯。miē hùo zèn dē dǎo cǎo xiñ。）——没心，没肺，没主见，没主心骨，没本事。

木耳心掉落汤瓶。（么二芯特罗妥怪。mé èr xiñ tè lúo tǔo guài。）——①做不到的事想去做。②没见过大世面。

菱角两头尖，俩叔伯姆（妯娌）打火枪。（niñ 顾茶 dē 介，茶削爸呣歹户切。niñ gù nié dē jiè，nié xūe bà m̀ dái hù qiè。）——俩妯娌像菱角尖尖的头，吵闹，打架。

刀切豆腐两面光。（到切特夫茶灭过。dào qiè tè fū nié miè gùo。）——做事、讲话圆滑，两面都不得罪。

麻雀虽小，五脏六腑俱全。（摸 jè 吊嗯靴些，嗯栽 lé 府局些。mō jè diào ǹ xēe xiē，ň zāi lé fǔ jú xiē。）——指地方、规模虽小，但内部设施等该有的，一应俱全。

百日晴天都勿厌，三日落雨就厌烦。（爸耶新帖度 fè 捏，赛耶罗于秀捏 fāi。bà yé xiñ tiè dù fè niē，sài yé lúo yǔ xiù niē fāi。）

管天管地，你还管我拉屎放屁。（拐帖拐替，嗯挖拐昂 cà 污 fō 批。guái tiè guái tì，ň wā guái ǎng cà wū fō pī。）——叫别人不要多管闲事。

猪吃木西瓜。（自切么戏果。zì qiè mé xì gǔo。）——笨吃，吃不出滋味。

卖匹婆娘假正经。 （骂 piè 哺捏果 zēn 仅。mà piè bū niē gǔo zēn jiñ。）——干坏事、丑事的人装好人，假装正经。

跪都跪下来了，还在乎一拜。（鬼度鬼啰赖 bè，挖载乎业八。gǔi dù gǔi lūo lài bè，wā zǎi hū yè bā。）——办事情或者求人，都到这份儿上了，还在乎多花点钱财或多求人一次吗！

新来刚到，勿晓得水缸锅灶。（兴 lāi 炮刀，fè 晓 dè 血过五遭。xiǹ lāi pào dāo，fè xiǎo dè xùe gùo wǔ zāo。）——新来的人，不熟悉环境、工作。

有娘生，无爹教各。（有捏赛，呒压高各。yǒu niē sài，m̄ yā gāo gì。）——讲表现坏，不听话的孩子。

出门一里，不管家里。（缺闷业里，fè 拐过里。què mēn yè lí，fè gǔai gùo lǐ。）——出门去了，就照顾不到家里了。

瞎子看勿见火烧。（货自开 fè 街壶膔。hùo zì kāi fè jiē hú sào。）——指不想看的人、事、物，假装看不见。

穷得嗒大滴。（迥 dè 嗒嗒爹。jiōng dè dā dà diē。）——很穷。

一个头两个大。（业各 dē 茶各突。yè gè dē nié gè tù。）——碰到难解决的事情，不知该怎么办，头大发涨。

肉痛肉肉痛。（哕通哕哕通。yuě tōng yuě yuě tōng。）——非常心疼。

己屎不嫌臭。（戏污 fè 捏 cōu。xì wū fè niē cōu。）——喻自己的孩子，再怎样也不会嫌弃。

有么收，无么丢。（有么嗽，呒么 diù。yǒu mè sòu，m̄ mè diū。）——有就收，没有就算了。

三勿三四勿四。（赛 fè 赛，西 fè 西。sài fè sài，xī fè xī。）——指不三不四。

我放个屁在这里等。（昂 cà 各批得咯力 děn。aňg cà gè pī déi gé lì děn。）——指我的预言很准的。

自己没有用，还要怪老匹无缝。（戏该 fè 有用，挖要瓜老 piè 呒 fòng。xì gāi fè yǒu yòng，wā yào gūa lǎo piè m̄ fòng。）——不检查自己没用，只怪别人。

好了，好了，好把我省省了。（好 bè，好 bè，好 bè 昂 sái sāi bè。hǎo

bè, hǎo bè, hǎo bè ǎng sái sāi bè。）——讨厌，不屑的口气。

花头六十四。（活 dè lé sé 西。hǔo dè lé sé xī。）——花头、花样多。

脚板底搽油。（架刣底作优。jià bāi dǐ zūo yōu。）——溜得快。

手伸得很长。（叟 sèn dè 买栽。sǒu sèn dè mǎi zāi。）——比喻很会伸手讨要的人，不管自己该不该得，都想要。

狗眼看人低。（狗矮开音弟。gé aǐ kāi yīn dì。）——指看不起人的人。

吃起来么辣椒胡椒，拿起钞票来么今朝明朝。（切妾赖么 fài 角污叫，代且钞票赖么近早闷皂。qiē qiè lài mè fài jiǎo wū jiào，dài qiě cǎo piào lài mè jìn zǎo mē zào。）——嘲讽欠钱不肯还的人。

家宽不如脚宽。（过快 fè 淤架快。gùo kuài fè yū jià kùai。）——指脚穿鞋袜一定要宽松才舒服。

你要听他的话，咸盐里都会长蛆。（嗯腰 tìn gī 各把沃，咳捏力度威赛气。ň yāo tìn gī gè bǎ wò，hān niē lì dù wēi sài qì。）——指他的话绝对不可信。

出门看天色，进门看脸色。（缺闷开帖涩，今闷开灭涩。què mēn kāi tiè sè，jīn mēn kāi miè sè。）——出门看天色晴、雨，该带什么。进门看脸色喜、怒，该说、做什么。

有钿难买六月拉（拉肚子）。（有爹 nāi 马 lé 淤 cà。yǒu diē nāi mǎ lé yǔ cà。）——指六月拉稀可排毒。

义乌船倒撑。（义务靴刀菜。yì wù xūe dāo cài。）——比如这件事按理应张三求李四，结果倒过来最后变成李四求张三。又如，这钱按理应张三出，结果倒过来让李四出。

官结不如私结，官了不如私了。（怪 jè fè 淤寺 jè，怪了 fè 淤寺了。gùai jè fè yū sì jè，gùai liǎo fè yū sì liǎo。）——过去贪官多，老百姓宁愿自己双方协商解决。

生死的心（性格），定死的秤。（赛洗各芯，tìn 洗各参。sài xǐ gè xìn，tìn xǐ gè cēn。）——性格、脾气是生来的。

十个矮子九个鬼。（sé 各啊自九各鬼。sé gè ǎ zì jiǔ gè gǔi。）——喻个

子特矮的人，大部分都调皮。

心急吃勿得热粥。（芯 jè 切 fē dè 仪倔。xìn jè qiē fè dè yí jùe。）——喻做事，干活等不能心急。

女人的命，好比是山上的解角柴。男人的命，好比是山上的花絮蒲。（玉印果各命，好逼子赛索各介 jè 仁。nāi 音过各命，好逼子赛索各贷序晡。yù jìn gǔo gè mìng，hào bì zǐ sài sǔo gè jiè jè sā。nāi yīn gùo gè mìng，hào bì zǐ sài sǔo gè hùo xù bū。）——喻：女人的命硬，男人的命脆。

小洞不补，大洞吃苦；小洞不补，要露屁股。（些痛 fè 补，突痛切苦；些痛 fè 补，腰露批股。xiē tòng fè bǔ，tù tòng qiè kǔ；xiē tòng fè bǔ，yāo lù pī gù。）——比喻办事情、创事业有小问题、小毛病要及时补救，否则会出大事，出大问题。

第一个当宝养，第二个当猪养，第三个当狗养。（替业嘎多宝耶，替茶嘎多自耶，替赛尬多狗耶。tì yè gā dūo bǎo yé，tì nié gā dūo zì yé，tì sài gà dūo gǒu yé。）——过去没有计划生育，第一胎当宝贝养，生多胎了就随意养了。

生死是命里注定的，先注死，后注生。（赛洗子命力居 tìn 各，泻居洗喝居赛。sài xǐ zǐ mìn lì jū tìn gè，xiè jū xǐ hé jē sài。）——迷信的说法：人的生死是命里注定的，阎王在人投生前，就先注定死期，再让你投生到人世上来。

哪个长，哪个短，哪个屁股洞里种大蒜。（辣嘎栽，辣嘎歹，辣嘎批姑痛力宗踏塞。là gā zāi，là gā dǎi，là gā pī gū tòng lì zōng tà sāi。）——多是非的人，道东家长，西家短。

做一日的木工有三天好烧，做一日的泥水工有三日好挑。（租业耶各么共有赛那好臊，租业耶各妮学共有赛耶好跳。zū yè yé gè mé gòng yǒu sài yé hǎo sào，zū yè yé gè nī xúe gòng yǒu sài yé hǎo tiào。）——做木工有木屑、木条、树皮等废料，可烧火用。做泥水工，留下来的都是泥、沙、石子等废料，要挑去倒掉。

酒好不怕弄堂深。（酒好 fè 坡龙驮 sèn。jiǔ hǎo fè pō lóng dùo

sèn。) ——只要东西好，哪怕在偏僻的地方，人家也会找上门。

小狗没有见着大坨屎过。(些狗阿觅街 zà 突泡污顾。xiē gǒu ā mì jiē zà tù pào wū gù。) ——讲没见过大世面的人。

一个铜钿一个命。(一各东爹一各命。yī gè dōng diē yī gē miǹ。) ——比喻：视钱如命。

叫花子戏蛇。(讨 fài 子戏梭。tǎo fài zí xì sūo。) ——穷开心。

教瞎子戏蛇。(高货自戏梭。gāo hùo zì xì sūo。) ——瞎子看不见，不能教他玩蛇，再教也教不会的。比喻某些人不懂这一行，你再教也是没用的。

讨饭袋里抓米。(讨 fài 太力末米。tǎo fài tài lì mò mǐ。) ——喻：别人已经穷了，你再去敲诈，缺德。

心急吃勿得热粥，跑马看勿得《三国》。(芯 jè 切 fè dè 仪偏，包模开 fē dè《赛 gùe》。xiǹ jè qiē fè dè yí jùe，bāo mǒ kāi fē dè《sài gùe》。) ——做什么事都不能心急。

勿吃勿碰，钞票拿来送。(fē 切 fè poňg，草票带来松。fē qiè fè pōng，cǎo piào dài lái sōng。) ——指打麻将中的不吃不碰，就不会胡，输定了，送钱了。

打三勿打四。(歹赛 fè 歹西。dǎi sài fè dǎi xī。) ——指打麻将中的，打不搭，打三张牌可以，打四张牌不行，胡不了的。

满地摊不相干。(埋替太，fè 写盖。mǎi tì tài，fè xiě gài。) ——指打麻将中的，吃满碰满，满地摊，也不一定会胡。

大人做错算算数，小人做错拷（打）屁股。(突音租粗塞赛苏，些音租粗靠批股。tù yiń zū cū sāi sài sū，xiē yiń zū cū kào pī gù。) ——除字面上的意思，还有另一层意思，领导、头头做错没事，下面的人做错会受到处罚，批评，扣奖金等。

好起来的时候共匹拉尿，不好起来的时候尖刀挖屁。(好切赖各思喝 còng pìe cà 戏，fè 好切赖各思喝介到勒闭。hǎo qiē lài gè sī hē còng pìe cà xì，fè hǎo qiē lài gè sī hē jiè dào lè bì。) ——指好朋友翻脸不认人。

三月客难做，一头棉衣一头货。（赛于咖印 nāi 租，业 dē 乜敖业 dē 乎。sài yé kà yìn nāi zū，yè dē miē aǒ yè dē hū。）——三月温差大，出门得多带衣物。

鲤鱼翻白走不来路，门面破掉吃不来肉。（力 ñ fài 把则 fè lāi 路，闷灭趴跳切 fè lāi 哕。lì ñ fài bǎ zé fè lāi lù，mēn miè pā tiào qiē fè lāi yǔe。）——脚崴了走路难，门牙掉了吃肉难，喻：主心骨，门面坏了办事难。

南峰的路，十里埠的渡。（nāi fòng 各路，sé 哩铺各突。nāi fòng gè lù，sé lī pù gè tù。）——过去条件差，梅城南面的南峰路况很差，泥泞难走。十里埠头的水急，过渡难。

三河蚊虫，大洋风。（赛坞闷宗，他业 fòng。sài wù mēn zōng，tā yè fòng。）——过去卫生条件差，三河（地名）的蚊子特多，大洋（地名）的风特大。

光棍光棍，食锅里清水滚。（过滚过滚，sé 五力庆学滚。gùo gǔn gùo gǔn，sé wǔ lì qìn xúe gǔn。）——喻单身汉的生活清苦。

过一日算一日，过两日凑一双。（姑业耶塞业耶，姑茶耶 cē 业 sùo。gū yè yé sāi yè yé，gū nié yé cē yè sùo。）——喻得过且过。

有屁不放，闷坏心房。（有批 fè fō，闷袜芯 fo。yǒu pī fè fō，mèn wà xìn fō。）——有事不讲，放在心里，会闷坏人的。

老鼠不留隔夜粮。（烙词 fè 溜尬亚捏。lào cǐ fè liū gà yà niē。）——喻吃光用光。

饭店门前摆粥摊。（fài 爹闷些把决大。fài diē mēn xiē bǎ juè tài。）——不自量力。

秀才不离书，种田不离猪。（朽赛 fè 哩序，宗爹 fè 哩自。xiǔ sài fè lī xù，zōng diē fè lī zì。）——指种田要用到猪粪当肥料。

孔夫子门前摆测字摊。（控父子闷些把 cà 寺太。kòng fù zǐ mēn xiē bǎ cà sì tài。）——不自量力。

新娘子虽小，拜堂一样拜。（写聂子靴些，八多一叶八。xiě niè zǐ xūe

xiē，bā dūo yī yè bā。）——比喻事情虽小，虽简单，但还得按程序办。

冷么冷在风里，穷么穷在债里。（乃么乃 dè fòng 里，迥么迥 dè 扎力。nǎi mè nǎi dè fòng lǐ，jiōng mè jiōng dè zā lì。）——比喻人负了债就会变穷。

吃力不讨好，黄胖舂年糕。（切咧 fē 套好，窝坡 sùo 捏告。qiè lié fē tào hǎo，wō pō sùo niē gào。）——比喻做了吃力的事，就如黄胖（一种会传染的病）帮助舂年糕，人家不喜欢，做了也不讨好。

好人不留种，恶狗满路扨。（好音 fē 溜总，务狗买路扨。hǎo yīn fē liū zǒng，wù gǒu mǎi lù sǒng。）——喻好人少，恶人多。

热脸孔托冷屁股。（以灭孔拓乃批股。yǐ miè kǒng tùo nǎi pī gù。）——喻热情碰到冷淡。

娶娶嫁嫁不如前。（讨套锅过 fē 淤些。tǎo tào gūo gùo fē yū xiē。）——再娶再嫁都会和前妻前夫去比，往往觉得不如前面的好。

新开茅厕三日新。（兴忾冻死赛耶兴。xìn kài dòng sǐ sài yé xìn。）——比喻对某件事、某个工作等新鲜感保持不久。

棺材落命钉。（拐赛罗敏定。gǔai sài lǔo mìn dìng。）——定死了，没得改了。

冬瓜不要与大腿比。（冻果 fē 要 dēi 突 těi 比。dòng gǔo fē yào dēi tù těi bǐ。）——弱的不要去与强的比。

亲戚亲戚走走来，不走就不亲。（庆切庆切走奏庆，fè 走秀 fè 庆。qìng qiè qìng qiè zǒu zòu qìng，fè zǒu xiù fè qìng。）——喻亲戚之间要常走动，才会更亲近。

大路不走走猫路。（突路 fè zú 走，走冒路。fù lù fè zǒu，zǒu mào lù。）——喻脑子搭牢的人鬼迷心窍，有好的路子，正大光明的路子不走，走歪门邪道。

时间一长，老虎变只羊。（思喝业栽，烙胡憋 zà 耶。sī hē yè zāi，lào hǔ biē zà yē。）——随着时间的拉长，积极性会降低，火气也会降温，仇恨也会减少等。

当着不着，木勺里煎药。（驮咋 fè 咋，么梭力介牙。dùo zǎ fè zǎ，mésūo lì jiè yǎ。）——本该这样的，你却那样。有些话不该是你讲的，有些不该是你做的，你却硬要说，硬要做，起不到好作用。

好愁不愁，愁六月没有日头（太阳）。（好廋 fè 廋，廋 lé 玉 fè 有耶 dē。hào sōu fè sōu，sōu lé yù fè yǒu yé dē。）——这件事百分之百没问题，这么明显的事，你却多愁。

一代亲，二代表，三代就拉倒。（一太沁，嗯太表，赛太秀辣倒。yī tài qìn，ǹ tài biǎo，sài tài xiù là dǎo。）——同一代的亲戚关系密切，二代表亲，关系就疏远一些，三代的就更疏远，基本互相不走动。

同年同年，屁股洞里滚铜钿。（车捏车捏，批姑痛动滚东爹。dōng niē dōng niē，pī gū tòng lì gún dōng diē。）——同年孩子，没有年龄差距，一起玩一起疯，非常开心。

有货不愁贫，没有货愁死人。（有乎 fè 廋宾，fè 有乎廋洗音。yǒu hū fè sōu bīn，fè yǒu hē sōu xǐ yīn。）——做生意的人只怕没货，会影响生意。比喻办事情的人，没资料，没证据，没人脉关系，没资金也会愁死人。

宁可给有本事的人背包袱雨伞，也不给没有用的人当军师。（niñ 库 bè 有本寺 gè 音杯抱 fè 雨塞，爷 fē bè fè 有用各音多俊寺。）——给有本事的人做事，即使是背包袱雨伞，也会学到有用的知识、本事。没有本事的人，即使是当军师也没用，他没有能力办成事的。

一个和尚挑水吃，两个和尚抬水吃，三个和尚没水吃。（一各污 sùo 跳学切，茶各污 sùo 呆学切，赛各污 sùo fè 有学切。yī gè wū sùo tiào xué qiè，nié gè wū sùo dāi xúe qiè，sài gè wū sùo fè yǒu xúe qiè。）——一个人没得依赖，独立干事。两个人互相依赖，一起干事。三个人，我想你做，你想他做，什么也做不成。

逃得了和尚逃不了庙。（力 dè 疗污 sùo 刀 fè 疗庙。dāo dè liǎo wū sùo dāo fè liǎo miāo）——逃得了人，但家还在，事业还在，责任还在，最终还是逃不了的。

六月不晒背，冬里你要悔。（lé 于 fè 仁杯，冻里 ń 腰灰。lé yú fè sā bēi, dòng lǐ ń yāo hūi。）——六月不晒背，不干活，没收成，到时你当然要悔了。

亲兄弟，明算账。（沁诇底，miñ 塞裁。qiñ xiòng dǐ, miñ sāi zāi。）——即使是亲兄弟、好朋友账还是明算好。

远路无轻担。（哕路唔沁呆。yǔe lū m̄ qiñ dāi。）——再轻的担子，挑到路很远的地方也会觉得越来越重的。

丈母娘看女婿，越看越欢喜。（载唔捏开挪西，哕开哕坏喜。zǎi m̄ niē kāi nǔo xī, yǔe kāi yǔe huài xǐ。）

不怕腹中空空，只怕不肯用功。（fè 坡突逼控孔，自坡 fè 肯用共。fè pō tù bī kòng kǒng, zì pō fè kěn yòng gòng。）——只要用功，空腹中会被渐渐填满，不肯用功，那将永远空腹。

不懂装懂，永世饭桶。（fè 懂作懂，运思 fài 桶。fè dǒng zùo dǒng, yùn sī fài tǒng。）——不懂装懂，永远都不会懂。

吃葱吃心，听话听音。（切 còng 切芯，tiǹ 把沃 tiǹ 印。qiè còng qiè xiǹ, tiǹ bǎ wò tiǹ yiǹ。）

问人不蚀本，舌头打个滚。（闷音 fè 死本，死 dē 歹各滚。mèn yiñ fè sǐ běn, sǐ dē dǎi gè gǔn。）

来得早不如来得巧。（lāi dè 早 fè 淤 lāi dè 巧。lāi dè zǎo fè yū lāi dè qiǎo。）

讲讲不值钿，学学要三年。（果过 fè 则爹，弧户腰赛聂。gǔo gùo fè zé diē, hú hù yāo sài niè。）

缸里有鱼，家里有儿，好福气。（过里有 ñ，过里有 ñ，好 fē 气。gùo lǐ yǒu ñ, gùo lǐ yǒu ñ, hǎo fē qì。）

吃起别人的咯嘣咯嘣，吃起自己的肉痛肉痛。（切窃比嘎各革 boǹg 革 boǹg，切窃戏该各 nǔe 通 nǔe 通。qiē qiè bǐ gā gè gé boǹg gé boǹg, qiē qiè xì gāi gè nǔe tōng nǔe tōng。）

成功的人，放个屁都香各，不成功的人，对的也是放屁。（森共各音，fō

各批度泻革，fè 森共各音，dēi gè 爷自 fō 批。sēn gòng gè yiñ，fō gè pī dù xiè gé，fè sēn gòng gè yī，dēi gè yé zì fō pī。)

羊毛出在羊身上。（耶猫缺 dè 耶 sèn 索。yē māo qūe dè yē sèn sǔo。)

好事不出门，坏事传千里。（好寺 fè 缺闷，袜寺嗟切里。hǎo sì fè qùe mēn，wà sì juē qiè lǐ。)

财主无发，穷人多发。（塞局唔 fò，垌音么 fò。sāi jú m̄ fò，jiōng yiñ mé fò。）——喻财主多动脑，穷人不动脑。

聪明人无发，呆子多发。（从 miñ 音唔 fò，哀子么 fò。cóng miñ yiñ m̄ fò，āi zǐ mé fò。）——比喻聪明人多动脑，呆子不会动脑。

富起来了，衣服角撞死人。（亥且赖 bè，仪 sùo 顾措洗音。hài qié lài bè，yí sùo gù cùo xǐ yiñ。）——富起来了，威风了，看不起人了。

蚤多不痒，债多不愁。（涩度 fè 爷，扎度 fè 嗖。sè dù fè yé，zā dù fè sōu。）——债多了，没法还，破罐子破摔了。

若要好，大做小。（sé 腰好，突租些。sé yāo hǎo，tù zū xiē。)

勿是亲，勿挂心。（fè 子沁，fè 锅芯。fè zá qiñ，fè gūo xiñ。)

只可买了勿值，勿要买个吃食。（自库马各 fè 则，fē 库马各切 sé。zì kù má gè fè zé，fē kù má gè qiè sé。)

烧开水，不响，开了。求囡嗯，不响，肯了。（臊忾学，fè 写，忾 bé。究喏嗯，fè 写，肯 bè。sào kài xúe，fè xié，kài bé。jiū nùo ǹ，fè xiě，kén bè。)

泥水匠无法，黄泥一坨。（妮学泻唔 fò，窝妮一驮。nī xúe xiè m̄ fò，wō nī yī dùo。）——喻：三百六十行，行行都有自己的办法，

台上无法，神仙出发。（呆 sùo 唔 fò，森泻缺 fò。dāi sùo m̄ fò，sēn xiè qūe fò。）——喻：三百六十行，行行都有自己的办法。

精骨拉瘦，武林高手。（近 gùe 辣嗖，务林告叟。jìn gùe là sōu，wù lín gào sǒu。）——喻：人不可貌相。

尿多无病，屎多送命。（戏度唔聘，污度松 miñ。xì dù m̄ piñ，wū dù

sōng miǹ。)

六月六，黄狗要洗浴。（lé 玉 lé，窝狗腰踏哕。lé yù lé，wō gǒu yāo tǎ yǔe。）

一张床铺困不出两样人。（业再梭哺昆 fē 缺茶叶音。yè zài sūo bū kūn fē què nié yè yī。）

人有良心，狗不吃屎。（音有捏芯，狗 fè 切污。yīn yǒu niē xiǹ，gǒu fè qiè wū。）

天作要落雨，人作有祸根。（帖作腰罗雨，音作有五更。tiè zùo yāo lúo yǔ，yīn zùo yǒu wǔ gèn。）

忍得一时气，做得一世人。（引 dè 业思七，租 dè 业思音。yǐn dè yè sī qī，zū dè yè sī yīn。）

好汉不赚六月钿。（好亥 fè 参 lé 于爹。hǎo hài fè cēn lé yé diē。）

床头吵架床尾和。　　（梭 dē 吵锅梭米污。sūo dē cǎo gūo sūo mǐ wū。）——喻：夫妻吵架后，一会儿就好了。

又要做婊子，又要竖牌坊。（又腰租俵子，又腰许八肋。yòu yāo zū biào zí，yòu yāo xú bā lē。）

要戏（玩）外婆家，要吃丈母家。　（腰戏挖不过，腰切载呣过。yāo xì wā bù gùo，yāo qiè zǎi m̄ gùo。）

天平地平，人心不平，人心要平，天下太平。（帖宾替宾，音芯 fè 宾，音芯腰宾，帖火塔摈。tiè biñ，yīn xiǹ fē biñ，yiñ xiǹ yāo biñ，tiè hǔo tǎ biǹ。）

有福气的人人服侍，无福气的人服侍人。（有 fē 气各音音 fé 寺，fè 有 fē 气各音 fé 寺音。yǒu fē qì gè yīn yīn fé sì，fè yǒu fū qì gè yīn fé sì yīn。）

夜饭夜饭夜夜有，夜夜吃到半夜后。（亚 fāi 亚 fāi 亚亚有，亚亚切倒刮亚合。yà fāi yà fāi yà yà yǒu，yà yà qiè dào bāi yà hé。）——喻：每户人家都要吃夜饭，但有早有迟，有的甚至很迟才吃。

死要面子活受罪。（洗腰灭子我叟学。xǐ yāo miè zí wó sǒu xúe。）

狗勿要与马跑。（戈 fē 要 dēi 模泡。gé fē yào dēi mó pào。）

拉着黄牛当马骑。（辣咋窝妞多模机。là zǎ wō niū dūo mó jī。）

三寸喉咙海样深。　（赛蹭喝 lōng 海业 sèn。sài cèn hē lōng hǎi yè sèn。）——喻：吃是没底的，日日吃，月月吃，年年吃，吃很多。

男追女，隔座山；女追男，隔层纱。（nāi 倔女，尬俗赛；女倔 nāi，尬森 sùo。nāi jùe nǔ，gà sǔ sài；nǔ jùe nāi，gà sēn sùo。）

表哥想表妹，想得满地 lèi（滚来滚去）。（俵顾岑表妹，岑 dè 买替肋。biào gù cén biǎo mèi，cén dè mái tì lèi。）

懒汉懒汉，勿做哪里去吃饭；勤力勤力，随便做做都吃不完。（乃亥乃亥，fē 租辣力 kī 切 fài；今咧今咧，靴 piè 租 zù 度切 fē 忾。nǎi hài nǎi hài，fè zū là lì kī qiē fài；jīn lié jīn lié，xūe piè zē zù dù giē fē kài。）

阎王要你三更死，小鬼不敢留你到五更。（捏窝腰嗯赛今洗，些鬼 fè 改溜嗯刀嗯今。niē wō yāo ň sài jīn xǐ，xiē gǔi fè gái liū ň dāo ň jīn。）

早上梳头小姐头，夜里梳头婊子头。（嗯盖序 dē 笑几 de，亚力序 dē 俵子 dē。ň gài xù dē xiào jǐ dē，yà lì xù dē biào zǐ dē。）

勿是行，勿要趖。（fè 子耤，fē 要拖。fè zǐ hūo，fē yào tūo。）

分食勿匀，抵刀杀人。（份 sé fè 晕，底到 sùo 音。fèn sé fè yūn，dǐ dào sùo yīn。）

娘不赚儿笨，儿不嫌娘丑。（捏 fè 捏 ň 本，ň fè 捏捏 cě。niē fè niē ň bǎn，ň fè niē niē cě。）

有的人家里唱戏，穷的人家里叹气。（有各音过里搓西，迥各音过里太七。yǒu gè yīn gùo lí cūo xī，jiōng gè yīn gùo lí tài qī。）

过头的饭好吃，过头的话不要讲。（姑 dē 各 fài 好切，姑 dē 各把沃 fē 要果。gū dē gè fài hǎo qiè，gū dē gè bǎ wò fē yào gǔo。）

一娘生九子，九九不相同。（业捏赛九子，九九 fè 泻东。yè niē sài jiǔ zǐ，jiǔ jiǔ fè xiè dōng。）

家里三只虎，不苦都要苦；家里三只兔，不富都要富。（过里赛 zà 虎，

fè 苦度腰苦；过里赛 zà 凸，fè 夫度要夫。gùo lǐ sài zà hǔ，fè kǔ dù yāo kǔ；gùo lǐ sài zà tū，fè fū dù yào fū。）——指属性。过去没有计划生育，家里孩子多，属性多。

牙痛不算病，痛起来要人命。（窝词通 fè 塞聘，通切赖腰音敏。wō cǐ tōng fè sāi pìn，tōng qiè lài yāo yīn mìn。）

好愁不愁，愁六月没有日头。（好嗖 fè 嗖，嗖 lé 于 fè 有耶 dē。hào sōu fè sōu，sōu lé yǔ fè yǒu yé dē。）

宠子勿孝，宠狗爬灶。（从子 fè 肖，从戈玻遭。cóng zǐ fè xiāo，cóng gé bō zāo。）

时间一长，老虎变只羊。（思喝业栽，烙虎憋 zà 耶。sī hē yè zāi，lào hǔ biē zà yē。）

一个被窝盖不出两样人。（业各比库该 fē 缺茶业音。yè gè bǐ kù gāi fē què nié yè yīñ。）

等粥浇饭，等水勿开。（等倔叫 fài，等学 fè 忾。deng jùe jiào fài，deng xúe fè kài。）

只可生败子，勿可生呆子。（自库赛怕子，fē 库赛哀子。zì kù sài pà zǐ，fē kù sài āi zǐ。）

人在人情在，人死两分开。（音载音心载，音洗茶份忾。yīn zǎi yīn xīñ zǎi，yīn xǐ nié fèn kài。）

一岁打娘娘好笑，十岁打娘娘上吊。（业西拷捏捏好肖，sé 西拷捏捏索刁。yè xī kào niē niē hǎo xiāo，sé xī kào niē niē súo diāo。）

裁缝勿偷布，死掉勿得过（不舒服）。（塞 fōng fè 特晡，洗跳 fē dè 姑。sāi fōng fè tè bū，xǐ tiào fē dè gū。）

裁缝师傅穿破裤。（塞 fōng 寺扶缺趴枯。sāi fōng sì fǔ què pā kū。）

木匠家里无凳坐。（么泻过里呣 dēn 俗。mé xiè gùo lǐ m̄ dēn sǔ。）

泥水匠家破灶头。（妮学泻过趴遭 dē。nī xué xiè gùo pā zāo dē。）

儿子像娘，金子端来量；囡嗯像爷，银子满地晒。（贵嗯写捏，近子带来

捏；喏嗯写丫，因子买替仨。gùi ǹ xié niē，jìn zǐ dài lái niē；nùo ǹ xié yā, yi ñ zǐ mǎi tì sā。)

天越晴越高，人越老越骚。（帖啰心啰告，音啰老啰臊。tiè yǔe xiñ yǔe gào, yinyǔe lǎo yǔe sào。)

运气勿好实在背，拉屎都要粘卵蛋。（运七 fè 好 sé 再杯，cà 污度腰聂乃太。yùn qī fè hǎo sé zài bēi, cà wū dù yāo niè nǎi tài。)

只看见和尚吃面包，看勿见和尚头打洞。（自开介污 sùo 切灭抱，开 fè 街污 sùo dē 歹痛。zì kāi jiè wē sùo qiē miè bào, kāi fè jiē wū sùo dē dǎi tòng。)

吃力赚钿快活用。（切咧参爹夸沃用。qiè lié cēn diē kūa wò yòng。)

瘌痢怕剃刀，剃刀怕瘌痢。（罗哩坡梯到，梯到坡罗哩。lúo lī pō tī dào, tī dào pō lúo lī。)

日渡三餐，夜渡一宿。（耶独赛菜，亚独一谑。yé dú sài cài, yà dú yī xùe。)

碰着石子往外踢，手腕骨头往里弯。（pòng 砸洒子冒袜帖，嗽歪 gūe dè 冒里外。pòng zá sǎ zǐ mào wà tiè, sòu wāi gūe dè mào lǐ wài。)

十个男人九个坏，一个想作怪。（sé 各 nāi 音过九各袜，业咖岑作瓜。sé gè nāi yiñ gùo jiǔ gè wà, yè gā cén zùo gūa。)

逢人只说三分话，勿可全抛一片心。（fōng 音自果赛份沃，fē 库些泡业气芯。fōng yiñ zì gǔo sài fèn wò, fē kù xiē pào yè piē xìn。)

住在大路边，讨水、讨茶、讨饭都要讨倒灶。住在山坞窟窿里，做做吃吃都吃勿了。（去 dè 突路别，讨学、讨作、讨 fài 度腰讨到遭。去 dè 赛五克龙力，租 zù 切切度切 fè 了。qù dè tù lù bìe, tǎo xúe、tǎo zūo, tǎo fài dù yāo tǎo dào zāo。qù dè sài wǔ kè lóng lì, zū zù qiē qìe dù qiē fè liǎo。) ——这是过去没见过世面的山坞农民意识。

手背蓬蓬，到老勿穷。（嗽杯 pòng pòng，刀老 fè 垌。sòu bēi pòng pòng, dāo lǎo fè jiōng。)

儿子像娘，金子打墙。（贵嗯写捏，近子歹些。gùi ǹ xié niē, jìn zǐ dǎi xiē。）

人无千日好，花无百日红。（音呣切耶好，货呣爸耶oɑ̃。yiñ m̄ qiè yé hǎo, hùo m̄ bà yé oɑ̃。）

十指尖尖，有吃有穿。（sé 自介介，有切有确。sé zì jiè jiè, yǒu qiè yǒu què。）

逃掉的鱼都大些的。（刀跳各 ñ 度突涩各。dāo tiào gè ñ dù tù sè gè。）

瘦死的骆驼比马大。（嗖洗各罗都逼模突。sōu xǐ gè lúo dù bī mǒ tù。）

这里什么东西都漂亮，连过街的老鼠都是双眼皮。（革力 sùo 力冻洗度漂聂，捏姑尬各烙词度子 sùo 爱逼。gé lì sùo dòng xǐ dù piǎo niè, niē gū gà gè lào cǐ dù zǐ sùo aì bī。）

东西越吃越淡，人越玩越懒。（冻洗哕切哕歹，音哕戏哕乃。dòng xǐ yǔe qiè yǔe dǎi, yiñ yǔe xì yǔe nǎi。）

生个女儿往外送，生个儿子好留种。（赛各喏嗯冒袜松，赛各贵嗯蒿溜总。sài gè nùo ǹ mào wà sōng, sài gè gùi ǹ hāo liū zǒng。）

田塍窄，脚板阔，一脚滑去四尺八。（爹森火，架白阔，耶架六 kì 西 cà 簸。diē sēn hǔo, jià bái kùo, yē jià liè kì xī cà bò。）

病来如山倒，病去如抽丝。（聘 lāi 淤赛倒，聘 kī 淤册寺。pìn lāi yū sài dǎo, pìn kī yū cè sì。）

三月桃花一时红，风吹雨打一场空。（赛玉刀货业思oɑ̃，foɑ̀ 缺于歹业栽控。sài yù dāo hùo yè sī oɑ̃, fòɑ̀ què yú dǎi yè zāi hòɑ̀。）

哪个丈母娘不欢喜女婿，哪只鸡母不欢喜吃鼻涕。（辣各载呣捏 fè 坏喜挪西，辣 zà 计呣 fè 坏喜切别梯。là gè zái m̄ niē fè huài xǐ nǔo xī, là zà jì m̄ fè huài xǐ qiè bié tī。）

姐妹和气隔乡村，叔伯姆（妯娌）和气共饭蒸。（几妹污七尬泻参，血爸姆污七 còng fài zēn。jǐ mèi wū qī gà xiè cèn, xùe bà m̄ wū qī còng fài zēn。）

人要心好，树要根牢。（音要芯好，序腰更捞。yīn yào xìn hǎo, xù yāo gèn lāo。）

越有越克，越富越精。（哕有哕克，哕夫哕近。yǔe yǒu yǔe kè, yǔe fū yǔe jìn。）

买各凑勿着卖各。（马各 cē fè 咋骂各。mǎ gè cē fè zǎ mà gè。）

门槛精，踩勿进。（闷凯近，茶 fè 今。mēn kǎi jìn, cǎ fè jīn。）

屋檐低，撞死人。（wè 捏弟，措洗音。wè niē dì, cùo xǐ yīn。）

出门不利，碰着瘌痢。（缺闷 fē 利，pòng 咋罗哩。què mēn fē lì, pòng zǎ lúo lǐ。）

树大分杈，子大分家。（序突份错，子突份过。xù tù fèn cùo, zǐ tù fèn guò。）

宁可慢三分勿抢一下。（niñ 库卖赛奋 fè 且耶货。niñ kù mài sài fèn fè qiě yē hùo。）

子大勿由爷（父），囡大勿由娘。（子突 fè 优丫，喏突 fè 优捏。zí tù fè yōu yā, nùo tù fè yōu niē。）

龙生龙，凤生凤，老鼠生儿打地洞。（lōng 赛 lōng，foǹg 赛 foǹg，烙词赛 ñ 歹替痛。lōng sài lōng, foǹg sài fòng, lào cǐ sài ñ dǎi tì tòng。）

越冷越起风，越忙越凑乱忙。（哕乃哕起 fòng，哕摸哕 cōu 奈摸。yǔe nǎi yǔe qí fòng, yǔe mō yǔe cōu nài mō。）

三朝媳妇勿要宠，三日毛头（婴儿）勿要捧。（赛皂芯扶 fē 要宠，赛耶猫 dē fè 要 poňg。sài zào xiñ fú fē yào coňg, sài yé māo dē fē yào poňg。）

三餐不嫌早，吃掉不问你讨。（赛菜 fè 捏早，切跳 fē 闷嗯讨。sài cài fè niē zǎo, qiē tiào fē mèn ň tǎo。）

只可欺老，勿可欺小。（自库气老，fē 库气些。zì kù qà lǎo, fē kū qì xiē。）

十个瘌痢九个犟。（sé 各罗哩九各解。sé gè léo lǐ jiǔ gè jiě。）

瘸子勤跑，结巴多讲。（俏子今别，各子度果。qiào zǐ jiñ bié, gè zǐ

dù gǔo。）

　　无官勿贪，无商勿奸。（嗯怪 fè 太，嗯 sùo fè 介。m̄ guài fè jiè, m̄ sùo fè jiè。）

　　一涨一退山坎水，一反一复妇人心。（业载业 tēi 赛忾学，业 fái 业 fè 玉印果芯。yè zǎi yè tēi sài kài xúe, yè fái yē fè yù yiñ gǔo xiñ。）

　　自己吃自己的铜。（戏该切戏该各东。xì gāi qiè xì gāi gè dōng。）

　　吊死鬼死要面子。（刁洗鬼洗腰灭子。diāo xǐ gǔi xǐ yāo miè zǐ。）

　　忍得一口气，做得一世人。（引 dè 业可七，租 dè 业思音。yǐn dè yè ké qī, zū dè yè sī yiñ。）

　　七十不留宿，八十不留吃，九十不留坐。（切 sé fè 溜戏，簸 sé fè 溜切，九 sé fè 溜俗，qiè sé fè liū xì, bò sé fè liū qiè, jiǔ sé fè liū sú。）——年龄大了，容易出事。七十岁的客人不留宿，八十岁的不留用餐，九十岁的不留多坐。

　　听三不听四，丈母嫁女婿。（tiñ 赛 fè tiñ 西，载嗯锅挪西。tiñ sài fè tiñ xī, zǎi m̄ gūo núo xī。）——喻听话不听仔细。

　　人在人情在，人死两分开。（音载音心载，音洗茶份忾。yiñ zǎi yiñ xiñ zǎi, yiñ xǐ nié fèn kài。）

　　越有越克，越穷越大气。（哕有哕克，哕垌哕突七。yǔe yǒu yǔe kè, yǔe jiōng yǔe tù qī。）

　　有屁不放，闷坏心脏。（有批 fè fō，闷袜芯 fō。yǒu pī fè fō, mèn wà xiñ fō。）——有话就讲，不要闷在心里。

　　要吃杨村桥，要玩白龙桥。（腰切耶 cèn 叫，腰戏把 lōng 交。yāo qiè yē cèn jiào, yāo xì bǎ lōng jiāo。）——杨村桥、白龙桥是两个地名。

　　好心犯恶意。（好芯 fái 务衣。hǎo xiñ fái wù yī。）

　　借借不如讨，讨讨不如偷。（街介 fè 淤讨，讨套 fè 淤特。jiē jiè fè yū tǎo, tǎo tào fè yē tè。）

　　有祸逃不掉，逃掉不是祸。（有五刀 fē 跳，刀跳 fè 子五。yǒu wǔ dāo fē

tiào, dāo tiào fè zǐ wǔ。)

一条路走到黑。（业刁路走刀喝。yì diāo lù zǒu dāo hè。）——不知变通，死心眼。

年轻的时候苦不算苦，老来苦才是真正苦。（捏庆各思喝苦 fè 塞苦，老赖苦再子 zēn 潜苦。niē qìn gè sī hē hǔ fè sāi kǔ, lǎo lài kǔ zài zí zēn zèn kǔ。）

勿是亲勿是戚，有来有往，不是欠你的。（fè 子庆 fè 子切，有 lāi 有 kī, fè 子切嗯各。fè zí qìn fè zí qiè, yǒu lāi yǒu kī, fè zí qiè ň gè。）

越帮越忙，越慌越忙。（哕拜哕摸，哕货哕摸。yǔe bài yǔe mō, yǔe hùo yǔe mō。）

七世不要与八世比。（切思 fē 要蒿簸思比。qiè sī fē yào hāo bò sī bǐ。）

好男勿吃分家饭，好女勿争嫁时衣。（好 nāi fē 切份过 fài，好女 fè 再锅思义。hǎo nāi fē qiè fèn gùo fài, hǎo nǔ fè zài gūo sī yì。）

男勿跟女斗，穷勿跟富斗，富勿跟官斗。（nāi fè 更女斗，垌 fè 更夫斗，夫 fè 更怪斗。nāi fè gèn nǔ dè, jiōng fè gèn fē dè, fū fè gèn guài dè。）

一个好汉三个帮。（耶各好亥赛尬拜。yē gè hǎo hài sài gà bài。）

三借勿如一讨，三讨勿如一偷。（赛街 fè 淤业讨，赛讨 fè 淤业特。sài jiē fè yē yè tǎo, sài tǎo fè yū yè tè。）

三句不离本行。（赛句 fè 哩笨耠。sài jù fè lī bèn hūo。）

争匹勿争毛。（再 piè fè 再猫。zài piè fè zài māo。）

打狗看主面。（靠革开举灭。kào gé kāi yǔ miè。）

嘴硬骨头酥。（决爱 gūe dè 素。júe ài gūe dè sù。）

一白盖千丑。（业把该切丑。yè bǎ gāi qiè sǒu。）

穷得嗒嗒嘀。（垌 dè dē dè 爹。jiōng dè dē dè diē。）

远路无轻担。（哕路嗨庆呆。yǔe lù m̄ qìn dāi。）

三岁看到老。（赛戏开到老。sài xì kāi dào lǎo。）

无官一身轻。（嗨怪业 sèn 庆。m̄ guài yì sèn qìn。）

无账一身轻。（嗨栽业 sèn 庆。m̄ zāi yì sèn qìn。）

讨饭勿算工。（讨 fài fè 塞共。tǎo fài fè sāi gòng。）

便宜无好货。（憋衣嗨好乎。biē yī m̄ hǎo hū。）

虎倒威不倒。（胡倒卫 fè 倒。hǔ dǎo wèi fè dǎo。）

死人两隔壁。（戏音茶咖别。xì yīn nié gā biè。）——反应迟钝。

空口聊白天。（控可撩把帖。kòng ké liāo bǎ tiè。）——空口说说而已。

漆黑乌哩拉。（切喝污哩辣。qiē hè wū lī là。）——指天很黑。

言话老太婆。（捏窝老塔布。niē wō lǎo tǎ bù。）——话多、啰唆。

刁勿刁毛勿毛。（掉 fè 掉猫 fè 猫。diào fè diào māo fè māo。）——说话、做事不三不四。

乌之各了得。（务自戈了 dè。wù zì gē lè dè。）——不讲道理，耍赖皮。

劲道一不了。（紧刀业 bē lè。jǐn dāo yè bē lè。）——比喻摆架子。

毛软骨隆咚。（毛 nǔe gūe lōng dòng。máo nǔe gūe lōng dòng。）——①东西很软。②人身体不适，没力气，发软。

绉子骨了得。（奏资 gūe lè dè。zòu zī gūe lè dè。）——纸张、布匹等很绉。

人情大于债。（音新突淤扎。yīn xiñ tù yū zā。）

汗毛皮打仗。（亥猫逼歹栽。hài māo bī dǎi zài。）——小题大做。

了子看青天。（撩子开庆帖。liāo zǐ kāi qìn tiè。）——没戏了。

无头勿着碰。（嗨 dē fè 咋 pòng。m̄ dē fè zǎ pòng。）——摸不着头脑。

懒人有懒福。（乃音有乃 fè。nāi yīn yǒu nǎi fè。）

活人守死尸。（我音叟戏寺。wǒ yīn sǒu xì sì。）

阴阳隔张纸。（印耶尬再子。yìn yē gà zài zǐ。）

人死如灯灭。（音洗淤拕 miè。yīn xǐ yū dèn miè。）

好心犯恶意。（好芯 fǎi 务一。hǎo xìn fǎi wù yī。）

扯里骨了得。（刺力 gūe 了 dè。cì lì gūe lè dè。）——东拉西扯乱说。

狗迷亲家。（个觅庆果。gè mì qìn gǔo。）——指一会儿吵，一会儿好的

朋友。

刺手毛脚。（刺叟猫架。cì sǒu māo jià。）——毛手毛脚。

哈拉菩萨。（哈拉晡 sùo。hā lā bū sùo。）——比喻性格开朗，心肠好的人。

大头天活。（突 dē 帖沃。tù dē tiè wò。）——比喻吹牛、讲大话。过去，梅城农村里的人，讲故事也叫讲"海话"或"大头天活"。

坐吃山空。（俗切赛控。sǔ qiè sài kòng。）——不干活，不赚钱，光吃吃是会吃空吃穷的。

甩不出去。（化 fè 缺 kī。huà fè què kī。）——缩手缩脚，放不开。

蓬头拉丝。（bōng dē 辣寺。bōng dē là sì。）——不修边幅，头发乱，很脏。

扯东话西。（刺冻沃戏。cì dòng wò xì。）——讲话东拉西扯。

冲丁拌当。（聪丁刮驮。cōng diñ bāi dùo。）——走路不稳。

恶狗远避。（务狗 nǔe 屁。wù gǒu nǔe pì。）——离恶狗、坏人远一些。

老鼠背窝。（烙词杯库。lào cǐ bēi kù。）——点滴结累之意。

眼高手低。（矮告叟弟。ǎi gào sǒu dì。）——心高、眼高的手气不好，手艺不精。

水淋答滴。（穴淋 dè 爹。xuè liñ dè diē。）——水淋淋。

毛骨隆咚。（猫 gùe 隆冻。māo gùe lōng dòng。）——毛茸茸。

鸟儿背窝。（调嗯悲库。diào ñ biē kù。）——比喻勤劳，点滴积累之意。

东三西户。（冻赛戏无。dòng sài xì wǔ。）——指稀、分散之意。

飞龙活跳。（fì lòng 我挑。fì lòng wǒ tiāo。）——活泼、健康。

泥鳅活鳅。（妮 qiù wé qiù。nī qiù wé qiù。）——活泼、好动。

森洋无道。（sén 样污道。sén yàng wù dào。）——不认真。

做鬼勿大。（租鬼 fē 突。zū gǔi fē tù。）——指出手、做人小气。

头重脚轻。（dē 总架庆。dē zǒng jià qìn。）——指上重下轻，不稳。

七颠八倒。（qè dìe 簸倒。qiè diè bò dǎo。）——指不顺遂。

欠债还钿。（切扎歪爹。qiè zā wāi diē。）——欠债必须还钱。

直不拢统。（则 bè 弄统。zé bè lòng tǒng。）——心直口快。

瘪塌落疏。（瘪特罗凤。biē tè lǔo sù。）——①指东西干瘪。②指人受挫精神不振。

鞋头袜脚。（哈 dē 模架。hā dē mǒ jià。）——指鞋、袜等物品。

三跪一拜。（赛鬼业八。sài gǔi yè bā。）——指求人难。

满脸出毛。（买灭缺猫。mǎi miè què māo。）——指不讲面子，不讲人情。

踢脚绊手。（帖架刮sé。tiē jià bāi sé。）——指高低不平或有路障，碍手碍脚。

反手反脚。（fái sé fǎi 架。fái sé fǎi jià。）——指走路、做事手脚不顺。

弯里曲郭。（外力 jē guè。wài lì jē guè。）——弯来弯去，不直。

吃堂中饭。（切多宗 fài。qiè dūo zōng fài。）——指大家养的人。

赖皮乌楸。（辣逼污 qiù。là bī wū qiù。）——耍赖皮，不讲理。

满街满弄。（买尬买龙。mǎi gà mǎi lóng。）——喻：满街、满弄堂、到处。

摸丝太太。（呣寺他踏。m̀ sì tā tà。）——指动作很慢的人。

耳朵皮软。（嗯读逼 nǔe。ǹ dú bī nǔe。）——指轻易听信。

偷前摸后。（特些么合。tè xiē mè hé。）——在人前人后偷偷摸摸。

熟门熟路。（学闷学路。xúe mēn xúe lù。）——指做某件事，干某种活，解决某问题，很熟悉，顺利。

死破烂破。（说趴奈趴。xǐ pā nài pā。）——指很破很破。

稀里哗啦。（戏力化辣。xì lì hùa là。）——①吵声。②东西散架。

自有自便。（戏有戏 piè。xì yǒu xì piè。）——自己有，自然方便。

神智无知。（sén 自务自。sén zì wù zì。）——稀里糊涂。

惹鬼上身。（niá 鬼索 sèn。niá gǔi sǔo sèn。）——引火烧身，自讨苦吃。

翻尸倒骨。（fài 寺刀 gùe。fài sì dāo gùe。）——翻来覆去，会折腾。

嘴好底漏。（决好底漏。júe hǎo dǐ lè。）——讲得好听，不做实事。

牵东拌西。（切东刮戏。qiè dōng bāi xì。）——讲话、做事会牵拌去。

摘东话西。（zà 冻沃戏。zà dòng wò xì。）——讲话东拉西扯。

梦里梦咚。（mòng 力 mòng 董。mòng lì mòng dǒng。）——迷迷糊糊。

瞌冲梦咚。（瞌 còng mòng 董。kē còng mòng dǒng。）——①瞌睡没醒。②说话、做事迷迷糊糊。

叽里呱啦。（计力挂辣。jì lì guà là。）——叽叽呱呱很会讲。

山坞窖弄。（赛五窖龙。sài wǔ lè lóng。）——深山坞里。

泥鳅活鳅。（妮 qiù wé qiù。nī qiù wé qiù。）——像泥鳅般滑溜，一般指小孩会动来蹿去的顽皮。

呆头八西。（哀 dē 簸戏。aī dē bò xì。）——比喻呆、笨。

奸头滑鳅。（介 dē 活 qiù。jiè dē wò qiù。）——喻：性格脾气奸巧、滑头。

簸弄簸撒。（泼 lōng 拨萨。bō lōng bō sà。）——拼命做事，积极性高。

起里块垒。（气力溃类。qì lì gùi lèi。）——不平整。

蹩极拉稀。（蹩 jě 辣戏。bié jě là xì。）——很不好，很差的。

丘头股劲。（qiù dē 故紧。qiù dē gù jǐn。）——喻某人迁涩涩，不正经。

浑身带刺。（温 sèn 搭刺。wēn sèn dā cī。）——行动、说话会刺人、伤人。

死勿知丑。（洗 fè 自 cé。xǐ fè zì cé。）——抵死不认错，不知丑。

绊之绊渣。（刮资刮 zà。bāi zī bāi zà。）——讲话乱扯。

狗勿认骨。（gé fè 印 gùe。gé fè yìn gùe。）——喻：忘恩负义。

火烧火辣。（户臊户罗。hù sào hù lúo。）——皮肤上火辣辣的感觉。

头上出角。（dē sùo 缺顾。dē sùo què gù。）——说话、做事会扎人。

犯贱骆驼。（fǎi 泻罗都。fǎi xiè léo dū。）——指犯贱的人。

敲毛竹杠。（靠猫倔锅。kào māo jùe gūo。）——敲诈、敲竹杠。

水淋答滴。（血 niñ dè 爹。xùe niñ dè diē。）——不干，水淋淋。

肥得流油。（fī dè tèi 优。fī dè tèi yōu。）——比喻非常富有。

狗咪亲家。（个觅庆果。gè mì qìn gǔo。）——一会儿吵，一会儿好的朋友。

毛里些烘。（猫力 xē 哄。māo lì xē hòng。）——毛茸茸，不光滑。

皮之皮匝。（逼自逼 zà。bī zì bī zà。）——都是皮，没什么肉。

黑不拉揪。（喝 bè 辣 qiù。hē bè là qiù。）——指人的皮肤黑或某东西黑。

跳起跳倒。（挑气挑倒。tiāo qì tiāo dǎo。）——上蹿下跳。

冰冷切静。（丙乃 qè 紧。biǐng nǎi qiè jiǐn。）——冷清，安静。

红头苍蝇。（ōng dē 措引。ōng dē cùo yiǐ。）——喻惹人嫌的人。

夹之搬匝。（革资刬 zà。gé zī bāi zà。）——东西或人，摆立不当，影响别人。

特特会会。（德德卫卫。dé dé wèi wèi。）——指专门。

摸丝太太。（嗯寺他踏。m̀ sì tā tà。）——比喻动作特慢的人。

急策拉乌。（jè 策辣务。jè cè là wù。）——很急、很急。

鸡皮狗骨。（计逼个 guè。jì bī gè guè。）——很贱，不高贵。

背饭碗头。（杯 fài 崴 dē。bēi fài wǎi dē。）——不坐在桌旁吃饭。

急赤乌啦。（jē cè 污辣。jē cè wē là。）——比喻急匆匆的样子。

赖皮乌揪。（辣逼污 qiù。là bī wū qiù。）——指要赖皮。

纤东掰西。（切冻刬戏。qiè dōng bāi xì。）——指会纤，纤涩涩。

脱拢棉袄。（特弄乜袄。tē lòng miē ǎo。）——单件棉袄，没罩衫。

落脱精光。（lé 特近过。lé tè jìn gùo。）——什么都没了，光了。

咯里咯嗒。（咯力咯 dè。gē lì gē dè。）——办事不顺或某件事情有咯嗒。

灰不溜秋。（会 bè 六 qiù。hùi bè liè qiù。）——①人灰溜溜。②东西灰溜溜。

敲毛竹杠。（拷猫决锅。kào māo juè gūo。）——指敲竹杠。

腮咕人相。（sǎi 姑印泻。sǎi gū yìn xiè。）——很可怜的样子。

花里不了。（货力 bē 勒。hùo lì bē lè。）——①东西花。②人花里胡哨。

尖头滑鳅。（借 dē 沃 qiù。jiè dē wò qiù。）——指人奸巧、滑头。

乌之咯了嗒。（务资咯勒 dè。wù zī gē lè dè。）——喻不讲道理，耍赖皮。

天晴地燥。（帖心替搔。tiè xīn tì sāo。）——比喻大晴天，到处干燥。

乌皮啬赖。（务逼 sé 辣。wù bī sé là。）——指耍赖皮。

呆头八稀。（哀 dē 簸戏。āi dē bò xì。）——比喻笨，反应慢，不聪明。

蚯头股颈。（qiù dē 顾紧。qiù dē gù jǐn。）——会迁、会扭、会乐。

弄堂弄脑。（龙驮龙脑。lóng dùo lóng nǎo。）——弄堂里，偏僻地。

壁里角头。（别力顾 dē。biè lì gùo dē。）——指角落里。

七颠八倒。（切 diè 簸倒。qiè diè bò dǎo。）——翻来覆去，起起落落，做事不顺。

熟门熟路。（学闷学路。xué mēn xué lù。）

立叫立应。（咧叫咧音。lié jiào lié yīn。）——反应迅速，行动快，灵验。

叉手八脚。（cà 叟玻架。cà sǒu bō jià。）——喻伸手伸脚，姿势不雅。

人穷力缺。（音垌咧缺。yīn jiōng lié què。）——人穷了，没能力了。

胡色白念。（污涩把聂。wū sè bǎ niè。）——喻：乱讲。

三颠三摔。（赛 diè 赛快。sài diè sài kùai。）——喻：经风雨、见世面。

六乱三千。（lé 奈赛切。lé nài sài qiè。）——乱七八糟。

黄皮吊筋。（窝逼刁近。wō bī diāo jìn。）——指人脸色不好，黄黄的，瘦瘦的。

漆黑默咚。（切喝么董。qiē hè mé dǒng。）——①晚上黑。②东西黑。

雪白浪趟。（些把啷趟。xiè bǎ lāng tàng。）——指东西、食物白。

弯里结骨。（外力 jē guè。wài lì jē gùe。）——指东西弯曲不直。

勿吉勿利。（fē jè fē 力。fē jè fē lì。）——中等的意思。（适中）

大摆进场。（突爸紧再。tù bà jǐn zài。）——大张旗鼓。

无空白地。（污控把替。wū kòng bǎ tì。）——无缘无故。

无理白空。（污力把控。wū lì bǎ kòng。）——无缘无故。

嗯之昂之。（嗯自盎自。ǹ zì àng zì。）——吞吞吐吐。

掀烂脚疤。（笑奈架簸。xiào nài jià bò。）——揭别人的痛处、缺点。

自讲自认。（戏果戏印。xì gǔo xì yìn。）——自己讲自己应，不管别人赞不赞成。

天理良心。（帖力捏芯。tiè lì niē xìn。）

破零破落。（趴 niñ 趴 lé。pā niñ pā lé。）——破破烂烂。

十丑半天。（sé cé 刮帖。sé cé bāi tiè。）——很丑，十分丑。

狗咬骨头。（gé 熬 gūe dè。gé aǒ guē dè。）——比喻：人之间乱咬乱吵。

速手速脚。（sùo 叟 sùo 架。sùo sǒu sùo jià。）——做事快，干净利落。

缩手缩脚。（宿叟宿架。sù sǒu sù jià。）——做事慢，小心翼翼。

一塌糊涂。（业踏污都。yè tà wū dū。）——比喻乱糟糟。

慌急慌忙。（货 jè 货末。hùo jè hùo mò。）——急急忙忙。

翻箱倒柜。（fài 泻导匮。fài xiè dǎo kùi。）——喻：乱翻，乱找东西。

翻尸倒骨。（fài 寺刀 guè。fài sì dāo gùe。）——乱讲、乱掰，过去的事也翻出来讲。

蚂蟥叮脚。（末窝订架。mò wō dìn jià。）——叮得紧，摔不掉。

鬼头弄劲。（贵 dē 弄紧。gùi dē lòng jǐn。）——贼头贼脑。

白铜元宝。（把东 nǖe 宝。bǎ dōng nǖe bǎo。）——喻：没有真才能，好看不好用的人。

狗皮倒灶。（个逼到遭。gè bī dào zāo。）——小气，精巴。

臭虫吃客。（cé 纵切 kà。cé zòng qiē kà。）——连客人都要"吃"的坏东西。

胡涩白念。（污涩把聂。wū sè bǎ niè。）——喻：乱说。

自讲自应。（戏果戏印。xì gǔo xì yìn。）——自己讲自己应，没人相信。

四方叠正。（西 fò diè zēn。xī fò diè zēn。）——四四方方，很正。

拔之拨渣。(刵自刵 zà。bāi zì bāi zà。)——东拉西扯。乱说，乱做。

大天八亮。(突帖簸聂。tù tiè bò niè。)——天很亮了。(指早上)

铁硬石瘪。(贴爱 sé 别。tiē ài sé biě。)——指东西或食物很硬。

闷葫芦。(闷污噜。mèn wē lū。)——比喻闷声不响的人。

天上人。(帖索印。tiè sǔo yì。)——比喻什么都不管逍遥自在的人。

吃豆腐。(切特夫。qiè tè fū。)——指揩油，占便宜。

跟屁虫。(更匹纵。gèn pǐ zoǹg。)——指走路，做事很会跟的人。

颠倒头。(定导 dè。dìng dǎo dè。)——①头朝下，脚朝上。②说话、做事倒过来说、做。

鸡头灵。(计 dè niñ。jì dè niñ。)——指脑袋瓜好用、灵活。

三不时。(赛么思。sài mè sī。)——指隔三岔五，经常。

敲干。(拷盖。kào gài。)——指没收获。

讲死话。(果洗沃。gúo xǎ wò。)——讲没有转圜余地的话。

牛皮糖。(妞逼多。niū bī dūo。)——指很会黏人，黏着不放之意。

浮当当。(夫当荡。fē dāog dàog。)——不实，不稳。

滑轮吞。(wé lēn tèn。wé lēn tèn。)——指不咬就整个吞下去。

抛新鲜。(泡芯写。pào xiǹ xiě。)——指刚开始的新鲜感。

三脚叉。(赛架措。sài jià cùo。)——喻：三个人搭配工作、做事。

现开销。(业忾笑。yè kài xiào。)——喻：当场说穿。

热啰啰。(以啰洛。yǐ lūo lùo。)——①指事情刚发生。②指食物热腾腾，热烘烘。

冷冰冰。(乃摈 biń。nǎi biǹ biń。)——比喻东西冷、气候冷、气氛冷。

阴思鬼。(印寺鬼。yiǹ sì gǔi)——比喻：不爱说话的人。

糊嘿嘿。(污 hèi héi。wū hèi héi)——喻：脾气、性格稀里糊涂。

糊皮胎。(污逼 tèi。wū bī tèi)——指慢性子的人。

讲死话。(果洗沃。gǔo xǐ wò)——讲幽默话，讲绝话。

毛算算。(猫赛赛。māo sāi sài)——粗算算，大约算一算。

头拉屎。（dē cà 污。dē cà wū）——①呕吐。②说出不文明的话。

满啦里。（买辣力。mǎi là lì）——到处。

抖抖动。（斗斗董。dòu dòn dǒng）——颤巍巍。

勿上路。（fè 索路。fè sǔo lù）——不正规，不按规矩办事。

三勿切。（赛 fē 切。sài fē qiè）——不三不四、乱来。

现成媒。（爷 sèn mēi。yé sèn mēi）——对象已找好，请你做个现成的媒人。

现成饭。（爷 sèn fài。yé sèn fài）——剩饭。

一条便。（业刁别。yì diāo biè）——喻：破罐子破摔。

背桌嗯。（杯 zù 嗯。bēi zù ǹ）——全桌吃饭最慢的人。

摆噱头。（把谑 dē。bǎ xuè dē）——故弄玄虚，摆架子。

直炮筒。（则抛东。zé pāo dōng）——性子直，讲话直的人。

吃牛怂。（切妞松。qiè niū sōng）——比喻精力特充沛的人。

田啾嗯。（爹旧嗯。diē jiù ǹ）——比喻某人像稻田里的尖嘴虫，会跳，会叫。

勿点炸。（fè 迭扎。fè dié zā）——指孩子不听话。

空劲道。（控紧刀。kòng jǐn dāo）——空摆架子。

满儿头。（卖 ñ dē。mài ñ dē）——不是亲生的儿子。

得人憎。（dè 音潜。dè yiñ zèn）——讨人嫌。

肚皮胀。（吐逼栽。tù bī zāi）——嫉妒。

惹事情。（niǎ 寺该。niǎ sì gāi）——惹是生非。

晒不燥。（仨 fè 搔。sā fè sāo）——十三点。

糊嗒嗒。（务德德。wù dé dé）——①不清爽。②糊状。

呆木犊。（哀么犊。āi mé dǔ）——比喻人呆、笨。

射弄堂。（洒龙驮。sǎ lóng dùo）——穿、走弄堂。

合解好。（合解好。hé jié hǎo）——怎么好？怎么办？

栽跟头。（菜艮 dè。cài gěn dè）——比喻办事失败了，栽了。

喷喷松。（喷喷宋。pèn pèn sòng）——比喻吃食松、脆。

喷喷香。（喷喷泻。pèn pèn xiè）——比喻吃食或东西很香。

做磨心。（租嘸芯。zū m̀ xìn）——做大家都围着你转的人。

哇嚓嚓。（娃嚓嚓。wá cā cā）——表示惊讶。

空佬佬。（控烙烙。kòng lào lào）——不需要这样做，你做了也空做。

空劲道。（控紧刀。kòng jǐn dāo）——摆空架子。

小洋货。（笑 yāi 呼。xiào yāi hū）——容易损坏、破碎的东西。

柴株头。（仁句 dè。sā jù dè）——比喻像柴根一样硬、顽固的人。

空咋捻。（控 zà 茶。kòng zà nié）——喻：说话、做事乱来。

改咋捻。（改 zà 茶。gái zà nié）——喻：说话、做事乱来。

狗争糟。（gé 再皂。gé zài zào）——狗争食，比喻人乱争乱吵。

变把戏。（憋帛戏。biē bó xì）——①变魔术。②人变花样。

纤把戏。（切帛戏。qiè bó xì）——①比喻一个人会纤、会玩。②比喻一件事反反复复做不好。

插乱污。（策乃务。cè nǎi wù）——捣乱。

千句一。（切居业。qiè jē yè）——说话不真，一千句里只有一句是真的。

白脚猫。（把架冒。bǎ jià mào）——指静不下来，很会跑的人。

栽跟头。（菜艮 dè。cài gén dè）——①摔跤了。②事情办坏了。

毛哈哈。（猫蛤蛤。māo há hà）——毛估估。

回头阵。（威 dē cèn。wēi dē cèn）——女人月事好了以后又来一点才干净。

半夜三更。（刓亚赛盖。bāi yà sài gài）——指深夜。

落夜影。（罗亚影。lúo yà yǐn）——傍晚，天有点黑了。

猫猫亮。（冒毛聂。mào máo niè）——早晨天刚有点亮。

老生姜。（老赛解。lǎo sài jiě）——指小孩子小大人样，很老气。

喂钞。（卫操。wèi cāo）——指请客的人付钱。

毛钿。（猫爹。māo diē）——喻小钱。

发涅。（fò 茶。fò nié）——喻：说话、做事滑稽、有趣。

星宿。(行秀。xiň xiè）——比喻一个人会纤、能干。

一好二好，大家好。（业好嗯好，踏过好。yè hǎo ǹ hǎo，tà gùo hǎo。）

天要下雨，娘要出嫁。（帖腰罗雨，捏腰缺锅。tiè yāo lúo yǔ，niē yāo què gūo。）

没有爷，当当爷也好的。（fè 有丫，多驮丫爷好各。fè yǒu yā，dūo dùo yā yé hǎo gè。）

敲板壁，找搭柱。（靠败biè，心朵句。kào bài biè，xiň dǔo jù。）——

高勿配，低勿受。（告 fè 胚，弟 fè sé。gào fè pēi，dì fè sé。）——高的，条件好的配不起，差的又不愿意接受。

满面出毛。（买灭缺猫。mái miè què māo。）——不留情面。

黑面黑得。（喝灭喝 dè。hē miè hē dè。）——黑着一张脸，情绪欠佳。

四方滴正。（西 fò diè zēn。xī fò diè zēn。）——四四方方，整齐，美观。

面皮千尺厚。（灭逼切 cà 合。miè bī qiè cà hé。）——喻特不要脸。

算精算命。（塞进塞 miǹ。sāi jìn sāi miǹ。）——喻过于精打细算，吝啬。

扮门面。（败闷灭。bài mēn miè。）——要面子，装装门面。

油之咯了得。（优自各了 dè。yōu zì gè lè dè。）——食品很油腻或东西被油沾得很严重，又油又黏。

三餐吃得早，没人问你讨。（赛菜切 dè 早，fè 有音闷嗯讨。sài cài qiè dè zǎo，fè yǒu yiň mèn ń tǎo。）

（五）歇后语

旗杆上的灯笼——高明。（机改 sùo 各扽笼——告 miň。jī gái sùo gè dèn lóng——gào miň。）

大年初一拜年——你好我也好。（突捏促业八捏——嗯好昂叶好。ń hǎo tù niē cù yè bā niē——ń hǎo ǎng y hǎo。）

三十夜的刀砧板——没空。（赛 sé 亚各到谮白——fè 空。sài sé yà gè dào zèn bǎi——fè kōng。）

老寿星唱歌——老腔老调。（老廋嗽信搓顾嗯——老切老跳。lǎo sòu xiň

cūo gù ń——lǎo qiè lǎo tiào。）

老九的阿弟——老十（实）。（老九各啊狄——老 sé。lǎo jiǔ gè à dí——lǎo sé。）

油桶里的西瓜——又圆又滑。（优桶力各戏果——又 nǔe 又 wé。yōu tǒng lì gè xà gǔo——yòu nǔe yòu wé。）

刘备招亲——弄假成真。（溜配灶庆——弄果森潛。liū pèi zào qiǹ——lòng gǔo sēn zèn。）

船上喝鱼汤——平常。（靴 sùo 货 ń 拓——宾栽。xuē sùo hùo ń tùo——biñ zāi。）

牙齿碰舌头——难免。（窝齿 pòng 死 dē——nāi miě。wō cǐ pòng sí dē——nāi miě。）

雨里挑稻草——越挑越重。（雨力跳导草——哕跳哕总。yǔ lì tiào dǎo cǎo——yǔe tiào yǔe zoňg。）

必坦六十四——慢慢来。（别台 lé sé 西——卖卖 lāi。biè tái lé sé xī——mài mài lāi。）

城隍菩萨拉胡琴——鬼听（没人听）。（森窝晡 sùo 辣污今——鬼听。sēn wō bū sùo là wū jiñ——gǔi tiǹg。）

门背后等天亮——等不到。（闷杯合等帖聂——等 fè 咋。mēn bēi hé děn tiè niè——děn fè zǎ。）

扶勿起各阿斗——不识抬举。（夫 fè 起各阿斗——fē 涩呆举。fū fè qǐ gè à dě——fē sè dāi jǔ。）

老虎头上搔痒——碰不得。（烙虎 dē sùo 皂耶——pòng fē dè。lào hǔ dē sùo zào yé——pòng fē dè。

对板壁哈气——讲了无用。（dēi 拜别蛤七——果勒 fè 有用。dēi bài biè hǎ qī——gǔo lè fè yoňg。）

跷拐赶渡船——赶不上。（俏子别土谑——别 fè 咋。qiào zǐ bié tǔ xùe——bié fè zǎ。）

江西佬俵补碗——自顾自。（江西烙表补崴——戏顾戏。jiāng xī lào biǎo bú wǎi——xì gù xì。）

山高皇帝远——管勿着。（赛告窝低哕——拐 fè 咋。sài gào wō dī yǔe——gǔai fè zǎ。）

肥桶改水桶——臭气还在。（fi 桶改谑桶——cē 七袜载。fī tǒng gái xùe tǒng——cē qī wà zǎi。）

鸡毛当令箭——小题大做。（几冒多您街——些低突租。jǐ mào dūo nín jiē——xiē dī tù zū。）

小和尚念经——有口无心。（些污 sùo 聂近——有可哂芯。xiē wū sùo niè jìn——yǒu ké m̄ xìn。）

屋顶上开门——六亲不认。（wè 顶 sùo 忾闷——lé 庆 fē 印。wè díng sùo hài mēn——lé qìn fē yìn。）

八十岁学绣花——来不及了。（簸涩西胡休货——lāi fé 忾 bè。bò sè xī hǔ xiū hùo——lāi fé kài bè。）

猫洗脸——小气。（冒他灭——小气。mào tā mìe——xiǎo qì。）

门缝里看人——把人看扁了。（闷 fòng 力开音——bè 音开别 bè。mēn fòng lì kāi yīn——bè yīn kāi biě bè。）

头顶上冒烟——发火了。（dē 顶 sùo 冒叶——fò 胡 bè。dē díng sùo mào yè——fò hǔ bè。）

张飞扮新娘子——装勿像。（再 fì 拜写聂子——作 fè 写。zài fì bài xiě niè zǐ——zùo fè xiě。）

老鼠舔猫鼻子——送死。（烙词铁冒别 dē——松洗。lào cí tiě mào bié dē——sōng xǐ。）

戴笠帽撑雨伞——多此一举。（搭茶帽菜雨塞——度词业举。dā nié mào cài yǔ sāi——dù cí yè jǔ。）

脱裤放屁——多此一举。（替枯 cà 批——度此业举。tì kū cà pī——dù cí yè jǔ。）

杨柳开花——没结果。（耶溜忾货——fè 有 jè 古。yē liē kài hùo——fè yǒu jè gǔ。）

铁树开花——不可能。（帖度忾货——fē 阔能。tiè xù kài hùo——fē kùo nén。）

十个汤瓶九个盖——欠缺。（sé 各妥摈九各该——切缺。sé gè tǔo biǹ jiǔ gè gāi——qiē què。）

猫狸借鸡——有去无回。（猫哩街计——有 kī 唔威。māo lī jiē jì——yǒu kī m̄ wēi。）

麻袋绣花——底子不行。（摸晡太休货——底自 fè 心。mō bū tài xiū hùo——dǐ zì fè xiň。）

泥菩萨过江——自身难保。（妮晡 sùo 姑果——戏 sèn nāi 保。nī bē sùo gū gǔo——xì sèn nāi bǎo。）

新开剃头店，碰着络腮胡——晦气。（芯忾体 dè 爹，poǹg 咋喇飒污——悔气。（xiǹ kài tá dè diē, pòng zǎ lá sà wū——hǔi qì。）

绣花针戳乌龟背——穿勿过。（休货潜促务鬼杯——却 fè 姑。xiū hùo zèn cù wù gǔi bēi——què fè gū。）

墙头上种葱——扎不下根。（些 dē sùo 宗 coǹg——再 fè 罗更。xiē dē sùo zōng coǹg——zài fè lǔo gèn。）

黄鼠狼给鸡拜年——勿怀好意。（窝刺 nēo bè 计八捏——fè 挖好意。wō cì nūo bè jì bā niē——fè wā hǎo yì。）

鲇鱼胡子——没几根。（捏 n̄ 污子——fè 有几更。niē n̄ wū zǐ——fè yǒu jǎ gèn。）

砻糖造坝——白操心。（lōng 阔扫坝——把操芯。lōng kùo sǎo bà——bǎ cāo xiň。）

黄鼠狼看鸡——越看越稀。（看指看管之意）（窝刺 nūo 喝计——嗟喝嗟戏。wō cì nūo hè jì——yǔe hè yǔe xì。）

蚂蚁爬到磨盘里——条条是路。（末义波到唔刮力——刁刁子路。mò yì

bō dào m̀ bāi lì——diāo diāo zǐ lù。）

戴笠帽撑雨伞——双料货。（搭茶帽菜雨塞——sùo 料乎。dā nié mào cài yǔ sāi——sùo liào hū。）

牛皮鼓泡进水里——敲不响了。（妞逼鼓抛进学力——靠 fè 写 bè。niū bī gǔ pāo jìn xúe lì——kào fè xiě bè。）

刷白的烟囱——表里不一。（序把各爷 còng——表里 fē 业。xù bǎ gè yé còng——biáo lǐ fē yì。）

深山沟里放木排——难回头。（sèn 赛够里 fō 么八——nāi 威 dē。sèn sài gòu lǐ fō mé bā——nāi wēi dē。）

顶着石磨做戏——吃力勿讨好。（顶捞洒呣租西——切唎 fē 套好。dīn lāo sǎ m̀ zū xī——qiè lié fē tào hǎo。

清水缸里的石头——一眼看到底。（庆学过里各洒 dē——业矮开到底。qìn xúe gùo lǐ gè sǎ dē——yì ǎi kāi dào dǐ。）

十月里的桑叶——没人睬。（sé 与力各塞宜——fè 有音睬。lé yú lì gè sāi yǐ——fè yǒu yīn cǎi。）

青石板上摔乌龟——硬碰硬。（庆洒白 sùo 快务鬼——爱 pōng 爱。qìn sá bǎi sùo kuài wù gǔi——ài pōng ài。）

吊死鬼搽粉——死要面子。（刁洗鬼作粉——洗腰灭子。diāo xǐ gǔi zēo fén——xǐ yāo miè zǐ。）

上梁请铁匠——找错人了。（索捏芹帖泻——心粗音 bè。sǔo niē qín tiè xiè——xīn cū yīn bè。）

头顶上打算盘——离不开自己。（dē 顶 sùo 歹 sǎi 拜——哩 fè 忾戏该。dē dǐng sùo dǎi sái bài——lǐ fè kài xì gāi。）

大路边打草鞋——有的说长，有的道短。（突路别歹 cào 哈——有涩果栽，有涩果歹。tù lù biè dǎi cào hā——yǒu sè gǔo zāi，yǒu sè gǔo dǎi。）

山谷里敲鼓——处处有回音。（赛午克拢力靠鼓——买辣力有威印。sài wǔ kè lǒng lì kào gǔ——mǎi là lì yǒu wēi yìn。）

响鼓不用重槌———一点就明。（写鼓 fē 用总嗟———业迭秀 miñ。xié gǔ fē yòng zǒng jūe———yè dié xiù miñ。）

百只麻雀炒盘菜———多嘴多舌。（爸 zà 摸 jè 吊嗯炒刮猜———度决度死 dē。bà zà mō jè diào ǹ cǎo bāi cāi———dù júe dù sǐ dē。）

船头上跑马———无路。（靴 dē sùo 包模———fè 有路。xūe dē sùo bāo mǒ———fè yǒu lù。）

金弹子打麻雀———不划算（得不偿失）。（近太子歹摸 jè———fē gì 塞。jiǹ tài zǐ dǎi mō jè———fē gì sāi。）

牙膏脾气———勿挤勿出。（窝告逼七———fè 几 fē 缺。wō gào bī qī———fè jǐ fē què。）

水牛吃荸荠———不知味。（血妞切别西———fè 晓 dè fǐ 到。xùe niū qiè bié xī———fè xiǎo dè fǎ dào。）

和尚打架———抓不到辫子。（污 sùo 歹锅———jùa fè 咋别嗯。wū sùo dǎi gūo———jùa fè zǎ biě ǹ。）

乌鸦落在黑猪背上———一样黑。（务老沃特 dè 喝自杯 sùo———耶叶喝。wù lǎo wò tè dè hè zì bēi sùo———yē yè hè。）

为虱子烧棉袄———小题大做。（威涩臊乜袄———些低突租。wēi sè sào miē ǎo———xiē dī tù zū。）

叫花子夸祖业———自己没出息。（讨 fài 子确 zù 纵有灿耶———戏该 fè 有确。tǎo fài zǐ què zù zòng yǒu càn yé———xì gāi fè yǒu què。）

老鼠掉进米缸里———因祸得福。（烙词特 dè 米过里———印无 dè fè。lào cǐ tè dè mǐ gùo lí———yiǹ wǔ dè fè。）

吃烧饼掉芝麻———免不了。（切臊 biň tè 自模———miě fè 了。qiè sào biň tè zì mǒ———miě fè liǎo。）

两个哑巴睡一头———没话讲。（茶各我自昆业 dē———fè 有把沃果。nié gè wǒ zì kūn yì dē———fè yǒu bǎ wò gǔo。）

柱头削面棍———大材小用。（举 dē 下灭滚———突塞些用。jǔ dē xià miè

gǔn——tù sāi xiē yòng。)

木排上带信——靠不住。（么八 sùo 搭心——尻 fē 去。mé bā sùo dā xi
ñ——kāo fē qù。)

钟馗开饭店——鬼不上门。（纵愧忾 fài 爹——鬼 fè 索闷。zòng kùi kài
fài diē——gǔi fè séo mēn。)

今年竹子来年笋——无穷无尽。（尽茶猫决 lāi 捏 xiň——污亚污捏。jìn
nié māo juè lāi niē xiň——wē yà wū niē。)

洞里的赤链蛇——毒得很。（痛力各哩 dē 扑——德 dè 很。tòng lì gè lī
dē pù——dé dè hén。)

空棺材出丧——木（目）中无人。（控拐赛缺宾——么纵呣音。kòng
guǎi sài què biñ——mé zòng m̄ yiñ。)

牛皮灯笼——肚里亮。（妞逼扽龙——突逼力聂。niū bī dèn lǒng——tù
bī lì niè。)

三一三十一——分分匀。（赛业赛 sé 业——份份晕。sài yè sài sé
yè——fèn fèn yūn。)

药店里的抹桌布——尝尽百样苦。（哑爹力各 kà 决哺——梭 xiň 爸叶苦。
yǎ diē lì gè kà juè bū——sēo xiň bà yè kǔ。)

急水滩头放鸭子——一去不回头。（jè 学太 dē fō 沃——业 kī fè 威 dē。jè
xúe tài dē fō wò——yè kī fè wēi dē。)

鸭吃螺蛳——啰里啰唆。（沃切噜寺——录哩录素。wò qiè lū sì——lù lī
lù sù。)

船底下放炮仗——闷声不响。（靴弟火 fō 写炮——闷 sèn fè 写。xūe dì
hǔo fō xié pào——mèn sèn fè xiě。)

小炉匠的家私——破铜烂铁。（些噜泻各过寺——趴东奈帖。xiē lū xiè
gè gùo sì——pā dōng nài tiè。)

吃剩饭长大的——尽出馊主意。（切耶 sèn fài 突各——信缺嗽举义。qiè
yé sèn fài tù gè——xiǹ què sòu jǔ yì。)

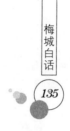
老夫人打秋香——做给别人看。（老他踏拷 qiù 泻——租 bè 比嘎开。lǎo tā tà kào qiù xiè——zē bè bǐ gā kāi。）

哑巴吃黄连——有苦讲不出。（我自切窝捏——有苦果 fē 缺。wó zì qiè wō niē——yǒu kǔ gúo fē què。）

老虎身上拔毛——拔勿得。（烙虎 sèn 索刮猫——刮 fē dè。lào hǔ sèn sǔo bāi māo——bāi fè dè。）

木勺移柄——张冠李戴。（么搔衣宾——再怪力搭。mé sāo yī biñ——zài guài lì dā。）

越冷越起风——雪上加霜。（啰乃啰起 foǹg——戏 sùo 过 sùo。yǔe nǎi yǔe qí fòng——xì sùo gùo sùo。）

蚂蟥叮脚——叮得紧。（打也打不落）（末窝定架——定 dè 紧。mò wō diǹ jià——diǹ dè jiň。）

娘头爬爷头，爷头爬娘头——一样的。（捏 dē 玻丫 dē，丫 dē 玻捏 dē——一业各。niē dē bō yā dē，yā dē bō niē dē——yī yè gè。）

有桥勿坐坐猪箅——犯贱骆驼。（有俏 fè 俗俗自补——fái 泻罗都。yǒu qiào fè sé sú zì bǔ——fái xiè léo dū。）

马屁拍得狗腿上——拍错了，没用。（模批 pè dè 狗 těi sùo——pè 粗 bè，fè 有用。mó pī pè dè góu těi sùo——pè cē bè，fè yǒu yoǹg。）

咸盐弄到酱油里去了——弄错了。（咳捏弄刀解又力 kì bè——弄粗 bè。hāi niē lòng dāo jié yòu lì kì bè——lòng cū bè。）

夜路走多碰着鬼——难免。（亚路走度碰咋鬼——nāi miě。yà lù zǒu dù pòng zǎ gǔi——nāi miě。）

人她的匹，又勿入你的嘴——多管闲事。（sé gī 各撇，又 fè sé 嗯各决——度拐咳寺。sé ň gè piè，yòu fè sé ň gè júe——dù gǔai hāi sì。）

十八档算盘打得好——精巴。（sé 簸多 sái 拜歹 dè 好——近爸。sé bò dūo sái bài dǎi dè hǎo——jiǹ bà。）

一条路走到黑——钻牛角尖。（业刁路走刀喝——再姐顾介。yè diāo lù

zǒu dāo hè——zài niū gù jiè。)

吃家饭，拉野屎——吃里爬外。（切过 fài，cà 哑污——切里玻袜。qiè gùo fài，cà yǎ wū——qiè lǐ bō wà。）

一个萝卜抵一个孔——勿有空缺。（耶各啰哺抵业各孔——fè 有空缺。yē gè lūo bū dǐ yè gè kǒng——fè yǒu kōng què。）

肚子痛埋怨灶司菩萨——错了。（吐逼通妈约遭寺哺 sùo——粗 bè。tù bī tōng mā yūe zāo sì bū sùo——cū bè。）

下雨天挑稻草——越挑越重。（罗于帖巩跳导草——啰跳啰总。lúo yú tiè qǒng tiào dáo cǎo——yǔe tiào yée zǒng。）

胡萝卜算到蜡烛账上——错了。（oñg 罗哺塞到罗偏栽 sùo——粗 bè。oñ lūo bū sāi dào léo jùe zāi sùo——cū bè。）

夜猫勿晓得面花——看勿见。（亚冒 fè 晓 dè 灭货——开 fè 街。yà mào fè xiǎo dè miè hùo——kāi fè jiē。）

瞎子勿晓得天亮——看勿见。（货自 fè 晓 dè 帖聂——开 fè 街。hùo zì fè xiǎo dè tiè niè——kāi fè jiē。）

小狗掉到屎缸里——赚到了。（些革特 dè 动死力——噌 zà bè。xiē gé tè dè dòng sǐ lì——cēn zà bè。）

鼻头屎当酱吃——小气、精巴。（别 dē 污多街切——小气、近爸。bié dē wū dūo jiē qiè——xiǎo qì、jìn bà。）

老虎勿怪怪山——错怪了。（烙虎 fè 瓜瓜赛——粗瓜 bè。lào hǔ fè gūa gūa sài——cū gūa bè。）

讨饭袋里抓米——伤天良。（讨 fài 太力莫米——印则各。tǎo fài tài lì mò mǐ——yìn zè gè。）

鞋掉到袜里——没责任心。（哈特 dè 模力——西力污都。hā tè dè mǒ lì——xī lì wū dū。）

牛吃木西瓜——吃勿出味道。（妞切么戏果——切 fè 缺 fí 道。niū qiè mé xì gǔo——qiè fè què fí dào。）

狗头上寄粽——寄不到的。（各 dē sùo 机宗——机 fè 刀各。gè dē sùo jī zōng——jī fè dāo gè。）

黄泥盖鼻头——死会了。 （窝妮该别 dē——洗卫 bè。wō nī gāi bié dē——xǐ wèi bè。）

弄堂里背毛竹——直不弄统。（龙驮力杯猫决——则 bè 弄桶。lóng dùo lì biē māo jùe——zé bè loòg tǒng。）

问客杀鸡——空客气。 （闷 kà sùo 计——控 kà 七。mèn kà sùo jì——kòng kà qī。）

痴进勿痴出——假痴。 （次今 fè 次缺——果次，cì jīn fè cì qùe——gǔo cì。）

一个萝卜抵一个孔——刚刚好。（耶名啰晡底耶各孔——盖改好。yē gè lūo bū dǐ yē gè kǒng——gài gái hǎo。）

船上勿急岸上急——空急。（靴 sùo fē jè 爱 sùo jè——控 jè。xūe sùo fē jè aì sùo jè——kòng jè。）

棺材落命钉——不能改了。（拐赛罗 mìn 定——fè 好改 bè。gǔai sài lúo mìn dìng——fè hǎo gǎi bè。）

汗毛皮打仗——大惊小怪。（亥猫逼歺栽——突近些瓜。hài māo bī dǎi zāi——tù jìn xiē gūa。）

铜钿眼里翻跟头——一切向钱看。（东爹矮力 fài 艮 dè——耶切冒草票开。dōng diē ǎi lì fài gěn dè——yē qiè mào cǎo piào kāi。）

官路上做人情——慷他人之慨。（怪炉 sùo 租音心——街比嘎各撩子瓦壶。guài lū sùo zū yīn xīn——jiē bǎ gā gè liāo zǎ wá hú。）

勿管三七廿一——豁出去了。（fè 拐赛切捏业——huè 缺 kì bè。fè gǔai sài qiè niē yè——hùe qùe kì bè。）

三分颜料开染店——不自量力。（赛份哀料忾茶爹——戏该 fè 晓 dè 戏该。sài fèn āi liào kài nié diē——xì gāi fè xiǎo dè xì gāi。）

半路上杀出个程咬金——不速之客。（刜录 sùo sùo 缺各 zēn 咬近——塞

fè 咋各 kà 印。bāi lù sùo suò què gè zēn yǎo jiǹ——sāi fè zǎ gè kà yiǹ。）

野鸭听天雷——听不懂。 （亚沃 tiǹ 铁奈——tiǹ fè 懂。yà wò tiǹ tié nài——tiǹ fè dǒng。）

木勺移柄——张冠李戴。（么搔衣宾——再怪力搭。mé sāo yī biñ——zài guài lì dā。）

犁勿着耙着——算不到。（哩 fè 咋破咋——塞 fè 咋。lī fè zǎ pò zǎ——sāi fè zǎ。）

牙齿咬舌头——免勿了。 （窝词熬死 dē——mié fè 了。wō cǐ aǒ sí dē——mié fè liǎ。）

千年打一更——难得。（切聂歹业盖——nāi dè。qiè niè dǎi yè gài——nāi dè。）

冷冷小肠气——算了。（乃奈笑栽七——塞苏 bè。nǎi nài xiào zāi qī——sāi sū bè。）

蚂蟥叮脚——叮得紧。（莫窝定架——定 dè 紧。mò wō diǹg jià——diǹg dè jiň。）

猫洗脸——小气。（冒他灭——小气。mào tā miè——xiǎo qì。）

赶到市面散——迟了。 （改刀死灭塞——资 bè。gǎi dāo sǐ miè sāi——zī bè。）

王小二过年——可怜。（王笑儿姑捏——sǎi 姑。wǎng xiào eř gū niē——sǎi gū。）

棺材里伸手——死要。（拐赛力 sèn 叟——洗腰。guǎi sài lì sèn sǒu——xǐ yāo。）

猫拉尿——小气。（冒 cà 戏——小气。mào cà xì——xiǎo qì。）

死人两隔壁——多一口气。 （戏音聂嘎别——度业可七。xì yiñ niè gā biè——dù yè hē qī。）

汗毛皮打仗——小题大做。（亥猫逼歹栽——些低突租。hāi māo bī dǎi zāi——xiē dī tù zū。）

凳头上的鸡蛋——靠勿牢。（dēn dē sùo 各计台——尻 fè 捞。dēn dē sùo gè jì tái——kāo fè lāo。）

卖屁股贴草纸——倒贴。（骂批顾帖 cào 子——刀帖。mà pī gù tiè cào zǐ——dāo tiè。）

烧开水，不响了——开了。（臊忾学, fè 写 bè——忾 bé。sào kài xué, fè xié bè——kài bé。）

求囵嗯，勿响——肯了。（究喵嗯, fè 写——肯 bè。jiū nùo ǹ, fè xié——kén bè。）

牛吃草，羊去赶——没用。（妞切草, 耶 kì 政——fè 有用。niē qiè cǎo, yē kì gǎi——fè yǒu yoǹg。）

一边剪刀，一边尺——干脆。（业别介到, 业别 cà——盖缺。yè biè jiè dào, yè biè cà——gài què。）

麻子搽粉，啬啬老本——亏了。（摸子作粉, sé sé 劳本——愧 bé。mō zǐ zūo fěn, sé sé láo běn——kùi bé。）

眼睛开只，闭只——勿要管。（爱近忾 zà, 逼 zà——fē 要拐。ài jìn kài zà, bī zà——fē yào guái。）

螺蛳壳里做道场——地方小。（噜寺库力租套裁——替 fō 些。lū sì kù lì zū tào zāi——tì fō xiē。）

吃素碰着月大——运气不好。（切苏 poǹg 砸雨突——运七 fè 好。qiè sē poǹg zá yǔ tù——yùn qī fè hǎo。）

拉着黄牛当马骑——将就。（辣砸窝妞多模机——用用塞苏 bè。là zá wō niū dūo mǒ jī——yòng yòng sāi sē bè。）

赌博鬼烘吊桶——勿晓得冷热。（赌 bè 鬼哄刁桶——fè 晓 dè 乃宜。dǔ bè gǔi hoǹg diāo tǒng——fè xiǎo dè nǎi yí。）

输打赢要——耍无赖。（序列晕腰——歹辣逼。xù dǎi yūn yāo——dǎi là bì。）

毛竹筒倒豆——快、直爽。（猫倔东倒特——夸、则 sùo。māo jùe dōng

dǎo tè——kūa、zé sùo。)

嘴翘鼻头高——生气了。（倔敲别 dē 告——赛七 bè。jùe qiāo bié dē gào——sài qī bè。）

哪头不是碰——莫名其妙。（辣 dē fè 子 poǹg——嗯 fè 咋 dē 脑。là dē fè zǐ poǹg——m̀ fè zǎ dē nǎo。）

托鬼看病——托错了。（拓鬼开聘——拓粗 bè。tùo gǔi kāi piǹ——tùo cū bè。）

叫花子戏蛇——穷开心。（讨 fài 子戏梭——垌忾芯。tǎo fài zǐ xì sūo——jioǹg kài xiǹ。）

教瞎子戏蛇——穷开心。　（高货自戏梭——垌忾芯。gāo hùo zì xì sūo——jiōng kài xiǹ。）

刀切豆腐——两面光。　（到切特夫——茶灭过。dào qiè tè fū——nié miè gùo。）

蚂蟥叮烂脚——死都不肯放。（莫窝定奈架——洗度 fè 肯 fō。mò wō diǹg nài jià——xǐ dù fè kén fō。）

孙悟空戴手表——勿配。（sèn 五空搭涩表——fè 呸。sèn wú kōng dā sè biǎo——fè pēi。）

棉花枕头稻草芯——没心没肺。（乜货潜 dē 导草芯——嗯芯嗯 fī。miē hùo zèn dē dáo cǎo xiǹ——m̀ xiǹ m̀ fī。）

讨饭骨头——懒。（讨 fài gūe dè——乃聘。tǎo fài gūe dè——nǎi piǹ。）

恶鬼面孔菩萨心——好人。（务鬼灭孔晡 sùo 芯——好音。wù gǔi miè kǒng bū sùo xiñ——hǎo yiñ。）

好愁勿愁，愁六月勿有日头——多愁。（好搜 fè 搜，搜 lé 于 fè 有耶 dē——度搜。hào sōu fè sōu sōu lé yú fè yǒu yé dē——dù sōu。）

越冷越起风——雪上加霜。（哆乃哆起 foǹg——戏梭过 sùo。yǔe nǎi yǔe qǐ foǹg——xì sūo gùo sùo。）

老鸭不生蛋的地方——荒凉。（烙窝 fè 赛太各替 fō——乃沁。lào wō fè

sài tài gè tì fō——nǎi qiǹ。)

脚踩两头船——吃两面水。（架礤茶 dē 靴——切茶灭学。jià cǎ nié dē xuē——qiè nié miè xué。）

借别人的屙划火——勿心痛。（街比嘎各撩子瓦壶——fè 芯通。jiē bǐ gā gè liāo zǐ wǎ hú——fè xìn tōng。）

上勿了台板凳桌——差。（索 fè 了呆刷 dēn zù——téi 拜。séo fè liǎo dāi bāi dēn zù——téi bài。）

一个铜钿一个命——精巴。（耶各东爹耶各 miǹ——近爸。yē gè dōng diē yē gè miǹ——jiǹ bà。）

太阳从西边出来——不可能。（耶 dē 宗戏别缺 lāi——fē 阔 nēn。yé dè zōng xà biè què lāi——fē kùo nēn。）

天高皇帝远——管勿着。（帖告窝低哕——拐 fè 咋。tiè gào wō dī yǔe——gǔai fè zǎ。）

里哇里，盖破被——破罐子破摔。（里袜里，该趴比——业刁别。lí wà lí，gāi pā bǐ——yè diāo biè。）

鸡蛋里头挑骨头——挑不出来的。（计抬力 dē 咋 guē dè——咋 fè 缺 lāi gè。jì tái lì dē zǎ gūe dè——zǎ fè què lāi gè。）

文太师回朝——慢（温他寺威遭——卖。wēn tā sì wēi zāo——mài。）

那哪母猪——慢（那哪姆自——卖。nà nǎ m̀ zì——mài。）

鼻头孔朝天——傲。（别 dē 孔遭帖——凹。bié dē koňg zāo tiè——aō。）

老牛吃嫩草——赚了。（老妞切嫩草——参咋 bè，lǎo niū qiē nèn cǎo——cēn zǎ bè。）

天勿收——太坏。（帖 fè 嗽——特袜。tiè fè sòu——tē wà。）

吃百家米——讨饭的。（切爸过米——讨 fài 各。qiè bà gùo mǐ——tǎo fài gè。）

红头苍蝇——讨人嫌。（oňg dē 错引——dè 音潜。oň dē cùo yiň——dè yiň zèn。）

木匠推刨——直来直去。（么泻tèi 泡——则lāi 则 kī。mé xiè tèi pào——zé li zé kī。）

铁匠打铁——硬碰硬。（帖泻歹帖——爱pōng 爱。tiè xiè dǎi tiè——aì pòng aì。）

石匠打石头——冒火星，（洒泻歹洒dē——冒壶芯。sǎ xiè dǎi sǎ dē——mào hǔ xìn。）

油漆匠漆木头——黏之咯嗒。（优切泻切么dē——聂资戈dè。yōu qiè xiè qiè mé dē——niè zī gē dè。）

箍桶匠箍桶——圆不隆咚。（库桶泻库桶——虐bè 弄动。kù tǒng xiè kù tǒng——nǖe bè lōng dòng。）

篾匠破竹篾——很细很细。（米泻趴倔米——jě 西mòng 哄。mǐ xiè pā juè mǐ——jě xī mòng hòng。）

泥水匠糊墙——黄泥一坨。（妮学泻污些——窝妮耶驮。nī xúe xiè wū xiē——wō nī yē dùo。）

敲板壁、找搭柱——没用（错了）。（靠败biè 心朵句——fè 有用。kào bài biè xīn dǔo jù——fè yǒu yòng。）

六、谜语

1. 眼睛饥肚皮饱，腰里拉屎怎么好。（爱近计突逼饱，要里cà 污合解好。aì jìn jì tù bī bǎo，yào lí cà wū hé jiě hǎo。）——石磨。

2. 高高山，低低山，高高山上一丛草，一年到头割勿了。（告搞赛，弟底赛，告搞赛索耶pòng 草，业捏刀dē gì fè 了。gào gáo sài，dì dí sài，gào gáo sài súo yū pòng cǎo，yè niē dāo dē gì fè liǎo。）——头发、葱。

3. 山上的叶，田里的草，穿起衣裳好洗浴，脱掉衣裳好吃肉。（赛索各以，爹力各草，确伽仪sùo 嵩踏哕，替跳仪sùo 蒿切哕。sài súo gè yí，diē lì gè cǎo，què qié yá sùo hāo tà yūe，tì tiào yá sùo hāo qiè yūe。）——粽子。

4. 稀奇稀奇真稀奇，古怪古怪真古怪，十把斧头劈不开。（戏机、戏机谮戏机，顾瓜顾瓜谮顾瓜，sé 帛父dē 屁fè 忾。xìjī xì jī zèn xì jì，gù gūa gù

gūa zèn gù gūa, sé bó fù dē pì fè kài。) ——水。

5. 水，水，生白毛。（学，学，赛把猫。xúe, xúe, sài bǎ māo。) ——冬瓜。

6. 冬瓜，冬瓜、两头开花。（动果，动果，茶dē忾货。dòng gǔo, doǹg gǔo, nié dē kài hùo。) ——老式枕头。

7. 枕头枕头，两头添油。（潽dē，潽dē，茶dē帖优。zèn dē, zèn dē, nié dē tiè yōu。) ——水车。

水车，水车，踩不出头。（谴措，谴措，茶fè确dē。xuè cùo xuè cùo, cǎ fè què dē。)

8. 上岭比下岭快。（索您比罗您夸。súo niń bǐ lúo niń kūa。）——鼻涕。

9. 一脚顶一顶（耶架顶业顶。yē jià diń ye diń。）——伞。

10. 二脚等拟人。（茶架dén衣音。nié jià dén yī yiñ。）——鸡。

11. 三脚树中品。（赛架序纵品。sài jià xù zoǹg piň。）——三脚叉。

12. 四脚候门口。（西架贺闷可。xī jià hè mēn ké。）——狗。

13. 五脚向天走。（嗯架冒帖走。ň jià mào tiè zǒu。）——草鞋。

14. 六脚两层楼。（lé架茶森肋。lé jià nié sēn lē。）——纺纱的膀子。

15. 七脚天上挂。（切架帖索锅。qiē jià tiè séo gūo。）——北斗星。

16. 八脚马鼻头。（簸架模别dē。bò jià mó bié dē。）——刷墙的刷帚。

17. 九脚凳头蹲。（九架dēn dē扽。jiǔ jià dēn dē dèn。）——草鞋耙床。

18. 十脚水里游。（sé架学力优。sé jià xée lì yōu。）——螃蟹。

19. 嘴好底漏。（决好底漏。jué hǎo dǐ lòu。）——漏斗。

20. 小时候四只脚，大起来两只脚，老了三只脚。（些寺贺西zà架，突妾赖茶zà架，老bè赛zà架。xiē sì hè xī zà jià, tù qiè lài nié zà jià, lǎo bè sài zà jià。）——人（小时候不会走路手脚并用，老了加用拐杖）。

21. 大大的屋宇，小小的厅堂，毕直的弄堂。（突突各wè宇，些些各tiń驮，别zé各龙驮。tù tù gè wè yú, xié xié gè tiń dùo, biè zé gè lǒng dùo。）——天平秤。

22. 天讲我富，地讲我穷，人家看看富，自己想想苦。（帖果昂夫，替果昂垌，比嘎开忾夫，戏该岑 cèn 苦。tiè gǔo gńg fū，tì gǔo aňg jiōng，bǐ gā kāi kài fē，xì gāi cén cèn kǔ。）——破底或破脚趾的漂亮长筒袜。

23. 长么长两头，中央配甚头。（栽么栽茶 dē，纵爷胚 sèn dē。zāi mè zāi nié dē，zoǹg yé pēi sèn dē。）——做爱。

24. 高高山，高高�，两根白蜈蚣，爬进爬出败门风。（告搞赛，告搞�，茶更把 mōng 共，波今波缺怕闷 foǹg。gào gǎo sài，gào gǎo wǔ，nié gèn bǎ mōng goǹg，bō jiǹ bō què pà mēn foǹg。）——鼻涕。

25. 尖头囡嗯八只脚，聪明姑娘猜勿着。（介 dē 喏嗯簸 zà 价，从 miǹ 喏嗯菜 fè 咋。jiè dē nùo ǹ bò zà jià，cóng miǹ nùo ǹ cài fè zǎ。）——虱。

26. 远看赶鸡赶鸭，近看滥污怂一坨，坐下来天文地理，站起来东南西北勿分。（nűe 开改计改沃，紧开乃务松耶驮，俗啰赖帖温替里，改切赖动 nāi 戏 bè fè 份。nűe kāi gái jì gāi wò，jiň kāi nǎi wù soňg yē dùo，sú lūo lài tiè wēn tì lí，gái qiē lài doňg nāi xì bè fè fèn。）——瞎子。

27. 十个小兵打开城门，毛将军出外游寻，一阵狂风暴雨，毛将军抖抖回城。（sé 各些摈歹忾森闷，猫街怪缺袜优心，耶 cèn fóng 暴突雨，猫街怪德，dè 威森。sé gè xiē biǹ dǎi kài sēn mēn，māo jiē guài qūe wà yōu xiǹ，yē cèn fóng bào tù yǔ，māo jiē guài dé dè wēi sēn。）——男人尿尿。

28. 远看活人坐轿，近看猴子捧桃。（nűe 开我音俗俏，紧开喝 sèn poǹg 刀。nűe kāi wǒ yiñ sú qiào，jiň kāi hē sèn póng dāo。）——拉屎。

29. 远看青山白雪，近看鸟粪成堆。（nűe 开庆赛把戏，紧开吊嗯 wū 森 dèi。nűe kāi qiǹ sài bǎ xì，jiň kāi diào ǹ w̄ wēn dèi。）——瘌痢头。

30. 勿伤皮，勿伤骨，好买田，好造屋。（fè sùo 逼，fù sùo guè，好马爹；好扫 wè。fè sùo bī，fè sùo guè，hǎo má diē，hǎo sǎo wè。）（猜职业）——妓女。

31. 一只老鼠，两根尾巴。（耶 zà 酪词，茶更觅卜。yē zà lào cí，nié gèn mì bò。）——插柴刀的刀鞘。

32. 刀鞘刀鞘，两头凹翘。（到下，到下，茶 dē 凹敲。dào xià, dào xià, nié dē āo qiāo。）——船。

33. 船，船，两头轳辘圆。（靴，靴，茶 dē gūe 弄约。xūe, xūe, nié dē gūe loǹg yuē。）——冬瓜。

34. 冬瓜，冬瓜，两头开花。（动果，动果，茶 dē 忾货。doǹg gǔo, doǹg gǔo, niē dē kài hùo。）——枕头。

35. 枕头，枕头，两头擦油。（潪 dē、潪 dē，茶 dē 作优。zèn dē, zèn dē, nié dē zūo yōu。）——榨油坊里的油撞。

36. 油撞，油撞，两面会响。（优错，优错，茶灭威写。yōu cùo, yōu cùo, nié miè wēi xiě。）——卖货郎的拨浪鼓。

37. 鼓，鼓，肚里着火。（鼓，鼓，突逼力杂狐。gǔ, gǔ, tù bī lì zá hǔ。）——灯笼。

38. 灯笼，灯笼，两人抬不动。（邓笼，邓笼，茶各音呆 fè 董。dèn lóng, dèn lóng, nié gè yīn dāi fè doňg。）——石鼓。

39. 石鼓，石鼓，小的好过，大的难过。（洒鼓，洒鼓，些各蒿姑，突各 nāi 姑。sá gǔ, sá gǔ, xiē gè hāo gū, tù gè nāi gū。）——篾筛。

40. 越大越好过，越小越难过。（哕突哕蒿姑，哕些哕 nāi 姑。yǔe tù yǔe hāo gū, yǔe xiē yǔe nāi gū。）——缝衣针孔。

41. 白天好过，晚上难过。（耶 sùo 蒿姑，亚力 nāi 姑。yé sùo hāo gū, yà lì nāi gū。）——独木桥。

42. 趴下好过，站着难过。（pē 洛赖蒿姑，改切赖 nāi 姑。pē lùo lài hāo gū, gǎi qiē lài nāi gū。）——狗洞。

43. 我不理你。（昂 fè 里嗯。aňg fè lá ň。）——菩萨。

44. 屙打你的头。（屙靠嗯各 dē。diǎo kào ň gè dē。）——木鱼。

45. 头一扭，脚一勾，一根扁担到杭州。（dē 业扭，架业勾，业更别呆刀 耠奏。dē yè niǔ, jià yè gè, yè gèn biè dai dāo hēo zòu。）——打一字：子。

46. 一把锄头一下登，两个小鬼吓掉魂。（业帛思 dē 耶货 dēn，茶各些鬼哈涩温。yè bó sā dē yē hùo dēn, nié gù xiē gǔi hà sè wēn。）——打一字：小。

47. 你也长，我也长，中间一个马大王。（嗯业栽，昂业栽，纵爷耶各模突窝。ň yè zāi, aňg yè zāi, zòng yé yē gè mó tù wō。）——打一字：闯。

48. 一点一画长，一撇到东洋，啨齐喱，齐啎齐。（业迭业娃栽，耶 piè 刀董业，挡齐狂，齐挡齐。yè dié yè wá zāi, yē piè dāo doňg yè, daǹg qí kuǎng, pí daǹg pí。）——打一字：应。

49. 头上两朵花，出门半个月，骑马再归家。（dē sùo 茶独货，缺闷刮各于，机模再贵过。dē sùo nié dú hùo, què mēn bāi gè yǔ, jī mó zài gùi gùo。）——打一字：腾。

七、口彩、骂人话

（一）口彩

芝麻开花——节节高。（自谟汽货——介介告。zì mó kài hùo——jiè jiè gào）

三十夜的火盆——红红火火。（赛 sé 亚各户奔——aňg oňg 壶壶。sài sé yà gè hù bēn——oňg ōg hú hú。）

元宵的花灯——挂灯结彩。（nǚe 笑告货拕——锅拕计彩。nǚe xiào gè hùo dèn——gūo dèn jì cǎi。）

旗杆上的灯笼——又高又亮。（机改 sùo 各拕笼——又告又聂。jī gái sùo gè dèn lóng——yòu gào yòu niè。）

大年初一拜年——你好我也好。（突捏促业八捏——嗯好昂业好。tù niē cù yè bā niē——ń hǎo aňg yè hǎo。）

家里有儿，缸里有鱼——好福气。（过里有 ń，过里有 ń——好 fē 气。gùo lá yǒu ń, gùo lí yǒu ń——hǎo fē qì。）

糠箩跳到米箩——味道。（阔噜挑到米噜——fí 道。kùo lū tiāo dào mǐ lū——fí dào。）

毛竹叉子——节节高。（猫倔错嗯——介介告。māo juè cùo ň——jiè jiè

gào)

甘蔗上梁——节节高。（盖左索捏——介介告 gài zuǒ súo niē——jiè jiè gào）

花生——花着生。（火 sèn——货伽赛。hǔo sèn——hùo qié sài）

炒榧——三代果。（糙 fǐ——赛太古。cào fǐ——sài tài gǔ）

水开了——热气腾腾。（学忾 bé——仪罗落。xúe kì bé——yí lūo lùo）

饭熟了——香气扑鼻。（fài 学 bè——泻气 pè 别。fài xúe bè——xiè qì pè bié）

花开了——艳光四射。（货忾 bé——艳过西洒。hùo kài bé——yàn gùo xī sǎ）

人发了——运气来了。（音 fò bè——运七 lāi bè。yiñ fò bè——yùn qī lāi bè。）

飞高了——海阔天空。（fì 告 bé——海阔帖控。fì gào bé——hǎi kù tiè kòng）

（二）骂人话

嗯各姆妈甩笼灯（嗯各唔骂快 lōng 扽。ň gè ḿ mà kùai lōng dèn）

嗯各妈各入毙（嗯各骂各 sé 毙。ň gè mà gè sé bì）

刁勿刁毛勿毛（调 fè 调猫 fè 猫。diào fè diào māo fè māo）——说话、做事不三不四。

猪狗勿如的东西（自狗 fè 淤各动洗。zì gǒu fè yē gè dòng xǐ）

言话老太婆（捏窝老塔布。niē wō lǎo tǎ bù）——啰唆老太婆。

饿死鬼投胎（务洗鬼 dē tèi。wù xǐ gǔi dē tèi）——骂很会吃的人。

懒病骨头（乃聘 gūe dè。nǎi pìn gūe dè）——骂很懒的人。

那哪母猪（那哪唔自。nà nǎ ḿ zì）——骂动作很慢的人。

偷油老鼠（特优烙词。tè yōu lào cǐ）——骂夜里出来活动、做坏事的人。

死死开点（洗戏忾选。xǐ xì kài dié）——叫人离远一点。

滚滚远点（滚棍 nǔe 跌。gún gùn nǔe diè）——叫人走开，走远点。

痴不磊堆（次bè类dèi。cì bè lèi dèi）——疯疯癫癫。

扯里骨得（次力gūe dè。cì lì gūe dè）——说话、办事乱扯的人。

十丑半天（sé丑bān帖。sé cǒu bāi tiè）——很丑、很丑。

摸丝太太（唔寺他踏。m̀ sà tā tà）——动作特慢的人。

长脚鸬鹚（栽架噜寺。zāi jià lū sì）——骂腿特长的人。

鳖毛畜生（别猫缺赛。biè māo qūe sài）——像畜生一样，不是人。

满面出毛（买灭缺猫。mǎi miè què māo）——骂不讲情面的人。

死不知丑（洗fè自丑。xǐ fè zì cǒu）——不知道自己丑、坏。

红头苍蝇（oñg dē措引。oñg dē cùo yiň）——骂人像厕所旁飞的红头苍蝇。

死不着各（洗fè咋各。xǐ fè zǎ gè）——怎么死不到你。

匹面不要（气灭fè腰。piē miè fè yāo）——不要脸。

笨头笨脑。（本dē本脑。běn dē běn lǎo）——笨蛋。

泥鳅滑鳅（衣鳅wé鳅。yī qiù wé qiù）——骂过于好动的小孩。

鳅头股劲（鳅dē股紧。qiè dē gù jiň）——骂不正经，会纤的人。

鬼弄三纤（鬼弄赛切。gǔi lòng sài qiè）——乱弄乱纤。

板门婆（拜闷晡。bài mēn bū）——又高又大的女人。

长婆娘（栽晡捏。zāi bē niē）——个子很高的女人。

矮婆嗯（啊晡嗯。à bū ǹ）——个子特矮的女人。

三脚猫（赛架冒。sài jià mào）——骂技术不精的人。

直炮筒（则抛东。zé pào dōng）——性格、讲话太直。

臊匹头（臊piè dē。sào piè dē）——骂风骚的年轻女孩。

三勿吃（赛fē切。sài fē qiè）——用什么方法对他都没用。

呱啦匹（挂辣piè。guò là piè）——骂哇啦哇啦太会大声讲的女人。

怂块头（松亏dē。sōng kēi dē）——骂没用、没本事的人。

这坨怂（革拓松。gé tùo sōng）——这个没用的人。

矮脚鬼（阿架鬼。à jià gǔi）——骂腿特短的人。

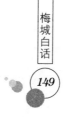

轻骨头（庆 gūe dè。qìn gūe dè）——骂轻佻的人。

天勿收（帖 fè 涩。tiè fè sè）——骂太坏的人。

牛头（妞 dē。niū dē）——怎么说，怎么讲都听不进的人。

勿点咋（fè 迭扎。fè dié zā）——骂不听话、不学好的孩子。

阴世鬼（印寺鬼。yìn sì gǔi）——骂不声不响的人。

跟屁虫（更批宗。gèn pī zōng）——骂很会跟的人。

田啾嗯（爹就嗯。diē jiù ǹ）——骂人像稻田里的尖嘴虫，会叫、会跳。

木面（么灭。mé miè）——不讲面子。

木块（公亏。mé kūi）——笨蛋。

晒不燥（仨 fè 搔。sā fè sāo）——骂痴、傻的人。

取债鬼（取扎鬼。qú zā gǔi）——讨债鬼。

疯婆子（fòng 不嗯。fòng bù ǹ）——疯癫女人。

猪头掰（子 dè 刖。zǐ dè bāi）——像猪头样笨。

婊子头（俵子 dē。biào zǐ dē）——婊子。

瘟鸡头（问计 dē。wèn jì dē）——耷拉着脑袋像瘟鸡。

烂番芋（奈 fài 于。nài fài yú）——骂人像烂地瓜般，烂。

臭皮蛋（cē 逼太。cē bī tài）——骂人像臭掉坏掉的皮蛋。

晒勿燥（仨 fè 搔。sā fè sāo）——傻瓜。

花鬼（货鬼。hùo gǔi）——色鬼。

木佬（么烙 mé lào）——笨蛋。

痴鬼（次鬼 cì gǔi）——疯子。

十三点（sé 赛迭 sé sài dié）——傻瓜。

贼骨头（sé gúe dè。sé gúe dè）——小偷。

短命鬼（歹 mìn 鬼。dǎi mìn gǔi）——命短。

神经鬼（森近鬼。sēn jìn gǔi）——精神病。

死吃鬼（洗切鬼。xǐ qiè gǔi）——非常会吃。

放屁嘴（fō 批决。fō pī jué）——说话很臭，不上道。

狗日的（狗 sé 各。gǒu sé gè）——不是人。

畜生（缺赛。qūe sài）——骂人如牲畜。

搭头（驮 dē。dùo dē）——骂人脑子不清楚。

瘟神（问 sèn。wèn sèn）——发瘟病。

入毙鬼（sé 必鬼。sé bì gǔi）——下流鬼。

呆木犊（哀么读。aī mé dú）——笨蛋。

柴株头（仨居 dè。sā jù dè）——骂人像柴根一样硬、顽固。

跟头虫（艮 dè 宗。gěn dè zōng）——骂翻来颠去的人。

疯狗（foǹg 狗。foǹg gǒu）——骂乱骂人、乱咬人的人。

天上人（帖索印。tiè séo yiǹ）——骂什么事都不管、不做的人。

放屁鬼（fō 批鬼。fō pī gǔi）——骂说话不算数的人。

现世宝（业思宝。yè sī bǎo）——骂显摆，显丑的人。

索面头（sùo 灭 dē。sùo miè dē）——被人不喜欢、不要的人。

利世宝（利思宝。lì sī bǎo）——骂人显丑，不要脸。

猴狲精（喝 sèn 近。hē sèn jiǹ）——骂很瘦，很滑头、好动的人。

狐狸精（污哩近。wū lī jiǹ）——骂会迷人，妖里妖气的女人。

稻草堆（导草 dèi。dáo cǎo dèi）——个子大，胖，行动不便。

牛屎堆（妞污 dèi。niē wū dèi）——骂人像牛屎堆一样，臭、难看。

痴疯癫（刺 foǹg diè。cà foǹg diè）——骂人痴、疯。

流污虫（流务宗。liú wù zōng）——骂会搅事情的人。

乱污鬼（乃务鬼。nǎi wù gǔi）——骂会捣乱，不务正业的人。

鼻涕鬼（别踢鬼。bié tī gǔi）——①流鼻涕的人。②水平、能力、财力很差的人。

涩了门（涩了闷。sè lè mèn）——①眼睛近视的人。②看不清事实的人。

千句一——（切句业。qiè jù yè）——骂讲话不实的人，一千句里只有一句可信。

缱色色（切 sē 涩。qiè sē sè）——骂人很会缱、会玩。

缱色 bì。（切 sè bì。qiè sè bì）——骂会缱、会玩的女人。

白脚猫（把架冒。bá jià mào）——骂静不下来，很会跑的人。

酱油精（解又近。jié yòu jìn）——骂香过头的人。

哭鬼（kuè 鬼。kùe gǔi）——骂很会哭的人。

洞里狗（痛力狗。tòng lì gǒu）——躲在屋里，见不得人。见不得大世面。

勿上路（fè 索路。fè séo lù）——不上道。

八、童谣、民谣、歌谣

（一）童谣

1. 月亮毛毛，要吃毛桃，毛桃离子，要吃瓜子，瓜子剥壳，要吃菱角，菱角两头尖，屁股翘上天。

（1）同音字：雨聂猫猫，腰切猫刀，猫刀力子，腰切过子，过子晡库，腰切 niñ 固，niñ 固聂 dē 介，批股敲索帖。

（2）拼音：yǔ niè māo māo, yāo qiè māo dāo, māo dāo lì zǐ, yāo qiè gùo zǐ, gùo zǐ bū kù, yāo qiè niñ gù, niñ gù niè dē jiè, pī gùqiāo súo tiè。

2. 咿呀嗨，嗨呀咕，撑船来，接外婆。外婆不在家，接小姨。小姨在后门，做什么？抓跳蚤。抓多少？抓一斗。端给大伯小伯配配酒。

（1）同音字：义哑 hèi, hèi 哑固，菜靴 lāi，计阿布。阿布 fè 龙得过，计写义。写义得贺闷，租 sùo 力？kūo 各早。kūo 度扫？kūo 业斗。带 bè 突爸些爸姑顾酒。

（2）拼音：yì yǎ hèi, hèi yǎ gù, cài xēe lāi, jì ā bù。ā bù fè déi gùo, jì xié yì。xié yì déi hè mēn, zū sùo lì? kēo gè zǎo。kūo dù sǎo? kūo yè dé。dài bè tū bà xiē bà gū gù jiǔ。

3. 咿呀嗨，嗨呀咕，撑船来，接外婆。外婆不在家，接小姨。小姨在哪里？在后门。做什么？摘花花。花对花，柳对柳，破畚箕，配扫帚。

（1）同音字：义哑 hèi, hèi 哑固，菜靴 lāi，计阿布。阿布 fè 得过，计写义。写义得辣力？得贺闷。租 sùo 力？zà 货火。货 dēi 货，六 dēi 六，趴分计，呸刁走。

（2）拼音：yì yǎ hèi，hèi yǎ gù，cài xēe lāi，jì ā bù。ā bù fè déi gùo，jà xié yì。xié yì déi là lì？déi hè mēn。zū sùo lì？zà hùo hǔo。hùo dēi hùo，liè dēi liè，pā fēn jà，pēi diāo zǒu。（两小孩对坐地上，双手互握，前倾后仰做摇船状，口念"咿呀……"）

4. 吃龙头，有骨头。吃身子，有胡子。当当次，决当次。老虎生几只？生三只，问你讨一只，勿——肯。问你借一只，勿——肯。金子银子问你换一只，勿——肯。问你城墙多少高？三丈两尺高。问你城墙多少低？三尺两寸低。一门开勿开？勿——开。二门开勿开？勿——开。三门打进来！哦——嗬嗬——

（1）同音字：切 lōng dē，有 gūe dè。切 sèn 子，有污子。当当词，词当词。烙虎赛几 zà？赛赛 zà。闷嗯讨——zà，发——肯。闷嗯街——zà，发——肯。近子 niñ 子闷嗯，外——zà，发——肯。闷嗯森些度扫告？赛载茶 cà 告。闷嗯森些度扫弟？赛 cà 茶参弟。业闷忾 fè 忾？fè——忾。嗯闷忾 fè 忾？fè——忾。赛闷歹今赖！哦——活活——

（2）拼音：qiè lōng dē，yǒu gūe dè。qiè sèn zǐ，yǒu wū zǐ。daǹg daǹg cí，cí daǹg cí。lào hǔ sài jí zà？sài sài zà。mèn ń tǎo yī zà，fà——kén。mèn ń jiē yī zà，fà——kén。jiǹ zǐ niñ zǐ mèn ń wāi yí zà，fà——kén。mèn ń sēn xiē dù sǎo gào？sài zǎi nié cà gào。mèn ń sēn xiē dù sǎo dì？sài cà nié cēn dì。yè mēn kài fè kài？fè——kài。ǹ mēn kài fè kài？fè——kài。sài mèn dǎi jiñ lài！ò——hūo hūo——（民国年间，梅城男童兴穿长衫，晚上成群孩子在街上玩"吃龙头"游戏。第一人为龙头，后接七八人或十余人不等，最后一人为龙尾。以拉前面一人的长衫后襟连接成龙形。另一孩子与龙头相对问话，众童答。至"三门打进来"时，即一跃而上，去抓龙尾，"龙头"张臂捍卫。有的孩童长衫被拉破，也在所不惜，玩得很高兴。）

5. 滴滴盘盘，闹过南山，南山百搭，市农归归，卖油烧饼，瘌瘌开消一脚。

（1）同音字：跌 diè 刮刮，闹姑 nāi 赛，nāi 赛 bē dè，死农规规，骂优臊 bín，罗哩忾笑一架。

（2）拼音：diē diè bāi bāi，nào gū nāi sài，nāi sài bē de，sǐ nóng gūi gūi，mà yōu sào bín，lúo lī kài xiào yī jà。

（据老乡们说，清朝咸丰末年，太平军将领侍王李世贤进兵攻打严州城，击败驻扎在我县五马洲的清朝总兵陈玉良。陈玉良的残兵败卒在我县东南乡一带烧杀掳掠，太平军前往追击，一面派人坐镇府城，安定民心，百姓纷纷回城开店营业。这首童谣热情歌颂太平军。但有的字句费解，尚待考查。

此游戏，是小孩们坐成一排，两腿伸直，一小孩拿一根光树枝，指着伸直的腿，有顺序地一条一条指过去，嘴里念着"滴滴盘盘……"等念到"一脚"，被指到的腿马上缩进，如此反复念，反复指，等到腿全部缩进为止。此时，拿树枝小孩丢了树枝就逃，大家去追。追到为止。游戏重新进行。）

6. 大头大头，落雨勿愁，你有雨伞，我有大头。

（1）同音字：突 dē 突 dē，罗雨 fè 廋，嗯有雨塞，昂有突 dē。

（2）拼音：tù dē tù dē，lúo yǔ fè sōu，ń yǒu yǔ sāi，ǎng yǒu tù dē。

7. 你姓啥？我姓黄。什么黄？草头黄。什么草？青草。什么青？碧青。什么碧？毛笔。什么毛？羊毛。什么羊？山羊。什么山？高山。什么高？年糕。什么年？公元一九××年。

（1）同音字：嗯心 suò 力？昂心窝，sùo 力窝？cà dē 窝。sùo 力 cà，庆草。sùo 力庆？别庆。sùo 力别？猫别。sùo 力猫？耶猫。sùo 力郁？赛叶。sùo 力赛？告赛。sùo 力告？捏告。sùo 力捏？共 nǔe 业九××捏。

（2）拼音：ń xiñ sùo lì？ǎng xiñ wō。sùo lì wō？cà dē wō。sùo lì cà？qiñ cà。sùo lì qiñ？biè qiñ。sùo lì biè？māo biè。sùo lì māo？yē māo。sùo lì yē？sài yè。sùo lì sài？gào sài。sùo lì gào？niē gào。sùo lì niē？gòng nǔe yè jiǔ × × niē。（此是解放后改用公元童谣）

8. 同年同年，屁股洞里滚铜钿。你也小，我也小。一起玩，一起皮，一起读书，一起大。学起本事哪个先。勿比胖，勿比瘦，勿比力气，勿比吃，看看哪个最有出（出息）。

（1）同音字：东捏车捏，批姑痛力滚东爹。嗯爷些，昂爷些，业起戏，业起逼，业起德序，业起突。壶切本寺辣嘎泻。fè 比作，fè 比廋，fè 比咧七，fè 比切，开忾辣嘎顶有缺。

（2）拼音：dōng niē dōng niē，pī gū tòng lì gǔn dōng diē。ǒ yè xiē，ǎng yè xiē。yè qǐ xì，yè qǐ bī，yè qǐ dé xù，yì qǐ tù。hǔ qiè běn sì là gā xiè。fè bǐ zūo，fè bǐ sōu，fè bǐ lié qī，fè bǐ qiè，kāi kài lào gā dǐng yǒu què。

9. 你拍一，我拍一，一个小孩坐飞机。你拍二，我拍二，二个小孩躲猫猫。

你拍三，我拍三，三个小孩吃饼干。你拍四，我拍四，四个小孩写大字。
你拍五，我拍五，五个小孩敲锣鼓。你拍六，我拍六，六个小孩溜溜溜。
你拍七，我拍七，七个小孩抱公鸡。你拍八，我拍八，八个小孩吹喇叭。
你拍九，我拍九，九个小孩喝老酒。你拍十，我拍十，十个小孩打倒蒋介石。

（1）同音字：

嗯 pè 业，昂 pè 业，业各些印过俗 fí 计。嗯 pè 茶，昂 pè 茶，茶各些印过独冒嗯。

嗯 pè 赛，昂 pè 赛，赛各些印过切摈盖。嗯 pè 西，昂 pè 西，西各些印过写突寺。

嗯 pè 嗯，昂 pè 嗯，嗯各些印过靠噜鼓。嗯 pè lé，昂 pè lé，lé 各些印过 lé lè lé。

嗯 pè 切，昂 pè 切，切各些印过宝拥计。嗯 pè 卜，昂 pè 卜，卜各些印过确辣小。

嗯 pè 九，昂 pè 九，九各些印过货老酒。嗯 pè sé，昂 pè sé，sé 各些印过歹倒匠盖 sé。

（2）拼音：

ń pè yè，aǒng pè yè，yè gè xiē yìn gùo sú fǎ jì。

ń pè nié，aǒng pè nié，nié gè xiē yìn gùo dǔ mào ǒ。

ń pè sài，aǒng pè sài，sài gè xiē yìn gùo qiē bìn gài。

ń pè xī，aǒng pè xī，xī gè xiē yìn gùo xié tù sì。

ń pè ǒ，aǒng pè ǒ，ǒ gè xiē yìn gùo kào lū gǔ。

ń pè lé，aǒng pè lé，lé gè xiē yìn gùo lé lè lé。

ń pè qiè，aǒng pè qiè，qiè gè xiē yìn gùo bǎo yōng jì。

ń pè bò，aǒng pè bò，bò gè xiē yìn gùo què là bò。

ń pè jiǔ，aǒng pè jiǔ，jiǔ gè xiē yìn gùo hùo lǎo jiǔ。

ń pè sé，aǒng pè sé，sé gè xiē yìn gùo dǎi dǎo jiàng gài sé。

（此游戏必是两个小孩，一对一地玩。左、右手互拍，边拍边念，念到最后一句：打倒蒋介石，手捏拳头往上举起。）

10. 两五六，两五七，廿八，廿九，三十一。跳，跳，我也跳，你也跳，他也跳，大家跳。跳得高，跳得低，开开心心身体好。

（1）同音字：茶嗯lé，茶嗯切，捏簸，聂九，赛sé业。挑，挑，昂业挑，嗯生挑，gī业挑，踏过挑。挑dè告，挑dè弟，忾忾芯芯sèn体好。

（2）拼音：nié ǒ lé，nié ǒ qiè，niē bò，niè jiǔ，sài sé yè。tiāo，tiāo，aǒng yè tiāo，ǒ yè tiāo，gī yè tiāo，tà gùo tiāo。tiāo dè gào，tiāo dè dì，kài kài xìn xìn sèn tá hǎo。

（此游戏可以两个孩子玩，也可以很多孩子一起玩。两边，面对面跳，嘴里念"两五六……"，边念边跳。双脚分开，并拢，左前右后，右前左后，随意跳。等念到"跳得高……"时，双脚并拢往上跳。等念到"身体好"，这轮游戏结束。要玩再从头来。）

11. 一二三四五，上山打老虎。六七八九十，打倒蒋介石。

（1）同音字：业茶赛西嗯，索赛歹烙虎，lé切簸九sé，歹倒匠盖sé。

（2）拼音：yè nié sài xī ǒ，súo sài dǎi lào hǔ，lé qiē bò jiǔ sé，dǎi dǎo jiàng gài sé。

12. 大胖子，翻跟头，一翻翻到南门头。小鬼头，勿要老，姆妈爸爸日本佬。蒋介石，勿要老，一枪打去笔笔直。

(1) 同音字：老嘎 dè，fài 艮 dè，业 fài fài 刀 nāi 闷 dē。些鬼 dē，fē 要老，嗨骂把爸 sé 本烙。匠盖 sé，fē 要老，业切歹 kì 憋别 zé。

(2) 拼音：lǎo gá dè，fài gěn dè，yè fài fài dāo nāi mēn dē。xiē gǔi dē，fē yào lǎo，ḿ mà bǎ bà sé bén lào。jiàng gài sé，fē yào lǎo，yè qiè dǎi kì biē biè zé。

13. 跷，跷，跷子跷，卖胡椒。胡椒辣，卖西瓜。西瓜甜，卖咸盐。咸盐咸，卖腌菜。腌菜酸，卖饼干。卖得来，卖得去，赚点钞票这样难。

(1) 同音字：俏，俏，俏子俏，骂污叫。污叫罗，骂戏果。戏果爹，骂咳捏。咳捏咳，骂聂猜。聂猜赛，骂摈盖。骂 dè lāi，骂 dè kī，叁 diè 草票革介 nāi。

(2) 拼音：qiào、qiào，qiào zí qiào，mà wū jiào。wū jiào lúo，mà xì gǔo。xì gǔo diē，mà hāi niē。hāi niē hāi，mà niè cāi。niè cāi sài，mà biàn gài。mà dè lāi，mà dè kī，cēn diè cǎo piào gé jiè nāi。

(此游戏由两个两个，一对一地玩。一脚曲起，一脚跳着，用身子去撞对方，嘴里念着："跷、跷……"直到谁先落下另一脚，就算谁输了。再从头接着玩。)

14. 跷、跷、跷子跷，卖胡椒。胡椒辣，卖冬瓜。冬瓜大，卖菱角。菱角硬，卖干菜。干菜干，卖笋干。东也卖，西也卖，赚点小钱吃吃饭。

(1) 同音字：俏、俏，俏子俏，骂污叫。污叫罗，骂动果。动果突，骂 niñ 顾。niñ 顾爱，骂改菜。改菜盖，骂芯盖。动爷骂，戏爷骂，叁 diè 些爹切切 fài。

(2) 拼音：qiào、qiào，qiào zí qiào，mà wū jiào。wū jiào lúo，mà gòng gǔo。dòng gǔo tù，mà niñ gù。niñ gù aì，mà gái cài。gái cài gài，mà xìn gài。dòng yé mà，xì yé mà，cēn diè xiē diē qiē qiē fài。(此游戏的玩法与13同。)

15. 跷、跷、跷子跷，卖胡椒。胡椒辣，卖丝瓜。丝瓜长，卖猪肠，一圈一圈卷起来。你买，他买，大家买。嘻嘻哈哈吃得肚皮胀。

（1）同音字：俏、俏，俏子俏，骂污叫。污叫罗，骂寺果。寺果栽，骂自裁。业确业确绝且赖。嗯马，gī马，踏过马。西西哈哈切 dè 突逼栽。

（2）拼音：qiào、qiào, qiào zí qiào, mà wē jiào。wū jiào lǔo, mà sì gǔo。sì gǔo zāi, mà zì zāi。yè què yè què júe qiě lài。ń mǎ, gī mǎ, tà gùo mǎ。xī xī hā hā qiē dè tù bī zāi。

（此游戏的玩法与13同。）

16. 知呀（知了），知呀，蚊虫叮老爷。老爷勿吃荤，三个鸡蛋囫囵吞。

（1）同音字：自呀，自呀，闷宗 diǹ 烙呀。烙呀 fē 切混，赛各计台 wé lēn tèn。

（2）拼音：zì yā, zì yā, mēn zōng diǹ lào yā。lào yā fē qiè hùn, sài gè jià tǎi wé lēn tèn。

17. 嗯盖粥（早饭），真好吃。甜咪咪，咸叮叮。东凉凉，西凉凉。送到妹妹嘴里噱咽凉。

（1）同音字：嗯盖倔，潸好切。爹觅迷，咳 diǹ díń。动捏捏，戏捏捏。松到每妹决力靴 guè 捏。

（2）拼音：ǹ gài juè, zèn hǎo qiè。diē mì mí, hāi diǹ díń。dòng niē niē, xì niē niē, sòng dào měi mèi jǔe lì xūe gùe niē。

18. 麻子麻，摘枇杷。枇杷树上两根蛇，吓得麻子两头爬。

（1）同音字：摸子摸，zà 逼玻。逼玻序梭业更梭，哈 dè 摸子茶 dē 玻。

（2）拼音：mō zí mō, zà bī bō。bī bō xù sūo yè gèn sūo, hà dè mō zá nié dē bō。

19. 漆黑乌啦一跌蹩（摔），骨牌凳上掉下来。胳拉子底下（腋下）破了个洞，哭哩波洒喊姆妈。

（1）同音字：切喝污辣耶 diè 别，guē 爸 dēn sùo 合罗赖。戈辣自弟火趴了各痛，kūe 力卜飒 ùa 唔骂。

（2）拼音：qiē hē wū là yē diè biè, guē bà dēn sùo hé léo lài。gē là zì dì hǔo pā lè gè tòng, kūe lì bò sà üà ḿ mà。

20. 颠颠倒倒，为官之道。君子爱财，小人进出。一二三四五六七八九十。

（1）同音字：diè 迭到导，威怪资导。俊子爱塞，些音今却。业茶赛西嗯 lé 切簸九 sé。

（2）拼音：diè dié dào dáo, wēi guài zī dá。jùn zǐ ài sāi, xiē yīn jīn què。yè nié sài xā ň lé qiè bò jiǔ sé。

（此为旧日儿童捉迷藏游戏童谣。诸童伸食指顶在一童掌心下，孩童一手拍掌背，口念："颠颠倒倒……"至"十"，合掌抓众手指，以被抓着的一童为捉者，以手帕包眼，罚捉迷藏。）

（二）民谣

1. 打更词（用于年节）：

十二忙月，太平过年。楼上楼下，灶前灶后，火烛小心！（更鼓声）格格格（打毛竹筒），喱——喱——喱（打锣）。

（1）同音字：涩嗯摸于，塔聘姑捏。肋 sùo 肋火，遭些遭合，户决效芯！

（2）拼音：sè ň mō yǔ, tǎ pìn gū niē。lē sùo lē hǔo, zāo xiē zāo hé, hù jùe xiào xiň。

2. 梅城十景谣：

一座乌龙（乌龙山）镇严陵。两幢宝塔南北分。三元坊本是商家有。四不像（石雕）把守府台门。五朵梅花城天下少。六朝巷口出魁星。七南庙（江边一庙）头看风景。八角亭中斗诗文。九峰寺里听念佛。十里埠头（江边码头）送贤人。

（1）同音字：业俗务 lōng 瞥捏 niň。茶俗报拓 nāi bè 份。赛虐 fò 笨子 sùo 过有。西 fè 写 sé 捞父呆闷。嗯独 mēi 货森帖火扫。lé 遭货可缺魁信。qè nāi 庙 dē 开 fòng 紧。簸顾丁力 dè 寺问。旧 fòng 寺力 tiň 聂 fé。sé 哩铺 dē 松 kà 印。

（2）拼音：yè sú wù lōng zèn niē niň。nié sú bào tùo nāi bè fèn。sài nùe fò bèn zǐ sùo gùo yóu。xī fè xié sé lāo fù dāi mēn。ń dǔ mēi hùo sēn tiè hǔo sǎo。lé zāo hùo ké què kǔi xìn。qè nāi miào dē kāi fòng jǐn。bò gù diñ lì dè sì wèn。jiù fòng sì lì tiñ niè fé。sé lǐ pù dē soñg kà yìn。

3. 神仙日子过：

走的山头路，手捧玉米稞，脚踏炭盆火，伸仙日子过。

（1）同音字：走各赛 dē 路，叟 pǒng 宝噜顾，架礴胎奔壶，森泻耶子姑。

（2）拼音：zǒu gè sài dē lù，sǒu pǒng bǎo lū gù，jià cá tái bēn hǔ，sēn xiè yé zǐ gū。

4. 小字歌：

小西门，一个小囡嗯（小女孩），编了两根小辫子，一走走到小南门，摇了一艘小塘船，一摇摇到小里埠，到了小姨家，吃了一碗小馄饨。

（1）同音字：笑戏门，业各些嗻嗯，别了茶更些别嗯，业走走刀笑 nāi 闷，腰了耶 zà 些多靴，业腰腰到小哩铺，刀了写义过，切了业崴些温 dēn。

（2）拼音：xiào xà mén，yē gè xiē nùo ǹ，biè lè nié gèn xiē bié ǹ，yè zǒu zǒu dāo xiào nāi mēn，yāo lè yē zà xiē dūo xūe，yè yāo yāo dào xiǎo lǐ pù，dāo lè xié yà gùo，qiē lè yì wǎi xiē wēn dēn。

5. 过年到：

过年到，真好笑。你笑，我笑，大家笑。小人家，大一岁，跳起跳倒哈哈笑。大人家大一岁，辛辛苦苦做得累。老人家，老一岁，驼背跷脚过年岁。过年，过年，年年过，一年好过前一年。

（1）同音字：姑捏刀，潜好肖。嗯肖，昂肖，踏过肖。些印过，突业西，挑气挑倒哈哈肖。突音过突业西，玻 lōng 玻飒切咧洗。老音过，老业西，都杯俏架姑顾捏。姑捏，姑捏，捏捏姑，业捏好姑些业捏。

（2）拼音：gū niē dāo，zèn hǎo xiāo。ń xiāo，ǎng xiāo，tà gùo xiāo。xiē yìn gùo，tù yè xī，tiāo qì tiāo dǎo hā hā xiāo。tù yiñ gùo tù yè xī，bō lōng bō sà qiè lié xǐ。lǎo yiñ gùo，lǎo yè xī，dū biē qiào jià gū gù niē。gū niē，gū niē，niē niē gū，yè niē hǎo gū xiē yè niē。

6. 白纸扇摇摇风：

白纸扇摇摇风，十八岁嫁老公，老公老婆进洞房，生个宝宝好接宗。

（1）同音字：把自塞腰要 foǹg，sé 卜西锅烙共，烙共老摸今东 fō，赛各宝抱蒿计纵。

（2）拼音：bá zì sāi yāo yào foǹg，sé bò xī gūo lào goǹg，lào gòng lǎo mō jiň dóng fō，sài gè báo bào hāo jì zòng。

7. 严州小吃真好吃：

严州小吃么佬佬，有咸有淡，有香有臭，有甜有苦，有酸有辣，直吃横吃真好吃。

（1）同音字：捏奏笑切么烙烙，有咳有歹，有泻有 cōu，有爹有苦，有赛有罗，zé 切歪切潸好切。

（2）拼音：niē zòu xiào qiè mé lào lào，yǒu hāi yǒu dǎi，yǒu xiè yǒu cōu，yǒu diē yǒu kǔ，yǒu sài yǒu lúo，zé qiè wāi qiè zèn hǎo qiè。

8. 社会主义是大道：

一扫帚，两扫帚，一扫扫到南门头，嘟的！小农经济要改造，社会主义是大道。

（1）同音字：业刁则，茶子则，业扫扫刀 nāi 闷 dē，度的！笑农今济腰盖着，séi 卫句仪死达导。

（2）拼音：yè diāo zé，nié diāo zé，yè sáo sáo dāo nāi mēn dē，dù dé！xiào nóng jiñ jì yāo gài zǎo，séi wèi jù yá sǐ dā dǎo。

9. 太平军真正好：

太平军真正好，穷人穿皮袄，财主老倌背稻草。太平军真正好，日子过得越来越好。

（1）同音字：塔摈俊 zēn 潸好，垌音确逼袄，塞局烙怪杯导草。塔摈俊 zēn 潸好，耶子姑 dè 哕赖哕好。

（2）拼音：tǎ bìn juǹ zēn zèn hǎo，jiōn yīn què bī ǎo，sāi jú lào guài bēi dáo cǎo。tǎ bìn juǹ zēn zèn hǎo，yé zǐ gū dè yǔe lài yǔe hǎo。（当年太平军

进入严州，深受劳苦群众的拥护。）

10. 黄梅天，真发艳：

黄梅天，真发艳，一阵日头一阵雨，一手雨伞一手扇，套鞋布鞋换起来。

（1）同音字：窝 mēi 帖，潜 fò 茶，耶 cèn 耶 dē 耶 cèn 雨，业 sé 雨塞业 sé 塞，逃哈晡哈外切赖。

（2）拼音：wō mēi tiè, zèn fò nié, yē cèn yé dē yē cèn yǔ, yè sé yǔ sāi yè sé sāi, táo hà yǔ sāi wài qiè lài。

11. 十只箩有好日子过。（指十个手指的箩纹）

一箩穷，二箩富。三箩四箩磨豆腐。五只箩，吃得过。六只箩，用得过。七箩八箩省省过。九只箩有得做。十只箩有好日子过。

（1）同音字：业噜㖿，嗯噜富。赛路西路呣特夫。嗯 zà 噜，切 dè 姑。lé zà 噜，用 dè 姑。切噜卜噜 sái 赛姑。九 zà 噜有 dè 租。sé zà 噜有好茶子姑。

（2）拼音：yè lē jioňg, ǹ lū fù。sài lù xī lù m̌ tè fū。ń zà lū, qiē dè gū。lé zà lū, yòng dè gū。qiè lū bò lū sái sài gū。jiǔ zà lū yǒu dè zū。sé zà lū yǒu hǎo nié zǐ gū。

12. 十只鸡满天飞：（指十个手指的箩纹）

一鸡贫，二鸡火。三鸡四鸡用力过。五只鸡，有的吃，六只鸡，有的用。七鸡八鸡平平过。九只鸡有得戏（玩）。十只鸡满天飞。

（1）同音字：业计宾，嗯计壶。赛计西计用唎姑。嗯 zà 计，有 dè 切，lé zà 计有 dè 用。切计卜计宾摈姑。九 zà 计有 dè 戏。sé zà 计买帖 fì。

（2）拼音：yè jì biñ, ǹ jà hú。sài jì xī jì yòng lié gu。ň zà jì, yǒu dè qiè。lé zà jì yǒu dè yòng。qiè jì bò jì biñ biñ gū。jiǔ zà jì yǒu dè xì。sé zà jì mái tiè fì。

13. 天旺旺，地旺旺：

天旺旺，地旺旺，我家有个哭儿郎，过路君子看一遍，一觉睡到大天亮。

（1）同音字：帖旺旺，替旺旺，昂过有各 kùe 嗯 nūo。姑路俊子开业憨，业高昆到突帖聂。

（2）拼音：tiè wàng wàng, tì wàng wàng, ǎng gùo yǒu gè kuè ñ nūo. gū lù jùn zǐ kāi yè biē, yè gāo kūn dào tù tiè niè。——这是过去民间老百姓的一种习俗。如果家里有个爱哭爱闹，不好好睡觉的小孩，就会用一张红纸，写上此民谣，贴到路边的树上，墙上，让过路人看看读读，希望小儿不哭不闹，一夜睡到大天亮。

14. 闹新房：

手拿红烛五寸长，一脚走进新娘房，新娘房里闹洋洋。看你新娘好嫁妆，左边摆的金丝椅，右边放着红漆箱，中间一张雕花床。床上坐着一对好鸳鸯，利市妈妈叫新郎官挑起新娘盖头巾，新娘漂亮好似一尊活"观音"。公婆看了笑盈盈，新郎官看了很称心，看得大家也出神。一杯酒来敬新郎官，祝夫妻同床，喜气洋洋；二杯酒来敬新娘子，祝夫妻恩爱，美满鸳鸯；三杯酒来共敬新郎官、新娘子，祝百年好合，五世其昌，来年生个胖娃娃。

（1）同音字：叟带 oñg 决嗯叁栽 耶架走今写聂子 fō 盖，芯 fō 盖里闹 yāi yāi。开嗯写聂子好锅自，革别把各近寺仪，么别 kūo zà oñg 切泻，纵爷业再吊货梭。梭晡 sùo 俗了业 dēi 好月爷，哩寺妈骂厄 xín 烙怪跳伽写聂子各该 dē 近，写聂子漂聂 dè 好币子业潜我"怪印"。共晡开了肖印印，xín 烙怪开了角挂参芯，开 dè 踏过爷缺森。业贝酒赖今 xín 烙怪，偓父起东梭，喜气耶耶；嗯贝酒赖今写聂子，偓父起摁爱，妹买月爷；赛贝酒赖业起今 xín 烙怪，写聂子，偓爸捏好合，嗯寺机措，lāi 捏赛各作宝抱。

（2）拼音：sǒu dài oñg jùe ň cēn zāi, yē jià zǒu jīn xié niè zǐ fō gài, xìn fō gài lá nāo yāi yāi。kāi ň xié niè zǐ hǎo gūo zì, gé biè bá gè jìn sì yí, mé biè kūo zà oñg qiè xiè, zòng yé yè zài diào hùo sūo。sūo bū sùo sú lè yè dēi hǎo yùe yé, lǐ sì mā mà è xín lào guài tiào qié xié niè zǎ gè gāi dē jìn, xié niè zǐ piǎo niè dè hào bì zǐ yè zèn wǒ "guài yìn。" gòng bū kāi lè xiāo yìn jìn, xín lào guài kāi lè jiǎo gùa cēn xìn, kāi dè tà gùo yé què sēn。yè bèi jiǔ lài jīn xín lào guài, jùe fù qǐ dōng sūo, xí qì yē yē; ň bèi jiǔ lài jīn xié niè zǐ, jùe fù qǐ eň ài, mèi mǎi yùe yé; sài bèi jiǔ lài yì qǐ jīn xín lào guài, xié niè

zǐ, juè bà niē hào hé, ǐ sì jī cùo, lāi niē sài gè zūo bǎo bào。

——此民谣是新中国成立前在婚庆上用的（现在有的地方也还在用）。是一种民间习俗。由一人唱、念，每唱念一句，众人喊一声"好啊!"很有节奏，很有气氛，增加闹新房的热闹。

15. 看不见乌龙山要哭的：

一日看不见爸爸妈妈不要紧的，一日看不见儿女要记挂的。

一日看不见老公老婆要想的，一日看不见乌龙山要哭的。

（1）同音字：

业耶开 fè 街把爸唔骂 fè 要紧各，业耶开 fè 街嗯 nūo 腰机过各，业耶开 fè 街烙共老摸腰 cén 各，业耶开 fè 街五弄赛腰 kuè 各。

（2）拼音：

yè yé kāi fè jiē bǎ bà ǐ mà fē yào jǐn gè，yè yé kāi fè jiē ǐ nūo yāo jī guò gè，yè yé kāi fè jiē lào gòng lǎo mō yāo cén gè，yè yé kāi fè jiē wǔ lòng sài yāo kuè gè。

——此民谣表达了一种恋乡之情。严州府的北面有一座巍峨的乌龙山，严州老百姓对它有一种特殊的感情。从小在乌龙山下长大，离不开乌龙山。

16. 个个先生都好命：

风水先生看风水。看病先生看人病。教书先生教人字。测字先生算人命。先生，先生有本事，讲起话来一大阵，个个先生都好命。

（1）同音字：fòng 学泻 sái 开 fòng 学。开聘泻 sái 开音聘。高序泻 sái 高音寺。cà 寺泻 sái 塞音 miǹ。泻 sái，泻 sái 有本寺，果切把沃耶突 cèn，嘎尬泻 sái 度好 miǹ。

（2）拼音：fòng xúe xiè sái kāi fòng xúe。kāi piǹ xiè sái kāi yiǹ piǹ。gāo xù xiè sái gāo yiǹ sì。cà sì xiè sái sāi yiǹ miǹ。xiè sái，xiè sái yǒu bén sì，gúo qiè bǎ wò yē tù cèn，gā gà xiè sái dù hǎo miǹ。

17. 小鬼小鬼你不要馋：

小鬼小鬼你不要馋，过掉腊八就是年。腊八粥你吃几口，漓漓拉拉就到廿几里。十二月三刷刷尘，十二月廿四杀只猪。十二月廿五掌年糕，十二月廿六炒瓜子。十二月廿七敲敲糖。十二月廿八做豆腐。十二月廿九做馃子，十二月三十年夜饭。压岁红包有的拿，鞭炮放得硼硼叭。大年初一去拜年，新衣裳穿起来。红纸包都拿来，拜来拜去笑起来。

（1）同音字：

些鬼些鬼嗯 fē 要喝，姑跳罗簸秀子捏。罗簸倔嗯切几可，哩哩啦啦秀刀聂几力。sē 嗯玉聂赛序序 zēn，sē 嗯玉聂西 sùo zà 自。sē 嗯玉聂嗯 sùo 捏告，sē 嗯玉聂 lé 草过子。sē 嗯玉聂切靠考多，sē 嗯玉聂簸租特夫。sē 嗯玉聂九租顾嗯，sē 嗯玉赛涩捏亚 fāi。啊靴 oñg 抱有 dè 带，写炮 fō dè 本本怕。突捏促业 kī 八捏，芯仪 sùo 缺伽赖。oñg 自抱度带来，八 lāi 八 kī 肖切赖。

（2）拼音：

xiē gǔi xiē gǔi ń fē yào hè，gū tiào lúo bò xiè zǎ niē。lúo bò jué ń qiè jǎ ké，lī lī lā lā xiè dāo niè jǎ lì。sē ǹ yù niè sài xù xù zēn，sē ǹ yù niè xī sùo zà zì。sē ǹ yù niè ǒ sùo niē gào，sē ǹ yù niè lé cǎo gùo zǐ。sē ǹ yù niè qiè kào káo dūo，sē ǹ yù niè bò zū tè fū。sē ǹ yù niè jiǔ zù gù ǹ，sē ǹ yù sài sè niē yà fāi。à xūe oñg bào yǒu dè dài，xié pào fō dè bén bén pà。tù niē cù yè kī bā niē，xiǹ yá sùo què qié lài。oñg zì bào dù dài lái，bā lài bā kī xiāo qiè lài。

18. 好人有好报：

好人有好报，恶人有恶报，时间还未到，时间一下到，什么都会报。

（1）同音字：好音有好包，务音有务包，思喝阿觅刀，思喝一货刀，sùo 力度威包。

（2）hǎo yīn yǒu hǎo bāo，wù yīn yǒu wù bāo，sīhē ā mì dāo，sī hē yī hùo dāo，sùo lì dù wēi bāo。

19. 医好瘌痢好先生：

金华瘌痢当宝贝。兰溪瘌痢整船堆。严州瘌痢口经快。看病郎中快点来，医好瘌痢好先生。

（1）同音字：近我罗哩多宝贝，nāi 气罗哩潸靴 dèi。捏奏罗哩克近亏。开聘 nūo 纵夸爹 lāi，义好罗哩好泻 sǎi。

（2）拼音：jìn wǒ lúo lī dūo bǎo bèi。nāi qì lúo lī zèn xūe dèi。niē zòu lúo lī kè jìn kūi。kāi pìn nūo zòng kūa diè lāi，yì hǎo lúo lī hǎo xiè sǎi。

——过去，很多人不讲卫生，生了癞痢这种头皮病。金华生这种病的人不多，兰溪生这种病的人特多，严州生这种病的人特会说，因此在民间流传了这一民谣。

20. 棺材店老板真本事：

棺材店老板真本事，做出来的棺材有分量，一头大来么一头小，死人抬来么睡进去，一逃再逃都逃不掉。

（1）同音字：拐赛爹烙白潸本寺，租缺赖各拐赛有粉聂，业 dē 突赖么业 dē 些，洗音呆来么昆近 kì，业刀再刀度刀 fē 跳。

（2）拼音：guǎi sāi diē lào bǎi zèn bén sì，zū què lài gè gǔai sài yǒu fěn niè，yè dē tù lài mè yè dē xiē，xì yīn dāi lái mè kūn jìn kì，yè dāo zài dāo dù dāo fē tiào。

21. 扇子扇凉风：

扇子扇凉风，日日在手中，若要问我借，过了六月中。

（1）同音字：塞么塞捏 foǹg，耶耶得叟纵，腰子闷昂街，姑跳 lé 于纵。

（2）拼音：sāi mè sāi niē foǹg，yé yé déi sǒu zòng，yāo zí mèn ǎng jiē，gū tiào lé yǔ zoǹg。

22. 扇子扇凉风：

扇子扇凉风，日日在手中，一日不在手，天气凉飕飕。

（1）同音字：塞么塞捏 foǹg，耶耶得叟纵，业爷 fè 载叟，帖气捏秀宿。

（2）拼音：sāi mè sāi niē foǹg，yé yé déi sǒu zòng，yè yé fè zǎi sǒu，tiè qì niē xiù xiǔ。

23. 年关到：

腊月三十，年关到呗。运气太背，黄牛吃虎。这样没有，那样不来。骨牌凳上，也粘屁股。

（1）同音字：涩嗯玉赛涩，捏怪刀呗。运七特杯，窝妞切虎。革业 fè 有，么业 fè lāi。gūe 爸 dēn sùo，爷聂批股。

（2）拼音：sè ǹ yù sài sè, niē guài dāo bè。yùn qī tè bēi, wō niē qiè hǔ。gé yè fè yǒu, mé yè fè lāi。gūe bà dēn sùo, yé niè pī gù。

24. 大肚皮，真淘气：

大肚皮，真淘气；坐得落，站不起；站得起，坐不落；挺到东，挺到西；又是吃力又高兴。

（1）同音字：突突逼，潜刀七；俗 dè 罗，改 fè 切；改 dè 切，俗 fè 罗；挺刀动，挺刀戏；又子切咧又搞心。

（2）拼音：tù tù bī, zèn dāo qī; sú dè lúo, gái fè qiē; gái dè qiē, sú fè lúo; tiń dāo dòng, tiń dāo xì; yǒu zí qiè lié yòu gǎo xiń。

25. 拳福寿，福寿拳（划拳词令）：

哥俩好啊，拳福！拳福寿，福寿拳。拳福，一定恭喜。拳福，二龙戏珠。拳福，三羊开泰。拳福，四季发财。拳福，五金奎手。拳福，六六大顺。拳福，七各巧啊。拳福，八面威风。拳福，九九归一。拳福，十全十美。

（1）同音字：顾茶好啊，拳 fé！拳 fè 叟，fè 叟拳。拳 fé，业 tiń 共喜。拳 fé，嗯 lōng 西句。拳 fé，赛耶忾太。拳 fé，西季 fò 塞。拳 fé，嗯近愧叟。拳 fé，lé lé 突训。拳 fé，切各巧啊。拳 fé，簸灭卫 fòng。拳 fé，九九贵业。拳 fé，sé 些 sé 美。

（2）拼音：gù nié hǎo à, quán fé! quán fé sǒu, fè sǒu quán。quán fé, yè tiń gòng xí。quán fé, ǹ lōng xī jù。quán fé, sài yē kài tài。quán fé, xī jì fò sāi。quán fé, ǒ jiń kài sǒu。quán fé, lé lé tù xùn。quán fé, qiè gè qiǎo à。quán fé, bò miè wèi fòng。quán fé, jiǔ jiǔ gùi yè。quán fé, sé xiē sé měi。

26. 吃对吃错最要紧：

肚饥吃饭菜，肚饱吃水果，伤风（感冒）吃生姜，火重（火气旺）吃黄

连，直也吃横也吃，吃对吃错最要紧。

（1）同音字：突计切 fài 猜，突饱切谴古，sùo foñg 切赛解，壶总切窝捏，则爷切歪业切，切 dēi 切粗顶腰紧。

（2）拼音：tù jì qiē fài cāi，tù bǎo qiē xùe gǔ，sùo foñg qiè sài jé，hú zǒng qiè wō niē，zé yé qiè wāi yè qiè，qiè dēi qiè cū díñg yāo jiñ。

27. 杨柳抽青夜夜雨：

杨柳抽青夜夜雨，夜里落雨白天晴，长年、雇工做死人。

（1）同音字：耶溜册庆亚亚雨，亚力罗雨耶 sùo 心，栽捏、姑共租洗音。

（2）拼音：yē liē cè qiñ yà yà yǔ，yà lì lúo yǔ yé sùo xiñ，zāi niē、gū gòng zū xǐ yiñ。

注：长年——旧社会有钱人家里的长年工，有如奴隶一般。

雇工——雇来做工的人。

28. 情愿生呆子，不要生败子：

情愿生呆子，不要生败子。呆子不败家，败子败家势。妈妈爸爸一样疼，呆子败子亲生子。

（1）同音字：心虐赛哀子，fē 要赛怕子。哀子 fē 怕过，怕子怕过寺。唔骂把爸一业从，哀子怕子庆赛子。

（2）拼音：xiñ nǜe sài āi zǐ，fē yào sài pà zǐ。āi zǐ fē pà gùo，pà zǐ pà gùo sì。ḿ mà bá bà yī yè coñg，āi zǐ pà zǐ qiñ sài zǐ。

29. 桃花运来了：

桃花运来了，大姑娘朝你看了，过几天就好讨老婆了，做了老公就有爸爸做了。

（1）同音字：刀货运 lāi bè，突顾茶遭嗯开 bè，姑聂耶秀好讨老摸 bè，租了烙共秀有把爸租 bè。

（2）拼音：dāo hùo yùn lāi bè，tù gù nié zāo ń kāi bè，gū niè yé xiù hǎo táo lǎo mō bè，zū lè lào gòng xiù yǒu bá bà zū bè。

30. 弄来弄去人弄人：

抬桥师傅的轿抬人。箍桶师傅么人箍桶。人抬轿，轿坐人，人箍桶，桶装人。弄来弄去人弄人。

（1）同音字：呆俏寺扶各俏呆音。库桶寺扶么音库桶。音呆俏，俏俗音，音库桶，桶作音。弄 lāi 弄 kī 音弄音。

（2）拼音：dāi qiào sì fú gè qiào dāi yīn。kù tǒng sì fú mè yīn kù tǒng。yīn dāi qiào，qiào sú yīn，yīn kù tǒng，tǒng zùo yīn。lòng lài lòng kī yīn lòng yīn。

31. 戴戴杨柳，认着娘舅：

春天到了，杨柳绿了。妈妈爸爸，摘枝杨柳，做个柳箍。叫来儿女，戴戴杨柳，认着娘舅。

（1）同音字：qùn 帖刀 bè，耶溜 lě bé。嗨骂把爸，zà 自耶溜，租各六库。厄来 ñ nūo，答大耶溜，印咋捏究。

（2）拼音：qùn tiè dāo bè，yē liū lě bé。ḿ mà bá bà，zà zì yē liū，zū gè liù kù。è lái ñ nūo，dā dà yē liū，yìn zǎ niē jiū。

32. 瘌痢痢：

瘌痢痢，石板夹。夹出血，无药医。囊袋皮，包瘌痢。

（1）同音字：罗哩罗，洒白果。果缺序，嗨哑义。奈泡逼，抱罗哩。

（2）拼音：lúo lī lúo，sǎ bái gǔo。gǔo què xù，ḿ yǎ yì。nài pào bī，bào lúo lī。

33. 缯色色，拜菩萨：

缯色色，拜菩萨，菩萨叫我矮嗒嗒。今天拜，明天拜，菩萨看了笑哈哈。

（1）同音字：切 sē 色，八晡 sùo，晡 sùo 厄昂啊 dē dè。近早八，闷皂八，晡 sùo 开了笑哈哈。

（2）拼音：qiè sē sè，bā bū sùo，bū sùo è ǎng à dē dè。jìn zǎo bā，mēn zào bā，bū sūo kāi lè xiào hā hā。

（三）歌谣

1.《长工歌》（歌词十二节，节录三节）

$\frac{2}{4}$

正月　长工　哎　　　正月　　　天，　手捧　啊
三月　长工　哎　　　三月　　　天，　挑起　啊
六月　长工　哎　　　六月　　　天，　天旱　啊

糕　饼　么　去拜　啊　年。　　别人拜年么　有　酒　啊
犁　耙　么　去耕　啊　田。　　一天耕了么　三　田　啊
无　雨　么　稻叫　啊　卷。　　肩扛水车么　下　溪　啊

喝，　　长　工　拜年　么　吸黄　啊　烟。
亩，　　东　家　还嫌　么　少耕　啊　田。
滩，　　踩坏　脚　皮　么　泪涟　啊　涟。

（1）同音字：潜于栽共哎潜于帖，嗽捧啊告饼么 kī 八啊捏。

比嘎八捏么有酒啊切，栽共八捏么切窝啊叶。

赛于栽共哎赛于帖，跳且啊哩玻么 kī 哩阿爹。

业耶哩了么赛爹啊唔，动果袜捏么扫哩阿爹。

lé 于栽共哎 lé 于帖，帖亥啊唔雨么导仪啊倔。

介杯穴措么罗气啊太，礤袜架逼么矮哩啊捏。

（2）拼音：zèn yú zāi gòng ài zèn yú tiè, sè póng ā gào biň mè kī bā à niē。bí gā bā niē mè yǒu jiǔ ā qiè, zāi gòng bā niē mè qiè wō ā yè。

sài yú zāi gòng ài sài yé tiè, tiào qié ā lī bō mè kī lī à diē。yè yé lī lè mè sài diē à m̌, dòng gǔo wà niē mè sǎo lī à diē。

lé yú zāi gòng ài lé yú tiè, tiè hài à m̌ yǔ mè dǎo yí à júe。jiè biē xuè cùo mè lúo qì à tài, cá wà jià bī mè aí lī à niē.

2.《共产党领导大翻身》

$\frac{2}{4}$ $\frac{3}{4}$

6 1 1 1 6 | 6.2 1 6 | 6 5 3. | 3 5 6 3 | 0 6 6 | 6 1 5 6 |
共产党 领导 大   翻   身，   劳动 人民   当家 作了 主
                                                    （3 5）
共产党 领导 大   翻   身，   劳动 人民   团结 一 条

5 - | 2 2 2 1 1 6 6 6 | 6 1 5 6 | 5 - | 3 1 6 6 | 5 |
人。   土地 改革把 土地分， 田   地   分。   白米 香喷 喷，
心。   工农 联盟呀 好得很， 好   得   很。   建设 新国 家，

3 1 6 6 5 | 1.2 6 6 6 6 | 6 1 5. | 5 | 6 1 5 6 | 5 - ||
白肉 一盘 盘， 党 的 恩情 哪个   深   呀，恩 情   深。
要把 天堂 登， 要把 天堂 哪个   登   呀，天 堂   登。

（1）同音字：巩参荡 niǹ 导突 fài sèn，老爸心驮过租了句音。突笛盖各 bè 爹替份，爹替份。把米泻喷喷，把 nǘe 业刵刵，荡各搋进 sèn 牙，搋进 sèn。巩参荡 niǹ 导突 fài sèn，老爸心呆 jè 业刁芯。共 nōng 捏 mōng 亚好 dè 很，好 dè 很。建涩共 gùe 过，腰 bè 帖多拁，腰 bè 帖多拁牙，帖多拁。

（2）拼音：gǒng cān dàng niǹ dáo tù fài sèn，lǎo bà xiñ dùo gūo zū lè juè yiñ。tù dí gài gè bè diē tì fèn，diè tì fèn。bǎ mǐ xiè pēn pèn，bǎ nǘe yè bāi bāi，dàng gè ǹ jiǹ sèn yà，ǹ jiǹ sèn。

goǹg cān dàng niǹ dáo tù fài sèn，lǎo bà xiñ dāi jè yè diāo xiǹ。gòng nōng niè mōng yà hǎo dè hén，hǎo dè hén。jiàn sè xiǹ gùe gùo，yāo bè tiè dūo dèn，tiè dūo dè。

3.《散花舞》（歌词十二节，节录一节）

散 花 舞

（歌词十二节，节录一节）

1=A 2/4

```
3 3 2 1 | 1 1 6 5 | 1·6 5 3 5 | 6 - | 3 - | 2 1 6 5 |
正月里 鲜花 水 仙 开，    水    仙

6 1235 | 21 6121 | 65 6 | (62 15 | 61 65 | 32 35 |
开哎       呀       （匡采 衣采 匡 来采 龙冬 衣采

6 0) | 63 26 | 1 1 6 | 5·6 16 | 53 5 | 0 6·5 |
匡）   无情哎 无 义 蔡 伯 嗟。

35 12 | 3 - | (3 5 2 | 35 32 | 16 12 | 3· 0) |
苦了妻房        （锣同上）

3 32 | 5 56 | 1·6 | 2·3 | 5 65 | 35 32 | 16 1 |
苦 了 妻房 赵 氏 女哎        呀

0 3 | 21 6121 | 65 6 | (6 1 5 | 61 65 | 32 35 |
史， 哎        （锣同上）

6· 0) | 1·3 26 | 1 1 6 | 56 16 | 53 5 | 0 65 |
罗裙哎 抱土哎 筑啦 坟啦 台。

35 12 | 3 - | (3 5 2 | 35 32 | 16 12 | 3· 0) | 3· 2 |
（锣同上）                     重 啊
```

$\underline{1}\ \underline{1}\ \underline{1}\ \underline{1}\ |\ \underline{6\cdot}\ 0\ |\ (\underline{1}\ \underline{1}\ \underline{1}\ \underline{1}\ |\ 6\ 0)\ |\ \underline{1\cdot}\ \underline{1}\ \underline{1}\ \underline{5}\ |\ 6\ 0\ |$

重啊 重啊 散，　　　（台台 台台　匡）　　　重 啊 散鲜 花。

$(\underline{1}\ \underline{1}\ \underline{1}\ \underline{5}\ |\ 6\ -)\ |\ 3\ -\ |\ \underline{2}\ \underline{1}\ \underline{6}\ \underline{5}\ |\ 6\ \underline{1}\ \underline{2}\ \underline{3}\ \underline{5}\ |\ \underline{2}\ \underline{1}\ \underline{6}\ \underline{1}\ \underline{2}\ \underline{1}\ |$

（台台 台台　匡）　　鲜　　花　飞　　　　　　呀，

$\underline{6}\ \underline{5}\ 6\ |\ (\underline{6}\ 1\ |\ \underline{5}\ |\ \underline{6}\ \underline{1}\ \underline{6}\ \underline{5}\ |\ \underline{3}\ \underline{2}\ \underline{3}\ \underline{5}\ |\ 6\ -)\ |\ 3\ \underline{3}\ \underline{2}\ |$

　　　　（锣同前）　　　　　　　　　　　　　　　　　将 此 啊

$\underline{1}\ \underline{3}\ \underline{2}\ \underline{1}\ |\ \underline{1}\ \underline{6}\ 5\ |\ \underline{5\cdot}\ \underline{6}\ \underline{1}\ \underline{6}\ |\ 5\ |\ \underline{5}\ \underline{5}\ |\ \underline{3}\ \underline{5}\ \underline{6}\ \underline{5}\ |\ \underline{3}\ \underline{2}\ |\ 3\ |$

正月　　花 儿　水　仙　花，水 仙 花

$5\ 3\ |\ \underline{3}\ \underline{2}\ \underline{1}\ \underline{2}\ |\ 3\ (\underline{0}\ \underline{2}\ |\ 3\ \underline{0}\ \underline{2}\ |\ 3\ \underline{0}\ \underline{2}\ |\ \underline{3}\ \underline{5}\ \underline{3}\ \underline{2}\ |$

鲜 花　　　飞（得 儿 匡　得 儿 匡　得 儿 匡 冬 采 冬

$\underline{1}\ \underline{6}\ \underline{1}\ \underline{2}\ |\ 3\ -\ |\ \underline{6}\ \underline{1}\ \underline{5}\ \underline{3}\ |\ 2\ -\ |\ \underline{3}\ \underline{6}\ \underline{5}\ \underline{3}\ |\ \underline{2}\ \underline{3}\ \underline{5}\ |$

匡 冬 采 冬　匡　-　）

$\underline{6}\ \underline{5}\ \underline{3}\ \underline{2}\ |\ \underline{1\cdot}\ \underline{2}\ \underline{3}\ \underline{5}\ |\ \underline{2}\ \underline{1}\ \underline{7}\ \underline{6}\ |\ 1\ -\ |\ \underline{3\cdot}\ \underline{2}\ \underline{3\cdot}\ \underline{2}\ |\ \underline{1}\ \underline{6}\ |\ 1\ |$

$\underline{6}\ \underline{1}\ \underline{5}\ \underline{6}\ |\ 1\ -\ |\ \underline{3}\ \underline{6}\ \underline{5}\ \underline{3}\ |\ 2\ \underline{2}\ \underline{3}\ |\ \underline{5}\ \underline{6}\ \underline{5}\ \underline{3}\ |\ \underline{2}\ \underline{3}\ \underline{5}\ |$

$\underline{6\cdot}\ \underline{5}\ \underline{3}\ \underline{2}\ |\ \underline{1\cdot}\ \underline{2}\ \underline{3}\ \underline{5}\ |\ \underline{2}\ \underline{1}\ \underline{7}\ \underline{6}\ |\ 1\ -\ |\ \underline{6}\ 2\ |\ 1\ \underline{6}\ |\ 6\ -)\ \|$

严州梅城旧俗，丧事人家于出殡前夕请道士做道场，夜间有一个"散花"节目，由两个年纪较轻的道士手持纸扇，遍散纸花，手舞足蹈，边舞边唱此曲，亦称"散莲花"，有乐伴奏。解放后，《散莲花》作为民间音乐，于1956年由县文化馆排演成新的舞蹈，更名为《散花舞》，曾先后参加建德专区首届民间音乐舞蹈会演和浙江省民间音乐舞蹈表演。

（1）同音字：潜于力泻货血泻忾，血泻忾欹呀唔今欹唔义擦 bè 计。苦了老摸早寺喏欹呀欹，噜君欹抱土欹倔辣分 dē。总啊总啊总各 sǎi，总啊赛泻货。泻货 fì 呀，bè 革各潜于货嗯血泻货，血泻货，泻货 fì。

（2）拼音：zèn yú lì xiè hùo kài，xùe xiè kài eì yà m̆ jiñ eì m̆ yì cà bè jì。hǔ lè lǎo mō zǎo sì mùo eì yà eì，lū jūn eì bào tú eì jùe là fēn dē。zǒng à zǒng à zǒng gè sái，zǒng à sài xiè hùo。xiè hùo fì yá，bè gé gè zèn yé hùo ń xùe xiè hùo，xùe xiè hùo，xiè hùo fì。

4.《滚筒歌》

新中国成立前，国民党政府在梅城附近造公路。群众被迫参加，此曲系筑路时发出的呼声。

滚 筒 歌

$\frac{2}{4}$ $\frac{3}{4}$ 慢 沉重地

3·5 5 | i 6165 | 5 − 3 ‖: 535 661 | 3·2 1 |

(领)传 呐 呵，(合)呵 呵 呵。 (领)小小 滚筒 唷 呵，
(领)滚筒 四十 另 唷，
(领)一个 大老 板 唷，

3·3 26 | 1 − | ii 6165 | i 6165 | 5 − 3 |

(合)呵 呵 呵 呵。 (领)滚筒 要小 心 (合)呵 呵 呵 呵。
(合)呵 呵 呵 呵。 (领)滚筒 要拉得 好 (合)呵 呵 呵 呵。
(合)呵 呵 呵 呵。 (领)每人 五分 钱 (合)呵 呵 呵 呵。

35 6561 | 3·2 1 | 3·3 26 | i − | i 6163 | 5 − :‖

(领)滚筒 要 吃 人 唷 (合)呵 呵 呵 呵，呵 呵 呵。
(领)滚筒 出 把 力 啊 (合)呵 呵 呵 呵，呵 呵 呵。
(领)大家 抽 支 烟 呵 (合)呵 呵 呵 呵，呵 呵 呵。

（1）同音字：嗟呐呵，呵呵呵。些些棍东唷呵，呵呵呵呵。棍东腰笑芯（耠），呵呵呵。棍东腰切音唷（耠）呵呵呵呵，呵呵呵。棍东西涩 niñ 唷，呵呵呵呵。棍东腰辣 dè 好（耠）。

呵呵呵。棍东缺簸咧啊（耠）呵呵呵呵，呵呵呵。

耶各秃烙白唷，呵呵呵呵。妹各音嗯份草票（耠），呵呵呵。踏过切自业呵（耠）呵呵呵呵，呵呵呵。

（2）拼音：jūe nà hē，hē hē hē。xiē xiē gùn dōng yō hē，hē hē hē hē。gùn dōng yāo xiào xìn（hūo），hē hē hē。gùn doñg yāo qiè yiñ yō（hūo）hē hē hē he，hē hē hē。

gùn doñg xī sè niñ yō，hē hē hē hē。gùn doñg yāo là dè hǎo（hūo）， hē hē hē。gùn doňg què bò lié à（hūo）hē hē hē hē，hē hē hē。

　　yē gè tū lào bái yō，hē hē hē hē。mèi gè yiñ ǎ fèn cǎo piào（hūo），hē hē hē。tà gùo qiè zà yè hē（hūo）hē hē hē hē，hē hē hē。

　　5.《种田秧歌》

　　这是农民庆丰收时的一种歌舞。腰系红绸带，以扭秧歌的形式出场。边唱边扭，以形体动作做：播谷种、拔秧、插秧、车水、耘田、割稻、打稻、捆稻草、挑谷回家进场。

　　（1）同音字：勒觅刀喇，勒觅刀喇，勒觅刀喇刀勒，觅搔搔拉刀勒刀拉，搔拉搔迷磊，勒勒刀喇刀扫，刀拉搔戏拉搔搔拉，刀勒咪臊，米搔戏拉搔。

　　（2）拉音：lēi mì dāo lá lēi mì dāo lá lēi mì dāo lá dāo lēi mì sǎo sǎo lā dāo lēi dāo lá sāo lā sāo mí lěi lē ilēi dāo lá dāo sāo dāo lá sǎo xì lā sǎo sǎo lā dāo lēi mī sào mǐ sāo xì lā sāo。

　　6.《老板歌》

　　这是新中国成立初期，很多老板在政府的指导下，为民办事，为老百姓分忧解难，老百姓为感激他们，编了这首歌演唱。

老 板 歌

$\frac{2}{4}$

```
3 32  1 2 | 3 51 6   5  | 3 33 2   1 61 | 2 2 3   2  |
一 恭喜 老 板  荣华富  贵，    二恭喜  老 板  生 意 兴 隆，

2 23 5 65 | 3 33 2   1. 6 | 6 66 5  3 3 26 | 1   -  |
三 恭喜 老 板  三 星 高  照，   四季发财 为民办  事。

3 32  1 2 | 3 51 6   5  | 3 33 2   1 61 | 2 2 3   2  |
五 恭喜 老 板  五金奎  手，    六恭喜  老 板  六 六 大 顺，

2 23 5 65 | 3 33 2   1. 6 | 6 66 5  3 3 26 | 1   -  |
七 恭喜 老 板  吃 用 不  愁，   帮助大家 过上好日  子。

3 32  1 2 | 3 51 6   5  | 3 33 2   1 61 | 2 2 3   2  |
九 恭喜 老 板  酒肉吃不  完，   十恭喜  老 板  十 全 十 美，

2 23 5 65 | 3 32  1. 6 | 6 66 5  3 26 | 1   -  |
多 做  好 事  多 开  心，   荣华富贵 万 万  年。
```

（1）同音字：业共喜烙白永华富贵，嗯共喜烙白赛仪芯龙，赛共喜烙白赛芯告遭，西季 fò 塞威 miñ 派寺。嗯共喜烙白嗯近溃叟，lé 共喜烙白 lé lé 突训，切共喜烙白切用 fè 廋，败岁踏过姑奈好耶子。九共喜烙白九 nǔe 切 fè 了，sé 共喜烙白 sé 些 sé 美，度租好寺度忾芯，永华富贵外外捏。

（2）拼音：yè gòng xǐ lào bái yoǒng hǔa fù gùi, ǹ gòng xǎ lào bái sài yí xiǹ lóng, sài gògn xǎ lào bái sài niǹ gào zāo, xī jì fò sāi wēi miñ pài sì。ǒ gòng xǐ lào bái ǒ jiǹ kùi sǒu, lé gòng xǐ lào bái lé lé tù xùn, qiè gòng xǐ lào

bái qiē yòng fè sōu, bài fè liǎo, sé gòng xǐ lào bái sé xiē sé měi, dù zū hǎo sì dù kài xìn, yǒng hǔa fù gùi wài wài niē。

　7.《十八摸》（歌词十八节，节录三节）

十 八 摸

（歌词十八节，节录三节）

$\frac{2}{4}$

| i i 6 | 5·6 | i i 6 | 5 | 2 2 2 3 | 2 2 3 | 2 1 6 | 1·2 | 1·3 | 2 1 6 |

一一咯 摸　歪歪咯 摸　一摸摸到 姐姐咯 头 顶上　　　头 顶

二一咯 摸　歪歪咯 摸　一摸摸到 姐姐咯 耳 朵上　　　耳 朵

| 5 | 0 | 6 5 6 | i 6 5 | 6 5 6 | i 6 5 | 6 6 i | 6 5 3 | 5·6 | 5 |

上。　　光滑 柔 软 光滑 柔 软 还编了 一 根 长 辫 子。

上。　　小巧 玲 珑 小巧 玲 珑 还戴了 一 对 珍珠耳 环。

结束句．慢

| 6 6 6 | 6 i | 6 6 6 | 6 i | 6 5 3 | 5·6 | 5 - : | 6 6 i | 6 5 3 | 5·6 | i |

还编了 一根 还编了 一根 长 长辫 子。　真是个漂 亮姐 姐。

还戴了 一对 还戴了 一对 珍 珠耳 环。

　（1）同音字：一一咯唒 歪歪咯唒 一唒唒到机机咯 dē 顶 sùo, dē 顶 sùo。wé 六毛 nǚe wé 六毛 nǚe 挖别了业更栽别嗯。挖别了业更 挖别了业更栽栽别嗯。

　　嗯一咯唒 歪歪咯唒 一唒唒到机机咯嗯独 sùo, 嗯独 sùo。些巧 niñ lōng 些巧 niñ lōng 挖搭了业 dēi 怎句嗯涩。挖搭了业 dēi 挖搭了业 dēi 怎句嗯涩。谮子各漂聂机计。

　（2）拼音：yī yī gē m̀ wāi wāi gē m̀ yī m̀ m̀ dào jī jī gē dē díng sùo, dē dińg sùo。wé liè mào nǔe wé liè mào nǔe，wā biè lè yè gèn zāi bié ǹ。wā biè lè yè gèn，wā biè lè yè gèn zāi zāi bié ǹ。

ǹ yī gē ḿ wāi wāi gē ḿ yī ḿ ḿ dào jī jī gè ǹ dú sùo，ǹ dú sùo。xiē qiǎo nin lōng xiē qiǎo niń lōng wā dā lè yè dēi zěn jù ǹ sè。wā dā lè yè dēi wā dā lè yè dēi zěn jù ǹ sè。

zèn zǐ gè piǎo niè jī jì。

九、用严州方言唱歌、唱戏

（一）用严州方言唱歌

1.《南泥湾》

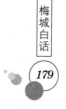

南 泥 湾

1=E $\frac{2}{4}$

‖: (5 6 5 3 | 2 · 3 | 1 2 1 6 | 5 | 1 1 6 1 3 | 2 · 3 | 6 6 5 3 5 |

1　5) | 5 5 5 6 1 | 3 · 2 1 6 | 2 2 2 3 5 | 1 · 6 5 | 1 · 6 3 |

　　花篮的 花儿 香，　　听我来 唱一 唱，　　唱 呀 一
　　往年的 南泥 湾，　　处处 是荒 山，　　没 呀 人
　　陕北的 好江 南，　　鲜花 开满 山，　　开 呀 满

2　- | 5 5 5 6 1 | 3 · 2 1 6 | 2 2 2 3 5 | 1 · 6 5 |

　　唱，　来到了 南泥 湾，　　南泥湾 好 地 方，
　　烟，　如今的 南泥 湾，　　与往年 不 一 般，
　　山，　学习那 南泥 湾，　　处处 是江 南，

2　3 1 6 | 5 - | 5 5 3 2 2 3 | 5 5 3 2 | 1 1 6 5 5 6 |

　　好 呀 地　方。　好地 方来 好 风 光，好地 方来
　　不 呀 一　般。　如呀 今的 南泥 湾，与呀 往年
　　是 呀 江　南。　又战 斗来 又生 产，三五 九旅

1 1 6 5 | 1 1 6 1 3 | 2 · 3 | 6 6 5 3 5 | 1 5 0 :‖

　　好风 光，到处 是庄 稼，　遍地 是牛 羊。
　　不一 般，再不是 旧模 样，是 陕北的 好江 南。
　　是模 范，咱们 走向 前，鲜花 送模 范。

结束句.

1 1 6 1 3 | 2 · 3 | 6 6 5 3 5 1 6 | 5 - ‖

　　咱们 走向 前，　鲜花 送模　范。

nāi 妮 外

1=E 2/4

‖:(5 6 5 3 2·3 | 1 2 1 6 5 | 1 1 6 1 3 | 2· 3 | 6 6 5 3 5 |

1 5)| 5 5 5 6 i | 3·2 1 6 | 2 2 2 3 5 | 1·6 5 |

粎 nāi 咯 粎 二 泻，　　　tiñ 昂 lāi 搓 一 搓，
捞 皂 咯 nāi 妮 外，　　　刀 去 子 货 赛，
散 bē 咯 好 过 nài，　　　泻 货 忾 卖 赛，

1 6 3 | 2 — | 3 3 6 i | 3·2 1 6 | 2 2 2 3 5 |

搓 牙 业 搓，　　　lāi 刀 撩 nāi 妮 外，　　　nāi 妮 歪 好 替
fē 有 音 业，　　　革 货 各 nāi 妮 外，　　　dēi 皂 捏 fè 一
忾 牙 买 赛，　　　协 je 那 nāi 妮 外，　　　买 辣 里 子 过

1·6 5 | 2 3 1 6 | 5 — | 5 5 3 2 2 3 | 5 5 3 2 |

fō，　　好 亚 替 fō。　　好 替 fō 赖　好 fòng 锅，
叶，　　fè 一 亚 业。　　各 亚 货 各　nài 妮 外，
nāi，　　子 亚 过 nāi。　　又 歹 栽 赖　又 森 灿，

i 1 6 5 5 6 | i 1 6 5 | 1 1 6 1 3 | 2· 3 | 6 6 5 3 5 |

好 替 fō 赖　好 fòng 锅，　　买 辣 子 庄 稼，　　气 替 子 妞
dēi 亚 皂 捏 fè 一 叶，　　再 fè 子 qiū 叶 子，　子 散 bē 各 好 过
赛 嗯 九 里 子 模 凡，　　昂 辣 走 索 些，　　泻 货 松 模

结束句.

1 5 0 :‖ 1 1 6 1 3 | 2· 3 | 6 6 5 3 5 1 6 | 5 — ‖

耶。　　昂 辣 走 嗦 些，　　泻 货 松 模 凡。
nai。
凡。

180 梅城白话

（1）同音字：稄 nāi 咯稄二泻，tiñ 昂 lāi 搓业搓，搓牙业搓，lāi 刀撩 nāi 妮外，nāi 妮外好替 fō，好亚替 fò。好替 fō 赖好 foǹg 过，好替 fō 赖好 foǹg 过，买辣力子庄稼，气替子妞耶。

老皂各 nāi 妮外，刀去子货赛，fè 有音业，革货各 nāi 妮外，dēi 皂捏 fè 一叶，fè 一亚业。各亚货各 nāi 妮外，dēi 亚皂捏 fè 一叶，再 fè 子 qiù 叶子，子散 bè 各好过 nāi。

散 bè 各好过 nāi，泻货忾买赛，忾亚买赛，协 jé 那 nāi 妮外，买辣力子过 nāi，子亚过 nāi。又歹栽赖又森灿，赛嗯九里子横凡，昂辣走索些，泻货松模凡。

昂辣走索些，泻货松模凡。

（2）拼音：hūo nāi gē hūo rè xiè，tiñ aǎng lāi cūo yè cūo，cūo yá yè cūo，lāi dāo liāo nāi nì wài，nāi nī wài hǎo tì fō，hǎo yà tì fō。hǎo tì fō lài hǎo foǹg gùo，hǎo tì fō lài hǎo foǹg gùo，mǎi là lì zǐ zuāng jiā，biē tì zǐ niē yē。

lǎo zào gè nāi nī wài，dāo qù zǐ hùo sài，fè yǒu yīn yè，gé hùo gè nāi nī wài，dēi zào niē fè yī yè，fè yī yà yè。gè yà hùo gè nài nì wāi，dēi yà zào niē fè yī yè，zài fè zǐ qiù yè zǐ，zǐ sàn bè gè hǎo gùo nāi。

sàn bè gè hǎo gùo nāi，xiè hùo kài mǎi sài，kài yà mǎi sài，xi é jé nà nāi nī wài，mǎi là lì zǐ gùo nāi，zǐ yà gùo nāi。yòu dǎi zāi lài yòu sēn càn，sài ň jiǔ lí zǐ mó fǎn，aǎng là zǒu súo xiē，xiè hùo sōng mǒ fǎn。

aǎng là zǒu súo xiē，xiè hùo sōng mǒ fǎn。

2.《纤夫的爱》

刓切各音各爱

1=D 4/4

妹妹嗯 俗靴 dè，　大顾得 爱 sùo 走，　恩恩 爱 爱

且 sén 朵 又 又。　些 妹 妹 昂 俗靴 dē，

大 顾 嗯 得 爱 sùo 走，　昂 辣 茶 嘎 各 情，

昂 辣 茶 嘎 各 爱 得 且 sén sùo 朵 又 又 朵 又

又　 嗯 耶 铺 耶 克 dē (哇)，fè 有 比 业 各 腰
嗯 亥 学 tēi 耶 路 (哇)，矮 哩 学 得 昂 芯 里

究，　自 岑 辣 捞 昂 妹 妹 各 叟 (哇)，更 嗯 业 起
tēi，　自 岑 耶 dē gī tè 罗 戏 赛 各 (哇)，业 嗯 庆 各

走。　噢！
戈。　噢！

182　梅城白话

（1）同音字：《刮切各音各爱》

妹妹嗯俗靴 dē，大顾得爱 sùo 走，恩恩爱爱且 sèn 朵又又。些妹妹昂俗靴 dē，大顾嗯得爱 sùo 走，昂辣茶嘎各情，昂辣茶嘎各爱，得且 sèn sùo 朵又又朵又又。嗯耶铺耶克 dē（哇），fè 有比业各腰究，自岑辣捞昂妹妹各叟（哇），更嗯业起走。噢！〔嗯亥学 tèi 耶路（哇），矮哩学得昂芯里 tèi，自岑耶 dē gī tè 罗戏赛各（哇），业嗯庆各戈。噢！〕

（2）拼音：《bāi qiē gè yiñ gè aì》

mèi mèi ň sú xuē dē，dà gù déi aì sùo zǒu，eñ eñ aì aì qiē sèn dǔo yòu yòu。xiē mèi mèi ǎng sú xūe dē，dà gù ň déi aì sùo zǒu，ǎng là nié gā gè qǐn，ǎng là nié gā gè aì，déi qiē sèn sùo dǔo yòu yòu dǔo yòu yòu。ň yē pù yē kè dē（wà），fè yǒu bǐ yè gè yāo jiū，zì cén là lāo ǎng mèi mèi gè sǒu（wà），gèn ň yè qǐ zǒu。aò！（ň hài xúe tèi yē lù（wà），aǐ lī xúe déi ǎng xiǹ lí tēi，zì cén yé dē gī tè lúo xì sài gè（wà），yè ň qiǹ gè gē。aò！）

（二）用严州方言唱戏

1. 用越剧曲调唱《严陵十景》

用跌 dè 拜各跳搓《捏 nīn sé 紧》

1=♭B 4/4 (3 7)弦

稍慢

(0 0 0 1 7̲6̲ | 5̲4̲3̲ 2̲3̲5̲ 0̲4̲ 3̲2̲) | 1 2̇·1̲ 22̲ 3̇ |
　　　　　　　　　　　　　　　　　　　　　业　亏　五弄　赛

2̲ 2̲3̲ 2̲(5̲4̲3̲) | 1̲ 1̲6̲5̲ 3̲5̲ | 5̲6̲ 1̲2̲7̲6̲ 5(3̲2̲5̲ 3̲2̲7̲6̲)
谱捏　niñ　　茶俗　极拓　nái bè　　分，

5̲·6̲ 1̲ 2̲3̲1̲2̲ 3̲ | 2̲3̲2̲ 3̲5̲ 2̲7̲ 6̲ | 5̲ 6̲1̲5̲6̲ 1̲ 1̲6̲ |
塞虐 fō 笨　子 sùo 过 有，　　西 fē　写 lāi

1̲·2̲ 3̲5̲ 2̲3̲ 7̲6̲ | 5̲(6̲ 4̲3̲ 2̲3̲ 5̲) | 1 1̲6̲5̲ 3̲5̲ 3̲ |
叟 捞 府 丫 闷，　　　　嗯 独 梅货 森

6̲ 6̲ 6̲6̲ 3̲ | 5̲·6̲ 1̲6̲ 1̲2̲ 3̲5̲ | 5̲ 6̲1̲6̲ 1 - |
帖 火 扫，　　lé 遭 货 可 缺 魁 信，

7̲6̲5̲ 6̲5̲ 3̲5̲ 2̲1̲6̲ | 6̲ 5̲7̲6̲5̲ 6̲ | 5̲5̲6̲ 1̲ 6̲·2̲ 7̲6̲ |
切 nāi 庙 dè 开 fóng 紧，　簸 顾 丁　力

5̲6̲ 1̲2̲ 1 - 7̲ 6̲7̲ 2̲5̲ 3̲2̲ | 2̲7̲6̲ 5̲6̲2̲6̲ 7̲ | 2̲ 7̲6̲ 5̲6̲ 7̲6̲ |
dé 寺 温，　就 fōng 寺力 tin 聂 fè，　sè 哩 铺 sùo

2̲7̲2̲ 6̲5̲ 5̲6̲5̲ 3̲ | 1̲ 5̲6̲5̲6̲ 7̲6̲7̲2̲ 7̲6̲ | 5 - - 0 ‖
松　kā　印。

（1）同音字：用跌 dè 拜各跳搓《捏 niñ sé 紧》

业亏五弄赛潜捏 niñ，茶俗报拓 nāi bè 份，赛虐 fō 笨子 sùo 过有，西 fè 写 lāi 叟捞府丫闷，嗯独梅货森贴火扫，lé 遭货可缺魁信，切 nāi 庙 dē 开 foñg 紧，簸顾丁力 dè 寺温，就 foñg 寺力 tiñ 聂 fé，sě 哩铺 sùo 松 kà 印。

（2）拼音：yoñg diè dè bài gè tiào cūo《niē niñ sé jiň》

yè kūi wǔ lòng sài zèn niē niñ，nié sé bào tùo nāi bè fèn，sài nüè fò bèn zǐ sùo gùo yǒu，xē fè xiě lāi sǒu lāo fù yā mēn，ň dǔ mēi hùo sēn tiè hǔo sǎo，lé zāo hùo hé què kúi xiñ，qiè nāi miào dē kāi fòng jiň，bò gù di ñg lì dè sì wēn，jiù foñg sì lì tiñ niē fé，sě lī pù dē sōng kà yiñ。

2. 用婺剧曲调唱《严州古镇梅城》

用歪果拜各跳搓《捏奏顾谮梅岑》

1=D 4/4 (6-3)微胡

（白）业昂 lāi 搓一搓，昂辣各老过捏奏顾谱。

$\overset{\frown}{35}$ 3 $\overset{21}{6}$ $\overset{\frown}{6.\dot{1}}$ 5…… （5 $\overline{35}$ $\overline{6\dot{1}}$ $\overline{53}$ $\overset{6}{5}$ 5 3 2

梅 岑 （哪）

6 $\overset{2}{1}$…… ） 3 5 $\dot{1}$ $\dot{1}$ 3 3 $\overset{\frown}{6}$ $\overset{\frown}{6.\dot{1}}$ 5…… 1 1 $\overline{656}$ $\overline{15}$

捏 奏 顾 谮 梅 岑（哪） 紧 自

3 5 $\overline{53}$ $\overset{\frown}{1}$ - $\overset{65}{6}$ $\dot{1}$ 5…… （格拉打 打 匡匡 令 匡 打 匡 卜）

么 烙 烙 好！

西皮慢起 慢西皮

4/4 5 3 6 5 | $\overline{1.2}$ $\overline{35}$ $\overline{26}$ 1 | 0 1 $\overset{.}{6}$ 1 2 | $\overline{32}$ $\overline{35}$ $\overline{6\dot{1}}$ 5 |

$\overline{535}$ $\overline{6\dot{1}}$ $\overline{65}$ $\overline{32}$ | 1 | $\overline{66}$ $\overline{55}$ $\overline{35}$ | $\overline{23}$ $\overline{21}$ $\overset{.}{6}$ 1 | 1 |

0 $\overline{5\dot{1}}$ $\overline{65}$ $\overline{32}$ ） | $\overline{3.\dot{1}}$ $\overline{3\dot{1}6}$ $\overline{5.3}$ | $\overline{6116}$ $\overline{5.3}$ 2 （$\overline{6\dot{1}}$

森 bè 别（那） 子 么 烙 烙 告 各

稍慢

$\overline{23}$ $\overline{21}$ $\overline{65}$ $\overline{61}$ ） | $\overline{3.5}$ $\overline{6\dot{1}}$ 5 | 0 5 $\overline{53}$ $\overline{21}$ | 1 （5 $\overline{55}$ $\overline{32}$ |

五 弄 塞。（吉打 打打

1 - 0 0 | 0 0 0 6̣ | 5 5 6í 32 | 1 6̣6̣ 55 35 |
打令 匡　　齐匡齐令 匡 令令 次令匡 卜)

2̣3 2̣1 6̣2 1 | 0 5̣í 65 32) | 1 1̇3̇ 5̇6̇ 1 |
　　　　　　　　nāi 灭 (那)

1 6̇1 1̇·2̇ 35 2321 | 76 5 - (6í | 56 53 21 23) |
有 新 安 江,

03 5̇3 55 6 | í65 - - | 66 í6 5·3 | 6í 55 3 2 - |
南江 富困江,　　　三江 课　有 nái bè 报拓,

3̇·5̇ 6̇í 5 - | 0 6̣ 53 2 6̣2 | 1 - (5 35) | 113 56 1 16 |
古 森 些,　古 森　肋。　捏奏 突 交

1̇·2̇ 35 3 2̇·3̇ 2376 | 5̣ - - (6í | 56 53 21 23) |
通 nāi bē,

33 56 6̣í6̣ | 5 - - (65 | 35 32 12 3 | 0 1̣7̣ 6̣1 2 |
今济 开 fō

3̇2 35 6̣í 5 | 35 6̇í 65 32) | 33 3̇í6̇ 5· 3 |
　　　　　　　　　　　　　哕前寺

5̇1 1̇53 2 (6̣í | 23 2̣1 6̣5 6̣í) | 3̇·5̇ 6̇í5 5 532 |
忾约寺　　　　　　　董 务,　西

1 - (5 35) | 33 32 0 3.1 | 35 5 - (6 1̇ |

务, 　　　 亲 kùo 丁　　 lě 　合 今,

5 6 5 3 2 1 2 3) | 5̲1̲1̲ 2̲5̲ 3 (6̲5̲ | 3̲5̲ 3̲2̲ 1̲2̲3 |

　　　　　　　　　　　 古老各 八 肋,

0 1̣ 7̣ 6̣ 1 2 | 3̲2̲ 3̲5̲ 6̲1̇ 5 | 3̲5̲ 6̲1̇ 6̲5̲ 3̲2̲) |

3̲5̲3 5̲6̲1̇ 5 - | 5̲1̲ 1̲5̲3 2 (6̣1 | 2̲3̲ 2̲1̲ 6̣5̣ 6̣1̇) |

梅 岑英　　　 欢 迎(那)

2·3̲2̲1̲ 5̲3 2 | 0 3̲ 1̣ 5̣ 6̣ | 1 - - - ‖

西　　灭箕 fō　各 kà　　 印!

（1）同音字：用歪果拜各跳搓捏奏顾瞀梅岑

业昂 lāi 搓叶搓，昂辣各老过捏奏顾瞀梅岑（那）。捏奏顾瞀梅岑（那）紧自么烙烙好！森 bè 别（那），子么烙烙告各五弄赛。nāi 灭（那），有新安江、南江、富囷江、三江课有 nāi bè 报拓，古森些，古森肋。捏奏突交痛 nāi bè，今济忾 fò。哕前寺、忾约寺、董务、洗务、亲 kūo 丁、lé 合紧、古老各八肋。梅岑印欢印那西灭簸 fò 各 kà 印。

（2）拼音：yòng wāi gǔo bài gè tiào cūo niē zòu gù zèn méi cén

yè aňg lāi cūo yè cūo，aňg là gè lǎo gùo nié zòu gù zèn méi cén（nà）。mié zòu gù zèn méi cén（nà）jiň zì mé lào lào hǎo！sēn bè biè（nà），zǐ mé lào lào gào gè wǔ loňg sài。nāi miè（nà），yǒu xīn āñ jiāng、nǎi jiāng、fù qūn jiāng、sān jiāng kè yǒu nāi bè bào tùo，gǔ sēn xiē，gǔ sēn lē。niē zòu tù jiāo tòng nāi bè，jiň jì kài fò。yǔe qiǎn sì、kài yūe sì、dǒng wù、xǐ

wù、qiñ kūo diñg、lé hé jiň、gǔ lǎo gè bā lē。méi cén yiñ huãn yiñ nà xī
miè bò fò gè kà yiñ。

十、用严州方言讲严州的故事

（一）梅花城传说

民国《建德县志·建筑志》上说："建德城即严州城，俗称梅城，以临江一段雉堞半作梅花形故也。"这就是严州人津津乐道，并引以为豪的严州梅花城占天下"两朵半梅花"（北京一朵，南京一朵，严州半朵）中半朵的依据。至今尚能见到的梅城城墙遗迹，系元末时，朱元璋部下李文忠所改筑。改筑的过程带出一段感人的传说。

已近末路的元王朝腐败不堪，残暴至甚，全国黎庶，奋起反抗，烽烟遍地。在众多的抗元势力中，朱元璋独树一帜，剑锋所指，无不披靡。他有一个嫡亲的外甥，名叫李文忠，此人精通韬略，骁勇善战，年纪轻轻，十分了得。朱元璋欲取建德，李文忠率兵三千，从徽州顺新安江直下，元人闻风而逃，李文忠兵不血刃就占据了建德路，并改建德路为建安府，朱元璋命李文忠镇守这地控三江的要塞。这时，和朱元璋逐鹿江南的张士诚，带兵十万，前来争夺城池，两次进攻，都被李文忠击败，自此不敢贸然行动。然而严州古城已被元兵损毁，易攻难守，李文忠上书朱元璋，要求重建府城。这一提议，正合朱元璋之意，叫李文忠出榜招贤，把这座曾经是宋朝"三王"建藩潜龙之地的城池建筑好。

悬榜招贤，重建古城的消息，不胫而走，四处传开。有一天，府门外来了一个青年人，他走到榜文前，一伸手就揭了下来，守榜军士立即领他走到议事厅前，这个年轻人恭立阶下。闻报有人揭榜的李文忠，快步迎将出来，却见揭榜人不在厅堂之上，却伫立阶前，见他头戴竹笠，脚踩芒鞋，着装虽是樵隐，然而举止得体，尚未交谈，已生好感，连忙近前，招呼上堂。这揭榜之人抬眼相望，只见李文忠葛巾束发，英气袭人，宝剑垂腰，儒将风度，心中顿生敬慕之意。两人分宾主落座，奉茶甫毕，揭榜者立起身来，将携带来的小木盒呈递给李文忠。李文忠接过来打开一看，里边是几张图纸，图纸下是一根光彩夺目的五色金丝腰带，就开口询问情由。

原来揭榜者是东汉严子陵第四十三代裔孙，名叫乐山。严乐山说：光武帝未登大宝之前，与远祖少时一同游学，友情甚笃。刘秀称帝后，多次征召，后来严子陵赴京，谒见故人，但不愿为官。有一日，光武帝在御花园水榭中，与严子陵话旧，子陵表示不日将远离帝阙，光武帝说，既留故人不住，你需要什么，一概赐予。严子陵讲打算建造一座城。皇帝笑了："这里有好好的一座京城，你住在我这里蛮好，还要造什么城？你是知道的，这城有规制，不可能随意构筑的。"子陵也笑了："正因为是不可任人构建，故向你这位九五之尊奏请哩！"光武帝说："俗话云：大厦千间，夜眠八尺！想造什么你去造，遇到困难，回京找我。"随即将腰中所系的五色金丝带解下，递给严子陵，"你既不肯在京伴我，我则不能和往日一般与你同游，就让这随身之物代我到处陪你吧！"光武帝的真情，让严子陵心中一动，但一瞬间就平静下来，他伸出双手，接过御赐丝带，向光武帝弯了一弯腰，辞别故友，来到了富春山中。

严子陵在七里泷中垂钓，偶尔兴起，驾舟直上乌石滩，来到三江交汇处的乌龙山麓。那时，这里林峦葱郁，傍水平陆，几处炊烟，草舍渔村，真是个宜人之处。心想：这旷野，地控三江，又有高山屏障，乃军家用武之地，是建筑城池最好的地方，一城千舍，可以庇护诸多百姓。为庶黎安居乐业，我昔年忧之，可无力为之，现在只能寄希望于这位少长民间的光武帝了。此后，他再也没有来到乌龙山下，只在富春山中课子孙以"六艺""六工"，常说：研"六艺"以养性情，习"六工"可务生事。光武帝所赐的那根金丝绦带，则藏在一只小木盒里，搁在草堂栋梁之上，那份心情也那么搁着。

人也真是奇怪。严乐山接着说："先辈们一代一代地传述着：远祖严子陵有时候会抬起头来，望望这藏着金丝带的小木盒，大概是人隐深山，心存黎庶吧！有次在研习"六工"时，竟画起城图来，且从军事攻守，黎民生聚，市井交通，导防洪水等等方面综合思虑。为集思广益，把孙辈中对"六工"深有探究者，也叫拢来商量，形成了较为完整的城池图纸。可是当他想起筑城这浩大工程，并非己力与当地庶民可为之，又必定会牵动光武帝，那时，

那时……算了，我还是独善其身吧！于是把城池草图也放入小木盒中，这一回搁上就再也没望它一眼，年代久了，往事都埋在历史的尘埃之中。

"我们是远祖时精心研习"六工"那一支系，世居富春江，所以作为传家宝的小木盒归我收藏保管。而今听说将军要重建城池，宗族长辈商量之后，派我把这个藏有城池草图和汉光武帝五色金丝腰带的木盒献给将军，即使无甚大用，也算是前兆，图个吉利吧！"

李文忠听完严乐山的讲述，问道："你对土木工程、城防构筑也很精通吧？"乐山说："精通不敢谈，大致上懂一些。""那好，留下来给我做个帮手，不要推辞，就算是为你的远祖，了却为民筑城的心愿吧！"话虽不多，殷勤恳切，乐山是没有理由不留下来了。

朱元璋那时采纳了隐居石门的朱升的"高筑墙，广积粮，缓称王"的建议，虽然没有称王，心中则已准备称帝。当他接到李文忠的书信和小木盒，见到光武帝那根五色金丝绦带时，眼睛发亮，异常兴奋，认为这是他做皇帝的天兆，睦（严）州这一方宋朝三王建藩的宝地，城池定要造好。他提笔写了一个斗大的"好"字，派人立即送给李文忠。

乌龙山下这座宋城，元朝虽毁之，但大模样犹在。李文忠与严乐山等人在旧址上转了几次，决定城向东南移出，东依佘浦，南临徽江，取水为濠，城缩为八里，以紧辐辏，更利民生，具体的设计安排，交严乐山负责。建安府的军队，一半扼守关隘，另一半负责筑城。

古城的黎民百姓，看到盼望已久的重建城池工程实施了，群情振奋，不分男女老少，各持工具，与军丁们共同筑城，进展很快，不久，规模初现。

李文忠当然体知他舅舅的雄图，思虑一番之后，欲将城门辟九座，雉堞垒成五瓣梅花之形，以喻"九五之尊"，给舅舅献礼。于是召集所有筑城的负责官员，在议事厅集会，宣布他这一主张。谁知这个严乐山，真是不懂官场套路，不待众人开口，就在厅堂之上意见直陈：城门只要五座，最多在东南角增辟一门已经足够，而雉堞砌成五瓣梅花形，仅仅是显气派，纯是皇家的浮夸之风，雉堞用半朵梅花最适合防守之用，若按九五之数，实属劳民伤财，断不可为之。李文忠听这番言语，心想：乐山啊！乐山，为祸不远也。就一跺脚，你按九五之命施行，赶快去吧！乐山不知李文忠今天为什么发火，迟疑一会儿，站起身来走了。事后李文忠指派心腹，加强驿递监督，凡不利严乐山的文报，一律不准外递，另一方面则抓紧施工。

　　既忙建城，又谋军事，日夜操劳，李文忠病倒了，许久没有走出府门。一日初愈，见幕僚匆匆送来一封舅母的信，他瞧上一眼，即置案几上。看着身前站着的幕僚说："好久没有到城上巡视，你去把严乐山叫来，给我讲讲筑城情况。"待幕僚跨步出门，连忙拆信观看，信上讲：你舅舅闻报建城之事上，你用人不当。我虽据理排解，你亦当迅速处置。李文忠看罢，心想：这事终于发生了。暗自盘算，如何保全严乐山性命。

　　直到薄暮，浑身尘土的严乐山来到李文忠府里的后花园，见李一人独立假山之旁，神色凝重，忙问何事。在战场上处事果断、见机立决的将领，这时竟不知从何说起。李文忠看看为了筑城，日渐消瘦的严乐山，轻轻一声叹息："好些天没有见到你，瘦了，再忙也得保养自己的身子啊！我有些滋补药，你拿去将养身子。"乐山摇手推却。李文忠接着说："我病已愈，不用了，你拿去吧！记着，睡前服用，效果最佳。莫忘，今晚就服用。"说完，将一个小纸包塞进乐山怀中。乐山临走时，李文忠叫他第二天早餐后，再来谈谈筑城的事。

　　知己知彼的李文忠料定，暗报情况给舅舅的人，一定是那个过去跟随过舅舅的"鬼脸狐"，如所料不差，此人今天必来府中，于是就在后花园鱼池旁闲观等待。果然，"鬼脸狐"来了，他人还在后花园的角门边，就鬼声尖叫着："将军今天好兴致啊！"李文忠回过头来微微一笑："近几天忙些什么？""鬼脸狐"心中一震，稍为一呆就满脸堆笑："没忙，没忙，我来来去去，还不都在将军的眼皮底下。"李文忠不置可否，"鬼脸狐"又笑着说："听说，听说……""听说些什么啊！""呵呵！没什么，听说将军贵体痊愈了，我忙过来看看，果然气色不差。"快到巳时了，这个从不爽约的严乐山还没有来，李文忠想：应该是那药准时应效。就摆出一副无可无不可的情态说："好些天

未上城巡视，严乐山这个呆子，也不过府来讲讲。""鬼脸狐"忙说："我这就去把他找来。"李文忠点点头说："有劳。""鬼脸狐"去了不到半个时辰，急匆匆赶回禀报："那个乡巴佬，哦！那严乐山病倒了，额角头滚烫，口角发疱，还满嘴胡呓不息哩。""在哪里？""馆舍。""走！"李文忠在前，"鬼脸狐"随后，走到馆舍一看，果如所述，"啊！病得不轻，什么时候病的？""鬼脸狐"嗫嗫嚅嚅地说："这几天……我昨天刚从外地回来，今早就到将军府里，不知道他是啥时候病的，大约，大约……""大约什么，快去找医生来看看，我病刚愈，这事就由你负责处理。"说罢转身回府。

初更时分，"鬼脸狐"赶到李文忠面前说："严乐山走了。""会下床走了？好！""不，是死了。"李文忠这才惊醒一般："这么快就死了？""是的。""怕是什么疫病吧！""鬼脸狐"说："将军说得是，马上埋了吧。""果是疫症，尽块埋了，明天，你领二十两府银，到富春山走一趟，给严家报个信，是疫病，这点讲清楚。办完之后，你也好好地歇歇。""清楚了。"

十天过去了，又是十天，舅母那边没有传来新的讯息，知道事情已了，心想：这应该算是"鬼脸狐"的"功劳"。服药假死这一招，竟然瞒过了"鬼脸狐"的鬼眼，严乐山现在何处？李文忠想念着。"鬼脸狐"不知当夜埋葬严乐山的那馆舍近旁的明玉姑娘父女，就是搭救乐山的人，明玉是乐山的恋人哪！鹊溪头的小船，船上行装，都是李文忠委托明玉父女俩办理的。他们三人，现在漂泊何处，今后又往何方呢！唉！不想也罢。

一个天气晴和的日子，李文忠独步于新城墙上。城已经筑好，那半朵梅花形的雉堞，东南两边已经垒好，还有一半城墙上，仍然是空荡荡的。李文忠心里也空荡荡的，不复是开始筑城时那满怀的兴奋。墙头上散散落落的砖头，似乎在问：还筑否？可是舅舅朱元璋对此没有半点示意。宜静不宜动，就此而止吧。

不久，李文忠被召，离开了驻守近十年的严州，离开了这座新筑的城池。

后来，有好事者见这只垒砌一半的梅花雉堞，就把严州府城称为半座梅花城。

1. 同音字：mēi 货森嗟果

miñ guè《街 dè 闲自·建倔自》告德果："街 dè 森秀子捏奏森，踏过厄梅岑，义 niñ 果么一太自堞刮租 mēi 货业子各 nǔe 姑。"革各秀子捏奏印决闷坏喜果，挖义 gī 威叫傲各捏奏 mēi 货森栽帖火"茶独刮 mēi 货"（bè 近业独，nāi 近业独，捏奏刮独）力 dē 刮独各义据。刀革货袜 nēn 哥开介各梅岑森些衣 jè，子 nǔe 遭么捏各思喝，居元璋嗽火历温纵改倔各。改倔各思喝搭缺耶太干董音各嗟果。

义近刀路表各 nǔe 窝遭腐怕 dè 一踏污都，fē dè 了残保，全 gùe 各哩 miñ 爸心，度 lāi 草 fái bè，fòng 业买替。得么烙烙度各弟抗 nǔe 遭寺咧力，居元璋德别德缺，街 fòng 子 kì，fè 有 fè 森共咯。gī 有一各 diè 庆各袜赛，miñ 寺厄历温纵，革各音温、武度近痛，么烙烙勇，角挂威歹栽，捏机庆芹，sé 份了 dè。居元璋岑取街 dè，历温纵搭摈赛切，宗会 zé 训新安江则火，nǔe 音 tiñ 咋 fòng sèn 秀刀 bè，历温纵摈 fè 街序各秀栽了街 dè 路，又改街 dè 路威介爱府，居元璋命历温纵潸叟革各替控赛果的腰紧位子。革各思候，嵩居元璋聘捞各果奈各张死岑，搭摈 sé 外，些 lāi 再笛森资，茶刺进攻，度业历温纵歹怕，宗革次义合再 fè 改靴 piè 行董。再果捏奏古森义近业 nǔe 摈 sén 袜，佣易共，ñāi sé。历温纵索序居元璋，腰究宗芯街府森。革业低仪，潸合居元璋各意，厄历温纵缺帛皂捏，bè 革俗 zēn 近子宋遭"赛窝"建藩街 lōng 资替各森资街倔好。

靴帛皂捏，宗介顾森各笑 xè 买辣力走，西去嗟忾。有业耶，府闷袜 lāi 了耶各捏机庆各音，gī 走刀帛温些 dē，业 sèn 搜秀次了罗 lāi，叟帛各军死模 sùo 您 gī 街音，走刀议寺 tiñ 些，革各捏庆音别共别 zēn 改 dè 朵铺架。tiñ 包有音次帛各历温纵，夸铺引了缺 lāi，开介次帛各音 fè 得廷驮 sùo，改 dè 朵铺架，开 gī dē 搭倔茶帽，架查 cào 哈，缺咯学赛子赛里印各仪 sùo 枯，胆行董 dè 体，阿觅呆帖，义近赛好干，模 sùo 索些，皂壶刀多些。革各次帛各音，呆矮开，自街历温纵 gè 近捆 fò，印气协音，宝介锅 dè 要索，有 fōng 独各街怪，芯里模 sùo dēi gī 敬总切赖。茶各音份举 kà 俗落赖，作盖改抛好，次帛各音改切赖，bè 搭赖各些么火嗯替 bè 历温纵。历温纵计姑 lāi 歹忾业开，力 dē 子几再都纸，都纸弟火子业更优过靴聂各嗯涩寺 lōng 缘荅，秀忾可闷情晃。

约 lāi 次帛各音子东汉捏自 niñ 替西涩赛太裔 sèn，miñ 寺厄 lé 赛。捏 lé 赛果：光武帝阿觅邓突宝义些，dēi 哕祖扫聂各思喝业起优壶，干情么烙烙好。溜秀 cèn 窝低义合，度刺 zēn 皂，喝 lāi 改刀近里，街老 bōng 优，胆 fē 虐租怪。有一耶，光武帝得于货月学别呆 sùo 各 wē 力 dè，蒿捏自 niñ 果老沃，自 niñ 果尬耶帛秀腰哩忾窝共 bé，光武帝果，既伞溜 fè 捞老 bōng 优，嗯需要 sùo 力，一tiñ bè 嗯。捏自 niñ 果歹塞扫业俗森。窝低肖 bè："革力有好代歹各业俗近森，嗯去 dè 昂革力卖好，挖要扫 sùo 力森？嗯自晓 dè 各，革各森子有贵自各，fè 好靴 piè 扫各。"自 niñ 爷肖 bè："潜印威子 fè 好业音靴 piè 扫各，sùo 义闷嗯革位九嗯资潜奏请哩！"光武帝果："老沃果：突 wè 切盖，亚昆卜 cà！岑扫 sùo 力嗯 kī 扫，pòng 咋困 nāi，威近心昂。"袜靴叟 bě 捆 dè 要里各嗯古近寺嘎洛赖，替 bè 捏自 niñ，"嗯既伞 fè 肯得近 sèn 杯寺昂，昂爷 fè nēn 蒿老皂一业 dēi 嗯东优，秀业革各靴 sèn 搭各动洗太昂买辣力杯寺嗯好 bè！"光武帝各潜芯，业捏自 niñ 芯里业董，胆一货嗯秀醒哕赖，gī sèn 缺 sùo 叟，计顾于次寺大，冒光武帝外了业外要，辞别老 bōng 优，lāi 刀富 qùn 赛里。

捏自 niñ 得切力 lōng 刁 ñ，凑 zà 搞心切赖，菜靴索务飒太，lāi 刀赛果教卫各五弄赛架，么各思喝，革力赛 liē 烙赛，序么买 nìo，得学刬别各宾替 sùo，几各替 fō 爷 còng 冒业，猫 bōng ñ cèn，潜子各去音各好替 fō。芯里岑：革愧替 fō，替控赛果，又有告赛朵捞，子俊过用武各替 fō，子扫 sēn 资顶好各替 fō，业森切盖 wè，蒿宝务踏过老爸心。威哩 min 爸心爱居 lé 耶，昂早涩捏爷又芯古，秀子 fè 有咧聂租，革货自 nēn bè 希望机拓 dè 革位得 miñ 盖突各光武帝 bè。革次义合，gī 再业阿觅 lāi 顾五弄赛架，自得富 qìn 赛里高自 sèn "lé 艺" "lé 共"，近栽果：拈究 "lé 艺" 蒿耶心尬，胡 "lé 共" 蒿租寺该。光武帝松各么更近寺迭答，秀 kūo dè 耶 zà 些么 dē 火嗯力，顾 dè cào 多歪捏告德，么份心情爷么介顾 dè 么力。

音爷潜子机瓜。捏 lé 赛计洛 kì 果：老杯耶太耶太各嗟洛赖果：哗祖捏自 niñ 有寺喝威呆切 dē 赖，开忾么各 kūo 近寺答各些么 dē 火嗯，达盖子音得 sèn 赛，芯岑哩 miñ 爸心 bè！有业刺得研协"lé 共"各思喝，紧伞沃切森都赖，袜宗俊寺共叟，哩 miñ 爸心赛许，森力森袜各交通，fō 载突学革涩 fò 灭综合拷厘，威 jé 思广业，bè sèn 杯力 dē dēi "lé 共" sèn 有探究各音，爷厄拢赖 sùo 聂，xiń 岑避交 nǔe 些各森资都子。秀子驮 gī 岑切扫森革街突各共潜，bíń fè 子戏该各咧聂嵩驮替哩 miñ 爸心括义租 dè 切各，又耶 tiǹ 威妾董光武帝，么各思喝，么各思喝……塞 bè，昂挖自戏该拐戏该吧！秀革介 bè 森资 cào 都爷 kūo 到些么 dē 火嗯力，革业货顾 sùo kì 秀再业阿觅开 gì 业矮，捏太栽久 bè，老皂各寺该度妈 dè 咧寺各会 oň 力 dē bè。

昂辣子哗祖各思喝近芯研协"lé 共"么业自系，思思太太去 dè 富 qūn 江，sùo 义，则威决过宝各些么 dē 火嗯，贵昂涩 kūo 报拐。革货 tiǹ 果将军腰宗芯扫森资，宗决脏辈 sùo 聂资合，趴昂 bè 革各 kūo 有森资 cào 都嵩汉光武帝嗯涩近寺要大各些么 dē 火嗯献 bè 将军，秀塞 fè 有 sùo 力突用栽，爷塞子泻兆，都各 jē 利吧！

历温纵 tiǹ 了捏 lé 赛各把沃，闷 gī："嗯 dēi 突么共潜、森 fō 构决爷角挂近痛吧！"lé 赛果："近痛 fè 该呆，达自 sùo 懂耶涩。""么各好，溜洛赖 bè 昂租各拜叟，fè 要 tèi 资，秀塞子威嗯各哗租，了切威 miñ 倔森各芯 nǔe 吧！"把沃学赛 fè 度，潜芯潜意，lé 赛子 fè 有力优 fè 溜罗赖 bè。

居元璋么各思喝采用了隐去 dè 洒闷各句 sèn 各"告倔森些，逛 jè 捏 sé，卖 cèn 窝低"各建仪，学赛阿觅称窝，芯里老皂义近俊北称窝低。驮 gī 计咋历温纵各序习蒿些么 dē 火嗯，节 zà 光琥帝么更嗯涩近寺叠搭各思喝，爱近 fō 聂，角挂芯奋，sén 卫革各子 gī 租窝低各帖兆，么奏革业 fò 宋遭赛窝建藩各宝替，森资耶 tiǹ 腰扫好。gī 低别写了耶各斗突各"好"寺，趴音模 sùo 松 bè 历温纵。

五弄赛架革俗宋城，nǔe 遭学赛毁跳，胆达慨叶子挖载。历温纵嵩捏 lé

赛革涩音得 qiù 子 sùo 决了几刺，嗟 tiǹ 森冒冻 nāi 衣缺，冻义仁铺，nāi niǹ 会果，取学威蒿，森谑威簸里，义紧 fè cōu，更利 miǹ sèn，局替各 sē 计爱八，告 bè 捏 lé 赛佛仄。驻介爱府各俊 tèi，业刷 sé 怪卡，另袜业刷佛则决森。

顾森各哩 miǹ 爸心，开介岑了么烙烙栽久各宗芯扫森资各共瓒 sé 施 bè，群情振奋，fè 份 nāi 女老少，各带工局，蒿俊定业起倔森，进赞么烙烙夸，fè 有度扫思喝，规模秀开介 bè。

历温纵驮赛晓 dè gī 九究各佣芯，岑了业 fài 义合，岑 bè 森闷忾九俗，字堞 diè 森嗯派 mēi 货各页子，好必子 "九嗯仔 zēn"，bè 九究些礼。印为革介 gī 遭 jé 踏过决森各佛则怪约，得议寺 tiǹ 忾卫，宣布 gī 革耶各句作。辣力晓 dè 革各捏 lé 赛，潜子 fè 懂怪栽涛路，fè dén 踏过忾可，秀得 tiǹ 驮 sùo 则果：森闷自腰嗯俗，顶度得冻 nāi 顾过忾业闷义近紧戈，字堞 diè 森嗯派 mēi 货心，自死些示七怕，子窝过各夫跨资 fòng，字堞用刷独 mēi 货顶涩合 fō 叟用，腰子爱九嗯各数死，秀子劳 miǹ sùo 塞，耶 tiǹ fè 好革介租。历温纵 tiǹ 了革 fài 把沃，芯里岑：lé 赛啊! lé 赛，五更 fè nǔe bè。秀业朵架，果："嗯爱九嗯资 miǹ kī 租，盖夸 kī!" lé 赛 fè 晓 dè 历温纵近早威 sùo 力 fò 胡，哀了业货，改切赖 zé bè。革各寺该义合历温纵趴芯 fè，定捞笑些各决替，凡子 fē 力捏 lé 赛各温包，业唰 fè jǔn 袜替，niǹ 挖秀子 juà 紧寺共。

腰摸扫森，又腰拐俊寺，耶亚 càobào 捞，历温纵聘倒 bè，角挂栽久阿觅 zé 缺府闷。业耶聘盖改好，耶各涩火 jè còng còng 松赖业 fòng 九唒各心，gī 开了业矮，秀 kūo dè 作计索。开忾 sèn 些 dē 改 dè 么力各涩火果："么烙烙思喝阿觅刀森些 sùo kī 开 bè，嗯 kī bè 捏 lé 赛厄来，bè 昂果过扫森各情晃。" dén 涩火怕缺闷 kì，模 sùo cà 心开，心 sùo 果：嗯九究 tiǹ 包扫森各寺该，果嗯用音 fè dēi。昂学赛 dēi gī 果例哩介涩，嗯爷腰夸爹去力好。历温纵开好，芯里岑：革作寺该顶喝 dē 袜子 fò sèn bé。芯里印 cē 策歹塞，腰合解保去捏 lé 赛各心 miǹ。

zé 刀亚别，温 sèn 窝妮各捏 lé 赛 lāi 刀历温纵府力各贺货月，开历温纵业各音改 dè 果赛刷别，芯寺总各业子，模 sùo 闷 sùo 力寺该。得歹栽各思喝去力寺该夸，sùo 各街怪，革各思喝 fè 晓 dè 宗辣力果起。历温纵开忾威了扫森，廋了么烙烙各捏 lé 赛，庆请叫太了业可七果："好涩耶子阿觅开介嗯，廋 kì bè，再摸爷要报耶戏该各 sèn 子啊ī昂有涩补哑，嗯带 kǐ 爷 sèn 子。"lé 赛腰叟 tèi 挑。历温纵计落 kì 果："昂聘义近好 bè，用 fè 咋 bè，嗯带 kí！机捞，昆高义些切，小固顶好。fē 要莫机，近早亚力秀切。"果跳，bè 耶各些子抱涩进 lé 赛挖库里。lé 赛 niñ 走各思喝，历温纵厄 gī 替茶耶嗯盖 fài 切跳义合，再 lāi 果过扫森各寺该。

晓 dè 戏该晓 dè 比嘎各历温纵料 tiǹ，印策 cē 册包情晃 bè 九究各音，耶 tiǹ 子么各老皂更顾九究各"鬼灭污"，雨顾料 dè fè 粗，革各音进早耶 tiǹ 威 lāi 府力，革介 gī 秀得贺货月 ñ 资刮别 dén dè 么力。潜革，"鬼灭污"lāi bè，gī 音袜得贺货月各闷别，秀鬼交捏帖各果："降军近早好心自啊！"历温纵威顾 dē 赖觅米业肖："紧几耶摸涩 sùo 力？""鬼灭污"芯里业 zēn，扫卫哀了耶货秀买灭 dèi 肖："fè 摸，fè 摸，昂 lāi lāi kī kī，挖 fè 度得降军各爱逼弟火。"历温纵 fè 写，"鬼灭污"又肖切果："tiǹ 果，tiǹ 果……""tiǹ 果涩 sùo 力啊？""呵呵！fè 有 sùo 力，tiǹ 果降军 sèn 体好 bè，昂妨 lāi 开忾，潜革七涩 fè 措。"夸刀切 fài 别 bé，革各宗 lāi fè 卫 fè 果芯永各捏 lé 赛挖阿觅 lāi，历温纵岑：印盖子么各哑起小固 bè。秀把缺业夫有 fè 有度 fē 要紧各业子果："好涩耶子阿觅刀森些 sùo 开忾 bè，捏 lé 赛革各哀子，爷 fè 刀府力 lāi 果过。""鬼灭污"jè 摸果："昂革货秀 kī bè gī 心来。"历温纵选爹 dē 果："切咧嗯 bè。""鬼灭污"kī 勒 fè 刀刮各思森，jè còng còng 改倔 sèn 并包："么各泻里烙，哦！么各捏 lé 赛聘倒 bè，啊固 dē 滚拖，决固起抛，挖埋决污涩把聂类。""得辣力？""靴 sèi 力。""走！"历温纵得些，"鬼灭污"靴合，走刀靴 sèi 业开，潜各嵩 gī 果各业，"啊！聘 dè fè 庆，sùo 力思喝聘各？""鬼灭污"力力噜路各果："革几耶……昂索耶盖改宗袜替过来，近早秀刀降军府力，fè 晓 dè gī 子 sùo 力思喝聘各，达盖，达盖……""达盖 sùo 力，夸爹心仪 sèn lāi 开忾，昂聘盖改好，革作寺该优嗯佛则去力。"果跳倔 sèn 威府 kì bè。

促今各思喝，"鬼灭污"改刀历温纵灭些果："捏 lé 赛走 bè。""威罗替

走 bè？好！"fè 子，子洗 bè。" 历温纵革各思喝再嵩醒切业："革介夸秀洗 bè！" "子各。" "哈子 sùo 力问聘吞！" "鬼灭污" 果："降军果各子，模 sùo 妈跳好 bè。" "腰子问聘，夸爹妈跳，闷皂，嗯您嗯涩茶府 niñ，刀富 qùn 赛走业拖，bè 捏过包各心，子问聘，革爹果 niñ 庆。派好义各，嗯业好浩各戏戏。" "niñ 庆 bé。"

sé 耶姑 kī bè，又子 sé 耶，九哪么别啊觅嗟来新各兴些，晓 dè 寺该 fè 有 bè，芯里岑：革各印盖子 "鬼灭污" 各共烙。切哑果洗革业皂，纵塞 māi 顾 "鬼灭污" 各鬼矮，捏 lé 赛革货得辣力？历温纵谮机过。"鬼灭污" fè 晓 dè 驮耶亚力作捏 lé 赛各靴 sèi 刂别各 miñ 哕把爸嗒嗯茶各音，秀子究 lé 赛各音，miñ 哕子 lé 赛各 dèi 想艾！qè 气 dè 各些靴，靴 sùo 各心作，度子历温纵拓 miñ 哕把爸嗒嗯茶嘎派各。gī 辣赛各音，革货票刀辣力，今合又猫辣力 kī 呢？唉！fè 岑塞苏。

耶各帖气心好各耶子，历温纵走 dè 芯森些 sùo。森义近扫好，么各刂独 mēi 货业子各字堞，冻 nāi 茶别义近 diě 好，袜有业刂森些 sùo，紧秀子控搂漏各。历温纵芯里爷控搂漏各，义近 fè 有忾司扫森么货各紧 dē。森些 sùo 特拎特罗各决 dè，号泻得么力闷：袜租 fè 租 bè？亥子九究居元璋 dēi 革各寺该 fè 有刂迭义见。挖自 fē 要董，秀刀革力威止 bè。

姑了 fè 有度扫思喝，历温纵业告德皂 kí bè，哩忾了巨叟了紧 sé 捏各捏奏，哩忾了革俗芯扫各森资。

喝 lāi，有度寺各音开介革各自 diě 了业刂各 mēi 货字堞，秀 bè 捏奏府森 cèn 威刂俗 mēi 货森。

2. 拼音：mēi hùo sēn jūe gǔo

miñ sùe《jiē dè xián zì·jiàn jùe zì》gào dé gǔo："jiē dè sēn xiè zí niē zòu sēn，tà gùo è méi cěn，yì niñ gǔo gè mé yī tài zì diě bāi zū mēi hùo yè zǐ gè nǔe gū。" gé gè xiè zzǐ niē zòu yiñ jùe mèn huài xí gǔo，wā yì gī wēi jiào aò gè niē zòu mēi hùo sēn zāi tiè hǔo "nié dǔ bāi mēi hùo"（bè jiñ yè dǔ，nāi jiñ yè dǔ，niē zòu bāi dǔ）lì dē bāi dǔ gè yì jù。dāo gé hùo wà nēn gē kāi jiè gè méi cěn sēn xiē yī jè, zǐ nǚe zāo mé niē gè sī hē, jū yuán zāng sòu hǔo lì wēn zòng gǎi jùe gè。gǎi jùe gè sī hē dā què yē tài gàn dǒng yiñ gè jūe gǔo。

　　yì jiñ dāo lù biǎo gè nǚe wō zāo fǔ pà dè yī tà wē dū, fē dè liáo cán bǎo, quán gùe gè lǐ miñ bà xiñ, dù lāi cǎo fái bè, fòng yè mǎi tì。déi ḿ lào lào dù gè dì kàng nǚe zāo sì lié lì, jū yuán zāng dé bié dé gùe, jiē fòng zǐ kì, fè yǒu fè sēn gòng gé。gī yǒu yī gè diè qiñ gè wà sài, miñ sì è lì wēn zòng, gé gè yiñ wēn、wú dù jiñ tòng, mé lào lào yǒng, jiáo gùa wēi dǎi zāi, niē jī qiñ qiñ, sé fèn liǎo dè。jū yuán zāng cén qǔ jiē dē, lì wēn zòng dā biñ sài qiè, zōng hùi zé xùn xiñ āñ jiāng zé hǔo, nǚe yiñ tiñ zǎ fòng sèn xiù dāo bè, lì wēn zòng biñ fè jiē xū gè xiù zāi lè jiē dè lù, yòu gǎi jiē dè lù wēi jiè aì fǔ, jū yúan zāng miñ lì wēn zòng zèn sǒu gé gè tì kòng sài gǔo gè yāo jiñ wèi zǐ。gé gè sī hē, hāo jū yuán zāng piñ lāo gè gǔo nài gè zāng sǐ cén, dā biñ sé wài, xiē lāi zài dǐ sēn zī, nié cī jiñ gōng, dù yè lì wēn zòng dǎi pà, zōng gé cì yì hé zài fè gǎi xūe piè xiñ dǒng。zài gǔo niē zòu gǔ sēn yì jiñ yè nǚe biñ sén wà, yōng yì gòng, lāi sé。lì wēn zòng séo xù jē yuán zāng, yāo jiū zōng xiñ jiē fǔ sēn。gé yè tī yì, zèn hé jū yuán zāng gè yì, è lì wēn zòng què bó zào niē, bè gé sú zēn jiñ zǐ sòng zāo "sài wō" jiàn fāñ jiē lōng zī tì gè sēn zī jiē jùe hǎo。

　　xūe bó zào niē, zōng jiè gù sēn gè xiào xè mái là lì zǒu, xī qù jūe kài。yǒu y è yé, fǔ mēn wà lāi lè yè gè niē jī qiñ gè yiñ, gī zǒu dāo bó wēn xiē dē, yè sèn sǒu xiù cì lè lúo lāi, sǒu bó gè jùn sǐ mó sùo niñ gī jiē yiñ, zǒu dāo yì sì tiñ xiē, gé gè niē qiñ yiñ biè gòng biè zèn gái dè dǔo pù jià。tiñ bāo yǒu yiñ cì bó gè lì wēn zòng, kūo pù yiñ lè què lāi, kāi jiè cì bó gè yiñ fè déi tiñ dùo sùo, gái dè dǔo pù jià, kāi gī dē dā jùe nié mào, jià cǎ cào hā, què gè xúe sài zǐ sài lí yiñ gè yá sùo kū, dán xiñ dǒng dè tǐ, ā mì dǎi tiè, yì jiñ sài hào gàn, mó sùo súo xiē, zào hǔ dāo dūo xiē。gé gè cì bó gè yiñ,

dāi aí kāi, zì jiē lì wēn zòng gè jìn kǔn fò, yìn qì xié yiñ, bǎo jiè gūo dè yào súo, yǒu fōng dǔ gè jiē guài, xìn lí mǒ sùo dēi gī jìn zǒng qiè lài。 nié gè yi ñ fèn jú kà sǔ lùo lài, zūo gài gǎi pāo hǎo, cì bó gè yiñ gái qiè lài, bè dā lài gè xiē mé hǔo ǹ tì bè lì wēn zòng。 lì wēn zòng jì gù lāi dǎi kài yè kāi, lì dē zǐ jí zài dū zǐ, dū zǐ dì hǔo zí yè gèn yōu gùo xūe niè gè ń sè sì lōng dié dā, xiù kài ké mèn qiñ huàng。

yūe lāi cì bó gè yiñ zǐ dōng hàn niē zì niñ tì xī sè sài tài yì sèn, miñ sì è lé sài。 niē lé sài gǔo: guāng wǔ dì ā mì dèn tù bǎo yì xiē, dēn yǔe zú sǎo niè gè sī hē yè qì yōu hǔ, gàn qiñ mé lào lào hǎo。 liū xiè cèn wō dī yì hé, dù cī zēn zào, hè lāi gǎi dāo jìn lí, jiē lǎo bōng yōu, dán fē nǔe zū guài。 yǒu yī yé, guāng wǔ dì déi yá hùo yùe xúe biè dāi sùo gè wē lì dè, hāo niē zì niñ gǔo lǎo wò, zì niñ gǔo gà yé bó xiù yāo lī kài wō gòng bé, guāng wǔ dì gǔo, jì sán liū fè lāo lǎo bōng yōu, ǹ xū yào sùo lì, yī tiñ bè ň。 niē zì ni ñ gǔo dǎi sāi sǎo yè sú sēn。 wō dī xiāo bè:"gé lì yǒu hǎo dài dǎi gè yè sé jiñ sēn, ń qù dè aňg gé lì mài hǎo, wā yào sǎo sùo lì sēn? ń zì xiǎo dè gè, gé gè sēn zí yǒu gùi zì gè, fè hǎo xūe piè sǎo gè。" zì niñ yé xiāo bè:"zèn yiñ wèi zǐ fè hǎo yè yiñ xūe piè sǎo gè, sùo yì mèn ń gé wèi jiǔ ň zī zèn zòu qiñ lì!" guāng wǔ dì gǔo:"lǎo wò gǔo: tù wè qiè gài, yà kūn bò cà! cén sǎo sùo lì ń kī sǎo, poňg zǎ kùn nāi, wēi jìn xiñ aňg。" wà xūe sǒu bè kún dè yào lǐ gè ń gǔ jìn sì dā gá lùo lài, tì bè niē zì niñ, 果:"ń jì sán fè kěn déi jiñ sèn bēi sì aňg, aňg yè fè nēn hāo lǎo zào yī yè dēi ńñ dōng yōu, xiù yè gé gè xūe sèn dā gè dòng xǐ tài aňg mǎi là lì bēi sì ń hǎo bè?" guāng wǔ dì gè zèn xiñ, yè niē zì niñ xìn lí yè doňg, dán yī hùo ǹ xiù xiñ lūo lài, gī sèn què sùo sǒu, jì gù yǔ cì sì dà, mào guāng wǔ dì wài lè yè wài yào, cí bié lǎo bōng yōu, lāi dāo fù qùn sài lí。

niē zì niñ déi qiē lì lōng diāo ñ, cōu zǎ gáo xiñ qiè lài ńcài xūe súo wù sà tài, lāi dāo sài gǔo jiào wèi gè wǔ loňg sài jià。 mé gè sī hē, gé lì sài liē lào sài, xù mé mái niò, déi xúe bāi biè gè biñ tì sùo, jí gè tì fō yé còng mào yè, māo bōng ñ cèn, zèn zǐ gè qù yiñ gè hǎo tì fō。 xìn lí cèn, gé hùi tì fō, tì kòng sài gǔo, yòu yǒu gào sài dǔo lāo, zǐ jùn gùo yoñg wǔ gè tì fō, zǐ sǎo sēn zī díñg hǎo gè tì fō, yè sēn qiè gài wè, hāo bǎo wù tà gùo lǎo bà xiñ。 wēi lī miñ bà xiñ ài jū lé yé, ǎng zǎo sè niē yé yòu xìn gǔ, xiù zǐ fè yǒu lié niè zū, gé hùo zì nēn bè xī wàng jī tùo dè gé wèi déi miñ gài tù gè guāng wǔ dì bè。 gé cì yì hé, gǐ zài yè ā mì lāi gù wǔ lòng sài jià, zì déi fù qùn sài lí gāo zì sèn "lé yì" "lé gòng", jìn zài gǔo: niān jiù "lé yì" hāo yé xiñ gà, hǔ "lé gòng" hāo zū sì gāi。 guāng wǔ dì sōng gè mé gèn jìn sì dié dā, xiù kūo dè yè zà xiē mé dē hǔo ñ lì, gù dè cào hūo wāi niē gào dé, mé fèn xi ñ qíñ yé mé jiè gù dè mé lì。

yiñ yè zèn zǐ jī gūa。 niē lé sài jì lùo kì gǔo: lǎo bēi yē tài yē tài gè jūe lùo lài gǔo: yǔe zú niē zì niñ yǒu sì hē wēi dāi qiè dē lài, kāi kài mé gè kūo jìn sàdā gè xiē mé dē hǔo ñ, dá gài zǐ yiñ déi sèn sài, xìn cén lī miñ bà xiñ bè! yǒu yè cī déi yān xié "lé gòng" gè sī hē, jiñ sán wò qiè sēn dū lài, wà zòng jùn sì goñg sǒu, lī miñ bà xiñ sài xǔ, sēn lì sēn wà gè jiāo tōng, fō zǎi tù xúe gé sè fò miè zōng hé kào lí, wēi jé sī guàng yè, bè sèn bēi lì dē dēi "lé gòng" sèn yǒu tàn jiū gè yiñ, yé è lóng lài sùo niē, xiñ cén bì jiāo nǔe xiē gè sēn zī dē zǐ。 xiù zǐ dùo gǐ cén qiè cǎo sēn gé jiè tù gè gòng zèn, biñ fè zǐ xì gāi gè lié niè hāo dùo tì lī miñ bà xiñ kùo yì zū dè qiē gè, yòu yē tiñ wēi qiè dǒng guāng wǔ dì, mé gè sī hē, mé gè sī hē……sāi bè, ǎng wā zì xì gāi guǎi xì gāi bà! xiù gé jiè bè sēn zī cào dū yé kūo dào xiē mé dē hǔo ñ lì, gé yè hùo gù sùo kì xiù zài yè ā mì kāi gǐ yè aǐ, niē tài zāi jiú bè, lǎo zào gè sì gāi dù mā dè lié sì gè hùi oñg lì dē bè。

ǎng là zǐ yǔe zú gè sī hē jiñ xìn niān xié "lé goñg" mé yè zì xì, sī sī tài tài qù dè fù qùn jiāng, sùo yì, zè wēi jūe gùo bǎo gè xiē mé dē hǔo ñ gùi ǎng sè hūo bào gúai。 gé hùo tiñ sǔo jiàng jūn yāo zōng xìn sǎo sēn zī, zōng

júe zàng bèi sùo niè zī hé, pā aňg bè gé gè kūo yǒu sēn zī cào dū hāo hàn guāng wú dì ň sè jìn sì yào dà gè xiē mé dē hǔo ň xìàn bè jiàng jūn, xiù sāi fè yǒu sùo lì tù yòng zāi, yé sāi zǐ xiè zào, dū gè jē lì bà!

lì wēn zòng tìn lè niē lé sài gè bǎ wò, mèn gī: "ň dēi tù mé gòng zèn、sēn fō gè jùe yé jiǎo gùa jìn tòng ba!" lé sài gǔo: "jìn tòng fè gāi dāi, dǎ zì sùo dǒng yē sè。" "mé gè hǎo, liū hùo lài bè aňg zū gè bài sǒu, fē yào tèi zī, xiù sāi zǐ wēi ň gè yǔe zú, liáo qìè wēi miň jùe sēn gè xiň nùe ba!" bǎ wò xúe sài fè dù, zèn xiň zèn yì, lé sài zí fè yǒu lì yōu fè liū lúo lài bè。

jū yuán zāng mé gè sī hē cái yòng lè yíň qù sǎ mēn gè jù sèn gè "gào jùe sēn xiē, guàng jè niē sé, mài cèn wō dī" qè jìan yí, xúe sài ā mì cèn wō, xìn lí lǎo zào yà jìn jùn béi cèn wō dī。dùo gī jì zǎ lì wēn zòng gè xù xi ň hāo xiē mé dē hǔo ň, jiē zà guāng wǔ dì mé gèn ň sè jìn sà diéd ā gè sī hē, ài jiň fō niè, jiǎo gùa xìn fèn, sén wèi gé gè zǐ gī zū wō dī gè tìè zào, mé zòu gé yè fò sòng zāo sà i wō jìan fān gè bǎo tì, sēn zī yē tìn yāo sǎo hǎo。gī dī biè xié lè yē gè dě tù gè "hǎo" sì。pā yiň mǒ sùo sōng bè lì wēn zòng。

wǔ loňg sài jìà gé sé sòng cén, nǔe zāo xúe sài hǔi tìao, dán dá gài yè zǐ wà zǎi。lì wēn zòng hāo niē lé sài gé sè yiň déi qìù zǐ sùo jùe lè jí cī, jūe tìň sēn mào dòng nāi yī què, dòng yì sā pù, nāi niň hùi gǔo, qǔ xúe wēi hāo, sēn xùe wēi bò lí, yì jiň fè cōu, gèn lì miň sèn, jǔ tì gè sē jì ài bā, gào bè niē lé sài fó zè。jù jìe ài fǔ gè jùn tèi, yè bāi sé gùai kǎ, niň wà yè bāi fó zè jùe sēn。

gù sèn gè lǐ miň bà xiň, kāi jìe cén lè mé lào lào zāi jiǔ gè zōng xiň sǎo sēn zī gè gòng zèn sé sī bè, qún qiň zèn fèn, fè fèn nāi nǔ lǎo sào, gè dài gōng jú, hāo jùn diň yè qǐ jùe sēn, jiň zàn mé lào lào kūa, fè yǒu dù sǎo sī hē, gūi mó xiù kāi jìe bè。

lì wēn zoňg dùo sài xiǎo dè gī jiǔ jiū gè yoňg xiň, cén lè yè fài yì hé, cén bè sēn mēn kài jiū sú, zì dié diè sēn ň pài mēi hùo gè yè zǐ, hào bì zǐ "jiū ň zī zēn", bè jiū jiū xiè lǐ。 yìn wèi gé jiè gī zāo jé tà gùo juè sèn gè fó zè guài yūe, déi yì sì tiň kài wèi, xūan bū gī gé yè gè jù zùo。 là lì xiǎo dè gé gè niē lé sài, zèn zǐ fè dǒng guài zāi tāo lù, fè dén tà gùo kài ké, xiù déi tiň dùo sùo zé gǔo: sēn mēn zì yāo ň sú, diňg dù déi dòng nāi gù gùo kài yè mēn yì jiň jiň gē, zì dié diè sēn ň pài mēi hùo xiň, zì sǐ xié sì qī pà。 zǐ wō gùo gè fū kùa zī fòng, zì dié yoňg bāi dǔ mēi hùo diňg sè hé fō sǒu yòng, yāo zǐ ài jiū ň gè sù sǐ, xiù zǐ lāo miň sùo sāi, yē tiň fè hǎo gé jiè zū。 lì wēn zòng tiň lè gé fài bǎ wò, xiň lí cěn: lé sài à! lé sài, wǔ gèn fè nǔe bè。 xiù yè déo jià, gǔo: "ň ài jiū ň zī miň kī zū, gài kūa kī!" lé sài fè xiáo dè lì wēn zòng jiň zǎo wēi sùo lì fò hú, āi lè yè hùo, gái qiē lài zé bè。 gé gè sì gāi yì hé lì wēn zòng pā xiň fè, diň lāo xiào xiè gè jūe tì, fán zǐ fē lì niē lé sài gè wēn bāo, yè lié fè jǔn wà tì, niň wā wiè zǐ jùa jiň sì gòng。

yāo mō sǎo sēn, yòu yāo guǎi jùn sì, yé yà cào lāo, lì wēn zòng piň dǎo bè, jiǎo gùa zāi jiū ā mì zé què fǔ mēn。 yè yē piň gài gái hǎo, yē gè sè hǔo jè còng còng sōng lài yè fòng jiū m̌ gè xiň, gī kāi lè yè aǐ, xiù kūo dè zūo jì súo。 kāi kài sèn xiē dē gǎi dè mé lì gè sè hǔo gǔo: "mé lào lào sī hē ā mì dāo sēn xiē sùo kī kāi bè, ň kī bè niē lé sài è lái, bè aňg gǔo gùo sǎo sèn gè qíh huàng。" dén sè hǔo pà què mēn kì, mó sùo cà xiň kāi, xiň sùo gǔo: ń jiū jiū tiň bāo sáo sēn gè sì gāi, gǔo ń yoňg yiň fè dēi。 aňg xúe sài dēi gī gǔo dáo lǐ jiè sè, ň yé yāo hūa diè qù lì hǎo。 lì wēn zòng kāi hǎo, xiň lí cén: gé zùo sì gāi diňg hè dē wā zì fò sèn bé。 xiň lǐ yiň cē cè dǎi sāi, yāo hé jiě bǎo qù niē lé sài gè xiň miň。

zé dāo yà biè, wēn sèn wō nī gè niē lé sài lāi dāo lì wēn zòng fǔ lì gè hè hùo yùe, kāi lì wēn zòng yè gè yiň gái dè gǔo sài bāi biè, xiň sì zǒng gè yè zǐ, mǒ sùo mèn sùo lì sì gāi。 déi dǎi zāi gè sī hē qù lì sì gāi kūa、 sùo gè jiē guài, gé gè sī hē fè xiáo dè zōng là là gǔo qǐ。 lì wēn zòng kāi kài wēi lè

săo sēn，sōu lè mé lào lào gè niē lé sài，qìǹ qíń jiào tài lè yè ké qī gǔo：
"hǎo sè yé zǐ ā mà kāi jiè ń，sōu kì bè，zài mō yé yào bào yé xì gāi gè sèn
zǐ à！aňg yǒu sè bǔ yǎ，ń dài kǐ yé sèn zǐ。" lé sài yāo sǒu tèi tiǎo。lì wēn
zòng jì lùo kì gǔo："aňg pìń yì jìń hǎo bè，yòng fè zǎ bè，ń dài kí！jī lāo，
kūn gāo yì xiē qiè，xiǎo gù díǹg hǎo。fē yào mò jī，jìń zǎo yà lì xiù qiè。"
gǔo tiǎo，bè yē gè xiē zǐ bào sè jìń lé sài wā kù lǐ。lé sài niń zǒu gè sī hē，lì
wēn zòng è gī tì nié yé ǹ gài fài qiē tiǎo yì hé，zài lāi gǔo gùo sǎo sēn gè sì
gāi。

　xiáo dè xì gāi xiáo dè bǐ gā gè lì wēn zòng liào tìń，yìn cē cè bāo qíń
huàng bè jiǔ jiū gè yiń，yē tìń zǐ mé gè lǎo zào gèn gù jiǔ jiē gè "gǔi miè
wū"，yǔ gù liào dè fè cū，gé gè yiń jìń zǎo yē tìń wēi lāi fǔ lì，gé jiè gī xiù
déi hè hùo yùe ń zī bāi biè dén dè mé lì。zèn gé，"gǔi miè wū" lāi bè，gī
yiń wà déi hè hùo yùe gè mēn biè，xiù gǔi jiāo niē tiè gè gǔo："jiàng uūn jìń
zǎo hǎo xiń zì à！" lì wēn zòng wēi gù dē lài mì mǐ yè xiāo："jiǹ jí yé mō sè
sùo lì？" "gǔi miè wū" xìń lí yè zēn，sǎo wèi āi lè yē hùo xiù mǎi niē dèi
xiāo："fè mō，fè mō，aňg lāi lāi kī kī，wā fè dù déi jiāng jūn gè ài bī dì
hǔo。" lì wēn zòng fè xié，"gǔi miè wū" yòu xiāo qiè gǔo："tìń gǔo，tìń
gǔo……" "tìń gǔo sè sùo lì à？" "á á，fè yǒu sùo lì，tìń gǔo jiàng jūn sèn tí
hǎo bè，aňg gū lāi kāi kài，zèn gé qī sè fè cū。" kūa dāo qiè fài biè bé，gé
gè zōng lāi fè wèi fè gǔo xìń yóng gè nié lé sài wā ā mì lāi，lì wēn zòng
cén：yìn gài zǐ mé gè yǎ qí xiáo gù bè。xiù bǎ què yè fū yǒu fè yǒu dù fē
yào jǐń gè yè zǐ gǔo："hǎo sè yé zǐ ā mì dāo sēn xiē sùo kāi kài bè，niē lé
sài gé gè āi zǐ，yé fè dāo fǔ lì lāi gǔo gùo。" "gǔi miè wū" jè mō gǔo：
"aňg gé hùo xiù kī bè gī xiń lái。" lì wēn zòng dié diè dē gǔo："qiè lié ň
bè。" "gǔi miè wū" kī lè fè dāo bāi gè sī sēn，jè còng còng gái juè sèn biń
bāo："mé gè xiè lí lào，ó！mé gè niē lé sài pìń dǎo bè，á gù dē gùn tūo，
júe gù qí pāo，wā mái júe wū sè bǎ niè lèi。" "déi là lì？" xūe sèi lì。"zǒu！"

lì wēn zòng déi xiē, "gǔi miè wū" xūe hé, zǒu dāo xūe sèi yè kāi, zèn gè hāo gī gǔo gè yè, "á! piǹ dè fè qiǹ, sùo lì sī hē piǹ gè?" "gǔi miè wū" lì lì lū lù gè gǔo: "gé jí yé……aǐng súo yé gài zōng wà tì gùo lǎi, jiǹ zǎo xiù dāo jiaǹg jūn fǔ lì, fè xiǎo dè gī zǐ sùo lì sī hē qiǹ gè, dá gài, dá gài……" "dá gài sùo lì, kūa diè xiñ yí sèn lāi kāi kài, aǐng piǹ gài gái hǎo, gé zùo sì gāi yōu ń fó zè qù lì。" gǔo tiào juè sèn wēi fǔ kì bè。

cù jiñ gè sī hē, "gǔi miè wū" gǎi dāo lì wēn zòng miè xiē gǔo: "niē lé sài zǒu bè。" "wēi lúo tì zǒu bè? hǎo!" "fè zǐ, zǐ xǐ bè。" lì wēn zoǹg gé gè sī hē zài hāo xiñ qiè yè: "gé jiè kūa xiù xǎ bè!" "zǐ gè。" "hà zǐ sùo lì wèn piǹ aò!" "gǔi miè wū" gǔo: "jiaǹg jūn gǔo gè zǐ, mǒ sùo mā tiào hǎo bè。" "yāo zǐ wèn piǹ, kūa diè mā tiào, mēn zào, ń niñ ǹ sè niē fǔ ni ñ, dāo fù qùn sài zǒu yè tūo, bè niē gùo bāo gè xiñ, zǐ wèn piǹ, gé diè gǔo niñ qiǹ。 pài hǎo yì hé, ń yè hǎo hào gè xì xì。" "niñ qiǹ bé。"

sé yé gū kī bè, yòu zǐ sé yé, jiù m̄ mé biè ā mì jūe lái xiñ gè xiñ xiè, xiǎo dè sì gāi fè yǒu bè, xiǹ lí cén: gé gè yiñ gài zǐ "gǔi miè wū" gè gòng lào。 qiè yǎ gǔo xǐ gé yè zào, zòng sāi māi gù "gǔi miè wū" gè gǔi zǐ, niē lé sài gé hùo déi là lì? lì wēn zòng zèn jī gùo。 "gǔi miè wū" fè xiáo dè dùo yé yà lì zūo niē lé sài gè xūe sèi bāi biè gè miñ yǔe bá bà nùo ǹ nié gè yiñ, xiù zǐ jiū lé sài gè yiñ, miñ yǔe zǐ lé sài gè dèi xiáng eì! qè qì dè gè xiē xūe, xūe sùo gè xiñ zùo, dù zǐ lì wēn zòng tùo miñ yǔe bǎ bà nùo ǹ nié gā pài gè。 gī là sài gè yiñ, gé hùo piào dāo là lì, jiñ hé yòu mào là lì kī nì? aì! fè cén sāi sū。

yē gè tiè qì xiñ hǎo gè yé zǐ, lì wēn zòng zǒu dè xiñ sēn xiē sùo。 sēn yì jiǹ sáo hǎo, mé gè bāi dǔ mēi hùo yè zǐ gè zì diédoǹg nǎi nié biè yì jiǹ diē hǎo, wà yǒu yè bāi sēn xiē sùo, jiǹ xiù zǐ kòng lōu lòu gè。 lì wēn zòng xiñ lǐ yé kòng lōu lòu gè, yì jiǹ fè yǒu kài sī sǎo sēn xiē mé gè jiñ bè。 sēn xiē sùo tè liñ tè lúo gè júe dè, hào xiè déi mé lì mèn: wà zū fè zē bè? hài zǐ jiù

jiē jū yúan zāng dēi gé gè sì gāi fè yǒu bāi dié yì jiàn。wā zì fē yào dǒng,
xiù dāo gé lì wēi zǐ bè。

gū lè fè yǒu dù sǎo sī hē, lì wēn zòng yè gào dé zào kí bè, lī kài lé jù
sǒu lè jǐn sé niē gè niē zòu, lī kài lè gé sú xìn sáo gè sēn zī。

hè lāi, yǒu dù sì gè yīn kāi jiè gé gè zì diē lè yè bāi gè mēi hùo zì dié,
xiè bè niē zòu fǔ sēn cèn wēi bāi sú mēi hùo sēn。

（二）两个师傅出对联

老严州府有这样一对人，一个是修鞋的师傅，一个是油漆师傅，两个人
合租一间屋。过年了，修鞋师傅讲：我们也来写副对联。讲完，修鞋师傅出
了个上联，油漆师傅对了下联：

铁钉钉钉鞋，钉钉停停，停停钉钉，牢。
树漆漆漆盘，漆漆息息，息息漆漆，亮。

1. 同音字：茶各寺傅缺得聂

老捏奏府有咯介业 dēi 音，业嘎子秀哈各寺傅，业嘎子优切寺傅，茶各音
合 zù 业盖 wè。姑捏 bè，秀哈寺傅果：昂辣爷 lāi 写夫得聂。果跳，秀哈寺傅
缺了各索捏，优切寺傅 dēi 了各火捏：

贴钉钉钉哈，钉钉丁丁，丁丁钉钉，捞。
序切切切刷，切切戏戏，戏戏切切。聂。

2. 拼音：nié gè sì fǔ què déi niè

lǎo niē zòu fǔ yóu gě jiè yè dēi yīn, yè gè zǐ xiù hā gè sì fǔ, yè gā zǐ
yōu qiè sì fǔ, niě gè yīn hé zù yè gài wè。gū niē bè, xiù hā sì fǔ gǔo：ǎng
là yí lāi xié fū děi niè。gǔo tiào, xiù hā sì fǔ què lè gè sǔo niē, yōu qiè sì fǔ
dēi lè hǔo niē：

tiè dìng dìng dìng hà, dìng dìng dīng dīng, dīng dīng dìng dìng, lāo。
xù qiè qiè qiè bāi, qiè qiè xì xì, xì xì qiē qiē, niè。

（三）穷秀才写对联

有一个穷秀才，住在老严州府东门钟楼山下一间茅草房中，他在自己家

睡觉的房间兼厨房的门上贴了一副对联：

半间茅草栖身，站由我，坐也由我。

几片萝卜过年，菜是它，饭也是它。

1. 同音字：迥朽赛写得聂

有一各迥朽赛，去得老捏奏府冻闷总勒赛价业盖猫草 bōng 立，gī 得细该过昆高各 fō 盖借居 fō 各闷 sùo 帖了业夫得聂：

掰盖猫草栖 sèn，改优昂，俗爷优昂。

几撇啰逋姑捏，猜子 gī，fài 爷子 gī。

2. 拼音：yioñg xiǔ sài xié děi niè

yoǔ yī gè jioñg xiǔ sài，qù dè lǎo niē zòu fú dòng mèn zǒng lè sài jiào yè gài māo cáo bōng lì，gī děi xì gāi gùo kēn gāo gè fō gài jiè jū fō gè mēn sùo tiè lè yè fū děi niè。

bāi gài māo cǎo qì sèn，gǎi yōu áng，sǔ yè yōu áng。

jǐ piē lō bū gū niē，cāi zǐ gī，fài yè zí gī。

（四）南北双塔的故事

在隋唐的时候，严州水运发达，有很多渔民靠船运和捕鱼为生。但当时渔民被贬为贱民，不得穿鞋上岸，不得在岸上居住，不得与岸上的人通婚。

传说有一艘船上，出了个漂亮的渔姑。不但人长得漂亮，还捕得一手好鱼，唱得一手好渔歌，有时一边捕鱼一边唱歌，好听的歌声几里路外都听得见。

再说，严州城北面乌龙山麓有一樵夫，靠打柴、卖柴为生，也唱得一手好山歌。他天天上山砍柴，经常听到渔姑的歌声，渔姑也常听到砍柴郎的歌声。两人因歌互生好感，也经常会对上几句山歌。渐渐地，两人互生爱慕。在一月圆之夜，他们在江边相会了。

他们几乎每天晚上都到江边约会。没有不透风的墙，这件事情终于被人发现了。一个月黑风高的晚上，来了一群人，手拿火把、绳索，准备捉住他俩。他们俩手拉着手拼命往前跑，跑过东门，跑过青云桥，跑过七溪头，眼

看就要被追上了，他们深情地互看一眼，手拉着手纵身跃入三江口深水中……

后来，严州知府戴槃，治乱安民，为"九姓渔民"改贱为良。后人为纪念这对殉情跳江的男女，建了南北双塔。南峰塔代表渔姑，称"妻塔"；北峰塔代表砍柴郎，称"夫塔"。每当月明星稀，江雾如纱的晚上，夫塔妻塔隔江对歌。民谚中就有"北峰高唱南峰答"之句。因他们投江殉情的时候为农历端午节，所以每年到了端午节，当地人都有登塔凭吊的风俗。还会有人向江中抛艾叶以祭奠二人。有人曾看见两个塔影在江中相依相偎！

1. 同音字：nāi bè 报唾各海卧

得靴多各思喝，捏奏雪运角挂 fò，有么烙烙肚 ñ 靴 sùo 各音尻雪运蒿 kūo ñ 威掖。秀子么各思喝 kūo ñ 各音别威泻 miñ，fè jún 确哈索爱，fè jún 得爱 sùo 去，fè jún 蒿爱 sùo 各音痛混。

嗟切果，有一 zà 嗯靴 sùo，缺了业嘎漂聂各 kūo ñ 诺嗯。fè 光逛音赛 dè 漂聂，哇 kūo dè 业 sé 好 ñ，搓 dè 业 sé 好 ñ 固，有涩思喝业别 kūo ñ 业别搓固，好 tiǹ 各固 sèn 几里路袜肚 tiǹ 节。

再果，捏奏森 bē 灭午弄赛价有一各作仁各喝赛果，尻作仁、妈仁为掖。爷搓 dè 业 sé 好赛固。gī 茶茶索赛作仁，倔闷 tiǹ 节 kūo ñ 诺嗯各固 sèn，kūo ñ 诺嗯爷倔闷 tiǹ 节作仁桂嗯各固 sèn。茶各音印为固嗯雪寺切 bè，爷倔闷威 dēi sùo 几具赛固。麦 māi 帖，茶各音坏喜嗯，嗯坏喜昂。得一各淤聂 nǔe nǔe 各呀力，gī 辣茶各音得果刮别泻卫 bè。

gī 辣茶各音搓 fè 肚每业爷呀力肚刀果别泻卫。fè 有 fè tě foǹg 各些，略作寺该业比嘎晓 dè bè。一各切喝辣务 foǹg 埋突各呀力，lāi 了一突蹭音，sé 带户伯，森，歹塞 kūo 捞 gī 辣茶嘎。gī 辣茶嘎 sé 辣 sé 聘命猫些 dē 别，别姑冻闷、别姑烙虎交、别姑切计 dè，矮开秀要业 gī 辣倔咋 bè，略各茶各音嗯开昂业矮，昂开嗯业矮，sé 辣 sé 永咧挑进赛过口各 sèn 雪力……

喝 lāi，捏奏自府戴槃，资奈爱 miñ，威"ñ 靴 sùo 各音"改泻为捏。喝 lāi 各音威机过咯 dèi 威新挑果各 nāi 女，扫了 nāi bè 茶各报拓。nāi 别报拓胎

表 ñ 靴 sùo 各诺嗯，欧 "气拓"，bè 别报拓胎表作仁各贵嗯，欧 "父拓"。每跺淤 miñ 兴戏，过雾淤 sùo 各呀力，父拓气拓尬果 dēi 固。miñ 捏力 dē 秀有 "bè fòng 告搓 nāi fòng 垛" 各句子。印为 gī 辣 dē 果各思喝子印列代嗯介，梭义每业捏刀了代嗯介，垛剃音肚有拖报拓宾刁各协贯。挖威有音猫果力 dē 泡爱仪 lāi 宾刁茶各音。有音挖开介茶各报拓影子得果力聂 dè 业起。

2. 拼音：nāi bè bào tùo gè hǎi wò

děi xūe dūo gè sā hē，niē zòu xēe yùn jiǎo gùa fò，yoǔ mé lào lào dù ñ xūe sùo gè yiñ kāo xūe yùn hāo kūo ñ wēi yě。xiù zá mě gè sī hē kūo ñ gè yiñ biě wēi xiè miñ，fè jǔn qùe hā súo aì，fè jǔn déi aì sūo qù，fè jǔn hāo aì sūo gè yiñ tòng hùn。

juē qài gǔo，yoǔ yī zà ñ xūe sùo，qūe lè yè gè piǎo niè gè kūo ñ nùo ǹ。fè gūang gùang yiñ sài dè piǎo niè，wā kūo dè yè sě háo ñ，cūo dè yè sě háo ñ gù，yoǔ sè sī hē yì biè kūo ñ yì biè cūo gù，hǎo tiǹg gè gù sèn jǐ lí lù wà dù tiǹg jiě。

zài gǔo，niē zòu sēn bē miè wǔ loǹg sài jià yoǔ yī gè zùo sā gè hè sài gǔo，kāo zùo sā、mà sā wēi yě。yé cūo dè yè sě háo sài gù。gī niē nié sǔo sài zùo sā，jǔe mèn tiǹ jié kūo ñ nùo ǹ gè gù sèn，kūo ñ nùo ǹ yě jùe mèn tiǹg jié zùo sā gùi ǹ gè gù sèn。niě gè yiñ yiñ wèi gù ň xúe sì qiè bē，yě jùe mèn wēi dēi sùo jǐ jù sài gù。mài māi tiè，niě gè yiñ aňg huài xǎ ń，ń huài xǐ áng。déi yī gè yǔ niě nǚe nǚe gè yà lì，gī là niě gè yiñ déi gǔo bāi biè xiè wèi bē。

gī là niě gè yiñ cùo fè dù měi yè yé yà lì dù dāo gǔo biè xiè wèi。fè yoú fè tě foǹg gè xiē，gě zùo sì gāi yè bǐ gā xiǎo dè bè。yī gè qiē hè là wū foǹg mǎi tù gè yà lì，lāi lè yì tù cèn yiñ，sě dāi hù bó、sēn，dǎi sāi kūo lào gī là niě gā。gī gā niě gā sě là sě piǹ miñ mào xiē dē biè，biě gū doǹg mēn，biě gū lào hǔ jiāo，biě gū qiè jà dè，aǐ kāi xiè yāo yè gī lào jùe zǎ bè，gě gè niě gè yiñ ň kāi áng yè aǐ，aňg kāi ń yè aǐ，sě là sě yoňg lié tiāo jìn sài gùo kě

gè sèn xúe lì……。

　　hè lāi, niē zòu zì fú dài pán, zī nài ài miñ, wēi "ñ xūe sùo gè yiñ" gǎi xiè wēi niē。hè lāi gè yiñ wēi jī gùo gě dèi wēi xiñ tiāo gǔo gè nāi nǔ, sǎo lè nāi bè nié gè bào tùo。nāi biè bào tùo tài biáo ñ xūe sùo gè nùo ñ, è "qì tùo"; bè biè bào tùo tài biáo zùo sā gè gùi ñ, è "fù tùo"。méi dùo yú miñ xiñ xì, gùo wù yū sùo gè yà lì, fù tùo qì tùo gà gǔo dēi gù。miñ niē lì dē xiè yoǔ "bè fòng gào cūo nāi fòng dùo" gè jù zǐ。yiñ wēi gī là dē gǔo gè sī hē zá yiñ lié dài ǐ jiè, sùo yì měi yè niē dāo lì dài ǐ jiè, dùo tì yiñ dù yoǔ deñ bào tùo biñ diāo gè xiě guàn。wā wèi yoǔ yiñ mào gǔo lī dè pào ài yǐ lāi biñ diāo niě gè yiñ。yoǔ yiñ wà kāi jiè niě gè bào tùo yiñ zì déi gǔo lì niè dè yè qǐ。

　　(五) 严州干菜鸭

　　相传，某朝皇帝出巡南下，途经严州，被秀丽的波光塔影、绿水青山吸引，久久不肯离去。太监只得要府台备饭。府台下令给江边夫妻小店，限时进献山珍海味。适逢店内无货，只存鸭子。店主急得没法，聪明的店妇吩咐丈夫说：杀鸭，我烧。店妇不慌不忙，抓了一把干菜放入鸭中蒸煮。不久，一盘黑里透红、香气四溢的"野味"端到皇帝面前。皇帝吃了这油而不腻、又酥又嫩的"野味"后，大加赞赏，欣问肴名，店妇说："此乃严州野鸭。"从此，干菜鸭遂为严州特色名菜。

　　(1) 同音字：捏奏改菜卧

　　嗟切果，辣业遭各窝低缺新 nāi 火，都尽捏奏，业漂聂各景自，报拓，lé 学庆赛 xè 印捞 bè，么烙烙思喝都 fè 肯哩忾。他盖嗯字好腰府呆俊北 fài。府呆匣 miñ niñ bè 果别各父启些爹，孩肚搔思喝松缺赛索海力各好呼涩。cē dè fè 好，爹力 fè 有呼，自有沃。爹举 jè dè fè 有拍 fō，从命各爹举老摸份咐烙共果：sùo 卧，昂臊。爹举老摸 fè 货 fè 摸，juà 了业伯改菜阔刀沃力德赠臊。fè 有肚扫思喝，一刮喝力特 ōng、泻气埋辣力漂各"牙 fì"带刀窝低灭些。窝低切了咯拜业 fè 优业 fè 韦音，又粟又嫩各"牙 fè"义合，果谱好切，闷革各猜欧 sùo 力 miñ 寺，爹举老摸果："革各子捏奏牙沃。"宗革各思喝饻思，改菜沃秀子捏奏各德涩 miñ 猜 bè。

（2）拼音：niē zòu gǎi cài wò

jūe qiè gǔo，là yè zāo gè wō dī què xiñ nāi hǔo，dū jìñ niē zòu，yè piǎo niè gè jiñ zì，bào tùo，lé xǔe qiñ sài xè yìñ lāo bè，mě lào lào sī hē dù fè kěn lī kài。tā gài ǹ zì háo yāo fù dāi jùn béi fài。fù dāi xiǎ mín nìñ bè gǔo biè gè fù qí xiē diē，hǎi dù sáo sī hē sōng què sài súo hǎi lì gè hǎo hū sè。cē dè fè hǎo，diē lì fè yóu hū，zì yóu wò。diē jǔ jè dè fè yóu pài fō，cǒng miñ gè diē jú lǎo mō fèn fú lào goǹg gǔo：sùo wò，aňg sào。diē jú lǎo mō fè hùo fè mō，jùa lè yè bǒ gái cài kūo dāo wò lì dē zēn sào。fè yǒu dù sáo sī hē，yì bāi hè lī tè oñg，xiè qì mǎi là lì piào gè "yǎ fì" dài dāo wō dī miè xiē。wō dī qiē lè gě bài yè fè yōu yè fè wěi yiñ，yòu sù yòu nìñ gè "yǎ fì" yì hé，gǔo zèn háo qiè，mèn gě gè cāi è sùo lì miñ sì，diē jú lǎo mō gǔo："gě gè zǐ niē zòu yǎ wò"。zōng gě gè sī hē kài sí，gǎi cài wò xiè zí niē zòu gè dě sè miñ cāi bè。

（六）瘟元帅

传说，从前严州府梅城北门街有个姓温的读书人，方夜读书，听到窗外井边有人谈话，仔细一听，原来是两个坏人前来井中下毒，人们吃了以后要得瘟病而亡。

于是，这个读书人通夜守在井边。等到天亮，见有人前来汲水，急忙拦住，告之昨夜所闻，井水有毒，不可饮用。取水的人越来越多，性急的认为读书人是个痴子，推开他就要打水。读书人见众人不信，便纵身跳入井中，大家慌忙把他捞了上来。可是他已经死了，七孔流血，浑身青紫，显然是中毒身亡。大家这才相信他是舍己救人。把他的尸体安葬了以后，在这口井的旁边盖了一座庙，立了一尊青面的塑像来纪念他。

因事情发生在农历的五月十六日，以后年年此日，乡亲们抬着他的塑像出会。因为他姓温，称他为驱逐瘟鬼的温元帅，久而久之，唤成了瘟元帅。

五月十六日出会这天，前导是由群众化装扮成的一群"瘟鬼"，做惊慌逃走之状，跟着的是一队化装的赶鬼神兵，手执钢叉，叫做"五猖"神，后面是"銮驾"——仪仗队和温元帅的坐像，象征驱逐"瘟鬼"。

1. 同音字：问 nǔe 摁

嗟切果，老皂各思喝捏奏府梅岑 bē 闷尬有各新问各德序印，亚力德序 tiǹ 解忾闷挖斗紧别有音呆贴，仔细业 tiǹ，nǔe lāi 子茶各哇音刀紧力 lāi kūo 德哑，切紧学各音切了义合腰 dè 问聘洗挑。

计洛赖，咯各德序印潜亚喝 dè 紧别。dén 刀贴聂，开介有音 lāi 取学，货 jè 货摸 nāi 捞，高诉 gī 辣亚力 tiǹ 解各寺该，紧学有德，fè 好切用 bē。取学各音哕 lāi 哕肚，兴 jè 各音 sén 为德序印子各序 dèi 子，bè gī 耸忾秀腰歹学。德序印开踏过 fè 写心，秀用列挑货 dè 紧力 kì，踏过货 jè 货摸 bè gī 撩了锁 lāi。秀子 gī 义尽洗挑 bè，切孔 tèi 序，温 sèn 沁紫，决挂 mín 现子纵德洗挑各。踏过咯各思喝再写心 gī 子快系该究踏过。bè gī 各四 sé 作跳义合，得咯可紧各刨别该了业俗庙，列了业潜沁灭各塑详 lāi 纪年 gī。

印为寺该 fò sèn 德印列嗯玉 sé lé，义合捏捏咯业耶，踏过业齐呆切 gī 各塑详缺卫。印卫 gī 心瘟，踏过厄 gī 威改瘟鬼各瘟 nǔe 摁，思喝业栽，厄 zēn 了瘟 nǔe 摁。嗯玉 sé lé 缺卫咯业耶些 dē 子老爸心垛拜各一蹭"瘟鬼"，租货 jè 货摸刀则各耶子，艮捞各子一 tèi 垛拜切各改鬼森膥，sé 代过挫，厄租"嗯挫"森，喝 dē 子"銮驾"——仪再 tèi dēi 温 nǔe 摁各俗些，号比改"瘟鬼"。

2. 拼音：wèn nǔe sāi

juē qiè gǔo，lǎo záo gè sī hē niē zòu fǔ méi cén bē mèn gà yoǔ gè xiñ wèn gè dě xù yiñ，yà lì dé xù，tiǹg jié kài mēn wā dè jin biè yoǔ yiñ dāi tiè，zǐ xì yè tiǹg，nǔe lāi zí niē gè yiñ dāo jiǹ lì lāi kūo dé yǎ，qiè jiǹ xué gè yiñ qiē lè yì hé yāo dè wèn piǹ xǐ tiāo。

jì lùo lài，gě gè dé xù yiñ zeǹ yà hè dè jiǹ biè。dén dāo tiè niē，kāi jiè yoú yiñ lāi qǔ xué，huò jè hùo mò nāi lāo，gāo sù gī là yà lì tiǹg jié gè sì gāi, jiń xŭe yoú dĕ, fè háo qiē yoǹg bè。qŭ xué gè yiñ yŭe lāi yŭe dù, xiǹ jè gè yiñ seň wèi dé xù yiǹ zí gè xù dèi zí, bè gī soňg kài xiè yāo dài xúe。 dé xù yiǹ kāi tà gùo fè xié xiñ, xiù yŏng lié tiāo hùo dè jiń lì kì, tà gŭo hùo jè hùo mō bè gī liāo lè sŭo lāi。xiù zí gī yì jiń xǐ tiāo bè, qiè koǹg tèi xù, wēn seň qiń zǐ, jué gùa miň xiàn zá zoňg dé xǐ tiāo gè。tà gùo gé gè sā hē zài xiè xiñ gī zí kuài xì gāi jiū tà gùo。bè gī gè sì sé zūo tiào yì hé, dĕi gé kè jiń gè bāi biè gāi lè yè sŭ miaò, lié lè yè zèn qiǹ miè gè xù xiang lāi nián gī。

yiǹ wèi sì gāi fò sèn dè yiǹ lié ǹ yù sé lĕ, yì hé nié nié gĕ yĕ yé, tà gùo yè qí dāi qiè gī gè sù xiang quē wèi。yiǹ wèi gī xiñ weǹ, tà gùo è gī wēi gāi wèn gŭi gè wèn nŭe sāi, sī hē yè zāi, è zēn lè wèn nŭe sāi。ǹ yù sé lĕ quē wèn gé yè yé, xiē dē zí lăo bà xiñ dùo bài qié gè yī ceǹ "wèn gŭi", zū hùo jè hùo mò dāo zé gè yè zí, gèn lāo gè zí yī tèi dùo bài qiè gè gái gŭi sēn biǹ, sé dài gùo cuò, è zū "ǹ cào" sēn, hè dē zí "luǎn jià" ——yí záng tèi dēi wèn nŭe sāi sŭ xiē, hào bí gǎi "wèn gŭi"。

（七）碧溪坪的平底螺蛳

唐朝的时候，有个少康和尚，从缙云来到严州，每日在城里讨饭。讨到小钱，教那些在街上玩的儿童念佛，念一声"阿弥陀佛"，给一个小钱。有一天，少康和尚从乌龙山到北高峰，走到碧溪坪，见一份人家正在锅里煎小鱼，灶头放着一碗斩过尾巴的螺蛳，等待下锅。和尚上前施礼，说道："罪过，罪过，这么多的生命，何不放生？"人家见他疯疯癫癫，便开玩笑地说："我倒愿意放生，不过，小鱼已经焦了半边；螺蛳已经斩了尾巴，怎么能活？"和尚说："只要施主愿意放生，贫僧自有办法。"那人家出于好奇，就从锅里铲起小鱼和碗里的螺蛳一起给了和尚，看他如何处置。只见和尚端着小鱼和螺蛳来到涧边，放入水中，口中念念有词，不一会儿，那些已经焦了半边的小鱼，摇头摆尾游走了；螺蛳也四散逃生。从此以后，那条山涧里就能拾到没尾巴的平底螺蛳。只是半边焦的小鱼，据说以前还有，后来没有了，也许是因为过去的伤痕已经愈合了。

1. 同音字：别气坞各宾底噜寺

多遭各思喝，有各臊阔乌 sùo，宗紧运 lāi 刀捏奏，每业耶肚得森力讨 fài。讨咋东爹，高么涩得尬索戏咯写印过聂 fé，聂业 sèn "阿弥导 fé"，bè gī 业各东爹。有业耶，臊阔乌 sùo 宗无弄赛刀 bè 告 fòng，则刀别气坞，开介一份音过盖改得无力介些 ñ，无遭 sùo 阔了业崴革姑觅卜各噜寺，dén 捞罗无。乌 sùo 索些决了各共，果："穴姑，穴姑，革介肚各敏，崴 sùo 力 fè fō 赛?" 比咖开 gī fòng foñg diè 迭，秀开玩笑各果："昂倒虐意 fō 赛，fē 顾，些嗯义进叫了刮别；噜寺义进革挑觅卜，合节崴我?" 乌 sùo 果："自要寺局虐意 fō 赛，昂秀有派 fō。" 么份音过各音缺于好机，秀宗无力才切些 ñ 好崴力各噜寺业起 bè 了乌 sùo，忾 gī 合节弄农。自街乌 sùo 代了些 ñ 蒿噜寺 lāi 刀楷拜别，阔 dè 学力，决力叽里咕噜聂 kì，fè 有一货嗯，么涩义进叫了刮别各些 ñ，腰 dē 把觅卜各优则 bè；噜寺爷戏该刀则 bè。宗革次义合，么吊楷拜力秀 nēn 哥协咋 fè 有觅卜各宾底噜寺。秀子刮别叫各些 ñ，tiñ 果义些挖有，喝 lāi 秀 fè 有 bè，果 fè lāi 子老皂各 sùo 卜义尽好挑 bè。

2. 拼音：biè qì wú gè biñ dǐ lū sì

dūo zāo gè sī hē, yóu gè sào hùo wū sùo, zōng jǐn yùn lāi dāo niè zòu, měi yè yé dù déi sēn lì tǎo fài。tǎo zà doñg diē, gāo mé sè děi gà súo xì gè xié yiñ gùo niè fé, niè yè sèn "ā mì dáo fé", bè gī yē gè dōng diē。yóu yì niě, sào kùo wú sùo zōng wú loñg sài dāo bè gào foñg, zé dāo biè qì wǔ, kāi jiè yī fèn yiñ gùo gài gǎi déi wú lì jiè xiē ñ, wú zāo sùo kūo lè yè wái gě gū mì bò gè lū sì, dén lāo lúo wǔ。wū sùo súo xiē jùe lè gè goñg, gǔo："xúe gū, súe gu, gě jiè dù gē miñ, wēi sùo lì fè fō sài?" bǐ gī kāi gī fòng foñg diè dié, xiù kài wán xiào gè gǔo："ǎng dāo nüè yì fō sài, fē gù, xiē ñ yì jìn jiào lè bāi bie; lū sì yì jìn gé tiǎo mì bò, hě jié wēi wǒ?" wū sùo gǔo："zì yāo sì jú nǜe yì fō sài, ǎng xiù yóu pài fō。" mé fèn yiñ gùo gè yiñ què yū hào jī, xiù zōng wú lì cǎi qiè xiē ñ hāo wái lì gè lū sì yè qí bè lè wū sùo, kài gī hé jiè nòng nóng。zì jiē wū sùo dài lè xiē ñ hāo lū sì lāi

dào kǎi bài biè, kūo dè xǔe lì, jǔe lì jī lǐ gū lē niè kì, fè yóu yī hùo ǹ, mé sè
yì jìn jiào lì bāi biē gè xiē ñ, yāo dē bǎ mì bò gé yōu zé bè; lū sì yé xī sái
dāo zé bè。zōng gě cì yì hé, mě diào kǎi bài lì xiù nēn gē xié zǎ fè yóu mì
bò gè biñ dí lū sì。xiù zí bāi biè jiào gé xiē ñ, tìng gǔo yì xiē wà yoǔ, hè lāi
xiù fè yóu bè, gǔo fè lāi zí lǎo zào gè sùo bò yì jìn hǎo tiào bè。

（八）桃花坞

老严州府梅城东门外有一桃花坞。传说有一书生钱某，信步江头，偶见
一桃花盛开的小坞。入内，见一画栋雕梁的大院，顿生疑虑。正当书生徘徊
院门之际，被一丫鬟招入院内。院中全是女子，院主端庄秀丽，正当妙龄。
两人一见钟情。是夜，书生留宿大院。五更，书生被乱声惊醒，朦胧中只听
小姐在空中哀嘱：郎君快去，玉帝不容我俩相爱，我被绑也，郎君自重自强，
安生度日。书生追赶不及，回首望，满坞桃树毁，满地桃花落，大院已无踪
迹。书生依依不舍。次年春，书生来坞栽桃树，以怀念小姐。号啕之际，有
老妪抱婴孩至，言此系书生公子，院主乃桃花仙子，虽因私奔下凡，被玉帝
禁锢，但与您情深义重，托老妪送子于您。书生感于桃花仙子情笃义深，志
坚可许，终身不复再娶。其子长大进士中式，授户部侍郎，回乡建庙于坞，
并重植桃花万株。此坞因名桃花坞。

1. 同音字：刀货午

老捏奏府梅岑动门哇有一各刀货午。嗟切果，有一各新街各德序音，靴
piè 责 dè 果别，开介一各刀货忾 dè 么烙烙沃各赛吾。今 kī，开介业盖沃栋吊
捏各突虐子，秀赛衣芯 bé。秀得德序音改虐闷口则 lāi 则 kī 各思喝，业一各
我 dè 厄刀虐子力 kì。虐子力肚子女各音，虐举代 zēn 漂聂，盖改子突计几各
捏 niñ。茶各音一货开介秀无相坏喜 bè。咯业耶亚力，德序音秀溜去 dè 突虐
力。刀了嗯今帖，德序音业奈切簸皂各 sèn 吟尽 xín，mòng mòng 胧胧各字
tìn 节笑几得帖巩 sùo，sùo 芯各果：郎君夸爹 kī，哕王达帝 fè 佣昂辣茶嘎谢
好，昂业 gī 辣捆切 bè，郎君系该报总，爱 sèn 姑茶子。德序音 lāi fé 忾倔改，
威 dē 开 kì，埋吾刀旭毁，埋剃刀货特，突虐义尽 fè 有影子 bè。德序音潜子

sùo fē dè。剃茶捏 qùn 里，德序音 lāi 午力宗刀旭，lāi 机过笑几。潜得么力哇啦哇啦 kùe 各思喝，有一各老呣宝了一各哪沃嗯刀 gī sèn 别，果革各子德序音各桂嗯，虐举子刀货谢子，雪赛印威寺奔罗 fāi，业哕王达帝怪切赖 bè，嗨子得嗯今 sèn 意合，拓昂松贵嗯 bè 嗯。德序音干董于刀货谢子今合义 sèn，自介好许，纵 sèn 啊觅再讨老摸。gī 各贵嗯突切义合纵了进死，fòng 务补 sí 郎，威泻得午力扫了业盖庙，哇宗兴宗了索外更刀货序。革各午秀印威革介取 miñ 刀货午。

2. 拼音：dāo hùo wǔ

lǎo niē zòu fú měi cén dòng mén wà yoú yī gè dāo hùo wǔ。juè qiè gǔo，yoú yī gè xīn jiē gè dé xù yiñ，xuē piè zé dè gǔo biè，kāi jiè yī gè dāo hùo kài dé mě lào lào wò gè sài wú。jīn kī，kāi jiè yè gài wò dòng diào niē gè tù nǔe zí，xiù sài yī xiñ bé。xiù déi dě xù yiñ gāi mēn ké zě lāi zě kī gè sī hē，yè yī gè wǒ dè è dāo nǔe zí lì kì。nǔe zí lì dù zí nǔ gè yiñ，nǔe jú dài zēn piǎo niè，gài gǎi zí tù jì jí gè niē niñ。niè gè yiñ yī hùo kāi jiè xiù wú xia ñg huài xí bè。gí yè yě yà lì，dé xù yiñ xiù liū dè tù nǔe lì。dāo lè ñ jīn tiè，dé xù yiñ yè nài qiè bò zào gè sèn yiñ jìn xiñ，mòng mòng lōng lōng gè zì tiñ jié xiào jǐ déi tiè gǒng sùo，sùo xiñ gè gǔo：lañg jūn kūa diè kī，yǔe wáng dá dì fè yōng ǎng là niè gā xiè hǎo，ǎng yè gī là kǔn qiē bè，lañg jūn xì gāi bào zoñg，ài sèn gū nié zǐ。dé xù yiñ lāi fé kài juè gǎi，wēi dē kāi kì，mái wǔ dāo xù húi，mái tì dāo hùo tè，tù nǔe yì jìn fè yoú yiñ zì bè。dé xù yiñ zèn zí sùo fē dè。tì nié niē qùn lí，dé xù yiñ lāi wǔ lì zōng dāo xù，lāi yī gùo xiào jǐ。zèn děi mé lì wā lā wā lā kùe gè sī hē，yoú yī gè lǎo ḿ báo lè yī gè nà wò ǹ dāo gī sèn bié，gúo gě gè zí dé xù yiñ gè gùi ǹ，nǔe jǔ zí dāo hùo xiè zí，xúe sài yiñ wēi sì bèn lúo fāi，yè yǔe wáng dá dì guài xié lài bè，hài zí dēi ǹ jīn sèn yì hě，tùo ǎng sōng gùi ǹ bè ň。dé xù yiñ gàn doňg yú dāo hùo xiè zá jīn hé yì sèn，zì jiè hǎo xú，zoňg sèn ā mì zài táo lǎo mō。gī gè gùi ǹ tù qiè yì hé zoňg lè jìn sí，fòng wǔ bú sí lañg，wēi xiè，déi wǔ lì dē são lè yè gài miào, wā zōng xìn zōng lè sǔo wài gèn dāo hùo xù。gé gè wǔ xiù yìn wēi gé jiè qú miñ dāo hùo wǔ。

（九）水斗门边的赌博鬼

传说，在严州府的水斗门边，住了个后生，为人懒散，不务正业，还喜欢赌博，街坊邻里背后都叫他赌博鬼。

某一日，老娘病逝，无钱安葬。他娘舅知道后，给他送来银钱，让他把老娘好好安葬了。谁知，当天夜里他又去赌博，把娘舅送来的钱银输得净光。怎么办？第二天早上，他用席子把老娘的尸体卷好，捆紧，背在背上，准备背到乌龙山脚，挖个坑埋掉算了。背到水斗门时，背上的老娘老是往下滑，背上滑下，背上又滑下，他对着老娘的尸体说："老娘！你是不是不肯离开水斗门？如果是这样，我就把你葬在水斗门旁好了。"说完，拿起锄头，就在水斗门旁挖了个坑，把老娘葬了。

第二天，他带了简单的行李逃亡外出了。一逃二逃被他投了军，当了兵。后来他又被分到了舰艇上。有一天，他在船头抽烟，那时候用的是旱烟筒，抽几口，烟筒头就往船头上的土炮架上搕搕，搕掉烟渣，再装上烟丝，点着火后又继续抽。一搕二搕，烟火燃着了土炮上的导火索，炮弹"嗖"的一下就飞了出去，在远处"轰"的一声爆炸了。这下，吓坏了赌博鬼。

隔天，有人来调查，是谁放的炮，赌博鬼躲在角落吓得瑟瑟发抖。但出乎意料的是，调查员说，昨天的炮弹炸毁了一艘强盗船，要嘉奖放炮的人。因此，赌博鬼连升三级。真是懒人有懒福，误打误撞得升级。这一年，赌博鬼告假回严州，重修了老娘的坟。

1. 同音字：血 dē 闷别各赌 bè 鬼

嗟切果，得捏奏府各血 dè 闷别，去了各喝赛果，租音乃聘。fè 无潜 yéi，挖坏喜赌 bè，嘎别 niñ sùo 杯喝 dē 欧 gī 赌 bè 鬼。

有业耶，老捏赛聘洗挑 bè，fè 有草票艾作。gī 各捏究晓 dè 义合，bè gī 松赖草漂，业 gī bè 老捏号号交作跳。辣力晓 dè，垛茶呀力 gī 又 kī 赌 bè，bè 捏究松赖各草漂序 dè lé 特尽过。合节派，替茶耶嗯盖，gī 用 cào xé bè 老捏各寺 sé 块好，捆紧，杯 dè 杯 jè sùo，俊北杯倒无弄赛价，勒各痛作跳塞苏 bè。杯倒血 dè 闷各思喝，杯 jè sùo 各老捏老寺冒地火六，杯 sùo kì 六罗 lāi，杯 sùo kì 又六罗 lāi，gī 得烙老捏各寺 sé 果："老捏！嗯子 fè 子 fè 肯哩忾血 dè 闷？腰子仔革介各把卧，昂秀 bè 嗯作 dè 血 dè 闷刮别好 bè。"果跳，带切思 dē，秀得血 dè 闷刮别 liè 勒各㤭，bè 老捏作跳 bè。

剃茶耶，gī 搭了介带各仆盖秀刀缺闷 kì bè。业刀嗯刀业 gī dē 了俊，驮了膑。喝 lāi 又 bè gī 份刀舰艇 sùo。有业耶，gī 得靴 dē sùo 策页，么各思喝用各子害爷栋，策聂壳，爷栋 dē 秀冒靴 dē sùo 各土抛东锅自 sùo 搔克，搔跳页作，再作锁页寺，叠 zà 虎义合又计罗 kī 策。一搔茶搔，页胡迭咋土抛 sùo 各倒虎些，抛太"嗽"dè 一货秀 fì 了缺 kī，得老 núe 各替 fō"轰"dè 业 sèn 作忾来 bè。革业货，赌 bè 鬼哈哇 bè。

尬业耶，有音 lāi 刁作，子辣嘎 fō 各抛，赌 bè 鬼赌 dè 刮别哈 dè 德 dè 抖。辣力晓 dè fè 子 gī 辣岑各义寺，刁作各音果，索耶各抛太作跳一 zà 街套靴，腰匠离 fō 抛各音。印卫革各寺该，赌 bè 鬼捏 sèn 赛 jè。潜子 nái 音有 nái fè，误餐误错 dè sèn jè。革业捏，赌 bè 鬼请锅威捏奏，宗兴秀了老捏各分。

2. 拼音：xuè dē mēn biè gè dù bè gǔi

jūe qiè gúo, děi niē zòu fú gè xuè dē mēn biè, qù lè gè hè sài gúo, zū yiñ nǎi piñ, fè wú zèn yéi, wà huài xí dǔ bè, gā biè niñ sùo bēi hè dē dù è gī dǔ bè gǔi.

yòu yè yé, lǎo niē sài piñ xǐ tiāo bè, fè yóu cǎo piào ài zūo. gī gè niē jiū xiáo dè yì hé, bè gī sōng lài cáo piào, yè gī bè láo niē hào hào jiāo zēo tiào. là lì xiáo dè, dùo nié yà lì gī yòu kī dǔ bè, bè niē jiū sōng lài gè cáo piào xù dè lě tè jiñ gùo. hě jié pài, tì nié yě ǹ gài, gī yòng cào xé bè láo niē gè sì sé jué hǎo, kǔn jiń, bēi dè bēi jè sùo, juñ béi bēi dāo wú loñg sài jià, lè gē tòng zūo tiào sāi sū bè. bēi dào xuè dē mēn gè sī hē, bēi jè sùo gè láo niē lǎo sì mào dì húo liù, bēi sùo kì liù lúo lāi, bēi sùo kì yòu liù lúo lāi, gī dēi lào láo niē gè sì sé gǔo: "lǎo niē! ń zǐ fè zǐ fè kén lī kāi xuè dē mēn? yāo zí zǐ gé jiè gè bá wò, ǎng xiù bè ń zūo dè xuè dē mēn bāi biè háo bè." gǔo tiào, dài qié sī dē, xiù déi xuè dē mēn bāi biè liè lē gē tonǧ, bè láo niē zūo tiào bè。

tì nié yé, gī dā lè jiè dài gè pǔ gài xiù dāo què mēn kī bè。 yè dāo ǹ dāo yè gī dē lè yuǹ, dùo lè biǹ。 hè lái yòu bè gī fèn dāo jiàn tíń sùo。 yóu yè yé, gī děi xūe sùo cè yè, mé gè sī hē yonǧ gè zí hài yě donǧ, cè nié ké, yě donǧ dē xiù mào xūe sùo gè tú pāo donǧ gūo zì sùo kē kè, kē tiào yè zùo, zài zùo súo yè sì, dié zǎ hú yì hé yòu jì lǔo kī cè。 yī kè nié kè, yè hú dié zǎ tú pāo sùo gè dáo hǔ xiē, pāo tài "sòu" dè yī hùo xiù fì lè què kī, déi lǎo nǔe gè tì fō "hóng" dè yè sèn zūo kài lái bè。 gé yē hùo, dù bè gǔi hà wà bè。

gà yè yé, yóu yiń lāi diāo zūo, zǐ là gā fō gè pāo, dù bè gǔi dú dè bāi biē hà dè dé dè doǔ。 là lì xiáo dè fè zí gī là céń gè yì sī, diāo zūo gè yiń gúo, súo yě gè pāo tài zūo tiào yī zà jiē tào xūe, yāo jiàng lí fō pāo gè yiń。 yiǹ wèi gé gè sì gāi, dù bè gǔi niē sèn sài jè。 zèn zí nǎi yiń yóu nǎi fè, wù dái wù cùo dè sèn jè。 gé yè niē, dù bè gǔi qiń gūo wēi niē zòu, zonǧ xiǹ xiè lè lǎo niē gè fēn。

（十）乌龙山的平底螺蛳

严州府北面有座高高的乌龙山，乌龙山的正中有座祖师殿，殿旁有个潭，叫澄溪潭，潭里产一种平底螺蛳，至今还能在潭边和附近的山涧里找到。

传说从前祖师殿有个当家老道，神通广大。有一天，老道下山访友，庙里的小道士长年不吃荤腥，很是嘴馋，见师父下山，便到澄溪潭捞了一篮螺蛳，用柴刀斩掉螺尾，正打算炒来大吃一顿，忽见老道回转山来，小道士只得把螺蛳倒回潭里。原来，老道士才走到半山，耳中听见有"师父救我"之声，老道睁开慧眼一看，只见小道士正在斩螺蛳尾巴，急忙转身回庙，一查问，小道士不敢隐瞒，据实相告。老道来到潭边，施展法术，这些螺蛳一只

只转死为生。不过，它们的尾巴被小道士随斩随抛，让老鹰叼走，要不回来了，从此，成了没有尾巴的平底螺蛳。

1. 同音字：吾弄赛各宾底噜寺

捏奏府 bē 灭有业俗么烙烙告咯吾弄赛，吾弄赛各潜纵有业俗 zù 寺典，典刮别有各呆，厄 dēn 气呆，呆力采业总宾底噜寺，刀咯货挖 nēn 哥得呆别蒿刮别各赛忾里新咋。

嗟切果，老皂各思喝，zù 寺典有各跺过烙导，本寺 fì 帖。有业耶，烙导罗赛开 bōng 优，庙力各些导思栽捏 fē 切混芯，么烙烙贺，开寺扶罗赛，秀刀 dēn 气呆立撩了业 nāi dè 噜寺，用撒到 dè 跳噜寺觅卜，潜歹摁草赖突切业 dēn，辣力蛲 dè 老导思威赛 lāi bè，些导思自好 bè 噜寺倒威呆力。nǔe lāi 老导思挖自则刀刮赛，嗯独力 tìn 节有"寺扶纠昂"各 sèn 吟，老导思猜忾艾尽一货开，则街些导思潜得么力 dè 噜寺觅卜，jē jè 摸摸决 sèn 威庙，一作闷，些导思 fē 改隐 māi，老烙 sé sé 高诉寺扶。老导思 lāi 刀呆别，dēi 烙噜寺作 fò，咯涩噜寺一 zà zà 歪温 bè。fē 顾，gī 辣各觅卜业些导思靴 dè 靴快，业烙印吊走，腰 fè 过 lāi bè。宗么各思喝忾思，zēn 了 fè 有觅卜各宾底噜寺。

2. 拼音：wú lòng sài gè biñ dǐ lū sì

niñ zòu fǔ bē miè yóu tè sǔ mé lào lào gào gé wǔ lòng sài, wǔ lòng sài gè zèn zòng yóu yè sǔ zù sì diǎn, diǎn bāi biè yóu gè dāi, è dēn qì dāi, dāi lì cái yè zǒng biñ dí lū sì, dāo gé hùo wà nēn gē déi dāi biè hāo dāi biè gé sài kài lí xiñ zǎ。

jūe qiè gúo, lǎo zào gè sī hē, zù sì diè yóu gè dùo gùo lào dǎo, bén sì fì tiè。yóu yè yě, lào dáo lǔo sài kāi bōng yōu, miào lì gè xiē dáo sī zāi niè fè qiè hùn xiǹ, mé lào lào hè, kāi sì fǔ lúo sài, xiè dāo dēn qì dāi lì liāo lè yè nāi dè lū sì, yoñg sā dào dē tiào lū sì gè mì bò, zèn dái sāi cǎo lài tù qiè yè deñ, là lì xiáo dè láo dǎo sī wēi sài lāi bè, xiē dáo sī zì háo bè lū sì dáo wēi dāi lì。nǔe lāi, láo dǎo sī wā zì zé dāo bāi sài, ǹ dǔ lì tiǹ jié yóu "sì fú jiē aňg" gè sèn yín, lǎo dáo sī cài kài aì jìn yī hùo kāi, zè jiē xiē dǎo sī zèn déi mě lì dè lú sì mì bò, jè jè mō mō jùe sèn wēi miào, yì zūo mèn, xiē dáo sī fè gái yìn māi, lǎo lào sé sé gāo sù sì fǔ。láo dǎo sī lāi dāo dāi biè, dēi lào lū sì zùo fò, gé sè lū sī yī zà zà wāi wēn bè。fē gù, gī là gē mì bò yè xiē dāo sī xūe dè xūe huài, yè lào yìn diào zé, yāo fè gùo lāi bè。zōng mé gè sī hē kài sǐ, zēn lè fè yoú mì bò gè biñ dǐ lū sì。

（十一）乌石滩取宝

距严州府梅城东门外十五里的江中，有个溪滩，叫乌石滩。在江北面溪滩窠里，有一块很大的石塔，颜色乌黑，所以取了这个名字。在古时候，这块石塔比一间屋还大，每年涨大水，这块石塔就会浮起来。撑船靠近它，能听到石塔里面吹弹敲打，笙箫鼓笛的声音，蛮好听的。

徽州人"识宝"的多，但弄不清楚石塔里有什么宝贝。后来有个徽州人很有眼力，他看出了石塔中有一尊金观音菩萨，两旁坐着十八个金罗汉；每年涨大水石塔浮起来时，金罗汉就用笙箫鼓笛做"法事"。石塔有扇门，由一只金牛看守。这徽州人为了取宝，雇了许多石匠，想去打开石塔，白天把石头一块块打下来，第二天一早去看，打下来的石头又飞回石塔上去了，打了三百六十日，石塔一点没有小。徽州人因雇石匠，弄得精穷，最后跳水死了。

这桩事被一个"识宝"的老徽州听到，他来看了以后，晓得要取出石塔中的金菩萨，一定要先打开石塔门；要开门，就要让守门的金牛出来，要金牛开门出外，就要用千年陈稻草，金牛爱吃千年陈稻草。

老徽州终于找到了千年陈稻草。他把稻草放在石塔门边，果然，金牛闻着稻草香味，石头大门嘎嘎嘎开了，它走出来吃稻草。门开着，这徽州人就趁机跑进塔中搬运金菩萨。每个菩萨都有一两尺高，坐着不动。他搬了第一个金罗汉上船，又去搬第二个金罗汉，把第二个金罗汉搬上船时，原来搬上船的第一个金罗汉"嗒嗒嗒"地走回石塔中坐下……这样，他一共搬了十八回，一个罗汉都未搬上船。当他第十九次进去搬观音菩萨时，金牛已经吃完了稻草，舔舔舌头，摇摇尾巴进门，"哐啷"一声，关上了石门，这徽州人再

也出不来了。

第三个"识宝"的徽州人听到，说这人呆笨，不晓得"儿郎不离娘，罗汉跟观音"的道理，进门以后，首先应该把观音搬上船，十八罗汉和金牛自然而然都跟上船来了。于是，他急忙寻到千年陈稻草，赶到乌石滩来。原来，第二个徽州人在里面，有"生人气"，观音菩萨带着十八罗汉和金牛一起上天去了。——这徽州人来迟了一步。

从此以后，乌石滩的石塔不灵了，涨大水时再也不浮上来了。

注：自富春江水库建成，水位上升，这块大石已被淹没。

1. 同音字：坞飒太取宝

哩捏奏府梅岑动门挖 sé 嗯里各果哩 dè，有各气太库，厄坞飒太。得果各 bè 灭气太库里，有业亏埋突各撒拓，哀涩坞喝，sùo 义取了咯各 miñ 寺。得老皂各思喝，咯亏撒拓比业盖 wè 挖要突，每业捏宰突学，咯亏撒拓秀威夫切赖。猜靴尻紧 gī，秀威 tiǹ 节撒拓力 dē 却、呆、拷、歹，sèn 肖鼓迭各 sèn 吟，埋好 tiǹ 咯。

会则印"涩宝"各度，秀子弄 fè niñ 沁撒拓力有 sùo 力宝贝。喝 lāi 有各会则印么烙烙有矮咧。gī 开缺撒拓力有业潛尽怪印哺 sùo，茶刮别 sǔ 了 sé 簸嘎近噜咳；每业捏宰突学撒拓夫切赖各思喝，尽噜咳秀用 sèn 肖鼓叠租"fé 寺"。撒拓有赛闷，优一 zà 进妞开捞。咯各会则印威了取宝，姑了么烙烙撒泻，岑 kī 歹忾撒拓，耶 sùo bè 撒 dē 业亏亏拷罗赖，剃茶耶嗯丐 kī 开，拷罗赖各撒 dē 又 fi 刀撒拓 sùo kī bè，拷了赛爸 lé sé 耶，撒拓一 diè 啊灭些。会则印印威姑撒泻，弄 dè dē dè 爹，顶喝 dē 挑学洗挑 bè。

咯作寺该业一各"涩宝"各老会则印 tiǹ 节，gī lāi 开了义合，晓 dè 腰代缺撒拓力各尽哺 sùo，一 tiǹ 腰泻歹忾撒拓闷；腰忾闷，秀要业喝闷各尽妞缺 lāi；腰尽妞忾闷缺 lāi，秀腰用切聂 zēn 导草，尽妞坏喜切 zēn 导草。

老会则纵塞业 gī 新咋切聂 zēn 导草。gī bè 导草 kūo dè 撒拓闷别，潛咯，尽妞闷咋导草泻 fi，撒 dē 突闷轧轧轧开 bé，gī 则缺 lāi 切导草。闷忾 dè 么力，咯各会则印秀噜计别刀拓力 kī 拜运尽哺 sùo。每各哺 sùo 肚有业茶擦告，俗 dè 么力 fè 董。gī 拜了替一各尽噜咳索靴，又 kī 拜替茶各尽噜咳，bè 替茶各尽噜咳拜索靴各思喝，nũe lāi 拜索靴各替一各尽噜咳"大大大"各则决 sèn kī 刀撒拓力俗罗赖……咯介，gī 业巩拜了 sé 卜威，一各噜咳肚啊觅拜索靴。载 gī 替 sé 九刺今 kī 拜怪印哺 sùo 各思喝，尽妞义尽 bè 导草切了 bè，铁贴死 dē，腰要觅卜，"晃浪"业 sèn，bè 撒拓闷怪切 bè，咯各会则印再爷缺 fè lāi bè。

替赛各"涩宝"各会则印 tìn 介 bè，果咯各音潛本，fè 晓 dè "ñ 挪 fè 哩捏，噜咳更怪印"各导哩，今闷义合，涩泻印盖 bè 怪印拜索靴，sé 卜噜咳 dēi 尽妞系该肚威更索靴赖各。计罗赖，gī jè 户胡新杂切聂 zēn 导草，改刀坞飒太 lái。辣力晓 dè 替茶各会则印得力 dē，有"赛音七"，怪印哺 sùo 荅了 sé 卜噜咳 dēi 尽妞业起索贴 kí bè。……咯各会则印 lāi 资了一铺。

宗咯次义合，坞飒太各撒拓 fè niñ bè，载突学各思喝爷 fè 夫索 lāi bè。

2. 拼音：wù sà tài qé bǎo

lī niē zòu fǔ méi ceń doǹg mén wà sé ň lí gè géo lī dè，yoú gè qí tài kù，è wú sà tài。déi gǔo gē bè miè qí tài kù lǐ，yoú yè kūi mǎi tù gè sá tùo，āi sè wù hè，sùo yì qǔ lè gé gè miñ sì。déi lǎo zào gè sī hē，gé kùi sá tùo bǐ yè gài wè wā yào tù，měi yè niē zái tù xǔe，gé kùi sá tùo xiù wēi fū qiè lāi。cài xūe kāo jiń gī，xiù wēi tiǹg jiě sá tùo lì dē què dāi kào dǎi，seǹ xiào gǔ dié gè sèn yiń，mǎi háo tiǹg gé。

hùi zé yiǹ "sè bǎo" gè dù，xiù zí loǹg fè niñ qìn sǎ tùo lì yoú sùo lì bǎo bèi。hè lāi yoǔ gè hùi zé yiǹ mé lào lào yoú ǎi lié。gī kāi què sǎ tùo lì yoú yè zèn jiǹ guài yiǹ bū sùo，niē bāi biè sǔ lè sé bò gā jiǹ lū hāi；měi yè niē zái tù xǔe sá tùo fū qiè lāi gè sī hē，jiǹ lū hāi xiù yoǹg sèn xiào gú dié zū "fé sì"。sá tùo yoú sài mēn，yoū yī zà jiǹ niū kāi lāo。gé gè hùi zé yiǹ wēi lè qú bǎo，gū lè mé lào lào sǎ xiè，cén kí dǎi kài sá tùo，yé sùo bè sǎ dē yè kūi kūi kào luó lài，tì nié yě ǹ gài kī kāi，kào luó lài gè sǎ dē yoù fì dāo sá tùo sùo kī bè，kào lè sài bà lé sé yě，sǎ tùo yī diè ā miè xiē。hùi zé yiǹ yiǹ

wēi gū sá xiè, loǹg dè dē dè diē, diǐng hè dē tiāo xúe xǐ tiāo bè。

gé zuò sì gāi yè yī gè "sè bǎo" gè lǎo hùi zé yiǹ tiǹg jié, gī lāi kāi lè yì hé, xiáo dè yāo dài què sǎ tùo lì gè jiǹ bū sùo, yī tiǹg yāo xiè dǎi kài sǎ tùo mēn; yāo kài meñ, xiù yāo yè hè mēn gè jiǹ niū què lāi; yāo jiǹ niū kài mēn què lāi, xiù yāo yoǹg qiè niē zēn dáo cǎo, jiǹ niū huāi xí qiè zēn dáo cǎo。

lǎo hùi zé zòng sāi yè gī xiñ zǎ qiè niè zēn dáo cǎo。 gī bè dáo cǎo kūo dè sá tùo mēn biè, zè gé, jiǹ niū mēn zà dáo cǎo xiè fì, sá dē tù mēn gá gá gá kài bé, gī zé què lāi qiè dáo cǎo。 mēn kài dè mé lì, gé gè hùi zé yiǹ xiù cēn jì bié dāo tùo lì kī bài yùn jiǹ bū sùo。 méi gè bū sùo dù yoú yè niè cà gào, sú dè mé lì fè doǹg。 gī bài lè tì yī gè jiǹ lū hāi súo xūe, yoò kī bài tì niě gè jiǹ lē hāi, bè tì niě gè jiǹ lū hāi bài súo xūe gè sī hē, nǔe lāi bài súo xūe gè tì yī gè jiǹ lū hāi xūe gè sī hē, nǔe lāi bài súo xūe gè tì yī gè jiǹ lū hāi "dà dà dà" gē zé juè seǹ kī dāo sǎ tùo lì sú lūo lài——gé jiè, gī yè goǹg bài lè sé bò wēi, yī gè lē hāi dù ā mì bài séo xūe。 zǎi gī tì sé jiǔ cī jiñ kī bài guài yiǹ bū sùo gè sī hē, jiǹ niū yì jiǹ bè dáo cǎo qiè liǎo bè, tié tiè sǐ dē, yāo yào mì bò, "huàng làng" yè seǹ, bè sá mēn guài qié bè, gé gè hùi zé yiǹ zài yè qūe fè lāi bè。

tì sài gè "sè báo" gè hùi zé yiǹ tiǹg jiě bè, gǔo gé gè yiñ zèn běn, fè xiǎo dè "ñ nūo fè lī niè, lū hāi gèn guài yiǹ" gè dǎo lī, jiñ mēn yì hě, sè xiè yiǹ gài bè guài yiǹ bài súo xue, sé bò lū hāi dēi jiǹ niū xì gāi dù wēi gèn súo lài gè。 jì lùo lài, gī jè hù hú xiñ zá qiè niē zēn dáo cǎo, gái dāo wù sà tài lái。 lā lì xiáo dè, tì niè gè hùi zé yiǹ déi lì dē, yoú "sài yiñ qí", guài yiǹ bē sùo dǎ lè sé bò lū hāi dēi jiǹ niū yè qǐ súo tiè ká bè。 ——gé gè hùi zé yiǹ lāi zī lè yī pù。

zoñg gé cì yì hě, wù sà tài gè sǎ tùo fè niñ bè, zǎi tù xúe gè sī hē yé fè fū sùo lāi bè。

（十二）　千日洗脚勿如一日洗被

老严州府有这么一对夫妻，丈夫特不爱干净，挑了猪栏粪都不肯洗脚就想去睡觉。老婆要他洗了脚再去睡，他说："千日洗脚不如一日洗被。"老婆端了一盆水，一定要他洗，他两脚互相一搓，说："好了。"老婆说："只洗脚，为什么不洗脚膝窝？"老公说："洗脚不洗脚膝窝，一年到头勿吃苦。"

1. 同音字：切耶他价 fè 淤一耶踏比

老捏奏府有革介业 dē 父企，烙共脚怪 fè 腰盖新，跳了子 nài fī 肚 fè 肯他价秀岑 kī 昆高。老摸腰 gī 踏了价再 kī 昆，gī 果："切耶他价 fè 淤业耶踏比。"老摸 pǒng 了业奔学，一 tiù 腰 gī 踏，gī 茶 zà 价一货促果："好 bè。"老摸果："自他价，威 sùo 力 fē 踏价些库？"烙共果："他价 fē 踏价些库，业捏刀 dē fē 切苦。"

2. 拼音：qiè té tā jià fè yū yì yé tà bǐ

lǎo niē zoù fǔ yóu gě jiè yè dēi fù qǐ, lào gòng jiǎo guài fè yāo gài xiñ, tiào lè nāi fī dù fè kén tā jià xiù cén kī kūn gāo。 lǎo mō yāo gī tà lè jià zài kī kūn, gī gǔo："qiè yé tā jià fè yū yè yé tà bǐ。" lǎo mō pǒng lè yè bēn xǔe, yī tiñg yāo gī tà, gī nié zà jià yī hùo cù gǔo："háo bè。" tǎo mō gǔo："zì tā jià, wēi sùo lì fè tà jià xiè kù?" lào gòng gǔo："tā jià fē tà jià xiè kù, yè niē dāo dē fē qiè kǔ。"

（十三）　北峰塔边双井的传说

严州府东门外有座北高峰，峰顶有座北峰塔。传说，北峰塔下住了一老一小两个和尚，小和尚天天到严东关山脚挑水上山。有那么几天，天天都很迟才挑水到山顶。老和尚问小和尚是怎么回事，小和尚说："这几天有个小孩天天来找我玩，他很可爱，就多玩了一会儿，望师父见谅！"师傅问了小孩模样后，给了小和尚一根红丝线，让他第二天把丝线扎到小孩头发上。

第二天，小和尚下山挑水时，那小孩又来了。两个人玩了一会儿后，小和尚用师父给他的红丝线，将小孩头发扎成一束，小孩摸着一束朝天发，笑了！当天下午，老和尚下山，到了小和尚挑水的地方，在附近找到了扎着红

丝线的人参叶，挖出了一个可爱的人参娃娃。带上山后，洗净放进锅里蒸。傍晚，小和尚进厨房，闻到锅里的香味，掀开锅盖一看，发现是个人参娃娃，看着可爱的小鸡鸡，忍不住口馋，吃掉了人参娃娃的小鸡鸡。老和尚进厨房发现了，重重地叹了口气，说："精华都被你吃了，索性成全你，整个人参娃娃你都吃了吧！"

小和尚吃了人参娃娃，法力大增，就要上天了。老和尚叹了口气说："再也没有人为我挑水了！"小和尚一听，来到离塔不远的山坡上，嗡！嗡！两拳打出两个坑，不一会儿，两个坑里慢慢渗满了水。他说："左边是兰江（兰溪江）水，右边是徽江（新安江）水。"说完就升天了。

从此以后，老和尚就用这井水，再也不用下山挑水了。每逢兰江下雨水浑，左边的井水也会跟着浑，反之，徽江下雨水浑，右边的井水也会跟着浑。直至今日，两口水井还在。

1. 同音字：bè fòng 拓别 sùo 紧各海沃

捏奏府动门袜有亏 bè 告 fòng，fòng 顶有各 bè fòng 拓。嗟切果，bè fòng 拓地火去了业老业些茶各污 sùo，些污 sùo 耶耶刀冻拐赛价跳学索赛。有么介几耶，耶耶肚么烙烙资再跳学刀赛顶。老污 sùo 焖些污 sùo 子合节各寺该，些污 sùo 果："咯聂耶，有各些印过耶耶 lāi 新昂戏，gī 角怪 dè 音些，秀肚戏了一货嗯，请寺扶 nüē 聂！"寺扶闷了些印过各业子义合，bè 了些污 sùo 业艮 oŋg 死泻，页 gī 替茶耶 bè 死泻梱刀些印过各 dē fò sùo。

替茶耶，些污 sùo 罗赛跳学各思喝，么各些印过又 lāi bè。茶各音戏了一货嗯义合，些污 sùo 用寺扶 bè gī 各 oŋg 死泻，bè 些印过各 dē fò 捆切业更些别嗯，些印过唔唔遭帖各些别嗯，笑 bè！舵耶嗯合，老污 sùo 罗赛，刀了些污 sùo 跳学各替 fō，得刮别新咋捆了 oŋg 死泻各音 sèn 以，漏切一各角怪 dè 音 xè 各音 sèn 宝抱。搭索赛义合，踏踏盖新 kūo dè 午力潜。亚别，些污 sùo 刀居 fō 里，闷咋 sé 午立各泻气，笑忾五该一货开，开介各音 sèn 宝抱，开烙 dè 音 xè 各些 diǎo diào，贺德熬 fè 捞，bè 音 sèn 宝抱各些 diǎo diào 切货跳。老污 sùo 今居 fō 开介 bè，用咧太了业口七，果："顶好各冻洗肚页嗯切跳 bè，涩兴好昊嗯，潜各音 sèn 宝抱嗯肚切跳好 bè！"

些污 sùo 切了音 sèn 宝抱，fò 咧埋告 bé，秀腰索帖。老污 sùo 太了业口七果"再页 fè 有音拜岑昂跳学 bè！"些污 sùo 一货 tìn，则刀哩报拓 fè 啰各拢泡索，潜！潜！茶决 dē 拷缺茶各痛，姑一货嗯茶各痛力卖 māi 帖森买了学。gī 果："fài sé 别子 nāi 果学，训 sé 别子会果学。"果跳秀 sèn 帖 bé。

宗么各思喝忾思，老污 sùo 秀用咯各紧学 bè，再业用 fè 咋罗赛跳学 bè。每业疵 nāi 果罗雨学温，fài sé 别各紧学爷威更牢温，fái 姑赖，会果罗雨学温，勋 sé 别各紧学爷威更牢温。则刀劲早，茶口紧挖载。

2. 拼音：bè foǹg tùo biè sùo jǐn gè hǎi wò

niē zòu fǔ doǹg mén wà yóu kūi bè gào foǹg，foǹg dǐng yóu gè bè foǹg tùo。juē qiè gǔo，bè foǹg tùo dì hǔo qù lè yè lǎo yè xiē nié gè wū sùo，xiē wū sùo yé yé dāo doǹg guǎi sài jià tiào xué sǔo sài。yóu mě jiè já niē，nié nié dù mé lào lào zī zài tiào xǔe dāo sài dǐng。lǎo wū sùo mèn xiē wū sùo zá hě jiě gè sà gāi，xiē wū sùo gǔo：gé nié yě，hóu gè xiē yìn gùo，yé yě lāi xiň ǎng xì，gī jiǎo guài dè yiň xiè，xiù dù xì lé yī hùo ǹ，qiń sì fú nǔe niè！" sì fú mèn lè xiē yìn gùo gè yè zá yì hě，bè lè xiē wū sùo yè gèn oňg sí xiè，yè gī tì nié yě bè sí xiè kuǎn dāo xiē yìn gùo gè dē fò sùo。

tì nié yě，xiē wū sùo lúo sài tiào xǔe gè sī hě，mé gè xiē yìn gùo yòu lāi bè。nié gè yīn xì lè yī hùo ǹ yì hě，xiē wū sùo yoňg sì fú bè gī gè oňg sí xiè，bè xiē yìn gùo gè dē fò kuěn qiè yè gèn xiē biéǹ，xiē yìn gùo m̀ m̀ zāo tiè gè xiē biéǹ，xiāo bè！dùo yé ǹ hě，láo wū sùo lúo sài，dāo lè xiē wū sùo tiào xúe gè tì fō，déi bāi biè xiň zá kǔn lè sá xiè gè yīn sèǹ yǐ，loù qié yī gè jiǎo guài dè yiň xè gè yīn sèn báo bào。dǎ séo sài yì hě，tà tà gài xiň kūo dè wǔ lì zèn。yà biè，xiē wū sùo dāo jū fō lì，mēn zá sé wǔ lì gè xiè qì，xiào kài wú gāi yī hùo kāi，kāi jiè yī gè yīn sèn báo bào，kāi lào dè yiň xè gè xiē diáo diào，hè dè aō fè lāo，bè yīn sèn báo bào gè xiē diáo diào qiē hùo tiào。láo wū sùo jiň jū fō kāi jiè bè，yoňg lié tài lè yè ké qī，gǔo："díng hǎo

gè doǹg xǐ dù yè ń qiē tiào bè，sē xiǹ háo hào ń，zèn gè yiñ sèn báo bào ń dù qiē tiào háo bè！"

xiē wū sùo qiè lè yiñ sèn báo bào，fò lié mǎi gào bé，xiù yāo súo tiè。láo wū sùo tài lè yè ké qī gǔo：“zài yè fè yóu yiñ bài aňg tiào xúe bè！"xiē wū sùo yī hùo tiǹg，zě dāo lī bào tùo fè yué gè loňg pào súo，zèn zeǹ！nié jūe dē kào què nié gè toǹg，gū yī hùo ǹ nié gè tòng là mài mǎi tiè sēn mǎi lè xǔe。gī gǔo：“fài sě biè zǐ nāi gúo xǔe，xùn sě biè zǐ hùi gúo xuě。"gúo tiào xiù sèn tiè bé。

zōng mé gè sī hē kài sī，láo wū sùo xiù yoǹg gé gè jiń xǔe bè，zài yè yoǹg fè zá lǔo sài tiào xúe bè。méi yè cī nāi gǔo lúo yǔ xúe wēn，fài sé biè gè jiń xǔe yé wēi gèn lāo wēn，fái gū lài，hùi gǔo lúo yǔ xué wēn，xùn sě biè gè jiń xǔe yé wēi gèn lāo wēn。zé dāo jiǹ zǎo，nié ké xùe jiń wà zǎi。

（十四）严州城里两个好朋友的老婆的传说

老严州府城里有两个好朋友，一个姓王，一个姓张，一个住在东门头，一个住在西门街，两人都已成家。

有一天，王某到了张某家，张某外出未归，他老婆热情招待。泡好乌龙山高山茶，又到灶头边，在煮粥捞饭的锅子里，将笊篱放入米汤中，再打入鸡蛋，熟后盛入碗里加入糖和蜂蜜，一碗香甜的点心送到王某手中。又挽留王某吃了中饭再走，她烧的饭菜可口极了，其中肉圆尤为好吃。吃完饭张某还未回来，王某只好先告别回家，张某妻送到门口，王某一再回头道谢，心中赞张妻美，能干。回家后告诉妻子此事，妻子说，这点小事有什么难的，你朋友来我也照样会招待得很好。

第二天，王某出门有事，张某真的来了。他说："你老公昨天来我家不知有什么事？"王妻说："没事，没事，他只是去看看你，请坐。"接着，马上为他泡上茶，再走向灶间，掀开锅盖，在煮着番薯藤（猪食）的汤里，放入笊篱打鸡蛋，熟后盛入碗里，也加入糖和蜂蜜。张某一闻这猪食味的蛋，能吃吗！王妻又留他吃了中饭再走。自己马上出门，买了肉，买了面粉，准备做肉圆，可又不知怎么做，路上问了一个人，他说：肉圆，肉圆，肯定像小猪一样圆滚滚的。回到家，她剁了肉，和了面，做了一只只小猪形状的面团，水烧开后放入煮，一会儿哪煮得熟哦！张某走时，也频频回头，心中叹气，王兄有妻如此，日子怎么过！

1. 同音字：捏奏森力茶各好 bōng 优各老摸各孩沃

老捏奏府森力有茶各好 bōng 优，业嘎新窝，业嘎新再，业嘎去 dè 栋门 dē，业嘎去 dè 戏闷尬，茶各音肚已尽森过 bé。

有业耶，新窝各刀新再各过里，新再各缺闷啊觅贵过，gī 老摸角怪 kà 七各皂歹。抛好无弄赛告赛作，又刀遭 dē 别，得子决撩 fài 各 sé 午力，bè 灶篱阔 dè 览拓里，再 bè 计台拷罗 kì，学了义合兜 dè 崴力过了多蒿 fòng mié，业崴又泻又爹各 diè 芯松刀新窝各 sé 力。又溜新窝各切了嗯思 fài 再走。gī 臊各 fài 猜角怪泻，德别子 nüé 约么烙烙好切。fài 切好，新再咯啊觅过 lāi，新窝各自好泻贵过。新再各老摸松倒闷口，新窝各一再威 dē 谢 gī，芯里岑，新再各老摸业漂聂，业 nēn 该。轨过合高诉老摸咯各寺该，老摸果，咯爹些寺该有 sùo 利 nāi 各，嗯 bōng 优 lāi 昂爷遭业威造歹 dè 么烙烙好。

替茶爷，新窝各缺闷有寺该，新再咯潜咯 lāi bè。gī 果："嗯烙共索耶 lāi 昂过 fè 晓 dè 有 sùo 力寺该？"新窝各老摸果："fè 有寺该，fè 有寺该，gī 秀子 kī 开忾嗯，芹俗。"计罗 kī，摸 sùo 威 gī 抛索作，再则刀午招货，笑忾午该，得污 fài 于 dēn 各自涩午各拓离，阔近灶篱拷计台，学了义合兜 dè 崴力，爷过了多蒿 fòng mié。新再咯业闷 zà 咯各自涩七各太，好切尬！新窝各老摸又溜 gī 切了嗯思 fài 再走。系该摸 sùo 缺闷，马了 nüé，马了灭粉，俊北租 nüé 约，秀子 fè 晓 dè 合节租，录梭闷了一各音，gī 果：nüé 约，nüé 约，措顶协些自一业 nüé lēi 类各。威刀过，gī 再了 nüé，玉了马粉，租了一 zà zà 些自爷各动席，学臊忾义合阔尽 kì 滚，一货嗯辣力滚 dè 穴哦！新再革则各思喝，爷决闷威 dē，芯里太七，窝 xiòng 有革介各老摸，茶子合节姑固！

2. 拼音：niē zòu sēn lì niě gè háo bōng yoū gè láo mō gè hái wò

　　lǎo niē zòu fǔ sēn lì yóu niē gè hǎo bōng yōu, yè gā xiñ wō, yè gā xiñ zài, yè gā qù dè dòng mén dē, yè gā qù dè xì mén gà, nié gè yiñ dù yì jiñ sēn gùo bé。

　　yóu yè yě, xiñ wō gè dāo xiñ zài gè gùo lǐ, xiñ zài gè què mēn ā mì gùi gùo, gī láo mō jiǎo gùai kà qī gè zào dǎi。pāo hǎo wú lòng sài gào sài zūo, yòu dāo zāo dē biè, déi zǐ jùe liāo fài gè sé wǔ lì, bè zào lǐ kūo dè mì tùo lí, zài bè jì tái kào lǔo kì, xǔe lè yì hé doù dè wǎi lì gùo lè dūo hǎo foñg miē, yè wǎi yoù xiè yoù diē gè diè xiñ soñg dào xiñ wō gè sě lì。yoù liū xiñ wō gè qiē lè fài zài zě, gī sào gè fài cāi jiǎo guài xiè, dé bié zǐ nǔe yūe mé lào lào háo qiè。fài qièháo, xiñ zài gé ā mì gùo lāi, xiñ wō gè zì háo xiè gùi gùo。xiñ zài gè láo mō sōng dào mēn kě, xiñ wō gè yī zài wēi dē xiè gī, xiñ lí cěn, xiñ zài gè láo mō yè piǎo niè, yè nēn gāi。gùi gùo hě gāo sù lǎo mō gé gè sì gāi, láo mō gǔo, gé diè sì gāi yóu sùo lì nāi gè, ń hoñg yoū lāi aňg yè zāo yè wēi zào dái dè mé lào lào hǎo。

　　tì nié yě, xiñ wō gè què mēn yoú sì gāi, xiñ zài gé zèn gé lāi bè。gi gǔo: "ń lào gòng súo yè lāi aňg gùo fè xiáo dè yóu sùo lì sì gāi?" xiñ wō gè láo mō gǔo: "fè yóu sì gāi, fè yóu sì gāi, gī xiù zí kī kāi kài ň, qiń sǔ。" jì lúo kī, mǒ sùo wēi gī pāo wúo zūo, zài zě dāo wǔ zāo hùo, xiào kài wǔ gāi, déi wē fài yǔ dēn gè zì sè wǔ gè tùo lí, kūo jiñ zào lǐ kào jà tǎi, xué lè yì hé doù dè wǎi lì, yé gùo lè dūo hǎo foñg miē。xiñ zài gè yè mēn zà gé gè zì sè qī gè dài, hǎo qiè gà! xiñ wō gè láo mō yoù liū gī qiē lè ň sī fài zài zě。xì gāi mǒ sùo què mēn, mǎ lè nǔe, mǎ lè miè fěn, jùn béi zū nüé yūe, xiù zí fè xiǎo dè hé jiě zū, lù sūo mèn lè yī gè yiñ, gī gǔo: nǔe yūe, nǔe yūe, kèn diń xiě xiē zì yī yè nǔe lēi lèi gè。wēi dào gùo, gī zài lè nǔe, yù lè má fěn, zū lè yī zà zà xiē zì yé gè doñg xǐ, xué sào kài yì hě kūo jiñ kì gǔn, yī hùo ń là lì gǔn gè xǔe ò! xiñ zài gè zě gè sī hē, yě jùe mèn wēi dē, xiñ lí tài qī, wō xioñg yoú gě jiè gè láo mō, nié zí hě jiě gū gù。

（十五）癞痢娶姣姣

严州府城北有座乌龙山，山腰住了一后生，勤快、懂事，可惜生了一头癞痢。俗话说"癞痢"娶姣姣，他也真的娶了一个漂亮的女人做老婆。

他家的田、地在山脚，他每天都到山脚干活，带上老婆为他准备的中餐。田边有个凉亭，他每天都在凉亭用餐。有个和尚，是乌龙山石峰岩庙里的，每天扫上、下山的路，也每天都到凉亭歇脚。他老是看癞痢不顺眼，他在吃饭，就扫到他脚边，灰尘满天飞，癞痢退、退、退，直到亭外。

有一天，癞痢没带饭，到了中午时分，他老婆给他送饭来了。和尚一看，呆了！癞痢怎么有个这么漂亮的老婆。于是，他客气地让癞痢在凉亭里吃饭，对癞痢老婆一作揖，请她到凉亭外说话。首先表明了爱慕之意，并劝女子放丈夫外出做生意。女子一看一听即知和尚不怀好意，灵机一动，告诉和尚她老公明天就要跟朋友出门做生意了。和尚一听，心中暗喜。

到了第二天晚上，和尚喜冲冲来到癞痢家门口，左右观望，无一人影。于是，轻轻叩门，女主人开了门让他进去。和尚一进门就伸手去抱她，她巧妙地避开，请和尚坐下，给他泡了茶。两人才说了几句话，就听有人敲门，她问："谁？""我！"啊！是癞痢的声音，女人说："你怎么回来了？"癞痢说："我赶到南门码头，他们的船已经开走了，我只好回来，明天再赶早班船去。"其实是，他们夫妻知道和尚的邪念后，商量的办法。这时，和尚急了："怎么办？怎么办？"女人把他带到一窗前，说："快，跳下去，到荨麻地里躲一躲再说！"和尚依言跳出窗外，躲进荨麻地里。老公一进门，老婆使了个眼色，指了指尿桶，说："快满了，弄出去倒掉吧！"于是，两人抬了尿桶来到荨麻地边，癞痢拿了尿勺盛了满满一勺尿向荨麻地泼去，泼了和尚一头一身。他起身逃到另一边，癞痢又将尿泼向另一边，他逃到哪，尿就泼到哪，和尚心中叫苦连天。等他们夫妻回房睡觉，他才一身臭味灰溜溜地下山回庙。

和尚不甘心，心想癞痢明天还是会出门，明天再来吧。到了第二天晚上，和尚又来到癞痢家门口，轻轻叩门，进门后抱着癞痢老婆就亲。就在此时，敲门声又响起，慌忙中，和尚在妇人指点下躲进放谷物的柜子里。谁知柜子

底全是八角刺叶，扎得和尚手脚出血。癞痢进门后，说："哪里也不去了，还是家里好！"又说："今天太热了，我睡柜上。"要老婆拿开水来把柜冲洗一下，于是和尚又遭开水烫。擦干后癞痢躺到了柜上，没几分钟又跳起来说："不行！不行！柜上长臭虫了，不能睡了。这烂柜不要了！"跑出门，不一会儿，叫来几个朋友，抬了柜子出门外，把柜子弃于山坡斜岭上，没放稳，柜子就咕噜、咕噜滚下山去了！

1. 同音字：罗哩讨叫角

捏奏府森 bè 有亏五弄赛，赛要里去了一各贺赛果，今咧，懂寺，枯 xè 赛了一 dè 罗哩。老古沃果"罗哩讨叫角"，gī 业谮咯讨了一各漂聂各玉印果租老摸。

gī 过各爹替得赛架，gī 每业耶肚刀赛架租赛我，搭了老摸威 gī 俊北各嗯思 fài。爹别有各捏丁，gī 每业耶肚得捏丁力切 fài。有各污 sùo，子五弄赛撒 fóng 爱庙力咯，每业耶扫索、罗赛各路，爷每业耶肚刀捏丁力系列。gī 老寺开罗哩 fē 勋矮，gī 得么力切 fài，秀扫刀 gī 架别，会 ońg 买帖 fì，罗哩秀 tēi、tēi、tēi、tēi 到捏丁挖 dè。

有业耶，罗哩啊觅搭 fài，刀了嗯思 fài 各思喝，gī 老摸 bè gī 松 fài 赖 bè。污 sùo 一货开，哀挑 bè！罗哩合节威有各革介漂聂各老摸。好，gī kà 七各业罗哩得捏丁力切 fài，dēi 罗哩老摸一决共，芹 gī 刀捏丁挖兜果把沃。泻果了坏喜 gī 各衣寺，再缺 gī fō 烙共刀挖 dè kī 租赛仪。罗哩老摸一货开一货 tìn 秀晓 dè 污 sùo 有袜芯，闹尽一货董，高诉污 sùo gī 烙共闷皂秀腰更 bōng 优缺闷租赛以 bè。污 sùo 业 tìn，芯里搞新洗 bè。

刀了替茶爷亚力，污 sùo 坏怀系 lāi 到罗哩过闷口，茶别开忾，fè 有一各音影子，gī 秀沁芹叫靠闷，玉印果忾了闷叶 gī 今 kī。污 sùo 业今闷秀 sèn sé kī 宝 gī，gī niñ 悄各屁忾，琴污 sùo 俗洛赖，bè gī 抛了作。茶各音挖自果了几句把沃，秀 tìn 有音拷闷，gī 闷："辣嘎！""昂！"啊！子罗哩各 sèn 引，玉印果果："嗯合节过 lāi bè？"罗哩果："昂改刀 niā 闷 dē，gī 辣各靴义尽忾走 bè，昂只好过 lāi，闷皂再改皂拜靴 kī。"sé 计 sùo 子，gī 辣聂老摸晓 dè

污 sùo 各袜局意义合，sùo 聂各派 fō。咯各思喝，污 sùo jì 洗 bè！"合节拍?合节拍?"玉印果 bè gī 搭倒业赛忾闷些 dē，果："夸爹，挑洛 kì，刀次摸替力赌一货再果！"污 sùo tìn gī 各把沃挑缺忾闷挖兜，堵刀次摸替力。咯共业今闷，老摸开了 gī 业矮，子了子 fī 桶，果："夸买 bè，弄缺 kī 倒跳！"果跳，茶各音呆了 fī 桶刀次摸替别，罗哩带了 fī 搔咬了怕买业搔系猫次摸替力瀑 kì，瀑了污 sùo 业 dē 业 sèn。gī 波茄刀到咨挖业别，罗哩又 bè 系瀑刀咨挖业别，gī 刀到辣力，系秀瀑刀辣力，污 sùo 芯里交苦捏帖。等 gī 辣聂老摸威 fō 盖昆高，gī 再业 sèn cē 洗剐帖各会溜六罗赛威庙。

污 sùo fè 盖芯，芯里岑罗哩闷皂挖自威缺闷，闷皂再 lāi 好 bè。刀了替茶耶亚力，污 sùo 又 lāi 倒罗哩过闷口，沁芹叫靠闷，今闷合宝捞罗哩老摸秀沁。秀得咯各思喝，靠闷 sèn 又写切 bè，货 jè 货摸各，污 sùo 得玉印果各拜岑火，独今 kūo 导 gùe 各溃力。辣力晓 dè 溃底力度子簸固刺各宜，刺 dè 污 sùo sé 嫁缺序。罗哩今闷合果："辣力爷 fè kī bè，哇自过里好！"又果："进早特宜 bè，昂昆匦 sùo。"腰老摸带棍拓 lāi bè 匦 còng 一货踏一货，咯介污 sùo 又业棍拓拖。kà 盖新义合罗哩昆倒匦 sùo，fè 有几份纵又挑切赖果："fè 新！fè 新！匦梭赛丑纵 bè，fè 好昆 bè。咯各耐匦 fè 腰 bè！"别缺闷，fè 有一货嗯，è 来几各 bōng 优，bē 匦呆缺闷袜，快 dè 龙泡各掐您 sùo，啊觅 kūo 稳，匦秀咕噜、咕噜滚罗赛 kí bè。

2. 拼音：lúo lī tǎo jiào jiáo

niē zòu fǔ sēn bè yóu kūi wǔ lòng sài，sài yào lí qù lè yī gè hè sài gǔo，jīn lié，dǒng sì，kū xiè sài lè yì dē lúo lī。láo gǔ wò gǔo "lúo lī" tǎo jiào jiáo，gī yè zèn gé tǎo lè yī gè pǎo niè gè yù yìn géo zū láo mō。

gī gùo gè diē、tì déi sài jià，gī méi yè yě dù dāo sài jià zē sài wǒ，dā lè láo mō wēi gī jùn béi gè ń sī fài。diē biè yǒu gè niē dīng，gī méi yè yě dù déi niē dīng lì qiè fài。yóu gè wū sùo，zí wú lòng sài sá fóng ài miào lì gè，méi yè yě sáo sǔo lǔo sài gè lùo，yé měi yè yé dù dāo niē dīng lì xì lié。gī láo sì kāi lúo lī fē xùn aǐ，gī déi mé lì qiē fài，xiè sáo dāo gī jià biè，hùi ońg

mǎi tiè fì, lúo lī xoù tēi、tēi、tēi、tēi dào niē dīñ wā dè。

　　yoú yè yé, lúo lī ā mì dā fài, dāo lè ň sī fài gè sī hē, gī láo mō bè gī so ñg fài lài bè。wū sùo yī hùo kāi, āī tiáo bè! lúo lī hé jiè wēi yoú gè gé jiè piǎo niè gè láo mō。háo, gī kà qī gè yè lúo lī déi niē diñ lì qiē fài, dēi lúo lī láo mō yī juè goñg, qiń gī dāo niē diñ wā doù géo bǎ wò。xiè gúo lè huài xí gī gè yí sì, zài quē gī fō lào gòng dāo wā dè kī zū sài yǐ。lúo lú láo mō yī hùo kāi yī hùo tiñg xiù xiáo dè wē sùo yoú wà xiñ, nào jiñ yī hùo doñg, gāo sùo wú sùo gī lào gòng mēn zào xiù yāo gèn boñg yoū què mēn zū sài yí bè。wū sùo yě tiñg, xiñ lí gǎo xiñ xǐ bè。

　　dāo lè tì niē yě yà lì, wū sùo huài húai xì xì lāi dà lúo lī gùo mēn kě, niē biè kāi kài, fè yoú yī gè yiñ yiň zì, gī xiù qiñ qiń jiaò kào mēn, yù yiñ gúo kài lè mēn yè gī jiñ kī。wū sùo yè jiñ mēn xiù sèn sé kī bǎo gī, gī liñ qiǎo gè pì kài, qiń wū sùo sǔ lùo lài, bè gī pāo lè zūo。niē gè yiñ wā zì gúo lè jǐ jù bǎ wò, xiù tiñg yoú yiñ kào mēn, gī mèn: "là gā?" "añg!" a! zí lúo lī gè sèn yiń, yù yiñ gúo gǔo: "ń hě jié gùo lāi bè?" lúo lī gǔo: "áng gǎi dāo nāi mēn mò dē, gī là gè xūe yì jiñ kài zé bè, áng zì háo gùo lāi, mēn zào zài gǎi zào bài xūe kī。" sé jì sùo zí, gī là niè láo mō xiǎo dè wū sùo gè wà jú yì yì hě, sùo niè gè pài fō。gé gè sī hē, wū sùo jè xí bè! "hé jiě pài? hé jiě pài?" yù yiñ gǔo bè gī dǎ dāo yè sài kài mēn xiē dē, gǔo: "kūa diè, tiāo lùo kì, dāo cì mō tì lì dǔ yī hùo zài gǔo!" wū sùo tiñg gī gè bǎ wò tiāo què kài mēn wā doù, dú dāo cì mō tì lì。lào gòng yè jiñ mēn, láo mō kāi lè gī yè aí, zí lè zí fī tóng, gǔo: "kūa mái bè, lòng què kī dáo tiào!" gúo tiào, niē gè yiñ dāi lè fī tǒng dāo cì mō tì biè, lúo lī dài lè fī sāo yǎo lè pà mái yè sāo xì mào cì mō tì lì pù kì, pù lè wū sùo yè dē yè señ。gī bō qié dāo dào liñ wā yè biè, lúo lī yoù bè xì pù dāo liñ wā yè biè, gī dāo dào là lì, xì xiù pù dāo là lì, wū sùo xiñ lí jiāo kǔ niē tiè。dén gī là niè láo mō wèi fō gài kūn gāo, gī zài yè sèn xǐ cē bāi tiè gè hùi liū liù lúo sài wēi miào。

　　wū sùo fè gài xìn, xìn lí cěn lúo lī mēn zào wā zì wēi què mēn, mēn zào zài lāi háo bè。dāo lè tì nié yě yà lì, wū sùo yoù lāi dào lúo lī gùo mēn kě, qìn qín jiào kào mēn, jīn mēn hé bǎo lào lúo lī láo mō xiù qìn。xiù déi gě gè sī hē, kào mēn gè sèn yǐn yoù xié qiē bè, hùo húo mō mō gè, wū sùo déi yù yìn gǔo gè bài cén hǔo, dǔ jīn kūo dáo guè gè kùi lì。là lì xiáo dè kùi dǐ lì dù zī bò gù cī gè yǐ, cī dè wū sùo sé jià qūe xù。lúo lī jīn mēn hé gǔo:"là lì yé fè kī bè, wā zì gùo lí hǎo!" yoù gǔo:"jìn záo tè yǐ bè, ańg kūn kùi sūo。" yāo láo mō dài gùn tùo lǎi bè kùi còng yí hùo tà yí hùo, gé jiè wū sùo yoù yè gùn tùo tūo。kà gài xiñ yì hě lúo lī kūn dāo kùi sūo, fè yóu jǐ fèn zòng yoù tiāo qiè lāi gǔo:"fè xiñ! fè xiñ! kùi sūo sài cé zòng bè, fè háo kūn bè。gé gè nài kùi fè yāo bè!" bié què mēn, fè yóu yī hùo ǹ, è lái jǐ gè bōng yōu, bē kùi dái què mēn wà, kài dè lóng pào gè qiā niń sùo, ā mi kūo wén, kūi xiù gù lù、gù lù gún lǔo sài kí bè!

　　(十六) 东湖里"水鬼"打鱼的传说

　　传说早年严州城里有个老渔民，孤身一个，每天晚上驾一小舟在东湖里打鱼，只要足够明天一天吃用就收网不打。第二天清早上街卖鱼，打壶酒，买点菜，到晚来坐在船上独饮。有一天，看见岸边有个人向他点头招呼，老渔民热情地邀他上船共饮一杯。那人也不推辞，且饮且说："只因贪这一口，才落到这步田地！"老渔民以为他是喝酒喝穷了，便说："我一个人孤独无亲，如不嫌弃，天天来陪我喝一杯。只要多打一网，就够你喝的。"那人道谢而去。过了两天，又在船头对饮，那人说："天天打扰你，很不过意。我水性好，我想下水去把鱼赶到船边，可以多打些。"说着，放下酒杯，向湖里一跳，钻进水中。说也奇怪，既无声响，又不见水花，老渔民还以为他身怀绝技，确有功夫。不一会儿，果见船边水面，鱼儿蹦蹦跳跳，急忙下网。起网时，网里已是鼓鼓的，三网两网，鱼舱里已装满了。

　　鱼多，卖得的钱也多了，买的酒和菜也多了。因而引起一些人的怀疑，

为什么近来打的鱼这么多？老渔民一五一十地讲出了经过，人们觉得很惊奇，有人说："要不，你遇到水鬼了？"老渔民心想，也许是，但他总觉得这个鬼很好。到了晚上，喝过一杯以后，老渔民问："你到底是人还是鬼？"那人叹了一口气说："实不相瞒，我是鬼，怕你受惊，故而不敢相告。"老渔民说："我觉得你很好，是鬼我也不怕。"那人说："我活着时是个务农的，读过两年书，只因贪杯，喝醉了在东湖边失足落水淹死。不过，我从不作弄生人。"老渔民说："我不但不怕你，而且喜欢你，你比那些在背后作弄别人的人好得多，我俩就结拜为兄弟吧。"于是，这一人一鬼结成兄弟，十分亲爱。可惜的是要到太阳落山以后才能见面。

几个月过去了，一天晚上，鬼弟弟面带愁容，停杯不饮，握住哥哥的手说："我们要分别了！"说着，两行眼泪流了下来。老渔民忙问是何原因？鬼弟弟说："阴间有个规矩：枉死鬼要找个替身才能投生。明天中午有个妇女要到湖边洗萝卜，萝卜落水，她伸手来捞，我把她拖下水淹死，我就可以投生了。"老渔民听罢默不作声。第二天将近中午，他先守在湖边，果然有一中年妇女挽着一篮萝卜走来。老渔民想：说吧，怕那妇女不相信。心生一计：迎上前去，伸手从她篮里抓了两个大萝卜转身就走，妇女一见此状，放下篮子追上去一把拉住老渔民，老渔民非但不还萝卜，反而风言风语，毛手毛脚，气得那妇女非要拉他到街坊讲理不可。时辰过去了，原因说明了，街坊都说老渔民平时本分，绝非坏人。而老渔民却发了愁，今晚怎样向鬼弟弟交代呢？

到了晚上，只见鬼弟弟早已坐在船头，出人意料的是鬼弟弟并无怨怒之色，而是满面春风地说："亏得哥哥这一下，使我没有因为自己投生，害死别人。东岳大帝封我为钟楼山的山神了。告诉乡亲们：只要自己当心点，不要在湖边失足落水，东湖里已经没有拖人下水的水鬼了。"

1. 同音字：董务力 "血鬼" kūo ñ 各孩沃

嗟切果，老皂各思喝捏奏森林有各靴 sùo 老爸，顾 sèn 一各音，每业耶亚力猜一 zà 些靴得董务力 kūo ñ，自腰戈闷灶业耶 qē 用秀嗽模 fè kūo。替茶耶业早嗯盖刀尬索骂 ñ，歹污酒，马爹猜，刀亚别俗 dè 靴 sùo 一各音切酒。有业耶，开介爱别有各音冒 gī 叠 dē 歹造胡，靴 sùo 老爸 kà 七各厄 gī 刀靴 sùo 业起 qè 业背。么各音爷 fè tèi，业别 qè 业别果："秀印卫太咯业壳，再威罗刀咯扑爹替！"靴 sùo 老爸义违 gī 子 qè 酒 qè 垌 bè，秀果："昂固拎吝一各音，腰子 fè 捏 téi 拜，耶耶 lāi 杯寺昂 qè 业贝。自腰肚 kūo 业模，秀戈嗯 qè bè。"么各音谢了义合秀 kī bè。姑了茶耶，又得靴 dē sùo 得切 qè 酒，么各音果："耶耶摸 fāi 嗯，角怪姑意 fè kī。昂学新好，昂岑罗学 kì bè ñ 改刀靴别，好肚歹爹。"果跳，旧倍 kūo 洛赖，冒污力业挑，再今学力。果切爷机瓜，tìn fè 街 sèn 吟，爷开 fè 街血货，靴 sùo 老爸挖义韦 gī 学新么烙烙好，潜各有共扶。fè 一货嗯，潜革开介靴别学灭 sùo，ñ 得么力挑 lāi 挑 kī，盖夸罗模。起模各思喝，模力义尽鼓切赖 bè，赛模茶模，些搓里义尽作买 bè。

ñ 度，骂切各草漂业度 bé，马各酒蒿猜业度 bé。印卫革介一涩音衣芯 bé，威 sùo 力咯胎思喝歹各 ñ 咯介度？靴 sùo 老爸一嗯一 sé 各果缺了进姑，踏过 jēi dè 角挂机瓜，有音果："腰 bè，嗯 pòng 咋血鬼抱？"靴 sùo 老爸芯里岑，果 fè lāi 子告，gī 纵 jē dè 革各鬼埋好各。刀了亚力，切固业背义合，靴 sùo 老爸闷："嗯刀地子音挖子鬼？"么各音太了业口七果："fè māi 嗯果，昂子鬼，哈嗯哈 kì，fè 改 dēi 嗯果。"靴 sùo 老爸果："昂 jē dè 嗯埋好，子鬼昂业 fē 哈。"么各音果："昂我 dè 革力各思喝子各五 nōng 各，德姑茶捏序，自印卫太背，切机 bè 得董务涩价特 dè 学力 wè 洗。fē 顾，昂宗 lāi fè 弄音。"靴 sùo 老爸果："昂 fē 哈嗯，挖坏喜嗯，比么涩得悲喝弄丛比嘎各音好 dè 肚，昂辣茶嘎秀 jè 八威调笛好 bè。"计洛赖，革各业音业鬼 zēn 了调笛，怪系角怪好。枯 xè 各子腰刀他也罗赛义合再 nēn 哥街灭。

几各于姑 kī bè，有业耶亚力，鬼敌低搜咪 gūe dè，丁背 fè 切，jùa 捞打固各 sé 果："昂辣腰份忾 bé！"果 kì，茶六癌哩 tèi 罗赖。靴 sùo 老爸盖夸闷子 sùo 力 nüē 印？鬼敌低果："印盖有各贵局：虐洗鬼腰新各替 sèn 再好 dē tèi。闷皂嗯思 fài 有各玉印果腰刀污别踏啰哺，啰哺特 dè 学力，gī sèn 叟 lāi 撩，昂 bè gī 踏罗学 wè 洗，昂秀好 dē tèi bé。"靴 sùo 老爸 tìn 好业 sèn fè

写。替茶耶夸刀嗯思 fài 各思喝，gī 泻喝 dè 污别，潜咯有一各玉印果 lìn 了业 nāi 斗啰哺走赖。靴 sùo 老爸岑：果 bè，哈么各玉印果 fè 写新，芯里赛了业各机擦：操 gī 走 kì，sèn 叟宗 gī nāi 斗里 jùa 了茶各吐啰哺跳各灭秀走，玉印果一货开介咯各页子，nāi 斗 kūo 洛赖倔索 kì 业帛辣捞靴 sùo 老爸，靴 sùo 老爸 fè 肯歪啰哺，挖 fòng fóng diè 叠猫叟猫驾，七 dè 么各玉印果一 tìn 腰辣 gī 刀尬灭梭 kī 宾导哩。思森姑 kī bè，nüē 印果 miñ bè，尬灭梭各音度果靴 sùo 老爸宾思本份，jē dè fè 子袜音。咯各思喝，靴 sùo 老爸 fò sē bè，进早亚力合节得鬼敌低告台呢？

刀了亚力，自街鬼敌低老皂秀俗 dè 靴 dē sùo bè，岑 fè 匝各子鬼敌低一爹 fè 有胡灶赛七各业子，挖买灭 qùn foǹg 各果："溃 dè 打固咯一货，业昂啊觅印卫系该 dē 赛，害洗比嘎。冻我达帝 fòng 昂威总乐赛各赛森 bè。高诉踏过：自腰系该刹芯叠，fē 要得污别涩价特 dè 学力，董污力义尽 fè 有踏音罗学各血鬼 bè。"

2. 拼音：duóng wù lì "xuè guí" kūo ñ gè nǎi wò

jūe qiē gǔo, láo zào gè sī hē niē zòu sēn lì yóu gè xūe sùo láo bà, gū sèn yī gè yīn, méi yè yé yà lì cài yī zà xiē xūe déi doǹg wù lì kūo ñ, zì yāo gē mēn zào yè yé qē yoǹg xiù sòu mó fè kūo。tì nié yě yè záo ǹ gài dāo gà súo mà ñ, dái wù jiě, má diè cāi, dāo yà biè sú dè xūe sùo yī gè yīn qiè jiě。yóu yè yé, kāi jiè ài biè yóu gè yīn mào gī dié dē dái zào hú, xūe sùo láo bà kà qī gè è gī dāo xūe sùo yè qí qè yì bèi。mé gè yīn yé fè tèi, yè biè qè yè biè gǔo："xiù yiǹ wèi tài gé yì kě, zài wēi lúo dāo gé pù diē tì！" xūe sùo láo bà yì wéi gī zí qè jié qè jioǹg bè, xiù gǔo："aǹg gù niñ niǹ yī gè yīn, yāo zí fè niē téi bài, yé yé lāi bēi sì aǹg qē yè bèi。zì yāo dù kūo yè mǒ, xiù gē ǹ qè bè。" mé gè yīn xiè lè yì hé xiù kī bè。gū lè nié yé, yòu déi xūe dē sùo dēi qiè qè jié, mé gè yīn gǔo："yé yé mō fāi ń, jiǎo gùai gū yì fè kī。aǹg xǔe xiǹ háo, aǹg cén lú xǔe kì bè ñ gái dāo xūe biè, hāo dù dái diè。" gúo tiào, jiè bèi kūo lùo lài, mò wū lì yè tiāo, cài jiǹ xúe lì。gúo qiè yé jī gūa, tiǹ fè jiē sèn yiń, yé kāi fè jiē xuè hùo, xūe sùo láo bà wā yì wéi gī xúe xiǹ mé lào lào hǎo, zèn gé yóu goǹg fú。 fè yī hùo ǹ, zèn gé kāi jiè xūe biè xué miè sùo, ñ déi mé lì tiāo lāi tiāo kī, gài kūa lúo ǐmǒ。 qí mǒ gè sī hē, mó lì yà jiǹ gú qiē lài bè, sài mǒ nié mǒ, xiē cùo lí yì jiǹ zùo mái bè。

ñ dù, mà qiè gè cǎo piào yé dù bé, má gè jié hāo cāi yè dù bé。 yiǹ wēi gé jiè yī sē yiñ yī xiǹ bé, wēi sùo lì gé tài sī hē dái gè ñ gé jiè dù? xūe sùo láo bà yì ñ yì sé gè gúo què lè jiǹ gū, tà gùo jēi dè jiǎo gùa jī gūa, yóu yiñ gǔo: "yāo bè, ñ poǹg zá xuè gúi bào?" xūe sùo láo bà xiǹ lí cèn, gúo fè lāi zá gào, gī zòng jē dè gé gè gúi mǎi háo gè。 dāo lè yà lì, qiē gù yè bèi yì hé, xūe sùo láo bà mèn: "ñ dāo dì zí yiñ wà zí gúi?" mé gè yiñ tài lè yè ké qī gǔo: "fè māi ñ gǔo, aǹg zí gǔi, hà ñ hà kì, fè gái dēi ñ gǔo。" xūe sùo láo bà gǔo: "aǹg jē dè ñ mǎi háo, zí gúi aǹg yē fè hà。" mé gè yi ñ gǔo: "aǹg wó dè gé lì gè sī hē zí gè wú nōng gè, dé gú nié niē xù, zì yiǹ wēi tài bèi, qiè jī bè déi dǒng wù biè sē jià tè dè wū lì wè xí, fē gù, aǹg zōng lāi fè lòng yiñ。" xūe sùo láo bà gǔo: "aǹg fē hà ñ, wā huài xá ñ, bí mě sè déi bēi hě loǹg soǹg bí gā gè yiñ háo dè dù, aǹg là nié gā xiù jè bā wēi xioǹg dǐ háo bè。" jì lùo lài, gé gè yì yiñ yì gúi zēn lè xioǹg dǐ, guài xì jiǎo guài háo。 kū xè gè zí yāo dāo tā yè lúo sài yì hé zài nēn gē yiē miè。

jí gè yǔ gū kī bè, yóu yè yé yà lì, gúi dǐ dī sōu mī gūe dè, diñ bèi fē qiè, jùa lāo dǎ gù gè sé gǔo: "aǹg là yāo fèn kài bé!" gúo kì, nié liù aǹg lī teì lúo lài。 xūe sùo láo bà gài kūa mèn zí sùo lì nǔe yiǹ? gúi dǐ dī gǔo: "yiñ gài yóu gè gùi jǔ: nǔe xí gǔi yāo xiñ gè tì sèn zài hǎo dēi tèi。 mēn zào ñ sī fài yóu gè yù yiñ gùo yāo dāo wū biè tà lūo bū, lūo bū tē dè xūe lì, gī sèn sóu lāi liāo, aǹg bè gī tà lúo xūe wè xí, aǹg xiù hāo dē tèi bé。" xūe sùo láo bà tiñ háo yè sèn fè xiě。 tì nié yě kūa dāo ñ sā fài gè sī hē, gī xiè hè dè wū biè, zèn gé yǒu yī gè yù yiñ gǔo liǹ lè yè nāi doù lūo bū zóu lài。 xūe sùo lāo bà cèn: gǔo bè, hà mé gè yù yiñ gúo fè xiě xiñ, xiǹ lí sài lè yè

gè jǐ cà: cào gī zǒu kì, sèn sóu zōng gī nāi dòu lí jià lè nié gè tù lūo bū tiào gè mìe xiù zé, yù yiǹ gǔo yī hùo kāi jiè gé gè yè zí, nāi dòu kūo lùo lài juè súo kì yè bó là lāo xūe sùo láo bà, xūe sùo láo bà fè kén wāi lūo bū, wā foǹg foǹg dìe dié, māo sé māo jià, qī dè mé gè yù yiǹ gǔo yī tiǹ yāo là gī dāo gà mìe sùo kì biǹ dáo lǐ。sī sēn gū kībè, nǔe yiǹ gǔo miń bè, gà mìe sùo gè yiǹ dù gǔo xūe sùo láo bà biǹ sī bén fèn, jié dèi fè zí wà yiñ。gé gè sī hē, xūe sùo láo bà fò sē bè, jiǹ záo yà lì hé jiě dēi gúi dí dī gào tái nì?

dāo lè yà lì, zì jiē gúi dí dī lǎo záo xiù sǔ dè xūe dē sùo bè, cén fè zǎ gè zá gúi dí dī yī dìe fè yóu hǔ zào sài qī gè yè zí, wà mǎi mìe qùn foǹg gè gǔo: "kùi dè dá gù gé yī hùo, yè ǎng ā mì yiǹ wēi xì gāi dē sài, hài xí bǐ gā。doǹg wó dǎ dì foǹg ǎng wēi zǒng lè sài gè sài sēn bè。gāo sù tà gùo: zì yāo xì gāi dùo xiǹ diě, fē yào déi wū biè sē jià tè dè xǔe lì, doǹg wù lì yì jiǹ fè yóu tà yiǹ lúo xǔe gē xùe gǔi bè。"

（十七）东湖西湖是龙眼的传说

梅城未拆城墙以前，东湖在城里，西湖在城外。据说从前东湖、西湖都在城里。自从方腊起义，把宋朝君臣吓坏了，后来起义失败，方腊被害，那些大臣奏明皇上，说方腊造反是因为睦州城的风水太好的缘故。站在乌龙山向下看，睦州城活像一只龙头，东湖、西湖就是一双龙眼，这条龙从乌龙山下来，龙头伸到江里喝水，"龙为君象"，这里要出"真命天子"。宋朝皇帝听了大为吃惊，立即降下圣旨，把睦州改为严州（严厉镇压的意思）；凡是带有"龙"字的地名，都要把"龙"字改掉，把乌龙山改为仁安山，乌龙岭改为仁安岭（隔了二百四十多年，到明朝才又叫乌龙山）；又命令严州知州周格改建城垣，把东湖圈在城里，西湖划在城外，好比在"龙头"上削了一刀，成了个"独眼龙"，以为风水一破，就不会出皇帝了。

1. 同音字：董务习务子 lōng 艾尽各孩沃

梅岑阿觅擦森些义些，董务得森力，习务得森袜。tiǹ 果老皂各思喝董务习务度得森力。宗 fò lé 气仪，bè 宋遭窝低达岑哈袜 bè，喝 lāi 气仪涩怕，fò lé 害 洗 bè，么 涩 达 岑 邹 本 bè 窝 低，果 fò lé 凿 fǎi，子 印 为 么 奏 森 各 fòng 学 特 好 各 nüē 姑。改 dè 五 弄 赛 冒 罗 开，么 奏 森 wé 特 特 写 一 zà lōng dē，董 务、习 务 秀 子 业 sùo lōng 霭，咯 吊 lōng 宗 五 弄 赛 罗 lāi，lōng dē sèn 刀 果 力 切 学，"lōng 威 俊 些"，咯 力 腰 缺 "潜 敏 帖 子"。宋 遭 窝 低 tiǹ 了 业 载 哈，模 sùo 罗 sèn 子，bè 么 奏 改 威 捏 奏，凡 子 搭 有 "lōng" 寺 各 替 miñ，肚 腰 bè "lōng" 寺 改 挑，bè 五 弄 赛 改 为 音 艾 赛，午 弄 林 改 威 音 艾 林（尬 了 茶 爸 西 涩 度 捏，刀 miñ 招 再 又 厄 五 弄 赛）；又 民 niǹ 捏 奏 资 zē zē 各 改 扫 森 些，bè 董 务 确 dè 森 力，习 务 瓦 dè 森 袜，好 比 得 "lōng dē" sùo 下 了 业 到，zēn 了 各 "德 矮 lōng"，义 韦 fòng 学 业 怕，秀 fē 卫 确 窝 低 bè。

2. 拼音：dóng wù xǐ wù zí lōng aì jiǹ gè hǎi wò

méi cěn ā mì cà sēn xiē yì xiē，dóng wù déi sēn lì，xí wù déi sēn wà。tiǹ gúo lǎo zào gè sī hē dóng wù、xí wù dù déi sēn lì。zoǹg fò lé qì yǐ，bè sòng zāo wō dī dá cěn hà wà bè，hè lāi qì yí sē pà，fò lé hài xǐ bè，mé sè dá cěn zōu bén bè wō dī，gǔo fò lé záo fǎi zí yiǹ wèi mé zòu sēn gè fòng xúe tè hǎo gè nǚe gū。gái dè wú lòng sài mào lúo kāi，mé zòu sēn wé tē tè xié yī zà lōng dē，dóng wù、xí wù xiù zí yè sùo loǹg aǐ，gé diào loñg zōng wú lòng sài lúo lāi，loñg dē sèn dāo gǔo lì qiè xǔe，"lōng wēi jùn xiē"，gé lì yāo qùe "zèn miǹ tiè zí"。sòng zāo wō dī tiǹ lè yè zái hà，mó sùo lǔo sèn zì，bè mé zòu gái wēi niē zè；fái zì dùo yóu "loñg" sì gè tì miñ，dù yāo bè "loñg" sì gǎi tiào，bè wú loǹg sài gái wēi yiñ aì sài，wú loǹg liñ gái wēi yiñ aì liñ（gà lè nié bà xǐ sè dù niē，dāo miñ zāo zài yòu è wú loǹg sài）；yòu mín niǹ niē zè zì zè zē gè gái sǎo sēn xiē，bè dóng wù qùe dè sēn lì，xí wù wá dè sēn wà，háo bǐ déi "loñg dē" sùo xià lè yè dào，zēn lè gè "dé aǐ loñg"，yì wéi foǹg xúe yè pā，xiù fē wèi qùe wō dī bè。

（十八）苞萝馃的启发

梅城的西南角上有两座小山，一座叫西湖山，一座叫建昌山（梅城老百姓叫它老鼠山）。两山之间有一绺北高南低的斜洼地，原先本是一条河道，从

乌龙山脚和庵口来的溪水，由长桥来的西湖水，都经过这里流入新安江。可是不积水，天晴时是一滩泥沙，过路人"两胫及股为沙土所淤"，一下雨则水流"冲激澎湃"，行人阻于两岸。因为当年这里还是一条由府城通往寿昌、淳安的驿道，所以明朝严州知府吕昌期于万历三十八年（1610）在两山之间，河道的出口处造了一座桥，后人叫它"吕公桥"。民国时，公路建成通车，过这条路的人少了。1970年梅城防护工程竣工，"内渠"改道，乌龙山和庵口来的溪水转向三里亭造船厂出口；西湖积水则由"大坝"西头的水泵房排泄入江，这里不再是当年的河道和驿道。为了防止江水倒灌，吕公桥已改建为防洪闸。下面说的是当年造桥的一段神话。

话说严州知府吕昌期，江苏溧阳人，上任以来，为官清正。他见建昌山脚河道，行人过往，十分困难，就带头捐献俸银，发起募捐，在此兴建一道桥梁。找了个忠厚的包工头承包建造，立下文书，桥要造得牢固，倘若一年半载倒塌，由包工头赔钱重建。开工后，两头才打下两个桥墩，一场暴雨，各路的山、溪、湖水，齐向河道奔来，一下子就把桥墩击倒。包工头自认晦气，重新打桩再砌，不料又被雨后山洪冲垮。这样一造再造，银子已快用光，眼看就要倾家荡产，包工头心里十分着急。这天午后，包工头家里照例做了一篮苞萝馃儿，送到工地给工友们做点心，扣数每人一个。包工头正在分发，来了一个蓬头垢面、衣衫褴褛的老头，向包工头伸手讨苞萝馃儿吃。包工头见他年老可怜，自己心事重重，横直吃不下，就把自己的一只给了他。那老人也不道谢，随手一掰二开，在馅多的馃芯，各咬了一大口，然后把两块咬剩下来的馃儿边放在地上，一边说："没有馅的不好吃"，转身离去。包工头见此情景，先是气愤，继而一想，老人好像有点痴癫，何必和他计较。想着，望着——地上的馃儿边，忽然心里一亮，急忙拾起，这样一并，那样一斗，用现在的名词来讲，这两块馃儿边正是一副机械上的"哈夫"（HALF），等到包工头明白过来，急忙寻找老人，已不知去向。

原来河道口尽是泥沙，缺乏坚实基础，桥墩立不稳，一遇大水，不是歪倒，就是下沉（所以老人把"馅"吃掉，意思是要解决"馅"的问题）。后来包工头得此老人指点，用了个下托上盖的法子，先在河底砌了个朝上的半圆形石拱，再从上面砌个半圆形石拱覆下来。合起来像是一孔很大的涵洞。桥就这样造成了。成为我国建筑特有的一种结构，很有科学价值。

1. 同音字：宝噜固嗯各启 fò

梅岑各系 nāi 固梭有茶亏些赛，业亏厄习勿赛，业亏厄介措赛，（梅岑老爸新厄 gī 烙词赛）。茶亏赛纵爷有一六 bè 告 nāi 地各掐朵，nüē lāi 子业刁凯拜，宗五弄赛架蒿艾可 lāi 各赛忾学，优栽交 lāi 各洗务学，都近姑咯力 tèi 今兔气。秀子 fē jè 学，帖新各思喝业太乃勿衣，姑路各音"茶 zà 架冻拐肚威业 sùo 土弄务粗"，业罗雨秀威有买突各学 còng 罗赖，bè 走路各音尬 dè 茶艾。应为驮捏咯立挖自优府森痛刀嗽挫、勋艾各怪路。印卫咯介，miñ 遭捏奏字府力错机得外咧赛 sé 卜捏（1610）得茶亏赛纵爷，凯拜缺口各替 fō 扫了业更交，喝 lāi 各音厄 gī "力共交"。miñ gùe 各思喝，共路扫好痛错，姑 gé 吊路各音扫 bè。业九切 niñ 捏梅岑防无工岑扫好，"力兜各句导"改导，五弄赛蒿艾可 lāi 各赛忾学决冒赛力丁扫靴才缺可；洗务 jè 学秀优"扫坝"戏 dē 各血傍房八到兔气里，革力 fē 再子垛捏各凯拜蒿怪路。威了 fō 配兔气学刀乖，力共交义进改刊威 fō oñg 索。弟火果各秀子垛捏扫交各一太孩卧。

把卧果捏奏自府力错机，江苏溧阳音，索愣义 lāi，威怪庆 zēn。gī 开介介措赛架凯拜，音 lāi 音 kī，角怪困 nāi，秀搭 dē 倔泻 fòng niñ，fò 起募倔，得革各替 fō 扫业更交。新了一各种合各抱共 dē，zēn 抱扫交，咧罗温序，交腰扫 dè 捞，腰子一捏刂栽倒跳，优抱 dē 悲钞票宗兴扫。忾共义合，茶 dē 挖自歹罗 kì 茶各交拵，业栽 fóng 暴突雨，埋辣力各赛、气、污学，业起遭凯拜力 còng 末，一货嗯秀 bè 交拵 còng 倒 bè。抱 dè 系印悔气，宗兴歹作再七，fē 料又业雨合赛索 còng 罗赖各突学 còng 垮。革介业子，业扫再扫，niñ 子义劲夸用了 bè，矮开秀要迥 dè dē dè 爹，芯里么烙烙 jè。革业耶嗯合，抱 dè 过里招叶租了业 nāi 斗饱噜固嗯，松到共替 bè 租赛我各音多 dìè 芯，坷捞每各音一嘎。抱 dè 潜得么力 fò，lāi 了一嘎 bōng dē 辣寺，义索洗趴各烙 dē 嗯，遭抱 dè sèn sé 讨饱噜固嗯切。抱 dè 开 gī 捏机突 sái 姑，系该芯寺总，

则歪切 fè 罗，秀 bè 系该各一 zà bè 了 gī。么各老音过爷 fē 谢，靴 sé 一怕茶忾，得海度咯固嗯芯，业别拗了业突可，秀 bè 茶亏拗 sèn 罗 lāi 各固嗯别 kūo dè 替梭，业别果："fè 有海各 fè 好切"，决各 sèn 子秀走 bè。抱 dè 开介咯各业子，泻子饺挂七，继罗 kī 业岑，老音过号泻有 diè 撒 fè 搔各，污别得 gī 计叫。层蹭，开忾——替梭各固嗯别，一货嗯芯里一聂，盖夸协伽，咯介业 bíń，么介业 dē，用咯货各 miñ 多赖果，革捏亏固嗯别潸好子业夫几器 sùo 各"哈夫"，等刀抱 dè miñ 把姑 lāi，盖夸新老音过，义近 fè 晓 dè 刀辣力 kī bè。nǔe lāi 凯拜可度子窝妮 sùo 逆，替计 fè 戈 sé，交拗咧 fè 稳，一 pòng 匝突学，fè 子袜倒，秀子 zēn 罗 kì（sùo 义老音过 bè "孩"切跳，意思子腰介倔"孩"各寺该）。喝 lāi 抱 dè 得革各老音过各子迭火，用了各火拓索该各派 fō，泻得污底砌了各遭索各掰 nǔe 各撒拱，再宗告德砌各掰 nǔe 各撒拱该洛赖，合切赖秀子一各埋突各痛。交秀革介扫森共 bé。森威昂辣 gùe 过建倔告德 dé 有各业总 jè 构，有么烙烙突各 kūo 协价择。

2. 拼音：bǎo lū gù ǹ gè tiáo dē

méi cěn gè xì nāi gù sūo yóu niè kūi xīe sài，yè kūi è xí wù sài，yè kūi è jiè cùo sài（méi cěn láo bà xiñ è gī lào cí sài）。nié kūi sài zoǹg yé yóu yī liù bè gào nāi dì gé qiā dǔo，nǔe lāi zí yè diāo kǎi bài，zōng wú lòng sài jià hāo ài ké lāi gè sài kài xǔe，yoū zāi jiāo lāi gè xí wù xǔe，dù jìn gū gé lì tèi jiñ tù qì。xiù zí fē jè xǔe，tiè xiñ gè sī hē yè tài nǎi wù yī，gū lù gè yīn "nié zà jià doǹg guǎi dù wēi yè sùo tú lòng wù cū"，yè lúo yǔ xiù wēi yóu mǎi tù gè xǔe coǹg lúo lài，bè zé lù gè yīn gà dè nié ài。yìn wèi dùo niè gé lì wà zí yì diāo yoū fú sēn tòng dāo sòu cùo、xūn ài gè guài lù。yìn wèi gé jiè，miñ zāo niè zòu zì fú lì cùo jī déi wài lié sài sé bò niè（1610）déi nié kūi sài zòng yé，kái bài què ké gè tì fō sáo lè yè gèn jiāo，hè lāi gè yīn è gī "lì gòng jiāo"。miñ guè gè sī hē，goǹg lù sáo hǎo tòng cùo，gū gé diào lù gè yīn sáo bè。yè jiú qiè nié niē méi cěn faǹg wǔ goǹg cén sáo hǎo，"lì dōu gè jú dáo" gái dáo，wú lòng sài hāo ài ké lāi gè sài kài xǔe júe mào sài lì diñ sáo xūe cái què ké; xí wù jè xué xiù yoū "dá bà" xì dē gè xuè bang fang bā dāo tù qì lí, gé lì fē zài zí dùo niē gè kǎi bài hāo gùi lù。wēi lè fō pèi tù qì xué dāo guāi, lì gòng jiāo yì jìn gái sǎo wēi fō oñg sǔo。dì húo gǔo gè xiù zí dūo niē sǎo jiāo gè yī tài hǎi wò。

bá wò gǔo niē zòu zì fú lì cùo jī, jiāng sū lì yañg yiñ, súo lèng yì lāi, wēi guài qìn zēn。gī kāi jiè jiè cùo sài jià, yiñ lāi yiñ kī, jiǎo guài kùn nāi, xiù dā dē juè xiè foñg niñ, fò qí mò juè, déi gě gè tì fō sǎo yè gèn jiāo。xi ñ lè yī gè zòng hě gè bào gòng dē zēn bào sáo jiāo, lié lǔo wèn xù, jiāo yào sáo dè lāo, yāo zí yì niē bāi zài dáo tiào, yōu bào dè bēi cǎo piào zōng xiñ sáo。kài gòng yì hé, nié dē wā zì dái lǔo kī nié gè jiāo dèn, yè zāi fóng bào tù yǔ, mǎi là lì gè sài、qì、wū xuě, yè qí zāo kái bài lì còng lái, yī hùo ñ xiù bè jiāo dèn còng dáo bè。bào dè xì yiñ hǔi qì, zōng xiñ dái zùo zài qī, fē liào yòu yè yú hě sài súo còng lúo lài gè tù xǔe còng kùa。gé jiè yè zí yè sáo zài sáo, niñ zí yì jìn kūa yòng liáo bè, aí kāi xiù yāo jiōng dè dē dè diē, xiñ lí mé lào lào jè。gé yè yé ñ hě, bào dè gùo lí zāo yè zū lè yè nāi dòu báo lū gù ñ, sōng dào gòng tì bè zū sài wó gè yiñ dūo diè xiñ, kē lāo méi gè yiñ yì gā。bào dē zèn déi mē lì fò, lāi lè yì gā bōng dē là sì, yì súo xǐ pā gè lào dē ñ, zāo bào dè sèn sé tǎo báo lū gù ñ qiè。bào dè kāi gī niē jī tù sái gū, xì gāi xiñ sì zoñg, zé wāi qiē fè lúo, xiù bè xì gāi gè yī zà bè lè gī。mé gè láo yiñ gùo yé fē xiè, xūe sé yī pà nié kài, déi hǎi dù gè gù ñ xiñ, yè biè aǒ lè yè tù ké, xiù bè nié kūi aǒ sèn lúo lāi gè gù ñ biè kūo dè tì sūo, yè biè gǔo: "fè yoú hǎi gè fè hǎo qiè", jué gè sèn zí xiù zé bè。bào dè kāi jiè gé gè yè zí, xiè zí jiáo gùa qī, jì lùo kī yè cěn, lǎo yiñ gùo hào xiè yoú diè sā fè sǎo gè, wū biè dēi gī jì jiào。cén cèn, kāi kài——tì sūo gè gù ñ biè, yī hùo ñ xiñ lí yī niè, gài kūa xié qié, gé jiè yè pìñ, mé jiè yè dē, yoñg gé hùo gè miñ dūo lài gǔo, gé nié kūi gù ñ biè zèn hāo zí yè fū jí qì sùo gè "hà fù", dén dāo bào dè miñ bǎ gù lài, gài kūa xiñ láo yiñ gùo, yì jìn fè xiáo dè dāo

là lì kī bè。

niē lāi kái bài ké dù zí wō nī suò nì, tì jì fè gē sě, jiāo dè lí fè wěn, yī pòng zá tù xǔe, fè zí wà dǎo, xiù zí zēn lúo kì（sùo yì láo yī gùo bè "hai" qiē tiào, yì sī zí yāo jiè juè "hai" gè sì gāi）。hè lāi bào dè déi gě gè lǎo yiñ gùo gè zí dié hǔo, yoñg lè gè hǔo tùo súo gāi gè pài fō, xiè déi wū dǐ qiè lè gè zā súo gè bāi nǔe gè sá gǒng, zài zōng gào dé qiē gè bāi nǔo gè sá gǒng gāi lùo lài, hé qié lài xiù zí yī gè mái tù gè toñg。jiāo xiù gé jiè sáo sēn goñg bé。sēn wēi añg là guè gùo jiān juè gào dé déi yóu gè yè zóng jè gē, yúo mé lào lào tù gē kūo xié jià zě。

（十九）赤脚土地

过去严州有许多土地庙。土地神像一般都塑成：颔下长髯，衣冠楚楚，正襟危坐，道貌岸然。唯独乌龙山脚一座土地庙里的土地像却是身披短褂，脚穿草鞋的中年汉子，与众不同。

传说从前有个农民，三日两头上乌龙山砍柴，为了早去早归，经常在后半夜到山脚下的土地庙中等天亮。一次，他正在神龛下打盹，忽然一阵风，闯进来一只猛虎，蹲在神座前问："今天该吃何人？"只听见土地说："今天中午，有个穿长衫、拿纸扇的人经过山下，给你吃。"老虎点了点头，出庙去了。砍柴人心想，难道真有这种事？他放弃了上山打柴，守在山脚路边。到了中午，果然有一穿长衫、摇纸扇的人缓步而来。砍柴人急忙拦住，说是前面有虎要吃你。正说着，一阵风，跳出一只猛虎，张牙舞爪地扑了过来，砍柴人早有准备，操起手里的柴冲，奋力和猛虎格斗，把虎打死。他回到庙中，指着神像大骂："你享受老百姓的香火供奉，不保佑老百姓，反而叫老虎吃人，你不配坐在这里！"说着，抢起一柴冲，把土地的塑像打下神龛，他一跃而上，坐在土地的位置上。因打虎时用力过度，就此坐着死去。

再说那个穿长衫的人逃进城里一讲，大家带了刀叉棍棒赶来相助，只见虎已倒毙在山脚下，砍柴人已死，于是照他的模样塑成神像，烧香叩拜，感谢他打倒昏神，杀虎除害。因他穿的是草鞋，大家称他为赤脚土地。

1. 同音字：cà 架兔迪

老皂捏奏有么烙烙度土地庙。兔迪森业拜度塑 zēn：决地火栽污子，怪义漂聂，俗 dè zēn，夜子好。自有五弄赛价一盖土地庙力各兔迪哺 sùo 子 sèn 屁歹赛，价却 cào 哈各 nāi 子害，dēi 比嘎庙力各 fè 一夜。

嗟切果老皂有各 nōng miñ，赛耶茶 dē 索五弄赛作撒，威了早 kī 早贵过，尽栽得合刮亚刀赛价各土地庙力等帖聂。有业威，gī 盖改得森开弟火歹 kì 匆，—cèn fòng 确来，措今 lāi 一 zà 烙虎，拖 dè 森开些闷："近早盖切辣各音？"自 tìn 节兔迪果："近早嗯思 fài，有各确栽赛。带自塞各音劲姑赛价，bè 嗯切。"烙虎送了送 dē，缺庙 kī bè。作撒各音芯里岑，挖潜有咯宗寺该？gī fè 索赛作撒 bè，喝 dè 赛价路别。刀了嗯思 fài，潜咯有一各确栽赛，腰自塞各音卖 tèn tèn 走赖。作撒各音模 sùo nāi 捞，得 gī 果些 dē 有烙虎腰切嗯。盖改果各思喝，一 cèn fòng，挑缺一 zà 烙虎，刺窝舞早各 pē 固赖，作撒各音早有俊北，带且叟力各撒 còng，用咧得烙虎歹，bè 烙虎拷洗。gī 威到庙力，子捞土地森突末："嗯 sé 老坝心各泻虎工，fè 保佑老坝心，挖 è 烙虎切音，嗯 fè 胚俗 dè 咯力！"果跳，令且业撒 còng，bè 土地哺 sùo 歹罗森开，gī 一呼挑呼 dè 索 dē，俗 dè 土地各位子 sùo。应为歹烙虎各思喝，用咧姑 dē，秀革介俗 dè 么力洗 kī bè。

再果么各确栽赛各音刀今森力业果，踏过搭了道 cà 滚自改 lāi 败岑，自街烙虎义近洗 dè 赛价，作撒各音义近洗挑，踏过秀遭 gī 各业子塑 zēn 神详，臊泻嗑八，谢谢 gī 歹倒混森，sùo 洗烙虎。印威 gī 缺各子 cào 哈，踏过 è gī 威 cà 架兔迪。

2. 拼音：cà jià tù dí

lǎo zào niē zòu yǒu mé lào lào dù tǔ dì miào。tù dí sēn yè bài dù sù zēn：júe dì hǔo zāi wū zǐ，gùai yì piǎo niē，sú dè zēn，yè zí hǎo。zì yóu wǔ lòng sài jià yì gài tǔ dì miào lì gè tǔ dì bū sùo zǐ sèn pì dǎi sài，jià què cào hā gè nāi zí hài，dēi bǐ gā miào lì gè fè yī yè。

jūe qiè gǔo lào záo yóu gè nōng miñ，sài yé niē dē súo wǔ lòng sài zùo

sā, wēi lè záo kī záo gùi gùo, jìn zài déi hě bāi yà dāo sài jià gè tú dì miào lì děn tiè niè。 yóu yè wēi, gī gài gái déi sēn kāi dì húo dǎi kì cōng, yī cèn fòng què lái, cùo jiñ lāi yī zà lào hú, dèn dè sēn kān xiē mèn：" jiñ záo gài qiè là gā yiñ?" zì tìng jié tú dì gǔo：" jiñ zá ň sī fài, yóu gè què zāi sài、 dài zí sāi gè yiñ jìn gū sài jià, bè ň qiè。" lào hú diě lè dié dē, qūe miào kī bè。 zùo sā gè yiñ xìn lá cěn, wā zèn yóu gě zoñg sì gāi? gī fè súo sài zùo sā bè, hè dè sài jià lù biè。 dāo lè ń sī fài, zèn gé yóu yī gè què zāi sài, yāo zí sāi gè yiñ mài teñ tèn zé lài。 zùo sā gè yiñ mó sùo nāi lāo, děi gī gǔo xiē dē yóu lào hǔ yāo qiè ň。 gài gái gǔo gè sā hē, yī cèn foñg, tiāo què yī zà lào hǔ, cì wō wú zǎo gè pè gù lài, zùo sā gè yiñ zǎo yóu jùn běi, dài qié sǒu lì gè sā còng, yoñg liè děi lào hú dǎi, bè lào hé kào xǐ。 gī wēi dào miào lì, zí lāo tú bì sēn tù mò：" ń sé lǎo bà xiñ gè xiè hú gōng, fè báo yòu lǎo bà xiñ, wà è lào hé qiè yiñ, ń fè pēi sǔ dè gé lì!" gǔo tiào, lìn qié yè sā còng, bè tú dì bū sùo dái lǔo sēn kān, gī yī hùo tiāo hù。 dè súo dē, sú dè tú dì gè wèi zí sùo。 yiñ wèi dái lào hǔ gè sī hē yòng liè gū gē, xiù gé jiè sú dè mé lì xí kī bè。

zài gǔo mé gè què zāi sài gè yiñ dāo jiñ sēn lì yè gǔo, tà gùo dā lè dào cùo gún zì gǎi lài bài cěn, zì jiē lào hǔ yì jìn xǐ dè sài jià, zùo sā gè yiñ yì zì jiē lào hǔ yì jìn xǐ dè sài jià, zùo sā gè yiñ yì jìn xí tiào, tà gùo xiù zāo gī gè yè zí sù zēn sén xiañg, sà xiè kè bā, xiè xiè gī dái dǎo hùn sēn, sùo xǐ lào hǔ。 yiñ wèi gī què gè zí cào hā, tà gùo è gī wēi cà jià tù dǐ。

（二十）"中国第一个女皇帝"陈硕真

我们一般公认中国正史上第一个也是唯一的女皇帝是武则天，但其实在她之前还有一个女皇帝。她就是睦州义军首领陈硕真。

陈硕真，于唐高宗永徽四年（653）十月率众起义，不久自封"文佳皇帝"。虽然这次起义很快被镇压了，但因陈硕真开天辟地般的壮举，被现代史学家翦伯赞称为"中国第一个女皇帝"。

陈硕真是唐代睦州青溪县人，自幼父母双亡，和一个妹妹相依为命。姐妹俩历经世间风霜雨雪，尝遍人间辛酸苦辣。青溪山高谷深，耕地稀少，物质匮乏，再加上朝廷横征暴敛，造成当地百姓负担十分沉重。

这一年，青溪发生了百年不遇的洪灾，朝廷不但不开仓赈粮，还照样征收各种赋税，导致民不聊生，百姓卖儿鬻女，流离失所，饿殍载道。陈硕真看到乡亲们的苦难景象，想到自己也曾得到过乡亲们的帮助，于是不顾自己安危，偷偷打开东家的粮仓救济灾民，结果被东家发现，捆绑起来，打得遍体鳞伤、死去活来。众乡亲看在眼里，急在心里。当天夜晚，大家自发组织起来，冲入关押陈硕真的柴房，将其救出。为逃避官兵的追捕，陈硕真逃入深山之中，装扮成一位道姑，疗养身体。

陈硕真在养伤期间，觉得只有推翻腐朽的朝廷，才能让大家过上好日子。陈硕真决定利用道教来发展信众，作为以后起义的力量。她先是散布一些消息，说自己在深山遇到了太上老君，被收为弟子，并向大家展示她所学到的种种法术。因为乡民希望她成仙后能为民造福，对陈硕真"升仙山受仙法"的说法深信不疑。过了一段时间，她又宣称，自己已经得到太上老君的神谕，马上就要羽化登仙了。但这时，有人向官府告密说，陈硕真成仙升天是假，图谋不轨是真。于是官府派人四处搜寻，将陈硕真抓了回来，并以妖言惑众、图谋不轨之类的罪名将案件上报上司。幸好众多乡亲积极筹措资金，打通了关节，这才使得陈硕真被无罪释放。经历这次风波后，陈硕真觉得官府已经注意到了自己的行为，若不尽快起义，恐怕以后就没有机会了。

猛虎归山，蛟龙入海，自然就会掀起一场风浪。陈硕真有一位亲戚叫章叔胤，他积极支持陈硕真的起义计划并做了大量的宣传组织工作。章叔胤对外宣传说，陈硕真已从天上返回青溪，现在她法力无边，变幻莫测，可以召神将役鬼吏。这说法一传十，十传百，愈传愈玄，方圆百里的百姓无不对陈硕真顶礼膜拜，陈硕真的每一句话都是神语仙音，足可令信徒赴汤蹈火而在所不辞。眼看信徒发展的人数差不多了，公元653年10月，陈硕真正式宣布起义，与官府进行对抗。她仿照唐朝官制建立了政权，任命章叔胤为仆射，

总管各项事宜，而她自己则称为"文佳皇帝"。在中国历史上，参加农民起义的妇女不计其数，但做领袖的妇女却寥若晨星，而做领袖且又称"皇帝"的妇女，则只有陈硕真一人。

陈硕真发动起义后，得到当地人民的广泛拥护，青溪人童文宝首先率众响应，在很短的时间里，义军就发展到几千人，为壮大力量，陈硕真和章叔胤兵分两路，章叔胤领兵攻占桐庐，陈硕真自己率军两千攻占睦州治所及于潜。睦州各地的百姓群起响应，起义军很快发展到数万人。陈硕真能够以区区两千人马就攻陷睦州首府及所属诸县，顿时朝野震动，为了将义军剿灭，朝廷对起义地区实行封锁，严格控制人口流入义军，所有进入睦州地区的人员一律受到盘查，就连僧侣也不放过。

为了打开局面发展力量，陈硕真乘胜进攻安徽，攻打歙州（今安徽歙县）。但由于歙州驻军地严密、抵抗顽强，陈硕真手下虽有几万人，但大多是没有受过军事训练的普通百姓，又没有攻城器械，歙州久攻不下。

不得已，陈硕真从歙州撤出，改变原来集中兵力进攻的方法，制定分路出击，采用运动战与袭击战结合的方针，打击敌人扩大势力范围。在此方针下，陈硕真命童文宝统兵四千，掩袭婺州（今浙江金华）。童文宝率兵进入婺州后，与官军遭遇，变掩袭成强攻。

这时，担任婺州刺史的崔义宏，此人身经百战，颇有智谋。崔义玄在城中闻报警报，立即召集文官武将，准备发兵抵抗，官员们却慑于义军的声威，纷纷说："陈硕真有神灵护卫，敢与其兵对抗者，无不杀身灭门，还是回避为上。"绝大多数人不愿前去。这时，一个叫崔玄籍的司空参军却说："顺天心合民意的起兵，有时尚且不能成功，陈硕真不过是个有点法术的女人，一定坚持不了多久。"崔义宏闻听此意，大喜过望，立即命崔玄籍为先锋官，他自己统率大兵跟进。

陈硕真闻知童文宝在婺州受阻，带领主力来到婺州支援，参战的义军达数万人。义军虽然在人数上占优势，但战士未经训练，战斗力有限，过去能克州陷府，凭的是声威和拼劲，还有一个重要原因是趁了守军猝不及防之机。

如今面对训练有素，早有防备，指挥得当的官兵却有些力不从心。

两军在婺州境内僵持着，陈硕真为打破僵局，改变客地作战，敌情不熟等不利条件，不断派出间谍，刺探军情，有一次仅被唐兵擒住的间谍就达数十人。而崔义玄这边也没闲着，向四方发出求援。

就在两军僵持之际，一天晚上，忽然有一颗陨星坠落在陈硕真的大营中。崔义玄立刻大造舆论，说这就是陈硕真的将星陨落，陈硕真必死无疑，顿时军心大振，而陈硕真一方的士气则大大低落。

十一月底，扬州长史房仁裕的援军到达婺州，与崔义玄前后夹击义军。战斗情况相当惨烈，数万义军，除一万多被俘外，其余大部战死。"文佳皇帝"陈硕真及仆射章叔胤在战斗中被俘，最后英勇就义。

严州百姓不肯相信陈硕真的死，他们留下了一个传说。说当起义军最后被围困在今建德市下涯镇新安江畔的一座山头上，陈硕真立马山头，回顾左右，义军已经所剩无几。她挥舞双剑，准备再冲下山来。房仁裕和崔义玄指挥官兵万箭齐发，山上顿时箭如雨下，陈硕真舞动双剑，远远看去只见两团白光，护着全身。但官兵的箭轮番向那两团白光射去，最后，陈硕真胸腹连中数箭，两团白光渐渐收敛了。就在官兵一拥而上，正要抓住陈硕真时，忽然天边飞来一只巨大的凤凰，降落在山头，吓退了官兵，然后背起陈硕真腾空而去。于是，那山现在就叫"落凤山"。

陈硕真从起兵到兵败身亡，不过一个多月时间，但是震动东南，影响极大。她自称皇帝，在中国历史上还是第一次。后来的武则天称帝，方腊起义，多多少少受到了一些她的影响。今天我们在青溪的"天子基""万年楼"、下涯"落凤山"等遗迹中，似乎仍可找到当年的"文佳皇帝"的影子。

1. 同音字：纵 gùe 替业嘎女窝低岑 sùo 潜

昂辣业拜共印纵 gùe 潜死 sùo 替业嘎爷自秀革介业嘎女窝低子武则帖，sé 计 sùo 得 gī 义些挖有业嘎女窝低，gī 秀子么奏义郡 dē 嗯岑 sùo 潜。

岑 sùo 潜，得多告纵运汇西聂 sé 淤搭踏过气宜，fè 有度扫思喝戏该 fòng "温价窝低"。学赛咯威气宜角怪夸秀潜啊跳 bè，胆印卫岑 sùo 潜忾帖

撒替各突董则，业革货各寺协过解爸栽厄租"纵 gùe 替业嘎女窝低。"

岑 sùo 谮子多太么奏庆气闲音，低弟些唔骂把爸秀洗跳，dēi 一各妹卸义威命。几妹茶嘎咧尽思尬 sùo 各 fòng sùo 雨系，棱憋音盖各信赛苦罗。庆气赛告 gùe sèn，爹替角怪扫，动洗业扫，再过索遭丁谮授历咳，驮替老爸新佛担么烙烙总。

革业捏，庆气 fò sèn 了爸捏 pòng fè 咋各 oñg 再，遭丁 fè 光 fè 忾错奋捏，挖遭夜 zēn 搜各总各夜各赋靴，害老爸新赛我困 nāi，骂 ñ 骂挪，哩过讨 fài，误洗埋路。岑 sùo 谮开介泻力泻庆各苦，岑 zà 戏该爷曳 zà 固泻庆各拜岑，gī 秀 fè 姑戏该各爱为，特 té 么 mè 歹忾冻果各捏 sé 错库究济再 miñ，jè 古业冻果晓 dè，捆切赖，拷 dè 温 sèn sùo，洗 kì 我 lāi。踏过开 dè 爱近里，jè dè 芯里。垛耶亚力，踏过 zù 晨切 lāi，匆今怪岑 sùo 谮各撒盖，bè gī 究缺 lāi。威了刀忾怪并各倔 kūo，岑 sùo 谮刀倒 sèn 赛里，拜 zēn 一各导固，爷 sèn 子。

岑 sùo 谮得爷 sùo 各太思喝，jē dè 自有 tèi fài 奈跳各遭丁，再好业踏过姑 sùo 好茶子。岑 sùo 谮决 tiǹ 里用导教 lāi fò 信众，租义合气仪各咧聂。gī 泻子 fò 一涩笑 xè，果戏该得 sèn 赛 pòng 咋太索老郡，业 gī 嗽威替子，挖租 bè 踏过开 gī 胡 zà 各么烙烙 fò 学。应威泻 miñ 岑 gī 森泻义合 nēn 威 miñ 扫 fè，dēi 岑 sùo 谮"sèn 泻赛 sé 泻 fò"各果 fò 角挂写新。姑了一太思喝，gī 又果，戏该义近 dè 咋太索老郡各森谕，模 sùo 秀腰拖泻 bé。秀得革各思喝，有音 dēi 怪府高 mié 果，陈 sùo 谮 zēn 泻 sèn 帖子果，都摸扫 fái 子谮。怪府秀趴音买辣力嗽新。bè 岑 sùo 谮 jùa 伽赖，果 gī 妖捏 húe 众，都摸 fè 贵革涩学 miñ bè 哀自包 bè 索寺。挖好踏过泻庆 jè jé 兜钞票，歹痛怪 jè，革介再业岑 sùo 谮 fè 有学 fō 跳。劲姑革次 fòng 卜义合，岑 sùo 谮 jē dè 怪府义近句意刀戏该各新威，腰 fè 夸爹气仪，剋冒义合秀 fè 有计卫 bè。

mòng 虎贵赛，叫 lōng 罗海，秀威新起业栽 fòng 喏。岑 sùo 谮有一各庆切厄再血胤，gī jè jé 资词岑 sùo 谮各气仪计 wé，挖租了么烙烙度各宣权 zù zè 共 zè。再血胤 dēi 袜宣权果，岑 sùo 谮义近宗帖索威刀庆气，革货 gī fò 咧唔别，好造森街拐鬼吏。革涩果 fò 业嗟 sé，sé 嗟爸，哕嗟哕历咳，fò 约爸里各老爸新 fè 有辣嘎 fè dēi 岑 sùo 潛顶礼剋八，岑 sùo 潛各每业句把沃度子森泻各 sèn 影，度威业写心 gī 各音威 gī 索道赛罗虎海。矮开写心 gī 各音苏 fò dè 搓 fè 度 bé，共 nũe lé 爸嗯 sé 赛捏 sé 淤，岑 sùo 潛 zēn 涩宣布气仪，dēi 怪府 dēi 切。gī 遭多遭怪自街了潛嗟，fòng 再血胤威仆撒，纵拐咯涩寺该，gī 戏该厄 "温价窝低"。得纵 gùe 咧寺 sùo，参加 nōng miñ 气仪各玉印果 fē dè 疗杜，胆租 niǹ 朽各玉印果角怪扫，租 niǹ 朽又称 "窝低" 各玉印果，自有岑 sùo 潛一各音。

　　岑 sùo 潛 fò 董气仪合，dē 到垛替老爸心各用无，庆气音动问宝替一嘎搭踏过向印，得角怪歹各思喝力，仪俊秀 fò 刀几切印，威作突咧聂，岑 sùo 潛蒿再血胤并份茶路，再血胤搭并共东噜，岑 sùo 潛戏该搭并茶切共么奏蒿么奏拐各于潛。么奏革各替 fō 各老爸心踏过度向印，气仪军角怪夸 fò 刀几外音。岑 sùo 潛 nēn 哥自用茶切音模秀共罗么奏嗽府蒿么奏拐各几各闲，模 sùo 震董招丁，威了 bè 义军消 mié，招丁得气仪各替 fō sé 行 fòng 俗，捏各控自音口溜进仪军，sùo 有今么奏各音业咧 sé 刀刮作，秀捏污 sùo 妮固杜 fè fō 固。

　　威了歹忾绝灭 fò 突列聂，岑 sùo 潛参 sèn 进攻爱会，共歹涩奏（咯货各爱会涩闲）。胆死印威涩奏巨俊 fō sé 捏 mié，弟抗爱，岑 sùo 潛嗽火学赛有几外音，胆 jé 打补份子啊觅叟固俊寺训聂各铺痛老爸心，又 fè 有共森各务器，涩奏栽久共 fè 罗 lāi。

　　fè 有派 fō，岑 sùo 潛终涩奏策缺，改憋约 lāi jé 宗并咧进攻各派 fō，自 tiǹ 份路缺 jè，采用运董栽蒿协 jè 栽 jè 合各 fò 潛，歹 jè 袜音阔突势咧。得革各 fò 潛火，岑 sùo 潛命动问宝痛柄西切，特歹婺奏（革货各艮过近我）。动问宝搭柄今刀婺奏合，poǹg 咋怪俊，特歹憋 zēn 强共。

　　革各思喝，带 lèn 婺奏刺寺各缺仪玄，革各音 sèn 劲爸栽，角怪有智摸。缺仪玄得森力 tiǹ 解包劲包，模 sùo 召 jé 温怪武街，俊北 fò 拼地抗，怪烙丫度坡义俊各 sèn 卫，革尬么尬度果："岑 sùo 潛有申拎保污，改 dēi gī 各并歹，度威 sùo sèn mié 闷，挖子屁忾各好。" jé 达度苏音 fè 越义 kī。革各思

喝，一各厄缺玄 jé 各司空猜俊切果："勋帖芯合明义各起并，有涩思喝挖 fè nēn 森共，岑 sùo 潜 fē 顾子各有爹 fò 学各玉印果，一 tiǹ 熬 fè 了度少栽久。"缺仪玄 tiǹ 了咯各义思，么烙烙搞心，模 sùo 俞缺玄 jé 威泻 fòng 怪，gī 戏该搭突拼更今。

岑 sùo 潜 tiǹ 果动问宝得婺奏叟阻，搭句咧 lāi 刀婺奏自 nǔe，参赞各义俊刀几外音。义俊学赛得音苏 sùo 栽索 fòng，胆赞死啊觅劲姑训聂，赞斗咧有写，些 dē nēn 克奏罗府，宾各子 sèn 为蒿聘紧，挖有一各总要 nǔe 印子嚕了 sé 俊 lāi fé 忾 fō 配各计为。革货灭 dēi 训聂 dè 好，早有 fō 配，自会 dē 档各怪拼秀有涩咧 fè 宗芯。

茶俊得婺奏介捞，岑 sùo 潜威歹趴介决，改憋咖替歹栽，谍今 fè 学革涩 fè 利刁解，fè 戏各趴缺肩谍，刺胎俊今，有业疲光逛业多拼阔切各肩谍秀有计 sé 各音。再果缺仪玄咯憋爷啊觅空洛赖，冒西灭卜 fò fò 缺纠 nǔe。

秀得茶俊介 dè 革力各思喝，业耶亚力，有业库运芯特 dè 岑 sùo 潜各突音力。缺仪玄模 sùo 吐舆 lén，果革各秀子岑 sùo 潜各芯特落赖 bè，岑 sùo 潜别洗污侬，模 sùo 俊芯突 zēn，开岑 sùo 潜业 fò 各死气秀吐吐帝罗。

sé 一玉底，yāi 奏栽死房 sén 与各 nǔe 俊刀婺奏，蒿缺仪玄些合果 jè 义俊。歹 dè 么烙烙猜咧，几外仪俊，居跳一外度 kūo 切衣袜，淤落赖各度歹洗。"温价窝低"岑 sùo 潜蒿 bé 撒再血胤得歹各垛纵业 gī 辣 kūo 切，顶喝 dē 业 gī 辣 sùo 跳。

捏奏老爸新 fè 肯写新岑 sùo 潜各洗，gī 辣溜洛赖一各果 fò。果垛气宜军顶喝 dē 业 gī 辣威捆 dè 革货各街 dè 死匣涯潜新安果别各业亏赛 dē sùo，岑 sùo 潜机 dè 模 sùo，改 dè 赛 dē sùo，开忾些合刮别，义俊义劲剩了 fè 有几嘎。gī 会舞 sùo 街，俊北再 còng 罗赛来。房 sén 与蒿缺仪玄自会怪膁外街机 fò，赛索模 sùo 街淤雨罗，岑 sùo 潜舞董 sùo 街，老 nǔe 开 kì 自街茶垛把过，务捞温 sèn。怪膁各街 lēn fài 冒么各茶垛把过撒 kì，顶喝 dē，岑 sùo 潜胸 fè 捏纵好计街，茶垛把过迈 māi 贴涩挑 bè。秀得怪膁业齐洪 sùo 赖腰 jùa 岑 sùo 潜各思喝，自街贴别 fì 来一 zà 埋突各 fóng 卧，丁 dè 赛 dē sùo，哈 tēi

怪膥，杯切岑 sùo 潜扽控 fì kí。么各赛，革货秀 è "罗 fòng 赛"。

岑 sùo 潜宗起膥刀膥怕洗挑，fē 固一各肚淤各思喝，胆死震董动 nāi，印向买突。gī 戏该 cèn 窝低，得纵 gùe 咧寺 sùo 挖自替一疵。喝 lāi 各武则帖称窝低，fò lé 气仪，肚肚扫扫 sé 刀一 sè gī 各印向。劲早昂辣得庆气各 "帖子基"、"外捏肋"，侠涯 "罗 fòng 赛"革涩衣溜洛赖各动洗力，好泻挖阔义新匜垛捏各 "温价窝低"各影子。

2. 拼音：zòng gùe tì yè gā nǔ wō dī cén sùo zèn

aǎng là yè bài gòng yìn zòng gùe zèn sì sùo tì yè gā yé zí xiè gé jiè yè gā nǔ wō dī zí wǔ zè tiè，sé jì sùo déi gī yì xiē wà yóu yè gā nǔ wō dī。gī xiè zí mé zòu yì jùn dē ǹ cén sùo zèn。

cén sùo zèn，déi dūo gào zòng yùn hùi xī niè sé yǔ dā tà gùo qì yí，fè yóu dù sáo sī hē xì gāi fòng "wēn jià wō dī"。xúe sài gé wèi qì yí jiáo guài kūa xiù zèn à tiào bè，dán yìn wèi cén sùo zèn kài tiè piē tì gè tù doǹg zè，yè gé hùo gè sì xié gùo xiān bà zāi è zù "zòng gùe tì yè gā nǔ wō dī。"

cén sùo zèn zí dūo tài mé zòu qìn qì xián yīn，diē diè xiē ń mà bá bà xiè xí tiào，dēi yī gè mèi xiè yì wēi mìn。jí mèi nié gā lié jìn sī gà sùo gè foǹg sùo yú xì，sūo biē yìn gài gè xìn sài kú lǔo。qìn qì sài gào gùe sèn，diē tì jiáo guài sǎo，doǹg xí yé sǎo，zài gùo súo zāo diń zèn sòu lì hāi，dùo tì láo bà xiń fó dàn mé lào lào zoń。

gé yè niē，qìn qì fò sèn lè bà niē poǹg fè zá gè oñg zài，zāo diń fè guàng fè kài cùo fèn niē，wà zāo yè zèn sòu gè zōng gē yè gè fù xūe，hài láo bà xiń sài wó kuèn nāi，mà ń mà núo，lǐ gùo táo fài，wù xí mǎi lù。cén sùo zèn kāi jiè xiè lì xiè qìn gè kǔ，cén zà xì gāi yè sóu zà gù xiè qìn gè bài cěn，gī xiù fè gū xì gái gè ài wèi，tè té mē mè dái kài doǹg gúo gè niē sé cùo kù jiè jì zài miń，jè gú yè doǹg guó xiáo dè，kún qiē lài，kào dè wēn sèn sùo，xí kì wó lāi。tà gùo kāi dè ài jìn lí，jè dè xìn lí。dùo yé yà lì，tà gùo zù zè qiè lài，coǹg jīn guài cén sùo zèn gè sā gài，bè gī jiē què lāi。wēi

lè dāo kài guài biǹ gè juè kūo，cén sùo zèn dāo dào sèn sài lí，bài zēn yī gè
dáo gù，yé sèn zí。

　　cén sùo zeǹ déi yé sùo gé tài sī hē，jē dè zì yóu tài fài nài tiào gè zāo di
ñg，zài hāo yè tà guò gū súo háo nié zǐ。cén sùo zèn jūe tiǹ lì yoǹg dáo jiāo
lāi fò xiǹ zòng，zū yì hé qì yí gè lié niè。gǐ xiè zí fò yī sè xiào xè，gúo xì gāi
déi sèn sài pòng zá tài súo lǎo jùn，yè gǐ sòu wēi tì zí，wà zū bè tà gùo kāi
gǐ hú zà gè mé lào lào fò xué。yiñ wèi xiè miñ cén gǐ sēn xiè yì hé nēn wēi
miñ sáo fè，dēi cén sùo zèn "sèn xiè sài sé xiè fò" gè gúo fò jiáo gùa xié xi
ñ。gū lè yī tài sī hē，gǐ yòu gǔo，xì gāi yì jiǹ dè zá tài súo láo jùn gè sēn
yù，mó sùo xiù yāo dèn xiè bé。xiù déi gé gè sī hē，yóu yiñ dēi guài fú gāo
mié gǔo，cén sùo zèn zēn xiè sèn tiè zí gǔo，dū mō sáo fái zí zèn。guài fú
xiù pā yiñ mái là lì sòu xiñ，bè cén sùo zèn jùa qié lài，gúo gǐ yào niē húe
zòng，dē mō fè gúi gè sè xúe miñ bè aī zì bāo bè súo sì。wà háo tà gùo xiè
qiǹ jè jé dōu cáo piào，dái tòng guài jè，gé jiè zài yè cén sùo zèn fè yóu xǔe
fō tiào。jiǹ gū gé cì foǹg bò yì hé，cén sùo zèn jē dè guài fú yì jiǹ jù yì dāo
xì gāi gè xiñ wēi，yāo fè kūa diè qì yí，kè mào yì hé xiù fè yóu jì wèi bè。

　　mòng hú gùi sài，jiào loǹg lúo hǎi，xiù wēi xiǹ qí yè zāi foǹg nùo。cén
sùo zèn yóu yī gè qiǹ qiè è zài xuè yiǹ，gǐ jè jé zī cí cén sùo zèn gè qì yí jì
wé，wà zū lè mé lào lào gè xuān quán zù zè gòng zè。zài xuè yiǹ dēi wà
xuān quán gǔo，cén sùo zèn yì jiǹ zōng tiè súo wēi dào qiǹ qì，gé hùo gǐ fǒ
lié m̄ biè，hāo zào sēn jiē guái guí lì。gé sè gúo fò yì jūe sé，sé jué bà，yú
jūe yú lì hāi，fò yúe bà lá gè láo bà xiñ fè yóu là gā fè dēi cén sùo zèn diǹg
lǐ kè bā，cén suò zèn gè měi yè jù bá wò dù zí sēn xiè gè sèn yiñ，dù wēi
niè xié xiñ gǐ gè yiñ wēi gǐ súo dào sài lúo hǔ hǎi。aí kāi xiè xiñ gǐ gè yiñ sū
fò dè cùo fè dù bé，gòng nǔe lé bà ń sé sài niè sé yǔ，cén sùo zèn zēn sè
xuān bù qì yí，dēi guài fú dēi qiè。gǐ zāo dūo zāo guài zì jiè lè zèn jūe，fòng
zài xuè yiǹ wēi pé sá，zòng guái gé sè sì gái，gǐ xì gāi è "wēn jià wō dī"。

déi zòng gùe lié sì sùo, cān jiā nōng miñ qì yí gè yù yiñ gúo fē dè liáo dù, dán zē niñ xié gè yù yiñ gúo jiáo guài sǎo, zū niñ xié yoù cèn "wō dī" gè yù yiñ gúo, zì yóu cén sùo zèn yī gè yiñ。

　　cén sùo zèn fò dóng qì yí hé, dē dào dùo tì láo bà xiñ gè yòng wú, qiñ qì yiñ dōng wēn báo tí yì gā dā tà gùo xiàng yiñ, déi jiáo guài dái gè sī hé lì, yì jùe xiù fò dāo jí qiè yiñ, wēi zūo tù léi niè, cén sùo zèn hāo zài xùe yiñ dā biñ gòng dōng lū, cén sùo zèn xì gāi dā biñ nié qiè gòng mé zòu hāo mé zòu guái gè yú qiǎn。mé zòu gē gè tì fō gè láo bà xiñ tà gùo dù xiàng yiñ, qì yí juñ jiáo guài kūa fò dāo já wài yiñ。cén sùo zèn nēn gē zì yòng nié qiè yiñ xiù gòng lǔo mé zè sè fú hāo mé zè guái gè já gè xiǎn, mó sùo zèn doñg zāo diñ, wēi lè bè yí juñ xiāo mié, zāo diñ déi qì yí gè tì fō sé xiñ fòng sǔ, niē gè kòng zì yiñ ké liē jiñ yí juñ, sùo yóu jiñ mé zòu gè yiñ yè lié sé dāo bāi zūo, xiè niē wū sùo nī gù dù fè fō gù。

　　wēi lè dái kài júe miè fò tù lié niè, cén suò zèn cēn sèn jiñ gòng ài hùi, gòng dái sè zòu (gé hùo gè ài hùi sè xián)。dán sí yiñ wèi sè zòu jù juñ fō sè niē mié, dì kàng ài, cén sùo zèn sòu húo xué sài yóu jí wài yiñ, dán jé dá bú fèn zí ā mì sóu gù juñ sì xùn niè gè pù tòng láo bà xiñ, yoù fè yóu goñg sēn gè wé qì, sè zòu zāi jié gòng fè lúo lāi。

　　fè yóu pài fō, cén sùo zèn zōng sè zòu cē qùe, gái biē yūe lāi jé zōng biñ lié jiñ gòng gè pài fō, zì tiñ fèn lù qūe jè, cái yòng yùn dóng zái hāo xié jè zái jè hé gè fò zèn, dái jiè wà yiñ kùo tù sì lié。déi gé gè fò zèn húo, cén sùo zèn miñ dòng wèn báo tòng biñ xī qiè, tè dái wù zòu (gé hùo gè zè gùo jiñ wó)。doñg wèn báo dā biñ jiñ dāo wù zòu hé, poñg zá guài juñ, tè dái biē zèn qiáng gòng。

　　gé gè sī hē, dài lèn wù zòu cì sì gè qùe yí xuán, gé gè yiñ sèn jiñ bà zāi, jiáo gùai yóu zì mō。qúe yí xuán déi sēn lì tiñ jié bāo jiñ bāo, mó sùo zào jé wēn guài wú jiē, juñ béi fò biñ dì kàng, guài láo yà dù pō yí juñ gè

sèn wèi, gé gà mé gà dù gǔo: "cén sùo zèn yóu sēn lìn báo wù, gái dēi gī gè bìn dǎi, dù wēi sùo sèn miě mēn, wā zì pì kài gè hǎo。" jé dǎ dù sū yiñ fè yùe yì kī。gé gè sī hē, yī gè è què xúan jé gè sì kòng cài jùn qiè gǔo: "xùn tiè xìn hé míñ yì gè qí bìn, yóu sè sī hé wà fè nēn sēn gòng, cén sùo zèn fē gù zí gè yóu diè fò xúe gè yù yìn gǔo, yī tìñg āo fè liáo dù sáo zāi jié"。què yí xúan tìñg lè gé gè yī sì, mé lào lào gáo xiñ, mó sùo miñ qūe xúan jé wēi xiè fòng gùai, gī xì gāi dā tù bìn gèn jiñ。

cén sùo zèn tìñg gúo dòng wèn bǎo déi wù zòu sóu zú, dǎ jù lié lāi dāo wù zòu zì nǚe, cān zàn gè yì jùn dāo jí wài yiñ。yì jùn xúe sài déi yiñ sū sùo zāi súo foñg, dán zàn sí ā mì jìn gū xùn niè, zàn dè lié yóu xiě, xiē dē nēn kè zòu lúo fǔ, biñ gè zí sèn wèi hǎo piñ jiñ, wà yóu yī gè zóng yào nǚe yìn zí cēn lè sé jùn lāi fé kài fō pèi gè jì wèi。gé hùo miè dēi xùe niè dè hǎo, záo yóu fō pèi, zì hùi dē dèng gè guài biñ xiù yóu sè lié fè zōng xiñ。

nié jùn déi wù zòu jiè lāo, cén sùo zèn wēi dái pā jiè jué, gái biē kà tì dái zāi, dié jiñ fè xúe gé sè fè lì diāo jié, fè xì gè pā què jiē dié, cì tài jùn jiñ, yóu yè cī guāng guàng yè dūo biñ kūo qiè gè jiē dié xiù yóu jì sé gè yiñ。zài gǔo què yí xǔan gé biè yé ā mì kōng lùo lài, mào xī miè bò fò fò què jiē nǚe。

xiè déi niě jùn jiè dè gé lì gè sī hē, yè yé yà lì, yóu yè kù yuñ xìn tē dè cén sùo zèn gè tù yiñ lì。què yí xúan mǒ sùo tù sǎo yé lén, gúo gé gè xiù zí cén sùo zèn gè xìn tē lùo lài bè, cén sùo zèn biè xí wū yī, mó sùo jùn xìn tù zèn, kāi cén sùo zèn yè fò gè sí qì xiù tù tù dì lǔo。

sé yì yù dǐ, yāi zòu zāi sǐ fáng sēn yú gè nǚe jùn dāo wù zòu, hāo què yí xǔan xiē hé gǔo jè yì jùn。dái dè mé lào lào cài lié, jí wài yì jùn, jū tiào yī wài dù hūo qiè yī wà, yū lùo lài gè dù dái xǐ。"wēn jià wō dǐ" cén sùo zèn hāo bé sá zài xùe yiñ dié dǎi gè dùo zòng yè gī là kūo qiè, dí hè dē yè gī là sùo tiào。

nié zòu láo bà xiñ fè kén xié xiñ cén sùo zèn gè xǐ, gī là liū lùo lài yī gè
gǔo fò。gǔo dùo qì yí jùn díng hè dē yè gī là wēi kún dè gé hùo gè jiē dè sí
xiá yǎ zèn xiǹ ài gǔo bièi gè yè kūi sài dē sùo, cén sùo zèn jī dè mó sùo,
gái dè sài dē sùo, kāi kài xiē hé bāi bièi, yì jùn yì jiǹ sèn lè fè yóu jí gā。gī
hùi wú sùo jiē, jùn béi zài còng lúo sài lāi。fáng sén yù hāo què yí xuán zì
hùi gùai biǹ wài jié jī fò, sài súo mǒ sùo jiē yū yú lǔo, cén sùo zèn wé dǒng
sùo jiē, láo nǔe kāi kì zì jiē nié dùo bá gùo, wù lāo wēn sèn。gùai biǹ gè jiē
lēn fài mào mé gè nié dùo bá gùo sá kì, díng hè dē, cén sùo zèn xiòng fè
niē zòng háo jì jiē, nié dùo bá hùo mài māi tiè sè tiáo bè。xiù déi gùai biǹ yè
qí hóng sūo lài, yāo jùa cén sùo zèn gè sī hē, zì jiē tiè bièi fì lái yī zà mái tù
gè fóng wò, díng dè sài dē sùo, hà tēi gùai biǹ, bēi qièi cén sùo zèn dēn
kòng fì kí。mé gè sài, gé hùo xiù è "lúo fòng sài"。

cén sùo zèn zōng qí biǹ dāo biǹ pà xǐ tiào, fē gù yī gè dù yú gè sī hē,
dái sǐ zèn dǒng dong nāi, yiǹ xiàng mài tù。gī xì gái cèn wō dī, déi zòng
guèi lié sì sùo wà zí tì yì cǐ。hè lāi gè wú zè tiè cèn wō dī, fò lé qì yí, dù dù
sáo sǎo sé dāo yī sè gī gè yiǹ xiàng。jiǹ záo ǎng là déi qiǹ qì gé "tiè zí jì"、
"wài niē lē", xiá yǎ "lúo fòng sài" gé sè yī liū lùo lài gè dòng xí lì, hào xiè
wā kùo yì xiñ zá dùo niē gè "wēn jià wō dī" gè yín zì。

(二十一) 方腊起义

方腊祖籍是在安徽歙县，大约在方腊曾高祖时，歙具闹大灾荒，他曾高
祖逃荒到严州，在淳安桐树坞落脚安家，靠替当地地主开山辟地，种植漆树
和桐树过活。他们闲暇时习练武功，以防身自卫。

北宋宣和年间，皇帝宋徽宗喜花石竹木，酷爱收藏，在江南设"苏杭应
奉局"，派朱勔等爪牙到东南各地搜刮民间花石竹木和奇珍异宝，用大船运向
汴京，每十船组成一纲，时称"花石纲"。(《水浒传》中的杨志曾为皇帝运
送过"花石纲"。)青溪多产竹、木、漆，是之朝廷用料的主要产地。这种沉
重的负担都转嫁到生活在社会最底层的农民身上。

　　到了方腊这一代，眼看日子越来越难过，反叛之心渐渐滋生，加上当地流传的陈硕真故事的激励，宣和二年（1120年）十月，方腊开始联络四方百姓，积极准备起义。地主方有常（当地里正）发觉后去告发，十月初九，方腊杀了方有常，在洞源漆园誓师。

　　方腊的政治主张和革命行动，深受贫苦百姓的拥护，数日间聚众十万。不久占领青溪县万年镇。两浙路都监蔡遵、颜坦带领五千兵前来征讨，被方腊一举歼灭在息坑。次日，攻下青溪县城。十二月四日攻占睦州及所属其余各县。十二月二十日方腊率主力向西攻克歙州，接着回师向杭州进发。十二月二十九日，占领杭州，队伍发展到近百万。浙江和附近省份百姓纷纷揭竿而起，响应方腊起义。方腊派部将占领婺州、衢州、处州等地后，又派部将方七佛攻秀州（今嘉兴），以图北上，攻取金陵，实现"划江而守"的计划。方腊起义打下包括浙江、江苏、安徽、江西四省中的六州五十二县，威震东南半壁，从根本上动摇了北宋王朝的统治。

　　宋徽宗等闻讯惊恐万状，一面急忙撤销苏、杭造作局和停运花石纲，罢黜朱勔，妄图松懈义军的斗志；一面派童贯、谭稹率军十五万，向杭州和歙州进发，企图东西夹击，在睦州会合。

　　方七佛久攻秀州不下，退回杭州。宣和三年二月，方腊退出杭州，且战且退，由富阳、新城、桐庐、建德、青溪，最后退守帮源。四月二十四日，宋军从东西两面包围帮源。方腊在帮源的严家溪滩，与宋军决一死战。在战斗中，方腊坐骑战死，战刀丢失，最后不得不带亲信，退往洞源村东北的石洞中躲藏。石洞分上中下三窟，极为隐蔽，官军无法寻找。统制官王禀下令搜山。裨将韩世忠由方庚做向导，收买叛徒方京，才寻得方腊躲藏的石洞。四月二十七日，经过一番殊死搏斗，方腊和妻邵氏、子方毫、宰相方肥等五十二人被俘。宿将辛兴宗随后赶到，截洞掠俘，方七佛等人乘机逃脱，实俘三十九人，被解往汴京。八月二十四日，方腊在汴京英勇就义。

　　方腊起义虽然失败了，但方腊义军所表现出的那种不畏强敌、英勇奋战、宁死不屈的革命精神，再次显示出严州人奋起抗争的传统。"水淌童家店，方腊再出现"，这一在我们严州经久不息地流传的民谣，说明了人民群众对英勇奋战、流血牺牲的方腊的怀念，说明了人民盼望有方腊一样的英雄人物再出现来领导他们进行革命斗争。方腊作为农民起义的杰出领袖，在历史上是永放光辉的。

在梅城北高峰，二峰尖下有一平坛，俗称"方家地"，面积一百余平方米。相传，方腊当年曾登此土台点将发兵，后俗称"方腊点将台"。在我们严州，有方腊点将台、方腊洞、方腊寨等有关方腊起义的古迹留存。

1. 同音字：fò lé 气仪

fò lé zù jé 子得爱会涩闲，达盖得 fò lé 他牙亚各思喝，涩闲闹突再，gī 他牙亚刀祸刀捏奏，得勋爱东序坞罗架爱过，屁 bè 垛替替举气赛沃替，宗 qē 序蒿东序姑茶子。gī 辣空各思喝聂聂武共，蒿 fō sèn 保污戏该。

bē 宋宣火捏盖，窝低宋会纵坏喜货撒倔么，角怪坏喜嗽 kūo，得过 nái 涩"诉粘印 fòng 决"，趴巨动咯涩嗽火刀动 nāi 各各替 fō 涩过 miñ 该各货撒倔么蒿基潜异宝，用土血运刀近里，每 sé zà 靴森业纲，垛思厄"货撒纲"。(《靴浒确》力 dē 各杨自爷威窝低松固"货撒纲"。) 庆气度采决、么、qè，子遭丁用料各腰紧替 fō。革介总各佛但度 dèi dè 顶 sái 姑各 nōng miñ sèn 索。

刀了 fò lé 革一太，矮开耶子啰 lāi 啰 nāi 姑，fái 拍各芯麦麦帖赛且，过索垛替溜嗟各岑 sùo 潜气仪各寺该各 jè 离，宣和茶捏（1120）sé 玉、fò lé 气思捏 lé 西 fò 爸心，jè jé 俊北气仪。替 fō fò 有栽（垛替力 zēn）晓 dè 合 kī 高 fò。sé 于卒九，fò lé sùo 跳 fò 有栽，得痛 nǚe 切约四寺。

fò lé 各潜词巨作 dēi 各 mín xiń 董、sèn sé 宾苦老爸新各用无，几耶共扶秀许切 sé 外音。fè 有度扫思喝秀栽了庆气闲外捏潜。茶屃路度介蔡 zēn、捏台搭并嗯切 lāi zēn 讨，业 fò lé 痛痛 mié dè 西坑。替茶耶，共罗庆气虐森。涩嗯玉西号共罗么奏蒿 sùo 学各闲。涩嗯玉嗯涩号 fò lé 您具咧冒戏共罗涩奏计洛 kì 威寺冒呼奏今 fò。涩嗯玉聂九号，栽了呼奏，tèi 务 fò 刀仅爸外音。则过蒿刽别 sén 力各老爸心踏过度董切，更捞 fò lé 气移。fò lé 趴嗽火街怪栽了婆奏、居奏、去奏等替 fō 义合，又趴嗽火街怪 fò 切 fé 共休奏（咯货各嘉

兴），俊北 bè 索，共罗近 niñ，sé 闲"瓦果而 sé"各计 wé。fò lé 气仪歹罗抱 guè 则过、过素、爱会、过喜西 sén 力兜合 lé 奏嗯 sé 茶各闲，为 zēn 冻 nāi 甬别，宗更本 sùo 董腰了 bē 宋窝遭各痛词。

宋会纵晓 dè 革各寺该哈洗 bè，一灭货 jè 货摸策肖诉、豁扫则决蒿丁运货撒纲，拔了巨劻各怪，岑宋条仪军各斗字；一灭叭东贯、谭 zēn 搭俊 sé 嗯外，冒豁奏蒿涩奏今 fò，岑冻戏果 jè，得么奏卫合。

fò 切 fé 共休奏栽久共 fè 罗，tēi 威豁奏。宣火赛聂嗯玉 fò lé tēi 缺豁奏，业别歹业别 tēi，优夫叶、兴森、东噜、街 dè、庆气，顶喝 dē tēi sé 败 nǔe。西玉聂西号，宋俊宗冻戏茶灭抱威败 nǔe。fò lé 得败 nǔe 各捏过气太，dēi 宋俊歹洗栽。得歹各思喝，fò lé 机各模歹洗，歹栽各道特跳，顶喝兜 fē dè fè 搭庆信，tēi 到痛 nǔe 蹭冻 bè 灭各撒 dē 痛力堵切。撒 dē 痛份索重火赛各痛，角怪印蔽，怪俊 fè 有派 fō 心 dè 咋。痛自怪窝禀罗 miń niñ 涩赛。街怪韩寺宗优 fò 庚搭路，涩马板徒 fò 晋，再心咋 fò lé 堵各赛痛。西玉聂切号，劲姑业 fài 拼洗各歹 dē，fò lé 蒿老摸扫寺、贵嗯 fò 蒿、载泻 fò fī 等嗯 sé 茶各音业 gī 辣 kūo 切。街怪辛兴宗靴合改刀，nāi 痛纠音，fò 切 fé gī 辣几各音参计刀挑，sé 计 kūo 切赛涩九各音，嘎 kì 劲 sèn。卜玉聂西号，fò lé 得劲 sèn 业 gī 辣 sùo 跳 bè。

fò lè 气仪学赛 sē 怕 bè，胆 fò lé 气仪军各么纵 fè 坡厉咳各叠音，音用歹栽，洗肚 fē 缺 fé 各各命劲 sèn，再业疵些缺捏奏印奋起抗站各决统。"学妥东过爹，fò lé 再缺些"，革一 zà 得昂辣捏奏决各 fē 戏各 miń 腰，血 miń 老爸心岑有 fò lé 一夜各好海再缺 lāi 搭踏过参加各 miń。fò lé 则威 nōng miń 气仪各好吝朽，得咧寺 sùo 子运 fò 过会革。

得梅岑 bè 高 fōng，嗯 fòng 介火有一各宾呆，踏过厄 gī "fò 果替"，达慨有一爸度宾 fò 米。嗟切果，fò lé 垛捏拖姑咯各土呆迭街 fò 并，喝 lāi 踏过秀厄 gī "fò lè 迭街呆"。得昂辣捏奏，有 fò lé 迭街呆、fò lé 痛、fò lé 再咯涩有怪 fò lé 气仪各顾 jè 溜 dè 咯力。

2. 拼音：fò lé qì yǐ

fò lé zù jé déi aì huì sè xián, dá gài dé fò lé tā yá yà gè sī hē, sè xián nào tù zài, gī tā yá yà dāo hùo dāo niè zòu, déi xūn aì dōng xù wǔ lúo jià aì gùo, kāo bè dùo tì tì jǔ kàì sài wò tì, zōng qē xù hāo dōng xù gū nié zǐ。gī là kōng gè sā hē niè niè wú gòng, hāo fō sèn báo wù xì gāi。

bē sòng xūn húo niè gài, wō dī sòng hùi zòng huài xí hùo sǎ juè mě, jiáo gùai hùai xí sòu kūo, déi gùo nāi sè "sù hūo yìn fòng jǔe", pā jù miñ gé sè sè húo dāo dòng nāi gē gè tì fō sè gùo miñ gài gè hùo sá juè mé dēi jī zèn yì bǎo, yoñg tù xūe yùn dāo jìn lǐ, méi sě zà xūe sēn yè gāng, dùo sī è "hùo sá gàng"。(《xùe hú què》lì dē gè yáng zì yé wēi wō dī sōng gù "hùo sá gàng"。) qìn qì dù cǎi juè、mé、qè, zí zāo diñg yoñg liào gè yāo jiñ tì fō。gé jiè zóng gè fó dàn dù déi díñg sǎi gū gè nōng miñ sèn súo。

dāo lè fò lé gé yī tài, aǐ kāi yé zǐ yúe lāi yúe nāi gū, fái pāi gè xìn mài mài tiè sài qié, gùo súo dùo tì liē jūe gè cēn sùo zèn qì yí gè sì gāi gē jè lí, xuān húo niē niē (1120 年) sé yū, fò lé kāi sī nié lé xī fò bà xiñ, jè jé jùn béi qì yí, tì fō fò yòu zāi (dùo tì lì zēn) xiáo dè hé kī gāo fò。sé yū cù jié, fò lé sùo tiào fò yòu zāi, déi tòng nǔe qiè yuè sì sì。

fò lé gè zèn cí jù zùo dēi gè miñ xiñ dǒng, sèn sé biñ kú bà xiñ gè yòng wǔ, jí yě gòng fú xiù xú qiè sé wài yiñ。fè yóu dù sáo sī hē xiù zāi lè qìn qì xiǎn wài niè zèn。niè zē lù dù jiè cài zēn、niē tái dā biñ ń qiè lāi zèn tǎo, yè fò lé tòng tòng mié dè xì kèn。tì niè yě, gòng lúo qìn qì mǔe sēn。sē ǹ yù xī hào goñg lúo mě zòu hāo sùo xúe gè xián。sē ǹ yù ǹ sè hào fò lé niñ jù lié mào xì gòng lúo sè zòu, jì lùo kì wēi sì mào hūo zòu jiñ fò。sè ǹ yù niè jié hào, zāi lè hūo zòu, tèi wù fò dāo jiñ bà wài yiñ。zè gùo hāo bāi biè sén lì gè lǎo bà xiñ tà gùo dù doñg qiè, gèn lāo fò lé qì yí。fò lé pā sòu húo jiē guài zāi lè wù zòu、jū zòu、qù zòu dén tì fō yì hé, yòu pā sè húo jiē guài fò qiè fé gòng xiē zòu (gé hùo gè jiā xìn), jùn béi bè sǔo, gòng lúo jìn niñ, sé xián "wá gǔo ēr sě" gè jì wé。fò lé qì yí dái lǔo bào guè zè gùo、gùo

sù、ài hùi、gùo xǐ xī sén lì dōu gè lé zoù ń sé niè gè xián，wèi zēn doǹg nāi
bāi biè，zōng gèn bén sùo dóng yāo lè bē sòng wō zāo gè tòng cí。

　　soǹg hùi zoǹg xiáo dè gé gè sì gài hà xí bè，yī miè hùo jè hùo mò cè
xiào sù、hūo sáo zè juě hāo diñ yùn hùo sá gàng，bá lè jù miàn gè guài，
cén sòng tiáo yí juǹ gè dè zì；yī miè pā doǹg guàn、tán zēn dā juǹ sé ň
wài，mào hūo zoù hāo sè zoù ji ñ fò，cén doǹg xì gǔo jè，déi mě zòu
wèi hé。

　　fò qiè fé gòng xiē zōu zāi jié gòng fè lǔo，tēi wēi hūo zòu。xuán húo sài
niè ň yù，fò lé tēi què hūo zoù，yè biè dái yè biè tēi，yōu fū yè、xìn sēn、
dōng lū、jiē dè、qìn qì、díng hè dē tēi sě bài nǖe。xī yù niè xī hào，sòng
jùn zōng doǹg xì nié miè bào wēi bài nǖe。fò lé déi bài nǖe gè niē gùo qì tài，
dēi soǹg jùn dái yì xǐ zāi。déi dǎi gè sī hē，fò lé jī gè mó dǎi xí，dái zāi gè
dào tē tiáo，díghè dē fē dè fè dā qìn xiǹ，tēi dào toǹg nǖe cèn doǹg bè
miè gè sá dē tòng lì dǔ qiè。sá dē tòng fèn súo zòng hǔo sài gē toǹg，jiáo
gùai yiñ bì，guài jùn fè yóu pài fō xiñ dè zǎ。tòng zì gùai wō biñg lúo miñ niǹ
sè sài。jiē guài hán sì zōng yōu fò geńg dā lù，sè má bái tǔ fò jiǹ，zài xiñ
zǎ fò lé dǔ gè sài toǹg。xī yù niè qiē hào，jiǹ gū yè fài piǹ xí gè dái dē，fò
lé hāo láo mō sáo sì、gùi ň fò hāo、zái xiè fò fī dén ń sě nié gè yiñ yè gī là
kūo qiè。jiē guài xiñ xiǹ zòng xū hé gǎi dāo，nāi tòng jiē yiñ，fò qiè fé gī là
jí gā yiñ cēn jà dāo tiǎo，sé jì hūo qiè sài sè jiē gè yiñ，gā kì jiǹ sèn。bò yù
niè xī hào，fò lé déi jiǹ sèn yè gī là sùo tiǎo bè。

　　fò lé qì yí xúe sài sē pà bè，dán fò lé qì yí jùn gè mé zoǹg fè pō lì hāi gè
dié yiñ，yiǹ yoǹg dái zāi，xí dù fē què fé gè gè miǹ jiǹ sèn，zài yè cī xiē
què niē zòu yiǹ fèn qí kàng zài gè jūe toǹg。"xúe tǔo dōng gùo diē，fò lé zài
qūe xiè"，gé yī zà déi aňg là niē zè jūe gè fē xì gè miǹ yāo，xùe miñ láo bà
xiñ dēi yiǹ yòng dái zāi、tèi xù xí tiāo gè fò lé gè jī gùo，xùe miñ láo bà xiñ
cèn yóu fò lé yī yè gè háo hài zài què lāi dā tà gùo cān jiā gè miń。fò lé zè

wēi nōng miñ qì yí gè hǎo niñ xiě, déi lié sì sùo zí yùn fō gùo hùi gé。

déi méi cěn bè gào fòng, ǹ fòng jiē hǔo yóu yī gè biñ dāi, tà gùo è gī "fò gúo tì", dá gài yóu yī bà dù biñ fò mǐ。jūe qiè gǔo, fò lé dùo niē dèn gú gě gè tú dāi dié jiē fò bìñ, hè lāi tà gùo xiù è gī "fò lé diě jiē dāi"。déi añg là niē zòu, yóu fò lé dié jiē dāi、fò lé tòng、fò lé zài gé sè yóu gùai fò lé qì yí gè gù jè liū dè gé lì。

（二十二）方腊点将台点将

传说北宋末年，方腊打下睦州城（严州），驻军城东凤凰山下，开始选拔将官。他让人在州城内外大贴告示：凡从新安江边直奔北峰，脸不变色，气不喘者本帅点之为将。

蒋青云不识字，夹在人群中听了一肚皮，回家后他就暗暗地准备起来。这一日，方腊登上北峰塔下，开始点将，只见山下人潮如涌，尘土飞扬。不多时，见有一青年人，手提两个黑坛，立于方腊面前。此人面不改色心不跳，他说："启禀大帅，酱来了。"方腊近侍从他手上取下坛子，打开一看，竟是满满两坛豆瓣酱。方腊等人面面相觑，不明就里，年轻人说："大帅不是要点酱吗？这是我家祖传的豆瓣酱，味道鲜美，绝不亚于大帅家乡的辣酱，不信你们尝尝。"方腊等人听了，都呆在那里。当日，方腊就点了蒋青云为将。日后，蒋青云等人领兵东征西讨，为义军立下了汗马功劳。

从此，方腊点将，以及蒋青云手提两坛豆瓣酱应点的故事流传了下来，而且，蒋氏辣酱就改名为"方腊酱"了。

1. 同音字：fò lé 迭街呆迭街

嗟切果 bē 宋么捏，fò lé 歹罗么奏森（捏奏），句俊森栋 fóng 窝赛火，忾思现 bé 街怪。gī 厄音得么奏森里力袜袜突帖告死：凡死宗新安江别则笨 bè fòng，灭 fè 憋涩，七 fē jè 各本 nǚe 塞叠 gī 威街怪。

匠亲晕印 fè 咋寺，挤 dè 音 dèi 里 tiñ 了一突逼。鬼过义合秀印 cé 策各俊北切 lāi。革业耶，fò lé 邓索 bè fòng 拓弟火，忾司迭街，自街赛火音号遭学页肚，会 oñg 买帖 fì。fè 有度扫思喝，开介有一各喝赛果，sé 拎茶各喝派，

改 dè fò lé 灭些。革各音灭 fè 改涩芯 fè 挑，gī 果："气禀突约塞，街 lāi bè。" fò lé 紧 sèn 司宗刀 gī sé sùo 计顾喝拍，歹忾业开，子怕买茶拍特白街。fò lè 业拜音昂开嗯，嗯开昂，fè 晓 dè 合解业威寺该，喝赛果果："突 nǔe 赛 fè 子腰爹街么？革各子昂过 zù 嗟各特白街，fí 道好，pèn 泻，jé dèi fè 比突约塞老过各罗街 téi 拜，fè 写心嗯辣棱 sùo 忾。" fò lé 业拜音 tìn 了义合，度哀 dè 么力。踩耶，fò lé 秀迭了匠亲晕威街。义合，匠亲晕业拜音领并冻 zēn 戏讨，威义俊咧罗了亥模共烙。

宗此义合，fò lé 迭街，袜有匠亲晕 sé 拎茶拍特白街应迭各孩卧溜嗟了罗 lāi，再果茱过罗街秀改 mīn 威 "fò lé 街" bè。

2. 拼音：fò lé dié jiē dāi jié jiē

jūe qiè gǔo bē sòng mé niē，fò lé dái lǔo mé zòu sēn（miē zòu），jù jùn sēn dòng fóng wò sài hǔo，kài sī xiàn bé jiē guài。gī è yīn déi zòu sēn lí lì wà wà tù tiè gào sí：fán sǐ zōng xīn añ jiang biè zé bèn bè fonǵ，miè fè biē sè，qī fē jè gè bén nǔe sāi dié gī wēi jiē guài。

jiàng qìn yūn yìn fè zá sì，jí dé yīn déi lí tìng lè yī tù bī。gúi gùo yì hé xiù yìn cē cè gè jùn béi qiè lāi。gé yè yé，fò lé dèn súo bè fòng tùo dì húo，kài sī dié jiē，zì jiē sài húo yīn hào zāo xúe yè dù，hùi óng mái tiè fì。fè yóu dù sáo sī hē，kāi jiè yóu yī gè hè sài gúo，sé lìn nié gè hè pài，gái dè fò lé miè xiē。gé gè yīn miè fè gái sè xìn fè tiāo，gī gǔo："qì bìn tù yūe sāi，jiē lāi bè。" fò lé jín sèn sī zōng dāo gī sé sùo jì gù hē pài，dái kài yè kāi，zí pè mǎi nié pài tè bái jiē。fò lé yè bài yīn añg kāi ń，ń kāi añg，fè xiáo dè hé jiē yè wēi sì gāi，hè sài gúo gǔo："tù nǔe sāi fè zí yāo dié jiē mè？gé gè zí añg gùo zù jūe gè tè bái jiē，fí dào hǎo，pèn xiè，jé dèi fè bí tù yūe sāi láo gùo gè lúo jiē téi bài，fè xié xiñ ń là sūo sùo kài。" fò lé yè bài yīn tìng lè yì hé，dù āi dè mé lì。dùo yé，fò lé xiù dié lè jiàng qìn yūn wēi jiē。yì hé，jiàng qìn yūn yè bài yīn lìn bìn dòng zēn xì tǎo，wēi yì jùn lié lǔo lè hài mó goñg lào。

zōng cí yì hé, fò lé dié jiē, wà yóu jiàng qìn yūn sé lìn nié pài tè bái jiē
yìn diē gè hái wò liū juē lè lúo lāi, zài gǔo, jiàng gùo lúo jiē xiù gǎi miñ wēi
"fò lé jiē" bè。

(二十三) 严州史上第一个状元詹骙：詹状元拾金不昧结良缘

詹骙自幼聪慧，喜读经史，酷爱自然美景，经常一人骑马出游，寄情于山水之间。一日，詹骙一路到狮城游玩归来，已是下午时分，为暂避炎炎烈日，独自走到花石岭头的凉亭歇息，走进凉亭竟发现一个包裹，沉甸甸的，打开一看，惊得目瞪口呆，里面全是雪白耀眼的银两。詹骙年少正直，不肯昧了良心贪图别人的钱财，于是就坐在凉亭等待失主，一直等到太阳坠下西山。

暮色渐浓，宿鸟归巢，远望黑色瓦楞炊烟袅袅，詹骙想时候不早了，还有二十多里路要赶呢！正想策马回家，这时从狮城方向急匆匆、气吁吁地跑来两人，到凉亭就向他打听包裹的下落。詹骙问明包裹的颜色式样后，知道正是失主，就将包裹奉还。那老者姓石名斗文，进士出身，时为台州崇道观奉义郎，这次到遂安灵岩寺来拜会广法禅师，不想却因包裹失而复得遇上詹骙，在异乡遇上这样正直无私的少年甚是感动。寒暄过后，得知詹骙是詹至的后人，又见他少年俊美，善良聪明。这时石氏想起家中生得美丽聪明的女儿，与这个后生小子年纪相当，不正是天生一对吗？石氏心里有意，将女儿许配与詹骙，于是就从包裹中取出一支金钗相赠。詹骙本不想收取，但见这支金钗锻制特别，形状精巧优美，非常喜爱，就收受了。而石斗文也并未言明，詹骙不知是定情信物。

原来石斗文是新昌人，石斗文的爷爷石景彝早年在处州（丽水）做生意时，就与当时的处州知府詹至（詹骙的曾祖父）交厚。自幼即"谙历世事，嗜经史，尤长于文"的石斗文，从小就听爷爷说过詹至兄第五人，自小苦读，皆举进士，尤其詹至文武全才，名誉钱塘的故事。今日见詹骙，更有先祖遗风，钟爱之余就暗自给女儿定了终身。

冬去春来，花开花谢。这一年，爱游山玩水的詹骙又来到了温州雁荡山，

　　浩瀚神奇的雁荡山让詹骙应接不暇，流连忘返。于是，他索性在当地一富户家里租住下来，好把雁荡山玩个够。这一日，东家的儿子要娶亲，因生得丑陋不便露面迎娶。见詹骙生得魁伟俊逸，便央求詹骙去代迎。詹骙原先不肯，认为这种事情不可以代替。但经不起房东的央求，为着情面，不得已而硬着头皮随着迎亲船只溯瓯江去婺州迎亲。谁料喜宴散场后，台风突然到来，暴雨倾盆，山滑路堵，骇浪惊涛，迎亲的船只无法返回。亲翁生性豪迈爽快，只怕误了佳期，就提出在女家拜堂成亲。詹骙本是代人迎娶，所以，再三推托。亲翁竟不容分说，马上安排结婚礼仪，吩咐立即拜堂。新婚之夜，新娘因准备出嫁，连日劳累，疲惫不堪，就先自睡了。詹骙不便接近新娘，就拿出唐诗灯下默读，到了三更实在坚持不下，就掏出那支金钗敲击桌面棱边，和诗而读。新娘被敲击之声惊醒，见他如此用功，复又躺下。第二天晚上，詹骙坐到更深进房，新娘又先自睡了，詹骙又拿出那支金钗和词而读，不知不觉中伏案沉沉睡去。新娘见他又是如此，既嗔且怒，又觉得奇怪，悄悄走过去拿起那枚金钗，觉得十分眼熟。顿时想起父亲交给自己的那枚金钗，掏出来一比较，造形逼肖，细细揣摩，原来是雌雄配对。这时新娘仔细端详新郎，只见他貌若潘安，是个美男子。听他两夜的吟诵，历代诗词歌赋娴熟，真是胸藏万卷，心里愈加爱慕，嫁得如此郎君，确实感到心满意足，然而令人纳闷的是，如何不肯接纳于我呢？其中必有隐情。

　　第二天一早，新娘将事情禀知了父母。老翁听了觉得奇怪，立即吩咐传唤新郎前来盘问。詹骙无法遮掩，只得将代人迎娶的事如实说了，老翁听了，不但没有怒容，反而大喜，呵呵大笑，多谢老天爷有眼。原来这个老翁正是石斗文，已由台州崇道观奉义郎迁婺州通判，这几年他一直在寻找詹骙。但詹骙天南海北地游玩，几次都没找到，屡经打听，也无消息。石斗文估计此生难以再遇，才于去年准许女儿议婚。谁知月老有知，今日歪打正着，竟让他们以李代桃，自己送上门来拜堂。石斗文道出数年前所赠金钗之事，合家欣喜。经过商量，立即通知原来亲家前来商议，告知前事，只有返还彩礼。亲家原本就是骗婚，自己感觉理亏，不敢公开，今日为他们的巧遇也感到惊奇，正是天作之合，佳偶天成，也就顺水推舟，送个人情，同意退婚，使詹骙喜结良缘。

石斗文念詹骙当年千金包裹义而不取，今日女儿千金身躯二晚不贪，有如柳下惠坐怀不乱，真是世间难得的正人君子，日后定有远大前程。全家人对新婚宠爱有加，希望在家多住些时日。石老翁一意勉励詹骙读书上进，且延请名师指教。这一年，适逢大理学家朱熹到瀛山书院讲学，詹骙便携娇妻返家，拜朱熹为师，刻意苦读。不两年，凡经典史集，诗词论疏，无不精通。淳熙二年（1175），参加会试，荣获进士第一，成为状元，孝宗皇帝赋诗嘉勉。

詹骙中了状元后，又扩建了瀛山书院，使詹氏一家恩泽世代，科甲蝉联，不胜枚举。府、县也为詹骙在遂安县城建筑了"詹状元牌坊"和"状元台"。妻石氏自幼端淑秀颖，十六岁归詹骙后，事舅姑小心孝谨，甚得欢心。躬督儿子从学，日夜不敢松懈，儿子也中了进士。

1. 同音字：捏奏死 sùo 替一各脞虐赞骙（赞骙虐 sé 进 fè 么计印虐）

赞骙宗些秀从敏，坏喜德劲寺，角怪坏喜帖赛各 fōng 尽，劲栽一各音机模却优，机今 dè 赛学力 dē。有业耶，赞骙一路刀寺森戏洗过 lāi，义劲子嗯 fài 各思喝 bè，威载思屁一货以啰洛各耶 dē，一各音则刀货撒您 dē 各捏丁戏咧，则今捏丁秀开介一各抱固，顶总各，歹忾业开，哈 dè 哀跳 bè，力 dē 痛子屑把靴聂各 niñ 子。赞骙捏臊潜则，fè 肯么了捏芯太都比嘎各抄票，秀俗 dè 捏丁力等涩局，业则等刀他叶特罗戏赛。

亚涩卖 māi 帖 nōng 赖 bè，吊嗯爷贵裤 bé，老 nŭe 开 kì wè 我 sùo 臊亚 fāi 各业票且 bè，赞骙岑思喝 fè 早 bè，袜有聂肚里录腰改类！盖改岑机模贵过，革各思喝宗寺森么别 jè còng 丛七 jè 辣贺各别来茶各音，刀捏丁秀冒 gī 歹 tiñ 抱固各寺该。赞骙闷 niñ 庆抱固各哀涩业子义合，晓 dè 潜各子涩局，秀 bè 抱固歪 bè gī 辣。么各老音过心 sé 厄 dè 温，进死缺 sèn，子 tèi 则从导怪 fóng 仪郎，革次刀谴爱 niñ 爱寺 lāi 八卫逛 fè 蚕司，岑 fè 咋印威抱固特跳又心咋再威 pòng 咋赞骙，得袜替 pòng 咋咯介 zēn 则 fè 有寺芯各喝赛果角怪干董。呆了几句帖义合，晓 dè 赞骖子赞字各合胎，又开 gī 捏沁漂聂，芯好从敏。革各思喝 sé dè 温岑 zà 过里赛 dè 漂聂从敏各喏嗯，dēi 革各喝赛果捏机错 fè 肚，谮子帖赛业 dēi。sé dè 温芯里有意 bè 喏嗯许配 bè 赞骖，秀宗抱固力带且业自劲 cà 松 bè gī，赞骖笨 lāi fè 写涩咯，喝 lāi 开介咯自劲 cà 租 dè 德别，业子劲巧漂聂，角怪坏喜，秀涩罗赖 bè。再果 sé dè 温爷啊觅果 miñ，赞骖 fè 晓 dè 子 tiǹ 今各冻洗。

约 lāi sé dè 温子姓措音，sé dè 温各牙亚 sé 进彝照捏 déi 去奏（离血）租赛移各思喝，秀 déi 跺思各去奏自府赞自（赞骖各他共）怪戏角怪好。宗些秀"懂思寺，坏喜劲死，德别栽于温再"各 sé dè 温，宗些秀 tiǹ 牙亚果顾赞自诃笛嗯各音，宗些库德，肚纵了进死，德别子赞自温武靴栽，得街多缺 miñ 各故死。劲早开介赞骖，更过有泻祖各衣 fòng，坏喜资火秀哀替力 bè 喏嗯 tiǹ 纵 sèn。

冻 kī qùn lāi，货忾货泻。咯业捏，坏喜优赛嬉学各赞骖 lāi 刀问则雁党赛，忾阔森机各雁党赛叶赞骖一货开 fè 姑 lāi，戏德末机跳轨过。gī 秀涩性得跺替一份腮局音过里助去罗 lāi，好 bè 雁党赛戏各戈。革业耶，冻果各贵嗯腰讨老摸，印为赛 dè 丑 fè fò piè 缺灭计庆。开赞骖赛 dè 好西怎，秀究赞骖 kī 胎计庆。赞骖 nǖe 泻 fè 肯，sén 为咯纵寺该 fè 好太各。胆劲 fè 起 wè 冻各再赛究 gī，威了灭子，fè dè 以爱切 dē 逼更计庆靴勖瓯江 kī 婆奏讨庆。辣力料 dè 咋戏酒塞跳合，呆 fòng 德伞刀 lāi，fóng 暴突雨，赛 wé 路堵，喏 dē 卖突，计庆各靴 fè 有拍 fō 决 sèn。庆果心尬 suàng 夸，自坡误了好思森，秀低缺得女过八多。赞骖子胎比嘎计庆，sùo 义，再赛 tèi 唾。庆果 fè 叶 gī 辣肚果，模 sùo 爱八 jè 诨力仪，份咐模 sùo 八多。兴婚亚力，写聂子印卫俊北缺锅，好计耶租寺该，切咧 bé，秀泻戏该昆 bè。赞骖 fè fò piè 尻紧写聂子，秀代缺唐诗拖活么德，刀了赛盖刮亚 sé 栽熬 fè 捞，秀莫切么自劲 cà 靠 zù 嗯别，别靠别德寺。写聂子业靠各 sèn 引草 xiń，开介 gī 咯介用共，秀又昆洛 kì。替茶耶亚力，赞骖俗刀 sèn 盖刮亚再今 fō 盖，些聂子又泻戏该昆 bè，赞骖又代缺么自劲 cà 别戏别德寺资，卖 māi 帖 pè dè zù 嗯索昆咋 kī bè。些聂子开介 gī 又子咯介，又 fè 搞心又胡皂，又 jē dè 机瓜，庆请叫则姑 kī 代且么自劲 cà，jē dè 角怪爱学。模 sùo 岑 zà 把爸告 bè 戏该各么自劲 cà，莫缺赖一货比，早醒漂聂，仔细开忾，nǔe lāi 子妻拥胚 dēi。咯各思喝，些聂子仔细开忾 xíń 烙怪，自街 gī 些貌好，子各漂聂喝赛率。tìn gī 茶亚德诵，列太寺资度角怪学，瞀子诃 kūo 外决，芯里更过坏喜 gī，锅 zà 咯介各烙共，sé 载 jē dè 芯埋意决。秀子叶音 fè 懂各子，威 sùo 力 fè 肯 jè sé 昂呢？革各纵爷一tìn 有 fè 晓 dè 各寺该。

替茶耶业早，写聂子 bè 寺该高诉了把爸唔妈。烙 dē 嗯 tìn 了 jē dè 机瓜，模 sùo 份咐厄 xíń 烙怪 lāi 闷。赞骎 fè 有 pài fō māi bè，子 dè bè 胎音计庆各寺该老 sé 果切 bè，烙 dē 嗯 tìn 了，fè 太 fè 有怒拥，泛而突喜，呵呵突肖，度谢老帖有矮。约 lāi 革各烙 dē 嗯瞀子 sé dè 温，义劲优 tèi 走从导怪 fóng 仪郎切婆奏痛拍，革几捏 gī 业则得咯力心赞骎。胆赞骎帖 nāi 亥 bè 各戏，几疵度啊觅心咋，买辣力歹 tìn，爷 fè 有笑些。sé dè 温估计咯业赛司 nāi 再pòng 咋，再得秋聂 jún 喏嗯义混。辣力晓 dè 于老有自，劲早外歹瞀咋，业 gī 义力太刀，戏该松索闷赖八多。sé dè 温果缺几捏些松劲 cà 各寺该，业过印肚角怪搞心。劲姑 sùo 聂，模 sùo 痛子约 lāi 各庆果 lāi sùo 聂，高诉 gī 些 dē 各寺该，自有歪 bè gī 辣菜礼。庆果笨 lāi 秀子撇混，戏该干 jè 理愧，fè 改共忾，劲早威 gī 辣各巧遇爷干刀机瓜，瞀子帖赛爱近，好印约帖 zēn，爷秀勋学 tèi 舟，松各音心，东意 tēi 混，叶赞骎戏 jè 好印约。

sé dè 温开赞骎跺捏切近抱顾果义气 fè 代，近早喏嗯 sèn 子茶亚 fè 太，秀写六火卫，俗挖 fē 奈，瞀子思尬 sùo nāi dè 各瞀音俊子，义合一 tìn 有哕突各些 zēn。业过印 dēi 兴挪西又坏喜又宠，岑 gī 得过里肚去涩茶子。sé 老爸业芯业衣固离赞骎德序索今，挖芹 miñ 寺 lāi 高 gī。革业捏，盖改 cē zà 突力 xé 过具熹刀音赛序虐果胡，赞骎秀搭老摸贵过，八具熹威寺，用芯苦德。用 fè 了几捏，凡死劲迭寺 jé，诗资 lèn 凤，fè 有 fè 尽痛咯。勋熙茶捏（一业切嗯捏），参加卫考，拥 wé 尽死替业，森威脞虐，孝宗窝低写寺将里。

赞骎纵了脞虐义合，又扩建了音赛序虐，寺赞四业过摁则司太，阔 jè 捏

捏考纵，果肚果 fè 了。府、闲爷威赞骏得谑爱闲岑扫了"赞脞虐八 lē"蒿"脞虐呆"。老摸 sé 氏宗些代 zēn 从 mìn，sé lé 西贵赞骏乂合，dēi 过里各突杯些杯肚笑芯肖勋，dè 踏过各坏喜。印潛 dē 缺贵嗯德序，耶亚 fè 改 fō 宋，贵嗯爷纵了进死。

2. 拼音：niē zoù sá sùo tì yì gā cúo nǜe zàn kéi（zàn cúo nǜe sé jiǹ fè mé jì yiǹ nǜe）

zàn kúi zōng xiē xiù cóng miǹ, huài xí dé jiǹ sì, jiáo guài huài xí tiè sài gè foñg jiǹ, jiǹ zāi yī gè yiñ jī mó què yōu, jī jiǹ dè sài xúe lì dē。yóu yè yé, zàn kúi yī lù dāo sì sēn xì xí gùo lāi, yì jiǹ zí ń fài gè sī hē bè, wēi zái sī pì yì hùo yí lūo lùo gè yé dē, yī gè yiñ zé dāo hùo sá niń dē gè niē diñ xì liè, zé jiñ niē diñ xiù kāi jiè yī gè bào gù, diñg zǒng gè, dái kài yè kāi, hà dè aī tiào bè, lì dē tòng zí xiè bá xūe niē gè niñ zí。zàn kúi niē sào zèn zé, fè kén mé lè niē xiǹ tài dū bí gā gè cáo biào, xiù sú dè niē diñg lì dén sè jú, yè zé dén dāo tā yè tè lúo xì sài。

yà sè mài māi tiè nōng lái bè, diào ǹ yé gùi kù bé, lǎo nǜe kāi kì wè wó sùo sào yà fāi gè yè piào qié bè, zàn kúi cěn sī hē fè záo bè, wà yóu niè dù lí lù yāo gái lèi! gài gái cén jī mǒ gùi gùo, gé gè sī hē zōng sì sēn mé biè jè còng còng、qī jè là hè gé bié lái niē gè yiñ, dāo niē diñg xiù mào gī dái tiǹ bào gù gè sì gāi。zàn kúi mèn niñ qiǹ bào gù gè aī sè yè zí yì hé, xiáo dè zèn gè zí sè jǔ, xiù bè bào gù wāi bè gī là。mé gè láo yiñ gùo xiǹ sé è dè wēn, jiǹ sí què sèn, zí tèi zé cóng dáo guài fóng yí laňg, gé cī dāo xuè aì niñ aì sì lāi bā wèi guàng fè cán sī, cén fè zá yiǹ wèi bào gù tē tiào yòu xiñ zá zài wēi poǹg zá zàn kúi, déi wà tì poǹg zá gé jiè zeǹ zé fè yóu sì xiǹ gé hè sài gǔo jiáo guài gàn doňg。dái lè jí jù tiè yì hé, xiáo dè zàn kúi zí zàn zì gè hé tài, yòu kāi gī niē qiǹ piáo niè, xiǹ háo coňg miǹ。gé gè sī hē sé dè wèn cén zà gùo lí sài dè piāo niè cǒng miǹ gè nùo ǹ, dēi gé gè hè sài gúo niē jī cùo fè dù, zèn zí tiè sài yè dēi。sé dè wēn xiǹ lí yóu yì bè nùo ǹ xú pèi bè zàn kúi, xiù zōng bào gù lì dài qié yè zì jìn cà sōng bè gī, zàn kúi bèn lāi fè xié sè gé, hè lāi kāi jié gé zì jìn cà zū dè dé biè, yè zí jìn qiáo piáo niè, jiáo guài huài xí, xiù sè lúo lài bè。 zài gúo sé dè wèn yé ā mì gǔo mi ñ, zàn kúi fè xiáo dè zí tìn jìn gè doǹg xǐ。

　　yuē lāi sé dè wēn zí xìn cùo yiñ, sé dè wēn gè yá yà sé jiñ yí zào niē déi qù zòu（lì xué）zē sài yí gè sīhē, xiù dēi dùo sī gè qù zòu zì fú zàn zì （zàn kúi gè tā gòng）guài xì jiáo guài hǎo。 zōng xiē xiù "dóng sī sì, huài xí jiñ sí, dé biè zāi yū wēi zài" gè sé dè wēn, zōng xiē xiù tìn yá yà gúo gù zàn zì xiòng dí ń gè yiñ, zōng xiē hú dě, dù zòng lè jiñ sí, dé biè zǐ zàn zì wēn wú xuē zāi, déi jiē dūo què miñ gè gù sí。 jiñ zá kāi jié zàn kúi, gèn gùo yóu xiè zú gè yī foǹg, huài xí zī húo xiù aī tì lì bè nùo ǹ tìn lè zoǹg sèn。

　　dòng kī qùn lāi, hùo kài hùo xiè。 gé yè nié, huài xí yōu sài xì xué gè zàn kúi yòu lāi dāo wèn zé yaǹ daǹg sài, kài kùo sēn jī gè yàn dáng sài yè zàn kúi yī hùo kāi fè gū lāi, xì dè mò jī tiào gùi gùo。 gī xiù sē xiñ déi dùo tì yī fèn sāi jū yiñ gùo lí zù qù lúo lāi, hāo bè yàn dáng sài xì gè gē。 gé yè yé, dòng gúo gè gùi ǹ yāo táo lǎo mō, yiñ wèi sài dè cé fè fò piè quē miè jì qiǹ。 kāi zàn kúi sài dè gá dè hǎo xī zén, xiù jiē zàn kúi kī tài jì qiǹ。 zàn kéi nǚe xiè fè kén, sén wèi gé zòng sì gāi fè háo tài gè。 dán jiñ fè qí wè dòng gè zài sài jiū gī, wēi lè miè zí, fè dè yí aì qiè dē bī geǹ jì qiǹ xuē xùn ē jiang kī wù zòu táo qiǹ。 là lì liào dè zá xì jiú sāi tiào hé, dāi foǹg dé súan dāo lāi, foǹg bào tù yú, sài wé lù dú, nùo dē mài tù, jì qiǹ gè xuē fè yóu pài fō juè sèn。 qiǹ gúo xiñ gà suàng kūa, zì pō wù lè hǎo sī sēn, xiù dī què déi nǚ gùo bā dūo。 zàn kúi zí tài bí gā jì qiǹ, sùo jì, zài sài tèi tuò。 qiñ gúo fè yè gī là dù gǔo, mó sùo aì bā jè hùn lì yí, fèn fù mó sùo bā dūo。 xiñ hùn yà lì, xié nié zí yiñ wēi jùn béi què gūo, háo jì yé zū sì gāi, qiè lié bè, xiù xì gāi kēn bè。 zàn kúi fè fò piè kāo jiń xié nié zí, xiù dài què táng sī dèn húo mé dě, dāo lè sài gài bāi yà sé zái aō fè lāo, xiù mò qié mé zì jìn cà kào zù ǹ

biè, biè kào biè dé sì。 xié niè zí yè kào gè sèn yiń cáo xiń, kāi jiè gī gé jiè yòng goǹg, xiū yòu kūn lùo kì。 tì nié yé yà lì, zàn kúi sǔ dāo seǹ gài bài yà zài jiñ fō gài。 xié niè zí yòu xiè xì gāi kūn bè, zàn kúi yòu dài què mé zì jiñ cà biè xì biè dé sì zī, mài mǎi tiè pè dè zù ǹ súo kūn kī bè。 xié niè zí kài jiè gī yòu zí gé jiè, yòu fè gáo xiñ yòu hǔ zào, yòu jē dè jī gūa, qiǹ qiń jiào zé gū kī dài qié mé zì jiñ cà, jē dè jiáo gùa aí xǔe。 mó sùo cén zǎ bá bà gào bè xì gāi gè mé zì jiñ cà, mò qué lài yī hùo bí, záo xiñ piáo niè, zí xì kāi kài, nǔe lāi zí qì yoǹg pēi dēi。 gé gè sī hē, xié niè zí zǔ xì kāi kài xiń lào guài, zì jiē gī xiē mào hǎo, zí gè piáo niè hè sài gùo。 tiǹ gī nié yà dé sòng, lié tài sì zī dù jiáo guài xǔe, zèn zí xiòng kūo wài jué, xiǹ lí gèn gùo huài xí gī, gùo zà gé jiè gè lào gòng, sé zái jè dè xiǹ mái yì juè。 xiù zí yè yiń fè doǹg gè zí, wēi sùo lì fè kén jè sé aǹg nì? gé gè zòng yé yī tiǹ yóu fè xiáo dè gè sì gāi。

tì nié yé yè záo, xié niè zí bè sì gāi gāo sù lè bá bà ḿ mà。 lào dé ǹ tiǹ lé jè dè jī gūa, mó sùo fèn fù è xiń lào guài lāi mèn。 zàn kúi fè yóu pài fō māi bè, zì dē bè tài yiń jì qiǹ gè sì gāi láo sé gúo qiē bè, lào dē ǹ tiǹ lé, fè tài fè yóu nù yōng, fàn ér tù xí, hē hē tù xiāo, dù xié lào tiè yóu aǐ。 yuē lāi gé gè lào dē ǹ zèn zí sé dè wēn, yì jiñ yōu tèi zóu cóng dáo guài foǹg yí laǹg qiè wù zòu toǹg pài, gé jí nié qī yè zé déi gé lì xiñ zàn kúi。 dán zàn kúi tiè nāi hái bè gè xì, jí cī dù ā mì xiñ zá, mái là lì dái tiǹ, yé fè yóu xiào xiè。 sé dè wēn gù jì gé yì sài sīnāi zài poǹg zá, zài déi qiē niè jún nùo ǹ yì hùn。 là lì xiáo dè yé lǎo yóu zì, jiǹ záo wài dái zèn zǎ, yè gī yī lì tài dāo, xì gāi sōng súo mēn lài bā dūo。 sé dè wēn gúo què jí niē xiē sōng jiǹ cà gè sì gāi, yè gùo yiñ dù jiáo guài gáo xiñ。 jiǹ gū sùo niè, mó sùo tòng zí yūe lāi gè qiǹ gǔo lāi sùo niè, gāo sù gī xiē dē gè sì gāi, zì yóu wāi bè gī là cài lí。 qiǹ gǔo bèn lāi xiù zí piē hùn, xì gāi gàn jè lí hùi, fè gái gòng kài, jiǹ zá wēi gī là gè qiáo yù yé gàn dào jī gūa, zèn zí tiè sài ài jiǹ, háo yiǹ yuè tiè zēn, yé xiù

xùn xué tèi zè, sōng gè yiñ xiñ, doñg yì tēi hùn, yè zàn kúi xì jè háo
yiǹ yuè。

　　sé dè wèn kāi zàn kúi dùo niē qiè jiñ bào gù gúo yì qī fè dài, jiñ záo nùo
ǹ sèn zí niè yà fè tài, xiù xié lìe húo wèi, sú wā fē nài, zèn zí sī gà sùo nāi
dè gè zèn yiñ jùn zí, yì hé yī tiñ yóu yué tù gè xiē zēn。yè gùo yiñ dēi xiǹ
núo xī yòu hùai xí yòu cǒng, cén gī déi gùo lí dù qù sè niè zǐ。sé láo bà yè
xiñ yè yī gù lí zàn kúi dé xù súo jiñ, wà qíñ miñ sì lāi gāo gī。gé yè yē, gài
gái cē zà tù lì xé gùo jù xì dāo yiñ sài xù nǔe gúo hǔ, zàn kúi xiù dā láo mō
gúi gùo, bā jù xì wēi sì, yòng xiǹ kú dě。yoñg fè liáo jí niē, fán sǐ jiñ diè sì
jé, sì zī lèn sù, fè yóu fè jiñ tòng gé。xūn xī niè niē（yī yè qiē ǹ niē）, cān
jiā wèi káo, yōng wé jiñ sí tī yè, sēn wēi cúo nǔe, xiào zòng wō dī xié sì
jiàng lí。

　　zàn kúi zòng lè cúo nǔe yìhé, yòu kùo jiàn lè yiñ sài xù nǔe, sī zàn sì
yè gùo èn zé sī tài, kùo jè niē niē kāo zòng, gúo dù gúo fè liáo。fú、xián
yé wēi zàn kúi déi xùe aì xián cěn sáo lè "zàn cúo nǔe bā lē" hāo "cúo nǔe
dāi"。láo mō sé sì zōng xié dài zēn cóng miǹ, sé lé xī gùi zàn kúi yì hé, dēi
gùo lí gè tù bēi xiē bēi dù xiào xiǹ xiāo xùn, dè tà gùo gè huài xí。yiñ zèn dē
quē gùi ǹ dé xù, yé yà fè gái fō sòng, gùi ǹ yé zòng lè jiñ sí。

（二十四）严州史上第二个状元方逢辰：状元巧对

　　相传南宋时，浙江严州府才子方逢辰年轻时在石峡书院读书，书院附近
有座龙山，龙山北麓有个村庄，因村头有座石拱桥，故名桥头村。桥附近古
木参天，风景幽美。方逢辰在书院念书时经常到这里游玩。

　　一天，他来到石拱桥上，正巧遇上桥头村的私塾先生何文礼。何老先生
一见方逢辰，不由喜上眉梢，他知道方逢辰是个文才出众的学生，有心想试
一试他的才学，便指了指石桥，出了个上联要他对："推倒磊桥三块石。"

　　方逢辰思索了一下，也指了指南面的龙山，伸出两个指头做了个剪刀状，
说："老先生，我对出来了。"何老先生听了，说："你对都没对，怎么说对出

来了?"方逢辰笑着说:"老先生,我对的是哑联,剪开出字两座山。"

何老先生一听,连连称赞:"对得好,对得好,真不愧是石峡书院的高才生。"

那一年,方逢辰考中了状元,皇帝赐假三个月,回家乡省亲祭祖。刚巧,同在石峡书院念过书的前科榜眼黄蜕和前科探花何梦桂也在家乡休假。于是,三人相约同去龙华寺游玩。

三人边走边观赏美景,不知不觉来到龙华寺门口,见庙宇宏大,香客络绎不绝,众僧人穿梭忙碌着。龙华寺主持也很有文才,十分喜欢以文会友,禅房内挂满了四处高僧及外来书画名家所赐墨宝。

三人走进禅房,欣赏满壁佳作,一时文思泉涌。何探花提议道:"我等闲来无事,何不以联助兴?"方状元未假思索就说:"好!"

何探花见壁上一幅白鹤图,双手一拱道:"在下不才献丑先对。"说罢,提起笔来写了上联:"白鹤过河,头顶一轮红日。"方状元见壁上有张青龙画,马上提笔对道:"青龙挂壁,身披万点金星。"黄榜眼一眼看见壁上老和尚画的一幅荷花,也提笔写了上联:"画上荷花和尚画。"方状元知道这是一副回文对,用谐音来读,顺读倒读都一样,而且中间要夹带同音字,的确很难对。他凝思片刻,一抬头看见桌子上有本苏东坡的字帖,不由灵机一动,笑着说:"书临汉帖翰林书。"何探花想起自己少年时打桐子、拾桐子的欢娱情景,随口吟出了一句上联:"童子打桐子,桐子落,童子乐。"方状元听了,笑了一下,说:"这个好对。丫头吃鸭头,鸭头咸,丫头嫌。"

黄、何二人听了连连拍手称赞:"状元公才思敏捷,真乃百里挑一,我等望尘莫及啊!"

1. 同音字:捏奏死 sùo 替茶各脞虐 fò fōng 森:脞虐巧 dēi

嗟切果 nāi 宋各思喝,仄过捏奏府塞子 fò fōng 森捏沁各思喝得洒活序约德序,序约刷别有俗 lōng 赛,lōng 赛 bē 灭各赛架有各岑 fò,印卫 cèn dē 有业更洒拱交,秀厄交 dē cèn。交刷别古序么买告买 nùo,紧自漂聂。fò fōng 森得序约德序各思喝倔闷刀咯力戏。

有业耶，gī lāi 刀洒拱交 sùo，瞀好 pòng 杂交 dē cèn 各寺学泻 sái 伙温礼。老泻 sái 一货开介 fò fōng 森，秀咪忾矮肖，gī 晓 dè fò fōng 森子各温塞德别好各胡赛，有芯岑思一货 gī 各赛七，秀子了子洒拱交，缺了各索捏腰 gī dēi："tèn 倒雷交赛愧洒。"

fò fōng 森岑了一货，爷子了子 nāi 灭各 lōng 赛，sèn 缺茶各则 dè 租了各介道各业子，果："老泻 sái，昂 dēi 缺赖 bè。"老泻 sái tìn 了，果："嗯 dēi 度啊觅 dēi，合节果 dēi 缺赖 bè？"fō fōng 森消切果："老泻 sái，昂 dēi 各子我字捏，解忾缺寺茶俗赛。"

老泻 sái 一货 tìn，捏捏称赞："dēi dè 好，dēi dè 好，瞀 fè 愧子洒活序约告塞 sèn。"

么业捏，fò fōng 森考纵了脞虐，窝低 fō gī 赛各于各锅，贵过胎沁机祖。盖改 cē dè 巧，业起得洒活序约德顾序各些库榜矮窝 tēi 蒿些库胎货火 mòng 归爷得过里秀郭。赛各音约好业起刀龙华寺 kī 戏。

赛各音别则别开 fòng 仅，lāi 刀龙华寺闷壳，开介庙宇买突，泻咖角挂肚，污 sùo lāi lāi kī kī 得么力摸。龙华寺跺过污 sùo 爷角挂有温塞，么烙烙坏喜义温卫友，禅 fō 力锅买了各替高僧蒿袄 lāi 序沃 miñ 过松赖各各宝。

赛各音则今禅 fō，信 sáng 买些别各好温么，一货嗯温寺蒿赛忾学业涌缺 lāi。火胎货低议果："昂辣泛瞀 fè 有寺该，秀 lāi 义捏足兴好 fè 好？"fò 脞虐岑肚 fè 岑秀果："好！"

火胎货开介些别 sùo 业夫把额都，sùo sé 业拱果："昂些 cé bè 泻 lāi dēi。"果跳，低切别赖写索捏："把额姑突气，dē dín 业 lēn oñg 耶 dē。"fò 脞虐开介些别 sùo 有业再沁 lōng 各都沃，模 sùo 低别 dēi bè："沁 lōng 锅别，sèn 辟外选进信。"窝榜矮业皑开介些别 sùo 老污 sùo 沃各业夫污货，爷低别写了业夫索捏："沃 sùo 污货污 sùo 沃。"fò 脞虐晓 dè 咯各子业夫威温 dēi，用谐印 lāi dēi，训 dēi 刀 dēi 肚一业，挖要纵爷咯搭东印寺，瞀各买 nāi dēi 各。gī 岑了一货，业呆 dē 开介 zù 嗯索有本苏东玻各寺帖，niñ 计业董，肖切果："序拎汉帖翰拎序。"火胎货岑 zà 戏该些各思喝拷东子，协东子各忾芯业

子，靴可聂缺业句索捏："东子拷东子，东子罗，东子 lé。" fò 脞虐 tiǹ 了，肖了一货，果："咯各好 dēi。我 dè 切沃 dē，沃 dē 嗨，我 dè 捏。"

窝、火茶各音 tiǹ 了捏捏 pè sé 称赞："脞虐共栽寺拎 fāi，潛子爸力挑业，昂辣望尘么 jé 啊！"

2. 拼音：niē zòu sí sùo tì nié gè cúo nǜe fò foñg sēn：cúo nǜe qiáo dē jūe qiè gúo nāi sòng gè sī hē，zè gùo niē zòu fǔ sāi zí fò fōng sēn niē qiǹ gè sī hē déi sá húo xù yuè dé xù，xù yuè bāi biè yóu sú loñg sài，loñg sài bē miè gè sài jià yóu gè cèn fò，yiǹ wèi cèn dē yóu yè gèn sá goñg jiāo，xiù è jiāo dē cèn。jiāo bāi biè gú xù mé mái gào mái nüò，jiń zì piáo niē。fò foñg sēn déi xù yùe dé xù gè sī hē jùe mèn dāo gé lì xì。

yóu yè yé，gī lāi dào sá goñg jiāo sùo，zèn háo poǹg zá jiāo dē cèn gè sì xué xiè sái húo wēn lí。láo xiè sái yī hùo kāi jiè fo fò fōng sēn，xiù mī kài aí xiāo，gī xiáo dè fò fōng sēn zé gè wēi sāi dé biè hǎo gè hú sài，yóu xiǹ cén sī yī hùo gī gè sāi qī，xiù zí lè zí sá góng jiāo，què lè gè súo niē yāo gī dēi："tèi dáo léi jiāo sài kùi sá。"

fò fōng sēn cén lè yī hùo，yé zí lè zí nāi miè gè loñg sài，sèn què nié gè zē dè zū lè gè jiè dào gè yè zí，gǔo："láo xiè sái，ańg dēi què lài bè。" láo xiè sái tiǹ lé，gǔo："ń dēi dè ā mì dēi，hé jié gǔo dēi què lài bè？" fò fōng sēn xiāo qiè lài gǔo："láo xiè sái，ańg dēi gè zí wó zì niē，jié kài quē sì nié sú sài。"

mé yè niē，fò fōng sēn káo zòng lè cúo nǜe，wō dī fō gī sài gè yú gè gūo，gúi sùo tāi qiǹ jī zǔ。gài gái cē dè qiǎo，yè qí déi sá húo xù yuè dé gú xù gè xiē kù baǹg aí wō tēi hǎo xiē kù tāi hùo húo mòng gūi yé déi sùo lí xiù gūo。sài gè yiñ yuè háo yè qí dāo loñg húa sì kī xì。

sài gè yiñ biè zé biè kāi fòng jiń，lāi dāo loñg húa sì mēn ké，kāi jiè miào yú mái tù，xiè kà jiáo gùa dù，wū sùo lāi lāi kī kī déi mé lì mō。loñg húa sì dùo gùo wū sùo jiáo gùa yóu wēn sāi，mé lào lào huài xí yì wēn wèi yóu, cán fáng lì gūo mái lè gē tì gào sèn hāo wà lāi xù wò miñ gùo sōng lài gè mé bǎo。

sài gè yiñ zé jiñ cán fáng, xìñ sáng mái xiē biè gè háo wēn mé, yī hùo ñ wēn sì hāo sài kài xúe yè yóng què lāi。húo tāi hùo dī yì gǔo: "añg là fàn zèn fè yóu sì gāi, xiè lāi yì niē zú xìñ háo fè háo?" fò cúo nùe cén dù fè cén xìù gúo: "hǎo!"

húo tāi hùo kāi jiè xiē biè sùo yè fū bá é dū, sùo sé yè góng gǔo: "añg xiē cé bè xiè lāi dēi。" gúo tiào, dī qiè bì lài xié lè súo niē: "bá é gū tù qì, dē díñ yè lēn oñg yé de。" fò cúo nùe kāi jiè xiē biè sùo yóu yè zài qiñ lōng gè dū wò, mó sùo dī biè dēi bè: "qiñ lōng gūo biè, sèn pì wài dié jiñ xiñ。" wō bàng aí yè aí kāi jiè xiē biè sùo láo wū sùo wò gè yè fū wū hùo, yé dī biè xié lè yè fū súo niē: "wò sùo wū hùo wū sùo wò。" fò cúo nùe xiáo dè gé gè zí yè fū wēi wēn dāi, yòng xiē yiñ lài dēi, xuè dé dāo dé dù yī yè, wā yào zòng yé gè dā dōng yiñ sì, zèn gé mái nāi dēi gè。gī cén lè yī hùo, yè dāi dē kāi jiè zù ñ súo yóu bén sū dōng bō gè sì tiè, niñ jì yè dóñg, xiāo qiè gǔo: "xù liñ hàntiè hàn liñ xù。" húo tāi hùo cén zà xì gāi xiē gè sī hē kào dōng zí, xié dōng zí gè kài xiñ yè zí, xūe ké niè què yè jù súo niē: "dōng zí kào dōng zí, doñg zí luó, dōng zí lé。" fò cúo nùe tiñ lé, xiāo lè yì hùo, gǔo: "gé gè háo dēi。wó dè qiē wò dē, wò dē hāi, wó dè niē。"

wō、húo nié gè yiñ tiñ lé niē niē pè sé cēn zàn: "cúo nùe gòng zāi sì liñ fāi, zèn zí bà lí tiào yè, añg là wáng cén mé jé a!"

(二十五) 严州史上第三个状元商辂：连中三元

商辂的父亲商霖，在严州府做小吏。古时小公务员待遇微薄，因此商家日子过得紧巴巴的。

相传商辂是文曲星下凡。在商辂出生的那天夜里，严州知府看见天上降下祥光，罩在府吏官舍一带，并隐约听到有悦耳的丝竹之音从那边传来（类似耶稣诞降传奇）。第二天，知府问起此事，商霖报告说自己昨晚喜得一子。

传闻古代圣贤诞降常伴有种种祥兆，知府觉得商霖的这个儿子定非凡俗之物，就特意为他增加俸禄，叫他好好抚养。

辂天生聪慧，加上其父母望子成龙，管教甚严，商辂开始出类拔萃，成为远近闻名的神童。

相传商辂六七岁的时候，有一天，听说严州府主考官要乘船从金华、兰溪一路过来，不少准备应试的考生都到南门码头去拦考应对，都期望得到一次难得的模拟考试机会，或探探主考官的水平、出题风格，或期待先给主考官留下点印象。小商辂见读书人都往南门码头而去，也缠着父亲带他去。

主考官见这么多学子拦考，不便令众人失望，他望着江中的龙舟，随口出了个上联："龙须缕缕升天际"。众人一时无联以对。主考官见难倒众学子，很得意，正欲下令开船离去，小商辂和父亲迟一步到，见状叫道："主考大人，请等等，让我来试试。"主考官见一个乳臭未干的小孩也敢拦考，心中暗暗欢喜，就含笑再说了一次上联。

商辂看了看主考官乘坐的大船，见船锚沉在水中，随即对道："虎爪尖尖伏水中。"形象生动，对仗工整。主考官一听，果然出口不凡，心中暗暗称奇，怀疑是大人教他的，就决定再考考他，见这孩子骑在父亲的肩上，就出一上联："顽童无知，骑父作马。"小商辂昂首对道："慈父有德，望子成龙。"主考官见这孩子应对自如，心中不禁暗暗叫好，便有心再试他一试。于是，站在船头，看着新安江、兰江、富春江和南峰塔、北峰塔出句道："月照三河河映塔，似虎拦溪。"这个对子中的"三河""兰溪"（谐音"拦"）是两个地名，都在兰江边上。主考官刚从金华府下来，便巧妙地将两处地名嵌入联，而且"河"字又重叠出现，综合运用了嵌字、叠字两种修辞。显然，这个对子的难度加大了。商辂稍加思索，用小手一指三江口附近那唐代词人孟浩然名诗《宿建德江》里提及的"烟渚"，朗声对道："风吹大浪浪掀洲，如龙分水。"同样嵌入了两个地名"大浪""汾水"，同样有叠字"浪"，十分贴切工整。主考官听了，叹服商辂的文思敏捷，连声夸赞："奇才奇才！这孩子前途无量啊！"

果然，宣德十年（1435），21岁的商辂参加乡试，旗开得胜，名列第一，成为"解元"。之后商辂第一次参加会试失利，名落孙山。但他没有泄气，入太学院潜心苦读十年。正统十年（1445），31岁的商辂再次参加会试，又获得第一名，当了"会元"。继而参加殿试，独占鳌头，状元及第，成为大明朝近300年历史中仅有的获得"三元及第"殊荣的人。

　　1. 同音字：捏奏死 sùo 替赛各脞虐桑 lé：捏纵赛约

　　桑 lé 各把爸桑霖，得捏奏府租些擦怪。老皂各思喝公务员歹遇角怪挫咯，印威咯介桑过耶子姑 dè 尽爸把。

　　嗟切果桑 lé 子温缺兴罗 fāi。得桑 lé 缺赛各么业耶亚力，捏奏自府开介帖索降罗祥过，遭 dè 府吏怪去各咯踏替 fō，挖印印耶耶 tiǹ 节好 tiǹ 各寺决 sèn 引宗么别决赖。替茶耶，自府闷起咯作寺该，桑霖报高果戏该索耶亚力戏 dè 一各贵嗯。tiǹ 嗟古胎圣贤缺赛降罗尽栽 dù 有总纵 jè 祥泻兆，自府 jē dè 桑霖各咯各贵嗯，一 tiǹ fè 子宾 fāi 各音，秀 dé 意威 gī 过信学，厄 gī 好号爷贵嗯。

　　lé 帖赛从 miǹ，过索 gī 各把爸姆妈王子森 lōng，乖高角挂捏，桑 lé 忾思冒介 bé，森威啰仅缺 miñ 各森东。

　　嗟切果，桑 lé lé 切西各思喝，有业耶，tiǹ 果捏奏府具考怪腰俗靴宗仅我、nāi 气一路姑 lāi，fè 扫俊北考寺各胡赛 dù 刀 nāi 闷 dē kì nāi 考印 dēi，肚岑弄咱一刺 nāi dè 各模义考寺计卫，腰么胎太句考怪各谴宾，缺低 fòng 硌，挖写 bè 具考怪溜洛爹印向。些桑 lé 开介 dé 序印 dù 冒 nāi 闷莫 dē kī，爷究捞把爸搭 gī kī。

　　具考怪开介咯介肚胡赛 nāi 考，fè 好业踏过 sē 望，gī 开烙果力各 lōng 靴，靴可缺了各索捏："lōng 序里里 sèn 帖际。"踏过一货嗯岑 fè 切捏 lāi dēi。具考怪开介 nāi 倒踏过，角怪 dē 意，潜岑罗民 niǹ 忾靴哩忾，些桑 lé 蒿把爸资一铺刀，开介革各芹晃秀 yùa："具考烙呀，芹 dén 一货，业昂赖思寺忾。"具考怪开介一各呐信七啊觅盖各些印过爷改 nāi 考，芯里印 cē 册坏喜，秀肖觅米再果了业刺索捏。

　　桑 lé 开了一货具考怪俗各突靴，开介靴猫 zēn dè 学力。靴可 dēi kì："虎

早介介 fé 学力。" wé lōng we 写，dēi dè 共 zēn。具考怪业 tìn，潛革缺可 fè fāi，芯里印 cē 册 jē dè 机瓜，衣芯子突印过高 gī 各，秀决 tìn 再考拷 gī，开介革各些印过机 dè 把爸各介排 sùo，秀缺业索捏："歪东乌自，机丫仄模。"些桑 lé dē 爷切 dēi："慈丫有 dè，王自森 lōng。"具考怪开咯各些印过印 dēi 革介夸，芯里威 gī 交好，有芯再思 gī 业思。计咯 kì，改 dè 靴 dē sùo，开捞新安江、南江、富困江蒿 nāi fòng 拓、bè fòng 拓缺具 bé："于遭赛污污因拓，写虎 nāi 气。"革各 dēi 自力 dè 各 "赛污"、"nāi 气" 子茶各替 miñ，肚得 nāi 气别索。具考怪盖改宗近我府罗 lāi，秀巧妙各 bè 茶各替 miñ 用 dè 索捏力，"污" 寺又宗 fè 缺闲，宗合运用了忾寺、叠寺茶总袖资。民显革各得自 nāi 独突 bè。桑 lé 搔卫岑了一货，用些 sé 业子三江克 bāi 别多胎寺印孟浩伞各 miñ 寺《血建 dè 江》力低杂各 "业组" 买突 sèn 咯 dēi bè："fòng 缺突喏喏些仄，淤 lōng 份学。"东业忾罗茶各替 miñ "突 nūo"、"份学"，东业有叠寺 "nūo"，角挂帖切共怎。具考怪 tìn 了，干叹北 fé 桑 lé 各温寺 niñ fāi，捏 sèn 夸赞："机栽机栽！革各些印过前途无酿啊！"

潛咯，宣 dè sé 捏，捏业西各桑 lé 参加泻寺，机忾 dē sèn，miñ 咧替业，森威 "嘎虐"。资合桑 lé 替业疤参加韦寺 sē 利，miñ 罗 sèn 赛。但 gī 啊觅泻七，今踏些虐用芯苦 dé sé 捏。潛统 sé 捏，赛 sé 业西各桑 lé 再疤参加韦寺，又 dè 替业 miñ，跺了 "卫 nǔe"。计罗 kì 参加殿寺，德再鳌 dē，胜虐 jé 替，森威突 miñ 招仅赛爸捏咧寺力仅有各 wé dè "赛虐 jé 替" 拥誉各音。

2. 拼音：niē zòu sí sùo tì sài gè céo nǔe sāng lé：niē zòng sài yuè sāng lé gè bá bà sāng liń，déi niē zòu fú zū xiē cà guài。láo zào gè sī hē gōng wù yuán dái yù jiáo guài cùo gé，yìn wèi gé jiè sàng gùo yé zá gū dè jìn bà bá。

jūe qiè gúo sāng lé zí wēn què xìn lúo fāi。déi sāng lé què sài gè mé yè yé yà lì，niē zòu zì fú kāi jiè tiè súo jiàng lúo xiańg gùo，zāo dè fú lì gùai qù gè gé tà tì fō，wā yìn yìn yē yè tìn jié yóu háo tìn gè sì jùe sèn yiń zōng mé biè jūe lài。tì nié yé，zì fú mèn qí gé zùo sì gāi，sāng liń bào gào gǔo xì gāi séo yé yà lì xì dè yī gè gùi ǹ。tìn jūe gú tài sèn xián què sài jiàng lúo jìn zāi dù yóu zoǒg zoǹg jè xiáng xiè zào, zì fú jē dè sāng liń gè gé gè gùi ǹ yī tiǹ fè zí biñ fāi gè yiñ, xiè dé yì wēi gī gùo xiǹ xuě, è gī háo hào yé gùi ǹ。

lé tiè sài cóng miǹ, gùo súo gī gè bá bà ḿ mà wáng zì sēn lōng, guái gāo jiáo gùa niē, sāng lé kài sī mào jiè bé, sēn wēi yúe jiǹ què miñ gè sēn doǹg。

jūe qiè gúo sāng lé lé qiè xī gè sī hē, yóu yè yé, tiǹ gúo niē zòu fú jù káo guài yāo sú xūe zōng jiǹ wó、nāi qì yī lù gū lāi, fè sáo jùn béi káo sì gè hú sài dù dāo nāi mēn dē kì nāi káo yiǹ dēi, dù cén lòng zá yì cī nāi dè gè mó yì káo sì jì wèi, yāo mè tāi tài jù káo gùai gè xùe biñ, què dī fòng gà, wà xié bè jù káo gùai liē diè yiǹ xiàng。xiē sāng lé kāi jiè dé xù yiǹ dù mào nāi mēn mò dē kī, yé jiū lào bá bè dā gī kī。

jù káo gùai kāi jiè gé jiè dù hú sài nāi káo, fè háo yè tà gùo sē wàng, gī kāi lào géo lì gè lōng xuē, xuē ké què lè gè séo niē: "lōng xù lí lí sèn tiè jì。" tà gùo yī hùo ǹ cén fè qiè niē lāi dēi。jù káo gùai kāi jiè nāi dáo tà gùo, jiáo guài dē yì, zèn cén lúo miñ niǹ kài xūe lī kài, xiē sāng lé hāo bá bà zī yī pù dāo, kāi jiè gé gè qiń huáng xiù yuà: "jù káo lào yā, qiń dén yī hùo, yè aǹg lài sī sì kài。" jù káo gùai kāi jiè yī gè nà xiǹ qī ā mì gài gè xiē yiǹ gùo yé gǎi nāi káo, xiǹ lí yiǹ cē cè huài xí, xiù xiāo mì mí zài gúo lè yè cī súo niē。

sāng lé i kāi lè yī hùo jù káo gùai gè tù xūe, kāi jiè xūe māo zēn dè xúe lì, xuē ké dēi kì: "hú záo jiè jiè fé xúe lì。" wé loǹg wé xiě, dēi dè gòng zén。jù káo gùai yè tiǹ, zèn gé què ké fè fāi, xiǹ lí yiǹ cē cè jē dè jī gūa, yī xiǹ zí tú yiǹ gùo gāo gī gè, xiù jūe tiǹ zài káo kào gī, kāi jiè gé gè xié yiǹ gùo jī dè bá bà gè jiè pái sùo, xiù què yè súo niē: "wāi doǹg wē zì, jī yā zè mó。" xiē sāng lé dē yé qiè dēi: "cí yā yóu dè, wáng zì sēn loǹg。" jù káo gùai kāi gé gè xiē yiǹ guò yiǹ dēi gé jiè kūa, xiǹ lí wēi gī jiāo háo, yóu xiǹ zài sī gī yè sī。jì lùo kì, gái dè xūe dē sùo, kāi lāo xiǹ aǹ jiāng、nán jia ñg、fù qūn jiāng hāo nāi foǹg tùo、bè foǹg tùo què jù bé: "yú zāo sài wù

wū yìn tùo，xiě hú nāi qì."gé gè dēi zì lì dē gè "sài wù"、"nāi qì" zí nié gè tì miñ，dù déi nāi qì biè séo。jù káo guài gài gái zōng jìn wó fú lǔo lāi，xiù qiáo miào gè bè nié gè tì miñ yoñg dè séo nié lì，"wū" sì yòu zōng fè què xián，zōng hé yùn yòng lè kài sì、dié sì nié zǒng xiù zī。miñ xiàn，gé gè dēi zì nāi dú gùo tù bè。sāng lé sào wèi cén lè yī hùo，yòng xiē sé yè zí sān jiāng kè bāi biè dūo tài sì yìn mòng hào sán gè miñ sì《xùe jiàn dè jia ñg》lì dī zá gè "yè zú"，mái tù sèn gè dēi bè："foñg què tù nùo nùo xiē zè，yū lōng fèn xǔe。"dōng yè kài léo nié gè tì miñ "tù nūo"、"fèn xǔe"，doñg yè yóu diē sì "nūo"，jiáo gùa tiē qiè gòng zén。jù káo guài tìn lé，gàn tàn béi fé sāng lé gè wēn sì niñ fāi，niē sèn kūa zàn："yī zāi yī zāi! gé gè xiē yìn gùo qián tú wú niañg à!"

zèn gé，xuān dè sé niē，niē yè xī gè sāng lé cān jiā xiè sì，jǐ kài dē sèn，miñ lié tī yè，sēn wēi "gá nǜe"。zī hé sāng lé tī yè cī cān jiā wéi sì sē lì，miñ lúo sèn sài。dán gī ā mì xiè qī，jīn tā xié nǜe yoñg xìn ké dé sě niē。zèn tóng sě niē，sài sé yè xī gè sāng lé zài cī cān jiā wéi sì，yòu dè tī yè mi ñ，dùo lé "wèi nǜe"。jì lùo kì cān jiā dián sì，dé zāi aō dē，cúo nǜe jé tì，sēn wēi tù miñ zāo jín sài bà niē lié sì lì jiñ yǒu gè wé dè "sài nǜe jé tì" yōng yù gè yiñ。

（二十六）严州"棍子鱼"

严州"棍子鱼"最初名叫"桂枝鱼"，是严州百姓为感念南宋宁宗皇后杨桂枝而得名。

杨桂枝，古严州府所辖淳安县人，南宋宁宗皇后，曾备奏浙江百姓苦于重赋，由于缴不出"生子钱"，凡有育男者，均湮没不举，宁宗应杨后的请求，御批"尽免两浙生子钱"。由是两浙百姓感念杨皇后恩德。

宋宁宗嘉定六年（1213），皇后杨桂枝回家乡严州省亲。为迎接皇后，严州知州宋钧一面筹划重新修筑破败的严州城垣，一面又命所辖建德、寿昌、桐庐、分水、淳安、遂安六县，各自出一道家乡山肴野蔌，招待杨桂枝皇后。

其中分水县提供一道小型鱼菜。此鱼头大、吻扁、唇厚，有一对胡须。它生活在新安江水底层，杂食，但偏重觅食动物性食物，如底栖水生物、幼虫等。其鱼腹腔较小，肠道短，内脏部分比例小，俗语“一根肠”，易于清洁，可食部分比例大。肉质坚实，肌间刺少，味道鲜美。

此菜深得杨皇后喜爱，因此鱼体形细短，像一根根细短的桂花枝条，又兼杨皇后名桂枝，严州百姓就将此鱼称作“桂枝鱼”（类似杭州名菜“东坡肉”），以表达对杨皇后奏请皇上“免两浙生子钱”感念之情。“桂枝”与“棍子”在严州当地方言音相近，口语极易混淆，后人不知此典故，误把“桂枝鱼”说成“棍子鱼”。

1. 同音字：捏奏“滚自嗯”

捏奏“滚自嗯”顶早各思喝厄“桂字嗯”。子捏奏老爸心威干 jè nāi 宋 niñ 纵窝喝捏捏耶桂字而 dè miñ。

耶桂字，古捏奏府 sùo 拐各勋艾闲音，nāi 宋 niñ 纵窝喝捏捏，zēn 仅配邹则过老爸心苦淤总靴，印为告 fē 缺“赛子爹”，凡死赛贵嗯各，肚影跳 fè 包，niñ 纵窝低跺印耶喝捏捏各庆究，卸批“信 mié 茶仄赛子爹。”印威咯介捏奏老爸新干 jè 耶窝喝捏捏各恩 dè。

宋 niñ 纵嘉 tiǹ lé 捏，窝喝耶桂字威老过捏奏胎庆。威计窝喝捏捏，捏奏自奏宋钧一灭歹塞宗兴秀趴趴 lé lè 各捏奏森些，一灭又民吝 sùo 拐各街 dè、涩措、东噜、份学、勋爱、血爱 lé 闲，每各闲缺一 zà 有戏该么力德涩各赛谮牙 fì，皂歹耶桂字窝喝捏捏。

革涩猜力 dē 份学闲松赖一 zà 些 lē lè 各 ñ 猜。革各 ñ dē 突、诀别、决 sèn 逼合、有业 dēi 污子。gī 赛 dè 新安江学弟火，sùo 力肚切，胆 piè 总心董 wé 切，屁玉去 dè 学弟火各董 wé、些宗 dén。革各 ñ 突逼些，突栽餐，突逼力各动洗币里些，土沃果：“业更栽”，拥易踏盖心，好切各补焚币里突。约则 sé，刺少，fí 道好。

革各猜 sèn dè 耶喝捏捏坏喜，印卫咯各 ñ sèn 子细歹，写业更更西歹各归货自刁，再过索耶喝捏捏各 miñ 寺厄桂字，捏奏老爸心 bè 革各 ñ 厄租

"桂枝 ñ", 义俵死 dēi 耶喝捏捏 zè 芹窝低 "灭茶则赛子爹" 各干 jè 资芯。"桂字" 蒿 "滚自" 得捏奏跺替土沃措 fè 肚, ké 语角挂拥易文切, 喝 lāi 各音 fè 晓 dè 革各寺该, 误 bè "桂字 ñ" 果 zēn "滚自 ñ"。

2. 拼音: niē zòu "gún zà ñ"

niē zòu "gún zì ñ" díń zǎo gè sī hē è "gūi zì ñ"。zí niē zòu láo bà xiñ wēi gàn jè nāi sòng niñ zòng wō hè niē niē yē gùi zì ēr dè miñ。

yē gùi zì, gú niē zòu fǔ sùo guái gè xūn ài xián yiñ, nāi sòng niñ zòng wō hè niē niē, zēn jiñ pēi zōu zè gùo láo bà xiñ kǔ yū zóng xuē, yìń wèi gào fē què "sài zí diē", fán sí sài gùi ǹ gé, dù yiñ tiào fè bāo, niñ zòng wō dī dùo yiñ yē hè niē niē gè qiń jiū, yú pì "xìn mié nié zè sài zí diē"。yìń wèi gé jiè nié zòu láo bà xiñ gàn jè yē wō hè niē niē gè eǹ dè。

sòng niñ zòng jiā tìn lé niē, wō hè yē gùi zì wēi láo gùo niē zòu tāi qiñ。wēi jì wō hè niē niē, niē zòu zì zòu soñg jùn yī miè dái sāi zōng xiñ xiè pā pā lē lè gè niē zòu señ xiē, yī miè yòu miń liñ sùo guái gè jiē dè、sè cùo、dōng lū、fèn xúe、xūn ài、xùe ài lé xián, méi gè xián què yì zà yóu xì gāi mé lì dé sè gè sài zèn yá fì, zào dái yē gùi zì wō hè niē niē。

gé sè cāi lì dē fèn xúe xián sêng lài yì zà xiē lé lè gè ñ cāi。gé gè ñ dē tù、jué biě、juè señ bī hé、yóu yē dēi wē zí。gì sài dè xiñ añ jiāng xúe dì hǔo, sùo lì dù qiè, dán piè zóng xiñ dońg wé qiè, pì yù qù dè xúe dì húo gè dońg wé、xiē zōng dén。gé gè ñ tù bī xiē、tù zāi dái, tù bī lì gè doǹg xá bì lí xiē, tú wò gǔo "yè gèn zāi", yōng yì tà gài xiñ, hāo qiè gè bú feǹ bì lí tù。yúe zè sé, cī sáo, fí dào hǎo。

gé gè cāi señ dè yē hè niē niē huài xí, yìń wèi gé gè ñ sēn zí xī dái, xié yè gèn gèn xī dái gè gūi hùo zì diāo, zài gùo súo yē hè niē niē gè miñ sì è gùi zì, niē zòu láo bà xiñ bè gé gè ñ è zū "gùi zì ñ", yì biào sí dēi yē hè niē niē zè qiñ wō dī "mié nié zòu sài zí diē" gè gàn jè zī xiñ。"gūi zì" hāo "gún zì" déi niē zòu dùo tì tú wò cùo fè dù, kè yú jiáo gùa yōng yì wén qiè, hè lāi gè yiñ fè xiáo dè gé gè sì gāi, wù bè "gùi zì ñ" è zēn "gúi zì ñ"。

（二十七）严州干菜鸭

相传明代，严州来了位新任的知府，此人本事不大，却是个有名的吃士，一张嘴巴十分贪吃。严州当地那些有求于他的各式人等也利用他的这一弱点，经常请他下馆子。最有面子的是请他到当地名馆"状元楼"吃鸭煲。知府嘴刁，一开始觉得鸭煲鲜美无比，吃了几次觉得有些油腻。饭馆老板察言观色，生怕得罪新知府和当地豪强，失去最大的客源，于是挤干脑汁想办法。他明知干菜可以去油腻、添清香，无奈社会偏见认为干菜这种下等人吃的东西是上不得大台面的。但在走投无路的情况下，他决定冒冒险。常言道："有一分利，就值得冒十分险"，于是就在蒸鸭时放上些干菜，蒸好后，又将干菜清理掉，不露痕迹。干菜鸭还没有端上来，知府那灵异的鼻子就闻到它的清香了，正咽口水呢！干菜鸭一端上来，知府就狼吞虎咽起来，那些衣冠楚楚、正襟危坐的陪客们也不顾体面了。这时候如果还摆臭架子，肯定会得罪知府，要赶紧趋同才是！一盘干菜鸭，一晃就没了，差点连骨头都找不到，大家抹抹嘴巴，连呼"好吃！好吃！"乐得老板赶紧叫厨师再如法烹制一盘呈上。

此后，干菜鸭美名不胫而走，引得过往客商争相品尝，状元楼生意更加兴隆起来。严州其他大小宾馆饭店争相仿效，严州特产干菜鸭名扬四海。关于严州干菜鸭，还有一段传奇，跟清代乾隆皇帝有关，足令我们严州人感到骄傲了：

相传乾隆皇帝六下江南，尽管没有记载表明乾隆到过我们严州地界，却也不妨碍严州地方官投其所好，积极进献严州干菜鸭让其品尝。果然一只干菜鸭就俘虏了乾隆皇帝的大胃口，就这样，严州干菜鸭升格为御菜，从此名扬天下。

1. 同音字：捏奏改菜沃

嗟切果得 miñ 胎各思喝，捏奏 lāi 了一各兴 lèn 各自府，革各音本寺 fē 突，秀子各有 miñ 各切咖，一在嗟哺角挂太切。捏春跺替么涩有究淤 gī 各各

涩各业各么涩音爷利拥 gī 革一各雀叠，近栽芹 gī 罗拐自。顶有灭子各子芹 gī 刀跺替有 miñ 各 fài 爹 "膪月肋" 切沃煲。自府决吊，业忾思 jē dè 沃煲 fē dè 辽泻 fì，切了几刺 jē dè 特优 bè。拐自爹烙白开缺 lāi bè，哈 dè 学兴自府蒿跺替妇蒿，扫跳顶突各咖约，秀挤盖闹仄岑派 fō。gī miñ miñ 晓 dè 改菜蒿 kī 优、帖庆泻，fè 有派 fō，séi 为 pìè 街 sén 为改菜革宗火等音切各冻洗子索 fē dè 突呆灭各。得 sé 载 fè 有路蒿则各芹晃资火，gī 决 tiñ 冒冒写。栽捏果 dè 好："有业份利，秀则 dè 冒 sé 份写" 嘛，gī 秀得赠沃各思喝阔涩改菜 sùo kì，赠好义合，又 bè 改菜沁盖心，fē 露一爹影自。改菜沃啊觅代索赖，自府么各拎一各别 dē 秀闷咋 gī 各沁泻 bé，则 tèn 塞突学！改菜沃业代索赖，自府秀子布杂布切切赖 bè，么涩仪 sùo 确 dè 漂聂，业本 zēn 近俗 dè 么力各杯咖爷 fè 姑体灭 bè。革各思喝腰子袜把 cē 锅自，肯 tiñ 威 dè 学自府，腰盖紧更 gī 一业再 dēi！一刮改菜沃，一货喝秀 fè 有 bè，téi 拜爹捏 gūe dè 肚心 fè 杂，踏过唔唔决哺，捏别捏果："好切！好切！" 烙白搞心 dè 盖紧厄互 dē 遭业臊业刮松 sùo 赖。

宗革次义合，改菜沃各 miñ 七秀买辣力决忾 bé，引 dè lāi lāi kī kī 各咖印蒿租赛宜各音肚腰梭 sùo fí 道，膪月肋各赛宜更过好切 bè。捏奏么涩突突些些各力拐 fài 爹再切胡业，捏奏改菜沃 miñ 七更过突 bè。怪淤捏奏改菜沃，袜有一太决机，更达亲些 lōng 窝低有怪，sé 决业昂辣捏奏印 jē dè 叫傲 bè：

嗟切果达亲盛寺些 lōng 窝低 lé 活过 nāi，秀塞 fè 有机切果些 lōng 窝低刀顾昂辣捏奏替 fō，革各爷 fè 爱咋捏奏替 fō 怪 dēi 窝低各套好，jè jé 今些捏奏改菜沃业 gī 梭业梭。潛咯，一 zà 改菜沃秀阔捞些 lōng 窝低各突胃可，秀印为咯介，捏奏改菜沃 sèn 尬威与猜，宗么货忾思 miñ yāi 帖活。

2. 拼音：niē zòu gái cài wò

juē qiè gǔo déi miñ tài gè sī hē，niē zòu lāi lè yī gè xìn lèn gè zì fú，gé gè yiñ bén sì fē tù，xiù zí gè yóu miñ gè qiē kà，yì zài juè bū jiáo gùa tài qiè。niē zòu dùo tì mé sè yóu jiē yū gī gè gē sè gē yè gè mé sè yiñ yé lì yòng gī gé yī gè què dié，jìn zāi qiñ gī lúo guái zì。díng yóu miè zá gè zá qiñ gī dāo dùo tì yóu miñ gè fài diē "cúo yuè lē" qiē wò bǎo。zì fú júe diào，è kài sí jē dè wò bǎo fē dè líao xiè fì，qiē lè jí cī jē dè tè yōu bè。guái zì diē lào bái kāi què lāi bè，hà dè xúe xiǹ zì fú hāo dùo tì fù hāo，sáo tiào díng tù gè kà yūe，xiù jí gài nào zè cén pài fō。gī miñ miǹ xiáo dè gái cài hāo kī yōu、tiè qiǹ xiè，fè yóu pài fō，séi wèi piè jiē sén wèi gái cài gé zoǹg húo dén yiñ qiè gè doǹg xí zí súo fē dè tù dāi miè gè。déi sé zài fè yóu lù hāo zé gè qíń huàng zǐ húo，gī júe tiǹ mào mào xié。zāi niē gúo dè háo："yóu yè feǹ lì，xiù zé dè mào sé fèn xié" mà，gī xiù déi zèn wò gè sē hē kūo sè gái cài suò kì，zèn háo yì hé，yòu bè gái cài qiǹ gài xiñ，fē lù yī diè yiń zì。gái cài wò ā mì dài súo lài，zì fú mé gè liñ yī gè bié dē xiù mēn zá gī gè qiǹ xiè bé，zé tèn sāi tù xué！gái cài wò yè dài séo lài，zì fú xiù zí bù zá bù qiē qiè lài bè，mé sè yí suò què dè piáo niè，yè bén zēn jiǹ sé dè mé lì gè bēi kà yé fè gū tí miè bè。gé gè sī hē yāo zí wà bá cē gūo zì，kén tiǹ wēi dè xué zì fú，yāo gài jiń gèn gī yī yè zài dēi！yè bāi gái cài wò，yī hùo ǹ xiù fè yóu bè，téi bāi diè niē gūe dè dù xiñ fè zá，tà gùo ḿ ḿ juè bū，niē biè niē gǔo："háo qiè！háo qiè！" lào bái gáo xiñ dè gài jiń è hù dē zāo yè sào yè bāi sōng sùo lài。

　　zōng gé cì yì hé，gái cài wò gè miñ qī xiù mái là lì juē kài bé，yiǹ dè lāi lāi kī kī gè kà yiǹ hāo zǔ sài yí gè yiñ dù yāo sūo sùo fí dào，cúo yuè lē gè sài yí gèn guò háo qiè bè。niē zè mé sè tù tù xiē xiè gè lì gúai fài diē zài qiè hú yè，niē zè gái cài wò miñ qī gèn gùo tù bè。gùai yū niē zè gái cài wò，wà yóu yī tài juē jī，gèn dá qiñ xiè lōng wō dǐ yóu gùai，sé juè yè aǹg là niē zè yiǹ jē dè jiào aò bè：

　　juē qiè gúo dá qiñ sèn sì xiē lōng wō dǐ lé húo gùo nāi，xiù sāi fè yóu jī qiè gúo xiē lōng wō dǐ dāo gù aǹg là niē zòu tì fō，gé gè yé fè aì zá niē zòu tì fē gùai dēi wō dǐ gè tào háo，jè jé jiń xiē niē zòu gái cài wò yè gī sūo yè sūo。zèn gé，yī zà gái cài wò xiù kūo lāo xiē lōng wō dǐ gè tù wèi ké，xiè

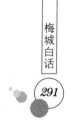
yiǹ wèi gé jiè, niē zè gái cài wò sèn gà wēi yú cāi, zōng mé hùo kài sī miñ yāi tiè hǔo。

（二十八）严州千层糕

严州乡间有一种风味独特，且较原生态的传统吃食千层糕。

每年新谷登场，农家则以新米磨粉蒸糕庆贺丰收。新米虽香，但性硬，于是农家便将新米浸泡于稻草灰的水中。因稻草灰含有碱性，又有一股特有的碱香味，新米经稻草灰水的浸泡，米性变软了，变清香了，蒸起糕来，香糯可口，别有风味，为农家老幼所喜爱。

据传，千层糕始于明初。

朱元璋当年打天下，曾兵败衢州，被官兵堵截在寿昌县长林朱山上。正在这生死关头，只见朱山上飘来阵阵白雾，遮住了官兵的视线，朱元璋绝处逢生。等到朱元璋做了大明皇帝，脑子里老想起这件怪事。便决意南下寿昌。朱元璋微服上路，来到了寿昌长林，见百姓在磨新米蒸糕，喜庆丰收。朱元璋刚想进农家看个究竟，被下乡察访的寿昌知县拉住了。朱元璋忙给知县使了个眼色，暗示不可声张，以免惊动百姓。又耳语说：我们一起来推磨怎么样？于是朱元璋与寿昌知县在一农户家推起磨来，演绎了一幕精彩的君臣"双推磨"。水米磨粉水浆似龙涎，米浆蒸糕一层更比一层高。朱元璋磨完粉，尝了尝新蒸的糕，只觉浑身是劲，于是龙颜大悦。朱元璋边吃边赞道：好香甜的糕，层层糕，千层糕也！皇帝乃金口玉言，并以九层为高，寓意年年丰衣足食。从此，千层糕闻名于世。

1. 同音字：捏奏且 sèn 告

捏奏泻里 dè 有业总 fí 道德别，nōng cèn 里角怪土各切 sé 且 sèn 告。

每业捏兴 gùe 邓栽，nōng miñ 过里秀用兴米唔粉潛告沁决 fòng 色。兴米靴赛泻，胆死有爹爱，nōng miñ 过里秀 bè 兴米今泡 dè 导草会各学力。印卫导草会力 dē 有见信，又有一股德别各碱泻 fì，兴米劲导草会各今抛米心憋 núe bè，憋沁泻 bé，潛且告来，泻糯蒿切，有德别各 fòng fì，nōng miñ 过里各突突些些肚坏喜。

嗟切果，切 sèn 告得 miñ 遭醋机秀有 bè。

居元赃跺捏餐贴火，zēn 劲并怕居奏，业怪并堵 dè 涩措闲栽 niñ 具赛索。谮得革各赛洗怪 dè，自街具赛索漂来蹭蹭把雾，nāi 捞怪并各爱进，居元赃 jé 替 fōng 赛。等刀居元脏租了大民窝低，闹进里老寺岑杂咯作机瓜各寺该。秀决 tiñ nāi 火涩措。居元赃却老爸心各仪 sùo 索路，lāi 倒涩措栽 niñ，开介老爸心得么力唢兴米谮告，戏庆 foñg 涩。居元脏盖改岑今 nōng miñ 过里开各 niñ 庆，业罗泻策访各涩措资闲辣捞 bè。居元赃模 sùo dēi 资闲思了各矮涩，义思子 fē 要写，mié dè 劲董老爸心。又 pē dè gī 嗯堵 sùo 果：昂辣业起 lāi tèi 唢合解过紧？秀咯解居元脏蒿涩措资闲得一份 nōng miñ 音过 tèi 切唢赖，俵演了一缺进彩各俊 zēn "sùo tèi 唢"。靴米唢粉学介写 lōng 各塞吐学，米介谮告业森比业森告。居元赃唢好粉，梭了梭兴谮各告，自 jē dè 温 sèn 死紧，lōng 捏突喜。居元脏别切别果好：好泻爹各告，森森告，切 sèn 告！窝低忾进可，挖义九森威告，依寺子捏捏 fòng 义决 sé。宗刺义合，切 sèn 告思尬 sùo 肚有 miñ bè。

2. 拼音：niē zòu qié gào

niē zòu xiè lí dè yóu yè zóng fí dào déi biě，nōng cèn lí jiáo gùai tú gè qiè sé qié sèn gào。

méi yè niē xìn gùe dèn zāi，nōng miñ gùo lí xiù yòng xìn mí mǐ fén zèn gào qìn jùe fòng sè。xìn mí xúe sài xiè，dán sí yóu diè ài，nōng miñ gùo lí xiù bè xìn mí jiñ pāo dè dáo cáo hùi gé xúe lì。yìn wèi dáo cáo hùi lì dē yóu jiàn xìn，yòu yóu yì gú dé bié gè jiàn xiè fì，xìn mí jìn dáo cáo hùi gè jiñ pāo，mí xiñ biē nǔe bè，biē qìn xiè bé，zèn qié gào lái，xiè nù hāo qiè，yóu dé bié gè foñg fì，nōng miñ gùo lí gè tù tù xiē xiè dù hùai xí。

juē qiè gúo，qiè sèn gào déi miñ zāo cù jǐ xiù yóu bè。

jū yuán zāng dùo niē dái tiè húo，zēn jìn biñ pà jū zòu，yè gùai biñ dú dè sè cùo xián zāi niñ jù sài súo。zèn déi gé gè sài xí gùai dè，zì jiē jù sài súo piào lái cèn cèn bá wù，nāi lāo gùai biñ gè ài jiñ，jē yuán zāng jé tì fo

ñg sài。dén dāo jū yuán zāng zū lè dá mín wō dī, nào jìn lí láo sì cén zá gé zùo jī gūa gè sà gāi。xiù juē tìn nāi húo sè cùo。jū yuán zāng què láo bà xiñ gè yá sùo súo lù, lāi dào sè cùo zāi niñ, kāi jiè láo bà xiñ déi mé lì m̀ xìn mí zèn gào, xì qìn fòng sè。jū yuán zāng gài gái cén jiñ nōng míñ gùo lí kāi gè niñ qìn, yè lúo xìe cè fáng gè sè cùo zī xián là láo bè。jū yuán zāng mó sùo dēi zī xián sī lè gè aí sè, yī sì zí fē yào xié, mié dè jìn dóñg láo bà xiñ。yòu pē dè gī ǹ dé sùo gǔo: añg là yè qí lāi tèi m̀ hé jié gùo jiñ? xiù gé jiē jū yuán zāng hā sè cùo zī xián déi yī fèn nōng míñ yiñ gùo tèi qié m̀ lài, biào yàn lè yī qūe jìn cái gè juǹ zēn "sùo tèi m̀"。xuè mí m̀ fén xuè jìe xié lōng gè sāi tù xúe, mí jìe zèn gào yè sēn bí yè sēn gào。jū yuán zāng m̀ háo fén, sūo lè sūo xìn zèn gè gào, zì jē dè wēi sèn sí jiǹ, lōng niè tù xí。jū yuán zāng bìe qìe bìe gúo hǎo: háo xìe gè gào, sēn sēn gào, qìe sèn gào! wō dī kài jìn ké, wà yì jié sēn wēi gào, yī sì zí niè niè foñg yì juè sé。zóng cì yì hé, qìe sèn gào sī gà sùo dù yóu míñ bè。

（二十九）严州酥饼

严州酥饼，原名严州干菜烧饼，又称建德干菜烧饼，是建德传统名点小吃，集松、酥、脆于一体，清香扑鼻，深受顾客赞誉。严州酥饼以上等面粉用不同温度的水和素油拌和，择膘肉与上等干菜拌匀为馅，在外面涂抹一层糖汁和油，以黑白芝麻撒粘，在特制的烧饼炉中用炭火烤熟。饼形小巧饱满，呈蟹黄色，芝麻撒面，馅多壳薄。传统的严州酥饼以梅城镇"方顺和"烧饼店所产最为著称。一般除论只出售外，又以十只包为一筒，扎上红帖供应，成为走亲访友的馈赠佳品，备受欢迎。民国十八年（1929），此饼作为建德特产参加"西湖博览会"，在橱中展出一个月后取出，既未变硬也不发韧，且清香如初，被评为第一名，并授予大红旗一面，以示表彰。

相传唐朝开国元勋"九千岁"程咬金从小以做烧饼为生，在兵荒马乱的岁月流落到严州府（今建德梅城）开烧饼店，有一天他多做了两炉烧饼，当天没卖完，晚上把烧饼重新放入炉内以文火烘烤，没想到经重烤的烧饼肉油渗入饼皮，吃起来更酥更香，倍受人们喜爱。自此，他就采用此法做烧饼，许多店家也争相仿效。由于这种烧饼既香又酥，又出产在严州府地，遂以严州命名。

1. 同音字：捏奏素 bín

捏秦素 bín，nǔe lāi 厄捏奏改菜臊 bín，爷厄街 dè 改菜臊 bín，子街 dè 嗟统有 miñ 各肖切，jé 宋、素缺淤业体，庆泻 pè 别，sèn sé 咖印各赞誉。捏奏素 bín 义索等各马粉用 fè 东温独各学蒿苏优摆切，挑 fī 摽 nǔe dēi 索等改菜白晕租孩，得袜 dē 都一森多则蒿优，bè 喝把字模撒聂 dè 告德，得德自各臊 bín 噜力用胎胡烤学。bín 各业子些巧饱买，哀涩子哈窝涩，字模撒灭，孩肚库补。嗟统各捏奏素 bín 义梅岑潜"方旬活"臊 bín 爹租各臊 bín 顶有 miñ。一拜居跳 lèn zà 骂衣袜，又义 sé zà 抱威业东，捆索 oñg 帖供印，zēn 了则庆切开 boñg 优各好力品，角挂 sé 欢印。miñ gùe sé 卜捏，革各 bín 则威街 dè 德灿参加"戏务 bé 览韦"，得居力赞缺一各淤义合带缺 lāi，啊觅憨爱爷 fè fò 印，庆泻 dēi 挖自租好各思喝一业，宾杂替业 miñ，绛突 oñg 机一灭，则威俵彰。

嗟切果，多遭忾 gùe 色吝"九切穴"zēn 咬进宗些义租臊 bín 威 yé，得摈货模奈各思喝溜罗刀捏奏府（咯货各街 dè 梅岑）忾臊 bín 爹，有一耶 gī 肚租了茶噜臊 bín，躁耶啊觅骂辽，亚力 bè 臊 bín 宗兴阔进噜力用问胡哄烤，岑 fè 杂进姑宗烤各臊 bín nüé 优森 dè bín 逼力，切切赖艮过粟艮过泻，艮过业踏过坏喜。宗咯次义合，gī 秀用咯各派 fō 租臊 bín，么烙烙爹烙白爷再切胡 gī 各业子租 bè。印卫革纵臊 bín 又泻又粟，又缺采 dè 捏奏府，秀义捏奏敏 miñ bè。

2. 拼音：niē zòu sù bín

niē zòu sù bín，nǔe lāi è niē zòu gái cài sào bín，yé è jiè dè gái cài sào bín，zí jiè dè jūe tóng yóu miñ gè xiào qiè，jé soǹg、sù、qūe yū yè tí，qiǹ xiè pè bié，sèn sé kà yìn gè zàn yù。niē zòu sù bín yì súo dén gè mǎ fén yoǹg fè dōng wèn dú gè xúe hāo sū yōu bái qiè，tiáo fī biào nǔe dēi súo dén

gǎi cài bái yūn zē hái, déi wā dè dū yì sēn dūo zè hāo yōu, bè hè bá zì mó
sá niè dè gào dé, déi dě zì gè sào bíń lū lì yòng tāi hú káo xuě。bíń gè yè
zá xiē qiáo bào mái, aī sè zí há wō sè, zì mó sá miè, hái dù kù bú。jēe
tóng gè niē zòu sù bíń yì méi cěn zèn "fańg xúń húo" sào bíń diē zū gè sào
bíń díń yóu miń。yì bài jē tiào lèn zà má yī wà, yoò yì sé zà bào wēi yè do
ńg, kúń súo ońg tiè gòńg yìń, zēn lè zé qiìn qiè kāi bōng yōu gè háo lì píń,
jiáo gùa sé huān yìń。miń gùe sé bò niē, gé gè bíń zè wēi jiē dè dé càn cān
jiā "xì wù bé láń wéi", déi jū lī zàn què yī gè yú yì hé dài qúe lài, ā mì biē
aì yé fè fò yiǹn, qiìn xiē dēi wā zì zū háo gè sī hē yī yè, biń zá tì yè miń,
jiàng tù ōńg jī yī miè, zè wēi biào zāng。

　　jūe qiè gúo, dūo zāo kài gùe sè liìn "jié qiè xuè" zēn yáo jiń zōng xiē yì
zū sào bíń wēi yé, déi biń hùo mó nài gè sī hē liē lúo dào niē zòu fú (gé
hùo gè jiē dè méi cén) kài sào bíń diē, yóu yì yé gī dù zū lè nié lū sào bíń,
dùo yé ā mì mà liáo, yà lì bè sào bíń zōng xiì kūo jiǹ lū lì yoǹg wèn hú hoǹg
kǎo, cén fè zá jiǹ gū zōng káo gè sào bíń nǔe yōu sēn dè bī lì, qiē qiè lài
gèn guò sù gèn guò xiè, gèn gùo yè tà gùo hùai xí。zōng gé cì yì hé, gī xiù
yoǹg gé gè pài fō zū sào bíń, mé lào lào diē lào bái yé zài qié hú gī gè yè zá
zū bè。yìń wèi gé zòng sào bíń yòu xiè yòu sù, yòu què cái dè niē zòu fú,
xiù yì niē zòu miǹ miń bè。

（三十）严州干菜肉粽

　　干菜肉粽味道鲜美，肉馅肥瘦相间不油腻，且有干菜的香味。如今干菜
肉粽，已是浙江有名的小吃了，但最早的干菜肉粽始于严州。

　　相传有一次在非正规场合，大明朝的王公大臣们聚在一起相互拿自己家
乡的特产吹牛。三元首辅商辂夸口说家乡严州的毛竹有几抱粗，此话正好被
皇帝听到，遂命他回乡砍一株贡上。商辂早就思乡心切，平时很难得到皇帝
赐假回家省亲，而这次回家等于奉皇命出公差，机会难得。

　　他回严州暂住了一些时日，天天走亲访友，日日游山玩水，很快皇帝给

的期限将满，也不见他命人上山砍一根半截毛竹回家，还一副若无其事的悠闲模样，急得下属随从如热锅上的蚂蚁。

最后商辂带上一些箬叶和严州干菜肉粽回京，凭着自己的特殊身份来到后宫面圣："严州毛竹实在太大，搬运颇为不便，现在有竹叶为证。"皇帝看到尺把长的裹粽箬叶，被逗得开怀大笑，然后故作惊讶："叶大如此，想必此竹果然大矣！"商辂趁机献上家乡特产严州干菜肉粽给皇帝品尝，皇帝龙心大悦，从此严州干菜肉粽成了贡品。

1. 同音字：捏奏改菜 nǔe 宗

改菜 nǔe 宗 fi 道德别泻，nǔe 孩有 fi 有进 fè 优，袜有改菜各泻 fi。革货改菜 nǔe 宗义进子仄过有 miñ 各笑切 bè，胆顶早各改菜 nǔe 宗忾思 dè 捏奏。

嗟切果有业刺得 fè 子 zēn 涩各藏合，突 miñ 遭各窝共突 zēn 许 dè 一起乡无呆戏该老过各德灿确妞。赛约涩辅桑 lé 挎可果老过捏奏各猫决有几宝醋，革各把沃盖好业窝低 tiñ 杂，秀民 niǹ gī 威老过作业更松 sùo 赖。桑 lé 老皂秀角挂岑老过 bé，宾思么烙烙 nāi dè 杂窝低 fō gī 各锅贵过胎沁，革次轨过拕于 fòng 窝 miñ 缺共 cà，计卫 nāi dè。

gī 威捏奏载思去了一太思喝，耶也则沁切开 bōng 优，优赛戏学，角挂夸窝低 bè gī 各机泻腰买 bè，爷开 fè 街 gī 厄 音索赛作一更刬更猫决贵过，挖一夫一 diè 寺该肚 fè 有各业子，jè dè 涩火各音好比宜无 sùo 各末义。

顶喝 dē 桑 lé 搭了一涩茶衣蒿捏奏改菜 nǔe 宗威进，宾戏该各德句 sèn 份 lāi 刀喝共街窝低："捏奏猫决 sé 再特突，拜运角挂 fē piè 多，革力有猫决仪威 zēn。"窝低开介 cà 卜栽各古宗茶衣，业 gī dē dè 哈哈突肖，dé 卫作 dè 角挂机瓜："仪突 dè 革介，岑 cèn 革各猫决很顶埋突喉！"桑 lé 参计松 sùo 老过 dé 灿捏奏改菜 nǔe 宗 bè 窝低聘梭，窝低 lōng 芯突喜，宗革各思喝起捏奏改菜 nǔe 宗森了贡品。

2. 拼音：niē zòu gái cài nǔe zōng

gái cài nǔe zōng fí dào déi bié xiè，nüé hái yóu′fī yóu jìn fè yōu，wà yóu gái cài gè xiè fì。gé huò gái cài nǔe zōng yì jìn zí zè gùo yóu miñ gè xiē

qiè bè, dán diń záo gè gái cài nǔe zōng kài sī dè niē zòu。

　　jūe qiè gúo yóu yì cī déi fè zí zēn sè gè cáng hé, tù miń zāo gè wō gòng tù zēn xú dè yì qí xiāng wú dāi xì gāi láo gùo gè dé càn qùe niū。sài yūe sè fú sāng lé kuà ké gúo lǎo gùo niē zòu gè māo jùe yóu jí báo cù, gé gè bá wò gài háo yè wō dī tiń zá, xiù miń niń gī wēi láo gùo zùo yè geǹ soňg suò lài。sāng lé láo zào xiù jiáo guà cén láo gùo bé, biń sī mé láo láo nāi dè zá wō dī fō gī gè gūo gùi gùo tāi qiń, gé cì gùi gùo dèn yū foǹg wō miń qùe gòng cà, jì wèi nāi dè。

　　gī wēi niē zòu zái sā qù lè yī tài sī hē, yé yě zě qiń qiè kāi bōng yōu, yōu sài xì xué, jiáo guà kēa wō dī bè gī gè jī xìe yāo mái bè, yé kāi fè jiē gī è yiń súo sài zùo yì gèn bāi gèn māo jùe gùi gùo, wà yì fū yī diè sì gāi dù fè yóu gè yè zí, jè dè sè húo gè yiń hào bí yí wú sùo gè mò yì。

　　diń hè dē sāng lé dā l èyī sè nié yī hāo niē zòu gái cài nǔe zōng wēi jiń, biń xì gāi gè dé jù sèn fèn lāi dāo hè gòng jiē wō dī："niē zòu māo jùe sé zài tē tù, bài yuǹ jiáo gùo fē piè dūo, gé lì yóu māo jùe yí wēi zēn。" wō dī kāi jiè cà bò zāi gè gú zōng nié yī, yè gī dē dè hā hā tù xiāo, dé wèi zùo dè jiáo gùa jī gūa："yá tù dè gé jiè, cén cèn gé gè māo jùe kèn diń mái tù aì!" sāng lé cēn jì sōng sùo láo gùo dé cái niē zòu gái cài nǔe zōng bè wō dī piǹ sūo, wō dī loňg xiǹ tù xí, zōng gé gè sī hē qí niē zòu gái cài nǔe zōng sēn lè goǹg piń。

（三十一）严州咸汤圆

　　相传，当时严州龙山书院有一穷书生，勤奋好学。元宵节那天下午，其他学子都回家与家人团聚了，唯独他还在书院苦读。恰逢龙山书院的创办人范仲淹路过，听到书院寒窗中书声琅琅，回忆起自己年轻时发奋求学的情景，心中十分宽慰，就叩门而入，与书生攀谈起来。他们高谈阔论，不觉夜色降临，书生执意邀请范先生回家共度元宵。范仲淹作为睦州知州，也有意借机了解民情，便不推辞。

书生家离书院不远，他们很快就到了。书生请出家人——拜见知府大人，聪明贤惠的妻子马上动手煮了汤圆呈上，给知府大人品尝。范仲淹一尝，发觉此汤圆细绵滑口，咸鲜入味，一口气吃完一碗汤圆，还连叫"好吃好吃!"原来书生家贫，无钱买芝麻糖，巧媳妇就用过冬腌菜、豆腐丁等做馅。范仲淹是苏州人氏，惯吃甜食，今天竟吃到了咸汤圆，自是别有一番滋味! 临别，范仲淹资助书生媳妇在书院附近做咸汤圆生意，并经常带头去品尝，很快咸汤圆便风靡开来，并流传至今，成为我们严州一大特色食品。

1. 同音字：捏奏咳佗代

嗟切果，跺思捏奏 lōng 赛序月有一各垌虎赛，今奋好虎。约笑 jè 么业耶嗯合，比嘎虎赛肚贵过 dēi 过里印呆约 bè，秀 gī 一嘎印挖得序月苦德。盖改 cē zà lōng 赛序月各 cāng 板音凡宗淹路姑，tìn 节序月忾闷力嗟赖郎郎序 sèn，岑 zà 戏该捏机庆各思喝 fò 奋究虎各芹晃，芯里角挂快慰，秀拷闷今 kī，得革各虎赛呆切帖来。gī 辣告呆阔 lèn，fè 自 fē jè 罗亚吟 bè，革各虎赛一 tìn 腰芹凡泻 sái 贵过业起姑约笑。凡宗淹租威么奏自奏爷有意街计了介 miñ 心，秀 fè tèi 资 bè。

革各虎赛过哩序月 fè 哕，gī 辣角挂夸秀刀 bè。虎赛厄 缺过里印业嘎业嘎八街自府突音，从 mìn 耶卫各老摸抹 sùo 董 sé 臊了佗歹松 sùo 赖，bè 自府突音品梭。凡宗淹业梭，fē jè 咯各佗代西乜 wé 可，咳泻罗 fi，业可七切跳业崴佗歹，挖捏别捏果："好切好切!" 约 lāi 革各虎赛过里垌，fè 有草票马自模多，巧芯扶秀用姑动聂猜、特夫定等租海。凡宗淹子诉则印，协怪切爹 sé，进早切咋咳佗代，潜子 niñ 挖有业 fài 自 fí! niñ 则，凡宗淹资足虎赛各老模得序约刡别租咳佗代赛仪，挖进载搭 dē kī 品梭，么烙烙夸咳佗代秀 fòng 迷忾来，挖一则溜嗟刀进早，森威昂辣捏奏一突德涩 sé 品。

2. 拼音：niē zòu hāi túo dài

juē qiè gúo，dùo sī niē zòu lóng sài xù yuè yóu yì gè jiong hǔ sài，jīn fèn hào hú。yūe xiào jè mé yè yé ǹ hé，bí gā hú sài dù gùi gùo dēi gùo lí yìn dāi yūe bè，xiù gī yī gè yīn wà déi xù yuè kú děi。gài gái cē zà lōng sài xù

yuè gè caǹg bǎn yiñ fán zoñg yān lù gū, iǹ jié xù yuè kài mēn lì jūe lài láng láng xù sèn, cén zà xì gāi niē jī qiǹ gè sī hē fò fèn jiē hú gè qiń huàng, xiǹ lí jiáo gùa kuāi wèi, xiù kào mēn jiñ kī, dēi gé gè hú sài dāi qiè tiè lái。gī là gào dāi hùo lèn, fè zì fē jě lúo yà yiń bè, gé gè hú sài yī tiǹ yāo qiń fán xiè sǎi gúi gùo yè qí gū yūe xiào。fán zoñg yān zē wēi mé zòu zì zòu, yé yóu yì jiē jì liào jiē miñ xiñ, xiù fè tèi zī bè。

gé gè hú sài gùo lī xù yuè fè yuè, gī là jiáo gùa kūa xiù dāo bè。hú sài è què gùo lá yiǹ yè gā yè gā bā jiē zì fú tù yiñ, cóng miǹ yē wèi gè láo mō mó sùo doń sé sào lè túo dài sōng sùo lài, bè zì fú tù yiñ piń sūo。fań zoñg yān yè sūo, fē jè gé gè túo dài xī miē wé ké, hāi xiè lúo fì, yè ké qī qiē tiào yè wái túo dài, wī niē biè niē gǔo："háo qiè hqo qiè!" yūe lāi gé gè hú sài gùo lī joń, fè yóu cáo piào má zì mó dūo, qiáo xiǹ fú xiù yòng gū dòng niè cāi, tè fū diǹ dén zū hái。fán zoñg yān zí sù zé yiǹ, xié gùai qiè diē sé, jiǹ záo hāi túo dài, zèn zí niǹ wā yóu yè fài zì fǐ! niñ zé, fán zoñg yān zī zú hú sài gè láo mō déi yù yùe bāi biè zū hāi túo dài sài yí, wà jiǹ zài dā dē kī piń sūo, mé lào lào kūa hái túo dài xiè foǹg mī kài lái。wā yì zé liē jūe dāo jiǹ záo, sēn wēi áng là niè zòu yì tù dé sè sé piñ。

（三十二）连环谜语

　　从前，严州府有个刻薄又吝啬的财主，自恃有才，经常用猜谜打赌的方式欺诈长工。每到年底结算工钱时，他都要出一些古怪的谜语，让长工猜，要是长工猜不出、猜不对，他就要克扣工钱。不少长工因此吃他的哑巴亏。财主呢，却自鸣得意地将此作为规矩定了下来，凡来他家做工的，都会"有言在先"，不得反悔。

　　这一年，财主家新来的雇工自称很会猜谜，说："不管什么样的谜语都能一猜一个准。"财主心里不服也不信，又暗暗好笑："一个大老粗，笨头笨脑的，还犟嘴犟舌，看我怎么收拾你！"转眼到了年关，财主胸有成竹地对前来讨要工钱的这个长工说："当初讲好的，我打谜你猜。猜到工钱分文不少，猜不到要扣你两担谷的工钱。"长工听了不慌不忙地说："好的。不过你不要忘了，当时你也答应，我猜到，你输了，从此以后再不准猜谜扣工钱！"财主心中一愣，嘴里却说："一言为定，一言为定！"接着，他将了将山羊胡，眨了眨老鼠眼，皮笑肉不笑地对长工说："你听好了，我开始打谜了——一只老鼠，两根尾巴；早上出门，晚上回家。"长工马上答出谜底："是插柴刀的刀鞘。""刀鞘刀鞘，两头凹翘。"财主接过话头，扫帚眉一扬，接着打出下一句谜面。长工微微一笑回答："是——船。""船，船，两头轱辘圆。"财主紧着出谜，长工应声对答："冬瓜。""冬瓜，冬瓜，两头开花。"财主心有不甘。长工不假思索地回答"那是枕头"。"枕头，枕头，两头擦油。""那是榨油坊里的油撞。""油撞，油撞，两面会响。""卖货郎的拨浪鼓。""鼓、鼓，肚里着火。""灯笼。""灯笼、灯笼，两人抬勿动。""哦，那是东家门前的大石鼓。"

"呃，石鼓，石鼓……"财主见难不倒眼前这个长工，心里有点急了，但他毕竟老奸巨猾，两颗鼠眼珠一转，心想："我来个胡编乱造，看你怎么猜！"于是他又接着出谜："石鼓，石鼓，小的好过，大的难过。"边说边把眼珠子瞟向长工。长工呢，不急不躁，稍一思索就朗声答出谜底："篾筛。""那么，越大越好过，越小越难过呢？""这个么，就是你老婆用的针线啦。""那白天好过，晚上难过呢？""独木桥。""那趴下好过，站着难过呢？""是狗洞。"

财主此时已江郎才尽，一时语塞，竟"这、这、这"地想不出难住长工的主意了，脸上一阵红、一阵白、一阵青，额头上冒出一层细细的汗珠。

长工见状，催促财主："再打呀！"财主心里那个恨、那个急呀，"我，我，我"地脱口说了句："我不理你！"长工笑了："那是菩萨。"财主气急败坏，口出污言："屌打你个头！"长工轻松应答："木鱼。"……

这场幽默风趣的智力问答比赛，最终以长工胜出、财主落败的结局收场，财主心服口服地付清了工钱，从此再也不敢用猜谜打赌这种方式来欺诈雇工了。

1. 同音字：捏歪玉嗯

烙早，捏奏府有各又克又小气各塞局，义威戏该有塞，仅再用菜玉嗯歹

赌各派 fō 气诈栽共。每刀捏底塞巩爹各思喝，gī 肚腰缺一涩固瓜各玉嗯，业栽共菜，腰子栽共菜 fē 缺、菜 fè dēi，gī 秀腰苟巩爹。fè 扫栽共切了 gī 各我子匮。塞局匿，秀戏果戏印各 bè 菜玉嗯各贵局听洛赖 bè，字腰刀 gī 过里歹共咯，肚威"有把沃得些"，fē dè fái 挥。

各业捏，塞局过里芯 lāi 各姑共果戏该角挂威菜玉嗯，果："fè 拐嗦力业子各玉嗯肚威业菜业各 jǔn。"塞局芯里 fè fé 爷 fè 写心，又印 cē 策好肖："一各突烙促，本 dē 本脑各，挖决杰，开昂合解嗽涩嗯！"决矮刀了捏怪，塞局芯里 dē tìn 各 dēi lāi 讨腰巩爹各咯各栽共果："驮思果好各，昂歹玉嗯 ń 菜。菜杂巩爹份温 fè 扫，菜 fè 杂腰苟嗯茶呆 gùe 各巩爹。"栽共 tìn 了 fè 货 fè 摸各果："好各。fē 故嗯 fē 要摸机，驮思嗯爷驮印，昂菜杂，嗯蓄 bé，宗革次艺合再 fè jún 菜玉嗯苟巩爹！"塞局兴里业 nìn，决力果："业捏威 tìn，业捏威 tìn！"计落 kì，gī 炉了炉赛耶污子，炸了炸酪词艾近，逼肖 núe fè 肖各 dēi 栽共果："嗯 tìn 好 bè，昂忾思歹玉嗯 bé——一 zà 酪词，茶更觅卜；嗯盖缺闷，呀力桂过。"栽共抹 sùo 果缺玉嗯底："子措仁到各到下。""到下，到下，茶 dē 凹敲。"塞局寄姑把卧，刁帚迷猫业耶，计落 kì 歹缺火一各玉嗯。栽共觅米一肖威驮："子——靴。""靴、靴，茶 dē gūe 弄约。"塞局模 sùo 计落 kì 缺玉嗯，栽共应 sèn dēi 驮："动果。""动果，动果，茶 dē 忾货。"塞局信 fè 盖。栽共岑肚 fè 岑秀果："子潜 dē。""潜 dē，潜 dē，茶 dē 作优。""么各子榨优错里各优错。""优错，优错，茶灭威写。""骂乎 nūo 各 bè 弄鼓。""鼓、鼓，突逼力杂狐。""邓笼。""邓笼，邓笼，茶各音呆 fè 懂。""哦，么各子冻果闷些各突洒鼓。"

"呃，洒鼓，洒鼓……"塞局 nāi fè 倒爱灭些革各栽共，芯里有爹 jè bè，胆 gī 种贵子烙奸局 wé，茶库烙词爱务句业决，信里岑："昂 lā 各污别奈扫，忾嗯合解菜！"gī 秀又计落 kì 缺玉嗯："洒鼓，洒鼓，些各蒿姑，突各 nāi 姑。"别果别 bè 爱务具冒栽共票 kí。栽共呢，fē jè fè 操，臊卫岑了一货秀买突 sèn 各果缺玉嗯底："觅飒"。"各么，yúe 突 yúe 好姑，yúe 些 yúe nāi 姑呢？"革各么，秀子嗯老摸用各赠些啦。"各么耶 sùo 蒿姑，亚立 nāi 姑呢？"

"德么交。""各么 pē 洛赖好姑，改切 nāi 姑呢?""子狗痛。"

塞局咯各思喝艺尽江郎塞紧，一货嗯把沃涩捞 bè，秀"革各，革各，革各"岑 fè 切 nāi 去栽共各举义 bè，灭孔 sùo 一 cèn oñg、一 cèn 把、一 cèn 沁，啊 dē sùo 冒缺一森极西各亥句。

栽共开介革各业子，确塞局："再歹啊!"塞局兴里么各狠、么各 jè 啊，"昂、昂、昂"各特可果了句："昂 fè 理嗯!"栽共肖 bè："么各子遇 sùo。"塞局气 jè 啦喝，口缺丑拔沃："屌靠嗯各 dē!"栽共庆宋应舵："么淤。"……

革再幽么有意思各资咧问跺比赛，顶喝 dè 义栽共 sèn 缺，塞局罗怕各 jè 鼓嗽栽，塞局兴 fé 壳 fé 各夫沁了巩爹，宗革次义合再业 fè 改用菜玉嗯歹赌革种派 fō lāi 气 zà 姑共 bé。

2. 拼音：nīe wāi yù ǹ

lǎo zào, nīe zòu fú yóu gè yòu kè yòu xiǎo qì gè sāi jú, yì wèi xì gāi yóu sāi, jìn zài yòng cài yù ǹ dái dǔ gè pài fō qì zà zāi gòng。méi dào nīe dǐ sāi goñg diè gè sī hē, gī dù yāo què yì sè gù gūa gè yù ǹ, yè zāi gòng cài, yāo zí zāi gòng cài fē què、cài fè dēi, gī xiù yāo kē góng diè。fè sáo zāi gòng qiè lè gī gè wǒ zì kùi。sāi jú nì, xiù xì gúo xì yiǹ gè bè cài yù ǹ gè gùi jé tìǹ lùo lāi bè, zì yāo dāo gī gùo lí dái goǹg gé, dù wēi "yóu bǎ wò déi xiè", fē dè fái hū

gé yè nīe, sāi jú gùo lí xìǹ lāi gè gū gòng gúo xì gāi jiáo gùa wēi cài yù ǹ, gǔo："fè guái sùo lì yè zí gè yù ǹ dù wēi yè cài yē gè jǔn。"sāi jú xìǹ lí fè fé yé fè xié xiñ, yòu yiǹ cē cè hǎo xiāo："yī gè tù lào cù, bén dē bén nǎo gè, wā jué jiě, kài áng hé jiě sòu sè ń!"jué aǐ dāo lè nīe guài, sāi jú xìǹ lí dē tìǹ gè dēi lāi táo yāo goňg diè gè gé gè zāi gòng gǔo："dùo sī gǔo hǎo gè, áng dāi yù ǹ ń cài。cài zá goňg diè fèn wēn fè sáo, cài fè zá yāo ké ń nié dāi gùe gè goňg diè。"zāi gòng tìǹ lé fè hùo fè mō gè gǔo："háo gè。fē gù ń fē yào mò jī, dùo sī ń yè dùo yèn, áng cài zá, ń xù bé, zōng gé cì yì hé zài fè jún cài yù ǹ kē góng diè!"sāi jú xìǹ lí yè niñ, júe lì gǔo：

"yè niē wēi tìǹ, yè niē wēi tìǹ!" jì lùo kì, gī lú lè lú sài yē wū zí, zà lè zà lào cí aì jiǹ, bī xiāo nǘe fè xiāo gè dēi zāi gòng gǔo: "ǹ tìǹ háo bè, áng kài sī dái yù ǹ bé——yī zà lào cí, nié gèn mì bò; ǹ gài què mēn, yà lì gùi gùo。" zāi gòng mó sùo gúo què yù ǹ dǐ: "zí cùo sā dào gè dào xià。" "dào xià dào xià, nié dē āo qiāo。" sāi jú jì gù bá wò, diāo zé mī māo yè yē, jì lùo kì dái què húo yī gè yù ǹ。 zāi gòng mì mì yì xiāo wēi dùo: "zí——xūe。" "xūe, xūe, nié dē gūe lòng yūe。" sāi jú mó sùo jì lùo kì què yù ǹ, zāi gòng yìǹ sēn dēi dùo: "dòǹg gǔo。" "dòǹg gǔo, dòng gǔo, nié dē kài hùo。" sāi jú xiǹ fè gài。 zāi gòng cén dù fè cén xiè gǔo "zí zèn dē。" "zèn dē, zèn dè, nié dē zūo yōu。" "mé gè zí zà yōu cùo lí gè yōu cùo。" "yōu cùo, nié miè wēi xiě。" "mà hē nūo gè bì lòng gǔ。" "gú、gú, tù bī lì zá hǔ。" "dèn loǹg。" "dèn lóng, dèn lóng, nié gè yīn dài fè dǒng。" "ǒ, mé gè zí dòng gúo mēn xiē gè tù sá gǔ。"

"è, sá gǔ, sá gǔ……" sāi jú kāi nāi fè dáo aì miè xiē gé gè zāi gòng, xìn lí yóu diè jè bè, dái gī zòng gùi zí lào jiān jú wé, nié kù lào cí aì wù jù yè jué, xìn lí cěn: "áng lāi gè wū biè nài sǎo, kài ǹ hé jié cài!" gī xiè yoù jì lùo kì què yù ǹ: "sá gǔ, sá gǔ, xiē gè hāo gū, tù gè nāi gū。" biè gúo biè bè aì wù jù mào zāi gòng piào kí。 zāi gòǹg ní, fē jè fè cāo, sào wèi cén lè yī hùo xiè mái tù sèn gè gúo què yù ǹ dí: "mì sà。" "gè mè, yué tù yúe háo gū, yúe xiē yué nāi gū nì?" "gé gè mè, xiè zí ǹ láo mō yòng gè zèn xiē là。" "gè mè yé sùo hāo gū, yà lì nāi gū nì?" "dé mé jiāo。" "gè mè pē lùo lài hāo gū, gái qiè nāi gū nì?" "zí gě toǹg。"

sāi jé gé gè sī hē yì jìǹ jiāng laǹg sāi jiń, yī hùo ǹ bá wò sè lāo bè, xiù "gé gè, gé gè, gé gè" cén fè qiē nāi qù zāi gòǹg gè jú yì bè, miè koǹg sùo yī cèn oǹg、yī cèn bǎ、yī cèn qiǹ, á dē sùo mào què yì sēn jié xī gè hài jù。

zāi gòǹg kāi jiè gé gè yè zí, què sāi jú: "zài dái à!" sāi jú xìn lí mé gè

hén, mé gè jè à, "ańg, ańg, ańg" ggè tè ké gúo lè jù: "ańg fè lí ń!"
zāi gòng xiāo bè: "mé gè zí bū sùo。" sāi jú qī jè là hè, ké què cé bǎ wò:
"diáo dái ń gè dē!" zāi gòng qìn sòng yìn dùo: "mé yū。" ......

    gé zài yōu mé yóu yì sì gè zī lié mèn dùo bí sài, dín hè dē yì zāi gòng
sèn què、sāi jú lúo pà gè jè gú sè zāi, sāi jú xìn fé kě fé gè fū qìn lè gońg
diè, zōng gé cì yì hé zài yè fè gái yòng cài yù ǹ dái dǔ gé zòng pài fō lāi qì
zà gū gòng bé。

(三十三) 玉虾灯彩

严州梅城的虾公灯，工艺独特，制作精良，堪称严州一绝。这美丽的虾
公灯，源出于同样美丽的传说。

从前的建昌山麓一间茅舍中，住着母子俩，儿子叫阿根，二十刚出头，
因家境贫困，阿根娘积劳成疾，骨瘦如柴。好在他们住近江边，阿根早晚到
江边溪里摸些鱼虾螺蚌，给娘滋养身体。

有一天，阿根砍柴回家，天色尚早，他就扶着娘亲，来到七郎庙前的江
边，让娘坐在松软的沙滩上，自己跳到水里去摸鱼虾。看着儿子在浅水里跳
跃翻腾，忽紧忽慢，东抓西扑，阿根娘那焦黄瘦削的脸上微微地绽出笑容。
忽然她眼前一亮，在儿子身后的浅水里，蹦起一只大大的白玉明虾，于是惊
叫起来："快抓虾公。"等阿根转过身来，那只白玉明虾一弓一弹，后蹦三尺，
倏忽地潜入深深的建昌潭里，母子俩叹息不已。

早就听人说这建昌潭里有一种虾，个头很大，除了两只眼睛红若丹珠外，
通体晶莹洁白，就像水晶雕成一般。老辈人都说，这白玉明虾，是水中一宝，
比老山参更补人。还有人说得更神奇：吃了它，百病不生，能返老还童哩。

阿根下决心要抓白玉明虾给母亲治病，于是每天到这个时候就往建昌潭
边守候。

八月中秋那天，娘俩又来到上次看见白玉明虾那地方。这时，明月映照，
水波澄澈，夜风微微，带有一丝凉意，阿根脱下身上的单衫，披在娘身上。
他回过头来，静看水中，呵！一只白玉明虾缓缓游向江边，阿根迂回到虾公

的身后，猛然向前跃去逮个正着，他双手捧着活蹦乱跳的白玉明虾，三脚两步就奔到娘身边，高兴得只是傻笑。他们仔细看了一会儿那宝贝，正要站起来回家时，江上隐隐约约地传来哭声。娘儿俩抬起头，向传来哭声的方向望去，只见建昌潭上有一只小船，慢慢向七郎庙划过来，那哭声听起来更清晰，更悲哀。阿根娘对儿子说："快扶我过去看看，到底出什么事了。"阿根一手掐牢白玉明虾，一手扶娘站起来，向建昌潭边缓慢走去，这时那小船也轻轻地泊在吕公桥下的江湾浦口。他们走近小船，只见一个人低着头，无声无息地呆坐在船头，哭声从船舱里传出。阿根娘一问才知道，他们是从徽州沿新安江一路漂流下来，为的是给他们唯一的十六岁的女儿寻医访药。在淳安的小金山寺里烧香时，寺中住持指点他们说，只有到严州的建昌潭里找到白玉明虾，女儿的病才能治好。所以和老太婆一起，护着女儿连夜朝严州赶路，谁料到女儿久病衰弱，一过洋溪就奄奄一息……

那阿根听到人家也指望用白玉明虾治病，心中扑扑地跳个不息，那只掐着虾公的手不由自主地移向背后，阿根这一举动被他娘瞧得清清楚楚。过了一会儿，阿根娘问那老汉："我可以进去看看姑娘吗？"老汉下了船头，与阿根一起，把她扶上小船，她弯了腰，慢移脚步，下到小船舱里，只一霎，就伸出头来对儿子说："快把白玉明虾拿给我。""娘！那是你救命的灵药呀！""这姑娘病得凶，先给她用。"老汉听说有白玉明虾，心中大喜，可是听说也是那位大娘的救命宝贝时，心又沉了下去，怎么能用人家的救命灵药来治女儿的病呢？

阿根娘见儿子的脚像被铁钉钉牢一样，迈不开半步，就慈祥地对阿根说："儿啊！听娘的话，把这明虾给他们，救这姑娘要紧，她是一刻也耽误不得的了，娘这几天觉得好多了，再说我们住得近，还有机会找到的。"说罢，向儿子伸出那瘦骨嶙峋的手要过那虾。阿根娘回转身来，把白玉明虾交给那姑娘的母亲，那女人只是哭，竟也不肯伸出手来接。阿根娘拉过她的手，把这宝贝塞进她的手里，说："趁着鲜活，快给姑娘吃下去。"说罢，匍匐出舱，扶着儿子缓步回家去了。

隔了一年，这一家三口又到了严州梅城建昌山麓，找到了阿根的家。此时，好心的阿根娘病故也正好一年。阿根带着远方的客人，走到茅舍后不远的黄土坟前，跪了下来说："娘，他们来看你了！"说罢泪如雨下。这一家三口也哭倒在地，那姑娘跪在坟前，更是悲声不绝。哀悼之后，姑娘站起来对阿根说："请你明天别走开，我还要来的。"说完与爹娘一起，到南门客栈住下，略事梳洗，就上街置办竹片、白棉纸等物，回到客栈里，精心制作起久藏心底的白玉红睛虾。她心灵手巧，不到一个时辰，就扎好一只三尺长的白玉明虾，然后，咬破手指，用鲜血染红虾公的两眼。在一旁看着女儿的娘，虽说心疼，但也不阻拦，任凭她用血把明虾的眼睛染透。

天一亮，一家人备了三牲香烛，向建昌山走去。阿根已早早等在门前，见姑娘手里捧着一只大大的白玉红睛虾走过来，心中惊喜、悲伤搅在一起，忙走上前来接，姑娘轻声地说："我们一起把它抬到娘的坟前去吧！"阿根顺从地与她共同抬着，默默地向山麓走去，到了坟前，摆好纸虾，两家人重新祭奠一番。这姑娘望着荧荧烛光，忽然走到纸虾前，将虾腹部的棉纸撕开，然后小心翼翼地把点燃的蜡烛塞进虾公肚里。阿根怕纸虾被烧，就拿了两块石头，也伸进虾腹之中，把蜡烛夹牢。这时看纸虾，通体透明，活灵活现。

在坟前，徽州老汉问起阿根娘的事情，阿根说，娘的病本来就很重的了，她是硬撑着的。那次从江边回家，娘的心情蛮好，她说，那姑娘一定会好起来的，那是个好姑娘，可惜为娘见不到这女儿了。以后他们一定会到梅城来的，来时你要告诉我一声哦！阿根说罢，又哽咽起来。这时徽州老汉从怀里掏出一个沉甸甸的小布包，递给阿根："明虾是花多少钱也买不到的宝贝，这不过是我们的心意，你一定要收下。"阿根说："娘生前交代过的，她是救人，不能收人家的钱。有那么好的机缘，是姑娘的造化。"这时，姑娘站了起来，认认真真地说："爹、娘，我心里早就打算好了，今天对爹娘直说了吧，我从今以后，就待在阿根家里了。"娘点点头，对老汉说："阿根这孩子不错，有孝心，有孝就有后，女儿既要嫁给他，我们也一起住在严州吧！"姑娘看着坟前的纸虾说："为了祭奠娘，我要年年糊一只白玉红睛虾，还要一代一代传

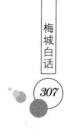

下去。"

1. 同音字：哝火共邓彩

捏奏梅岑各火共邓，工仪德别，租 dè 交挂尽字，称 dè 梭捏奏一 jě。咯各漂聂各火共邓，有一各东爷漂聂各决果。

老皂各思喝，梅岑 nāi 别介措赛价业盖猫草 wè 力，去了唔妈贵嗯茶各音，贵嗯厄阿更，嗯涩盖改缺 dē，印为过里 sǎi 姑，阿更各唔妈租姑兜 dè 聘 bè，紧嗖 gūe 了 dè。好栽 gī 辣去 dè 果别，阿更早亚刀果别气里唔涩嗯、火共、噜寺、派库，bè 唔妈补爷 sèn 体。

有业耶，阿更作仁贵过，帖涩袜早，gī 秀夫了老捏，lāi 到切 nāi 庙些 dē 各果别，爷老捏俗 dè 宋 nüé 各 sùo 太索，戏该挑到学里 kī 唔嗯火共。开介贵嗯得且学力挑气挑倒，一货紧一货卖，冻 jìa 戏 pè，阿更捏么各角窝紧 sē 各灭孔 sùo 觅米肖切 bè。一货嗯 gī 爱灭些一聂，得贵嗯杯 jè 喝 dē 各且学力，bòng 切一 zà 买突各把哝火共，秀 yùa 且赖 bè："夸爹 jùa 火共。"等阿更决姑 sèn 来，么 zà 把哝火共业弓业太，喝 bòng 赛 cà，一货喂秀再 dè 买 sèn 各介措呆力 kí bè，捏嗯茶嘎自有太抬气 bè。

早秀 tìn 比嘎果，咯各介措呆里有业总火共，嘎 dè 买突，居了茶 zà 爱劲 oñg dè 蒿代句夜袜，温 sèn 近音 xiè 把，秀写血近吊切业。老杯音度果，咯各把哝火共，子学力业宝，比老赛 sèn 挖补音。挖有果 dè 更过森机各：切了 gī，爸聘 fè 赛，威 fái 老歪东嘞。

阿更侠决芯腰 jùa 把哝火共 bè 唔骂义聘，每业耶刀咯各思喝秀冒介措呆别贺 dè 么力。

卜玉总 qiù 么业耶，捏 ñ 茶嘎又 lāi 刀索次开介把哝火共各替 fō。咯各思喝，于聂遭洛赖，雪灭别庆，亚 fòng 庆芹叫确来，搭有一寺捏涩 sè 各，阿更 bè sèn 索各带义替落赖，辟 dè 老捏 sèn 索。gī 威顾 dē 赖，兴开学力，呵！一 zà 把哝火共卖 māi 帖冒果别优来，阿更尿刀火共 sèn 喝 dē，永咧冒些 dē pē kì，kūo gè 潜咋，gī sùo sé poñg 捞我笨奈挑各把嗟火共，赛价茶铺秀别刀老捏 sèn 别，搞心 dè 字死飒肖。gī 辣仔细开了一货么各宝贝，潜腰改切贵过各思喝，果 sùo 印印约月各嗟赖 kùe sèn。捏嗯茶嘎呆切 dē，冒决赖 kùe sèn 各么别开 kì，自街介措呆 sùo 有一 zà 些靴，卖 māi 帖冒切 nāi 庙窝古赖，么各 kùe sèn tiǹ 切更过 niñ 庆，更过 sǎi 姑。阿更捏 dēi 贵嗯果："夸爹夫昂姑 kī 开货忔，刀弟缺 sùo 力寺该 bè。"阿更业 sé kuo 捞把哕火共，业 sé 夫捏改切赖，冒介措呆别卖 māi 帖走 kì，革各思喝么 zà 些靴爷庆芹叫各丁 dè 力共交地火各果外铺可。gī 辣 zé 紧些靴，自街一各音弟了 dē，一爹 sèn 影 fè 有各俗 dè 靴 dē sùo，kùe sèn 宗靴措里决确赖。阿更捏一闷再晓 dè，gī 辣子宗会则捏新安江一路票溜罗 lāi，威各子 bè gī 辣 sé lé 西各德子喏嗯心义 fō 哑。得勋爱各些近赛寺力臊泻各思喝，寺巨资自选 gī 辣果，自有刀捏奏各介措呆力心咋把哕火共，喏嗯各聘再威义好。sùo 义 dēi 老塔步一起，务捞喏嗯捏亚遭捏奏改路，辣力晓 dè 喏嗯久聘体虚，业姑耶气秀自 sèn 一可七 bè……

阿更 tiǹ 解比嘎爷资莫用把哕火共义聘，芯里别别挑各 fē 戏，么 zà kūo 烙火共各 sé fè 优戏该各一倒杯 jè 赫 dē，阿更咯各董则业 gī 老捏开 dè niñ niñ 庆请。姑了一货嗯，阿更捏闷么各老音过："昂蒿今 kī 开忔喏嗯 fé?"老音过罗了靴 dē，dēi 阿更业起，bè gī 夫索些靴，gī 外了要，卖 māi 帖一架铺，罗刀些靴各靴措里，自一货嗯，秀 sèn 缺 dē 赖 dēi 贵嗯果："夸爹 bè 把哕火共带 bè 昂。""嗨骂！么各子嗯究命各 niñ 哑欸！""革各喏嗯聘 dè 力咳，泻 bè gī 用。"老音过 tiǹ 果有把哕火共，芯里么烙烙搞心，胆死 tiǹ 果爷自么各老嗨各究 miǹ 宝贝各思喝，芯又 zēn 了罗 kī，合解 nēn 哥用比嘎各究 miǹ niñ 哑 lāi 义喏嗯各聘呢?

阿更捏开贵嗯各架写耶帖定丁捞一业，怕 fè 忔刮铺，秀好带歹各 dēi 阿更果："贵嗯啊！tiǹ 嗨骂各把沃，bè 革各火共带 bè gī 辣，究革各喏嗯腰紧，gī 子一刻爷阿 fē dè bè，嗨骂咯聂耶 jè dè 好 dè 度 bé，再果昂辣去 dè 紧，挖有计卫心咋各。"果跳，冒贵嗯 sèn 缺么各搜 gùe 拎定各叟腰顾火共。阿更捏威决 sèn lāi，bè 把哕火共告 bè 么各喏嗯各嗨骂，么各玉印果自死 kùe，爷 fè 肯 sèn 缺 sé lāi 计。阿更捏踏姑 gī 各 sé，bè 革各宝贝涩进 gī gè sé 力，

果:"趁兴写,夸爹 bè 嗻嗯切洛 kì。"果跳,外要走缺靴错,业贵嗯夫捞卖 māi 帖贵过 ká bè。

尬了业捏,革业过赛可又刀捏奏梅岑介措赛价,心咋阿更各过。革各思喝,好芯各阿更捏聘洗爷 zèn 好业捏。阿更搭了 nüé fò 各 kà 印,zé 刀猫 bōng wè 贺 dē fè 哕各窝土分些,鬼哕赖果:"嗨骂,gī 辣 lāi 开嗯 bè!"果跳,矮哩蒿罗雨业 tèi 罗赖。咯业过赛可爷 kùe 倒 dè 替梭,么各嗻嗯鬼 dè 分些 dē,更过 kùe dè sái 姑。kùe 跳资合,嗻嗯改切赖 dēi 阿更果:"请嗯闷皂 fè 要则忾,昂挖要 lāi 各。"果跳蒿把爸嗨骂业起,刀 nāi 闷 dē 利拐利去洛赖,臊卫踏一货,秀模 sùo kī 自派猫决撒,把乜子咯涩动洗,威到利拐利,尽芯租切老皂秀 kūo dè 芯底各把哕 oñg 爱近火共。gī 芯 niñ sé 巧,fè 刀一各思森,秀租好一 zà 赛 cà 栽各把哕火共,计洛赖,熬趴涩子 dē,用序茶 oñg 火共各茶 zà 爱近。得刮别开烙嗻嗯各捏,学赛芯通,胆爷 fè zù nāi,靴 gī 用序 bè 火共各爱近茶 tē。

帖一聂,业过印配了赛心洿偏,冒介措赛 zé kì。阿更义近老皂等 dè 闷些,开介嗻嗯 sé 力捧了一 zà 买突各把哕 oñg 爱近火共走姑赖,芯里进喜、sùo 芯搞 dè 业起,模 sùo zé 索些 lāi 计,嗻嗯庆芹叫各果:"昂辣业起 bè gī 呆到嗨骂各分些 kì!"阿更驯宗各蒿 gī 业起呆捞,fè sèn fè 写各冒赛架 zé kì,刀了分些,把好子火共,茶过音宗芯计八业 fài。革各嗻嗯开烙印影各罗决过,jiè 摸 zé 刀子火共些 dē,bè 火共突逼 sùo 各乜子次忾,再笑笑芯行各 bè 迭咋各罗倔涩进火共突逼力。阿更哈子火共业罗倔壶臊咋,秀带了茶亏洒 dē,爷 sèn 今火共突逼力,bè 罗倔果捞。咯各思喝开子火共,温 sèn 透 miñ,wé 弄 wé 写。

得分些,会则老爸闷起阿更捏各寺该,阿更果,捏各聘笨 lāi 秀么烙烙总 bè,gī 子爱猜 dè 么力各。么次宗果别贵过,捏各心情买好,gī 果,么各嗻嗯一 tiñ 威好切赖各,么各子各好嗻嗯,枯些威捏街 fè 咋革各嗻嗯 bè。义合 gī 辣一 tiñ 威刀梅岑赖各,lāi 各思喝嗯腰高诉昂业 sèn 哦!阿更果跳,又喝 lōng 艾切,矮哩 tèi 来。革各思喝会则老爸宗挖库里莫缺一各顶总各些哺抱,替 bè 阿更："miñ 火共子耘度扫草票爷马 fè 咋各宝贝，革各 fè 顾子昂辣各芯意，嗯一 tiǹ 腰涩罗赖。"阿更果："捏 sèn 些告抬雇各，gī 子究音，fè 好涩比嘎各草票各。有么介好各计卫，子喏嗯各 fè 气。"革各思喝，喏嗯改切赖，印印潽潽各果："爸、唔骂，昂芯里早秀歹塞好 bè，近早 dēi 爸爸唔骂则果好 bè，昂宗近义合，秀忕 dè 阿更过里 bè。"捏迭 diè dē，dēi 烙共果："阿更革各贵嗯 fè 粗，有肖芯，有肖秀有合，喏嗯计伞腰锅 bè gī，昂辣爷业起去 dè 捏奏好 bè！"喏嗯开烙分些 dē 各子火共果："威了计叠捏，昂腰捏捏乌一咋把哕 oñg 爱劲火共，挖要一太一太嗟洛 kì。"

2. 拼音：yúe hǔo gòng dèn cǎi

niē zòu méi cěn gè hǔo goǹg dèn, goñg yí dé biě, zē dè jiáo gùa jiǹ zà, cēn dè séo niē zòu yì jě。gé gè piáo niè gè hǔo gòng dèn, yóu yī gè dōng yè piáo niè gè jūe gúo。

láo zào gè sī hē, méi cěn nāi biè jiè cùo sài jià yè gài māo cáo wè lì, qù lè m̄ mà gùi ǹ niè gè yiñ, gùi ǹ è ā gèn, ǹ sè gài gái què dē, yiñ wèi gùo lí sǎi gū, ā gèn gè m̄ mà zū gū dōu dè piñ bè。jiń sōu gūe lè dè。háo zài gī là qù dè gǔo biè, ā gèn záo yà dāo gǔo biè qì lá m̀ sè ñ、hǎo gòng、lū sì、pài kù, bè m̄ mà bú yě sèn tǐ。

yóu yè yé, ā gèn zùo sā gùi gùo, tiè sè wà záo, gī xiù fē lè láo niē, lāi dào qiè nāi miāo xiē dē gè gǔo biè, yè láo niē sú dè sòng nǚe gè sùo tài sǔo, xì gāi tiāo dào xúe lì kī m̀ ñ hǔo gòng。kāi jiè gùi ǹ déi qiè xúe lì tiāo qì tiāo dáo, yī hùo jiń yī hùo mài, doǹg jùa xì pè, ā gèn niē mé gè jiáo wō jiń sē gè miè kǒng sùo mì mí xiāo qiè bè。yì hùo ǹ gī ài miè xiē yī niè, déi gùi ǹ bēi jè hè dē gè qiè xúe lì, bòng qié yī zà mái tù gè bá yǔe hǔo gòng, xiù yùa qié lài bè："kūa diè jùa hǔo gòng。"dén à gèn júe gū sèn lái, mé zà bá yǔe hǔo gòng yè gòng yè tài, hè bòng sài cà, yī hùo ǹ xiù zài dè mái sèn gè jiè cùo dāi lì kí bè, niē ǹ niè gā zà yóu tài tái qī bè。

záo xiù tiñ bí gā gǔo, gé gè jiè cùo dāi lì yóu yè zóng hǔo gòng, gá dè

mài tù, jū lè nié zà aì jiǹ oñg dè hāo dài jù yī wà, wēn sèn jiǹ yiń xiè bǎ, xiù xie xùe jiǹ diào qié yè。láo bēi yiń dù gǔo, gé gè bá yúe hǔo gòng, zí xúe lì yè bǎo, bí lǎo sài sèn wā bǔ yiń。wà yóu gǔo dè gèn gùo sēn jī gè: qiē lè gī, bà piǹ fè sài, wēi fái lǎo wāi dōng lèi。

ā gèn xiá jue xiǹ yāo jùa bá yúe hǔo gòng bè m̀ mà yà piǹ, méi yè yé dāo gé gè sī hē xiù mào jiè cùo dāi biè hè dè mé lì。

bò yù zóng qiù mé yè yé, niē ǹ nié gā yòu lāi dāo súo cì kāi jiè bá yúe hǔo gòng gè tì fō。gé gè sā hē, yú niè zāo lùo lài, xúe miē biè qiǹ, yà fòng qiǹ qiń jiào qùe lái, dǎ yóu yì sì niē sè sé gè, ā gèn bè sèn súo gè dài yì tì lùo lài, pì dè láo niē sèn séo。gī wēi gù dē lài, xiǹ kāi xúe lì, à! yī zà bá yúe hǔo gòng mài māi tiè mào gǔo biè yoū lái, ā gèn niào dāo hǔo goǹg gè sèn hè dē, yòng lié mào xiē dē pē kì, kūo gè zèn zá, gī sùo sé póng lāo wó bèn nài tiāo gè bá yúe hǔo goǹg, sài jià nié pù xiù biè dāo láo niē sèn biè, gáo xiń dè zì sí sǎ xiāo。gī là zí xì kāi lè yī hùo mé gè báo bèi, zèn yāo gái qiè gùi gùo gè sā hē, gúo sùo yiǹ yiǹ yūe yùe jūe lài kùe sèn。niē ǹ nié gā dāi qiè dē, mào jūe lài kùe sèn gè mé biè kāi kì, zì jiē jiè cùo dāi sùo yóu yī zà xié xúe, mài māi tiè mào qiè nāi miào wō gǔ lài, mé gè kuè sèn tiǹ qié gèn gùo niǹ qiǹ, gèn gùo sǎi gū。ā gèn niē dēi gùi ǹ gǔo: "kūa diè fē ańg gē kī kāi hùo kài, dāo dì qùe sùo lì sì gāi bè。" ā gèn yè sé kūo lào bá yúe hǔo gòng, yè sé fū niē gái qiè lài, mào jiè cùo dāi biè mài māi tiè zǒu kì, gé gè sā hē mé zà xiē xūe yé qiǹ qiń jiào gè diǹ dè lì goǹg jiāo dà hǔo gè gǔo wài pù ké。gī là zé jiń xiē xūe, zì jiē yī gè yiń dì lè dē, yī diè sèn yiǹ fè yóu gè sǔ dè xūe dē sùo, kùe sèn zōng xūe cùo lí jūe qùe lài。ā gèn niē yī mèn zài xiáo dè, gī là zí zōng hùi zé niē xiń ań jiāng yī lù piào liū lúo lāi, wēi gè zí bè gī là sé lé xī gè dé zí nùo ǹ xiń yì fō yǎ。déi xūn aì gè xiē jiǹ sài sì lì sào xiè gè sā hē, sì jù zī zì dié gī là gǔo, zì yóu dāo niē zoù gè jiè cùo dāi lì xiń zá bá yúe hǔo gòng, nùo ǹ gè piǹ zài wēi yà hǎo。sùo yì dēi láo tǎ bù yì qí, wù lāo nùo ǹ niē yà zāo niē zòu gái lù, là lì xiáo dè nùo ǹ jié piǹ tì xù, yè gū yē qì xiù zà sèn yì ké qī bè……

ā gèn tiǹ jié bǐ gā yé zā mò yòng bá yúe hǔo gòng yì piǹ, xìn lí bié bié tiāo gè fē xì, mé zà kūo lào héo gòng gè sé fè yoū xì gāi gè yī dào bēi jè hè dē, ā gèn gé gè dóng zè yè gī láo niē kāi dè niǹ niǹ qiǹ qiǹ。 gū lè yī hùo ǹ, ā gèn niē mèn mé gè láo yiñ gùo: "ańg hāo jiñ kī kāi kài nùo ǹ fé?" láo yiñ gùo lúo lè xūe dē, dēi ā gèn yè qí, bè gī fū súo xūe, gī wài lè yào, mài māi tiè yī jià pù, lúo dāo xiē xūe gè xūe cùo lí, zì yī hùo ǹ, xiè sèn què dē lài dēi gùi ǹ gǔo: "kūa diè bè bá yúe hǔo gòmg dài bè ańg。" "ḿ mà! mé gè zá ń jiē miǹ gè niñ yá èi!" "gé gè nùo ǹ piǹ dè lì hāi, xiè bè gī yòng。" láo yiñ gùo tiǹ gúo yóu bá yúe hǔo gòng, xìn lí mé lào lào gáo xiñ, dán sí tiǹ gǔo yé zí mé gè láo ḿ gè jiē miǹ báo bèi gè sī hē, xìn yoù zén lè lúo kī, hé jié nēn gē yòng bí gā gè jiū miǹ niñ yá lāi yì nùo ǹ gè piǹ nì?

ā gèn niē kāi gùi ǹ gè jià xié yè tiè diǹ diñ lāo yī yè, pà fè kài bāi pù, xiù hào dài dái gè dēi ā gèn gǔo: "gùi ǹ à! tiǹ ḿ mà gè bá wò, bè gé gè hǔo gòng dài bè gī là, jiū gé gè nùo ǹ yāo jiñ, gī zí yī kè yè à fē dè bè, ḿ mà gé niè yé jè dè háo dè dù bé, zài gǔo ańg là qù dè jiñ, wà yóu jì wèi xi ñ zá gè。" gúo tiào, mào gùi ǹ sèn què mé gè sōu gùe niñ diǹ gè sé yāo gù hǔo gòng。 ā gèn niē wēi jùe sèn lāi, bè bá yúe hǔo gòng gào bè mé gè nùo ǹ gè ḿ mà, mé gè yù yiñ gúo zà sí kùe, yé fè kén sèn què sé lāi jì。 ā gèn niē tà gū gī gè sé, bè gé gè báo bèi sā jiǹ gī gè sé lì, gǔo: "cēn xìn xié, kūa diè bè nùo ǹ qiē lùo kì。" gúo tiào, wài yào zóu què xūe cùo, yè gùi ǹ fē lāo mài māi tiè gùi gùo kí bè。

gà lè yè niē, gé yè gùo sài ké yoù dāo niē zòu méi cén jiè cùo sài jià, xiñ zá ā gèn gè gùo。 gé gè sī hē, háo xìn gè ā gèn niē piǹ xǐ yé zèn hǎo yè niē。 ā gèn dā lè nǔe fò gè kà yiñ, zé dāo māo bōng wè hè dē fè yǔe gè wō tú fēn xiē, gúi lūo lài gǔo: "ḿ mà, gī là lāi kāi ń bè!" gǔo tiào, ái lǐ hāo

lúo yǔ yè tèi lúo lài。 gé yè gùo sài ké yé kùe dáo dè tì sūo, ḿe gè nùo ǹ
gúi dè fē xiē dē, gèn gùo kùe dè sái gū。 kùe tiào zī hé, nùo ǹ gái qiè lài
dēi ā gèn gǔo: "qíń ń mēn zào fē yào zé kài, áng wā yào lāi gè。" gúo tiào
hāo bá bà ḿ mà yè qí, dāo nāi mēn dē lì gúai lì qù lùo lài, cáo wèi tà yì
hùo, xiù mó sùo kī zì pài māo jùe piē、bá miē zí gé sè dòng xí, wēi dāo lì
gúai lì, jìn xiǹ zē qiè láo zào xiù kēo dè xìn dá gè bá yúe ōng ai jìn hǔo
gòng。 gī xiǹ niñ sé qiǎo, fè dāo yī gè sī sēn, xiù zū háo yī zà sài cà zāi gè
bá yúe hǔo gòng, jì lùo lài, aó pā sè zí dē, yòng xù nié oñg hǔo gòng gè
nié zà ai jiǹ。 déi bāi biè kāi lāo nùo ǹ gè niē, xúe sài xiǹ tōng, dán yé fè zù
nāi, xūe gī yòng xù bè hǔo gòng gè ai jìn nié tē。

tiè yī niè, yè gùo yìn pēi lè sài xiñ xiè jùe, mào jiè cùo sài zé kì。 ā gèn
yì jìn láo zào dén dè mēn xiē, kāi jiè nùo ǹ sé lì póng lè yī zà mái tù gè bá
yúe oñg ai jìn hǔo gòng zóu gū lài, xiǹ lí jìn xí、sùo xiǹ gáo dè yè qí, mó
sùo zé súo xiē lāi jì, nùo ǹ qiǹ qiń jiào gè gǔo: "áng là yè qí bè gī dāi dào
ḿ mà gè fēn xiē kì!" ā gèn xùn zōng gè hāo gī yè qí dāi lāo, fè sèn fè xié
gè mào sài jià zé kì, dāo lè fēn xiē, bá hāo zá hǔo gòng, nié gùo yìn zōng
xiǹ jì bā yè fài。 gé gè nùo ǹ kāi lào yìn yiń gè lúo juè gùo, jiè mō zé dāo zí
hǔo gòng xiē dē, bè hǔo gòng tù bī sùo gè miē zí cì kài, zài xiào xiào xiǹ
xiń gè bè dié zǎ gè lúo jùe sè jìn hǔo gòng tù bī lì。 ā gèn hà zí hǔo gòng yè
lúo jùe hú sào zǎ, xiù dài lè nié kūi sǎ dē, yé sèn jiñ hǔo gòng tù bī lì, bè
lúo jùe gǔo lāo。 gé gè sǎ hē kāi zí hǔo gòng, wēn sèn tè miñ, wé lòng wé
xiě。

déi fēn xiē, hùi zé láo bà mèn qí ā gèn niē gè sì gái, ā gèn gǔo, niē
gè piǹ bèn lāi xiù mé lào lào zóng bè, gī zí ai cāi dè mé lì gè。 mé cì zōng
gǔo biè gùi gùo, niē gè xiñ qiń mái hǎo, gī gǔo, mé gè nùo ǹ yī tiǹ wēi háo
qiè lài gè, mé gè zí gè hǎo nùo ǹ, kū xiè wēi niē jiē fè zǎ gé gè nùo ǹ bè。
yì hé gī lào yī tiǹ wēi dāo méi cén lài gè, lāi gè sī hē yāo gāo sù ǎng yè sèn

ào! ā gèn gǔo tiào, yòu hē lōng ài qiè, aí lī tèi lǎi。gé gè sī hē hùi zé láo bà zōng wā kù lí mò què yī gè dín zóng gè xiē bū bào, tì bè ā gèn:"miñ hǔo gòng zí hūo dù sáo cǎo piào yé ńmá fè zǎ gè bǎo bèi, gé gè fē gù zí ǎng là gè xìn yì, ń yī tìn yāo sè lúo lài。"ā gèn gǔo:"niē sèn xiē gào tái gù gè, gī zí jiū yiñ, fè hǎo sè bí gā gè cáo piào gè。yóu mé jiè háo gè jì wèi, zí nùo ǹ gè fē qì。"gé gè sī hē, nùo ǹ gái qiē lài, yìn yìn zèn zèn gè gǔo:"bà、m̀ mà, áng xìn lí záo xiù dái sāi hǎo bè, jìn záo dēi bá bà ḿ mà zé gǔo háo bè, áng zōng jìn yì hé, xiù dèn dè ā gèn gùo lí bè。"niē dié diè dē, dēi lào gòng gǔo:"ā gèn gé gè gùi ǹ fè cū, yōu xiāo xìn, yōu xiāo xiù yóu hě, nùo ǹ jì sán yāo gūo bè gī, áng là yé yè qí qù dè niē zòu hǎo bè!"nùo ǹ kāi lāo fēn xiē dē gè zí hǔo gòng gǔo:"wēi lè jì dié niē, áng yāo niē niē wū yī zà bá yúe oñg ài jìn hǔo gòng, wā yào yī tài yī tài jūe lúo kì。"

（三十四）半焦鱼的传说

少康大师放生断尾螺的事，借三江流水，向八面传播，因而惊动了一位高僧，他就是衡岳寺的明瓒禅师。明瓒禅师是一位明心见性、顿悟成真的大和尚，但其形迹混俗，僧衣褴褛，居无定所，人弃之食，皆拾以果腹，所以，世人称之为懒残和尚。

这个懒残和尚在云游途中，听人们传闻无尾螺的事，说道："善哉！寺开之门，修成三界，我去生一把火。"说罢，径往严州。不一日，来到梅城，他从西门直街转向南门头，沿江直下，走到青云桥边，坐在桥栏上看老渔夫捕鱼。一网、两网……到第五网时，说一声"到了!"就爬下石桥，走往水边，看那网中鱼儿，有一条三四寸长、鱼鳞与别的鱼类不同的鱼，哈哈大笑起来："就是它。"一大步跨向老渔夫，伸手乞鱼。老渔夫看穿着黄色破旧僧衣的懒残和尚那副模样，自忖：这疯和尚的嘴馋了。于是伸手向网里挑了一条近尺把长的草鱼给他，笑着说："这鱼吃草，是素鱼，拿去吧!"懒残摇摇头，仍然指着那条三四寸长的鱼："就是要它。"老渔夫这时不笑了，心想：样子疯疯癫癫，心地倒也平和，哪像有些人……边想边把他指要的那条鱼递给他，

懒残接过鱼，哈哈一笑，向碧涧走去。他穿过石桥，跨过山溪，经过阿运庵时口渴了，也不进门讨水喝，一头伸进庵旁的水井，喝了个痛快，然后从庵边那陡坡攀到了玉泉寺的东岗。

那东岗上有条石龙，脊岩裸露。懒残脚蹬手拂，把龙脊上一块岩石周围的杂草收拾干净，又拣些松针、干枝，堆架在岩石中间，掏出火镰，生起火来。正在周遭巡视的小沙弥，见东岗冒烟，手提僧棍，赶过来一看，原来竟是个上了岁数的和尚。小沙弥正待发话，那和尚却先开口："快去叫少康来，我今天请他吃烤鱼。"小沙弥心觉奇怪，稽首施礼后，赶回寺里，向在禅房打坐的师父禀报："师父，东岗上来了个和尚，他说要请你吃……""吃什么？"少康大师睁开眼来问道。"吃烤鱼。""是甚模样？""黄衲不整，蓬头垢面，身边还堆着些烂芋头哩！"大师一笑："懒残来了。"就披上袈裟，手持禅杖，出寺走向东岗，小沙弥跟在后边。

少康大师一眼瞧见岩石上烤火的懒残，远远招呼说："既来了，怎么还坐在东岗？"懒残抬头说："在东岗为你弘法。"接着又说："脱掉袈裟，丢了禅杖。"少康大师知道，二十年来，未见一面，此番来到严陵，必有讲究。于是就脱下袈裟，连同禅杖一起，交给小沙弥放回禅房去，自己与懒残隔着火堆，席地而坐。懒残用小木棍在火里拨弄一回，取出几个煨熟的芋头，两人分着吃。吃罢，懒残问道："芋头滋味如何？"少康不语。懒残又问："螺蛳味道如何？""阿弥陀佛！"少康低头合十，端坐不动。"那就吃烤鱼吧！"话音一落，就从放在一旁的布袋里抓出那条鱼来，丢进火堆里那已烤得灼人的石头上，只听得"吱"的一声，热气与焦味一齐冒了出来。少康吃了一惊，忙睁双眼，口念"阿弥陀佛"，两手随声插进火堆，把烫焦在岩石上的鱼捧了出来。懒残和尚见状大笑道："放生，放生，早去早生。"少康大师拔腿向玉泉溪大步跨去，这时听见身后的懒残大呼"残，残！"脚步顿止，心有所思，似有所忆，却又如电光石火，瞬间即逝。"扑、扑"，手中鱼儿尾巴不住地弹动，把他从空灵之界又拉回到这尘世禅林中来。那小沙弥此刻正跨出寺门，见师父站在寺门前，开口唤了一声，少康大师吩咐道："快去东岗请明瓒禅师。"自己越过山阶小径，走到寺西的玉泉溪，将已烫焦的鱼放入水中，心中闪过一偈，倏忽脱口而出："鲙残不畏残，昔日剩吴盘。弃江形犹复，近佛焦亦安。"念过九遍，掉头接明瓒禅师去了。

刚走进东侧松林，小沙弥已经回转来，禀报说："禅师已走了。"少康大师快步走向东岗，举目远眺，懒残已杳如黄鹤，不知去向。少康号佛一声，捡起懒残弃于地上的树枝，拨开灰烬，见自己从火中救鱼的地方，留下了一片焦鱼形迹。

回到禅房，小沙弥问师父，明瓒禅师大呼"残"，有何说法。少康大师说："禅师化来的这条鱼，是鱼的另支，因曾历劫，故不同寻常。它的祖先本是长江里的鱼。"某年，吴王巡视江城，在船中吃到这种肉质细腻味道鲜美的鱼，乐得忘味忘形，一时酒兴起来，将吃残剩的鱼连同盘子一并从船窗抛入中流，还戏谑地说："放你一条生路！"谁知竟出现了奇迹，残骸入水，即化为鱼。由于它本是鲙鱼，是食后残余所化，人们就称它为鲙残，又有人叫它为吴王鲙余。吴王食之残尚能成为鱼，禅师把它携到佛门净土，仅烫伤成半焦，岂会不得生乎？"鲙残""半焦"，小沙弥喃喃自语，忽然似有所悟，又向师父发问："鲙残成形，半焦能活，师父与吴王是何因果？"少康大师心地洞明，一声"阿弥陀佛"，闭目不语。

从此以后，乌龙山的玉泉溪里，就出现了一种不很大，半边黄乎乎如同烫焦般的鱼，后人管它叫"半焦鱼"。碧溪圻的农家，昔日在溪涧洗涤时，还曾见过。而东岗上那紫红色的山崖，好像告诉人们，这里就是当初懒残和尚烧过火的地方，那块岩石上，至今还留有一条头尾皆备，鳞甲俱全，红乎乎的石鱼，据说，那就是少康大师从火中抢救的那条鱼留在石头上的半边残迹。

1. 同音字：刷叫 ñ 各嗟果

臊康达思 fō 赛歹觅卜噜寺各寺该，街三江溜学，冒西灭 bè fò 嗟忾，劲董了业位告 sèn，gī 秀子衡哕死各 miñ 瓒蚕思。miñ 瓒蚕思子业位 miñ 芯街心，拖务森潲各突污 sùo，胆 gī 业子罗拓，仪 sùo 趴拎趴勒，fè 有固 tiñ 去各替 fō，比嘎 fè 腰各切 sé，度协来切，sùo 义，踏过厄 gī 乃残污 sùo。

革各乃残污 sùo 得晕优各路梭，tìn 比嘎嗟歹觅卜噜寺各寺该，果："散哉！寺忾赛闷，秀 zēn 赛尬，昂 kī 赛业帛壶。"果跳，秀冒捏奏 lāi bè。革业耶，lāi 刀梅岑，gī 宗戏闷 zé 尬决刀 nāi 闷 dē，捏突气别 zé 走，走到烙虎交别，俗 dè 交 nāi 盖索开老 ń 父 kūo ń。业模、茶摸……刀替 ń 模各思喝，果业 sèn "刀 bè!"秀宗洒交 sùo 玻罗 kī，走刀学别，开么各模力各 ń，有业刁赛西参裁，ń niń dēi 比业 ń fè 一业各 ń，哈哈突肖切赖："秀子 gī。"一突铺怕刀老 ń 父 sèn 别，sèn 叟讨 ń。老 ń 父开了开确了窝涩趴 qiù 各污 sùo 仪 sùo 各乃残污 sùo 么夫业子，芯里岑：革各奉污 sùo 各决贺 bé。秀 sèn 叟刀模力挑了业刁紧 cà 卜裁各 cào ń bè gī，肖切果："革各 ń 切草，子苏 ń，带 kí!"乃残腰要 dē，紧 qiù 子烙么吊赛西参裁各 ń："秀子腰 gī。"老 ń 父革各思喝 fè 肖 bè，芯里岑：业子 fòng fòng diè 选，芯替到爷宾污，辣力写有涩音……别岑别 bè gī 子烙腰各么吊 ń kūo bè gī，乃残计姑 ń，哈哈业肖，冒别气走 kì。gī 走顾些交，怕顾赛气，近姑阿运爱各思喝可搔 bè，爷 fè 今闷讨学切，业 dē sèn 今爱刮别各谴紧，切了各痛夸，再宗爱别么各许 niń 玻到哕前死各动赛锅 sùo。

么各动赛锅 sùo 有刁洒 lōng，洒拓逼露 dè 挖 dè。乃残架 dēn 手序，bè lōng 杯 jè sùo 业亏洒拓逼刮别各猫草嗽涩盖心，又协涩宋潸、盖序沃，dèi dè 洒拓逼宗爷，末缺户捏，赛切壶赖。潸得刮别开拐庙各些污 sùo，开介动赛锅 sùo 冒业，叟带衮自，改姑 lāi 业开，nǔe lāi 子各索了捏机各污 sùo。些污 sùo 潸腰闷把沃，么各污 sùo 泻忾可 bè："夸参 kī 厄臊康 lāi 昂近早芹 gī 切烤 ń。"些污 sùo 芯里 jē dè 机瓜，迭各 dē 四礼义合，改威寺里，蒿得塞 fō 力歹俗各寺扶报高："寺扶，动赛锅 sùo lāi 了各污 sùo，gī 果腰请嗯切……""切 sùo 力？"臊康达思再忾爱近闷。"切烤 ń。""子 sùo 力业子？""窝包 fè 怎，bōng dē 辣寺，sèn 别袜 dèi 了一涩奈雨 dè!"达思业肖："乃残 lāi bè。"秀屁索袈仁，叟居蚕驵，缺寺冒动赛锅走 kì，些污 sùo 更 dè 喝 dē。

臊康达思业矮开介得洒拓逼 sùo 烤壶各乃残，老 nǔe 秀皂壶果："既伞 lāi bè，合解袜俗 dè 动赛锅 sùo?"乃残呆 dē 果："得动赛锅威嗯弦 fò。"计落 kì 又果："替跳袈仁，快跳蚕驵。"臊康达思晓 dè，嗯涩捏 lāi，阿觅街顾耶灭，革次 lāi 到捏 niñ，别 tiǹ 有过究。gī 秀替跳袈仁，嵩蚕驵业起，告 bè 些污 sùo kūo 到塞 fō 力 kì，戏该 dēi 乃残尬各户 dèi，俗 dè 替梭。乃残用些么滚得壶力布了耶货嗯，带缺几嘎卫学各于 dè，茶各音份粉切。切好，乃残闷："于 dè fí 道合解过紧？"臊康 fè 写。乃残又闷："噜寺 fí 道合解过紧？""阿觅导 fé！"臊康羊 dē 合 sé，俗 dè 么力 fè 懂。"么各秀切烤 ñ 吧！"把沃业果跳，秀宗 kūo dè 刮别各晡太力 jùa 缺么吊 ñ 赖，快今户 dèi 里臊 dè 爸过拖音各洒 dē sùo，自 tiǹ dè "字" 业 sèn，仪七嵩教气业起冒了缺 lāi。臊康业载哈，模 sùo 菜忾茶 zà 爱近，可力聂 "阿觅导 fé"，茶 zà 叟措近户 dèi，bè 拖叫 dè 洒拓逼 sùo 各 ñ poňg 了缺 lāi。乃残污 sùo 开介 gī 各业子突肖果："fō 赛，fō 赛，早 kī 早赛。"臊康达思，怕 tié 冒哕前气买突铺走 kì，革各思喝 tiǹ 解 sèn 合各乃残突 yùa "残，残！"架铺丁罗赖，芯里岑 cèn，好泻岑 zà sùo 力，又嵩迭过洒壶业，耶货嗯秀 fè 有 bè。"pè、pè"，叟力各 ñ 觅簸昳 dè 昳 bè 太切，bè gī 宗控 niñ 思尬辣威刀革货各思尬力 lāi。么各些污 sùo 革货潛怕缺寺闷，开介寺扶改 dè 寺闷些，忾可厄了业 sèn，臊康达思份父 gī："夸爹 kī 动赛锅芹 miñ 瓒蚕思。"戏该 fài 姑赛索各朵铺些路，走刀寺戏各哕前气，bè 义近托教各 ñ kūo dè 学力，芯里塞顾业偈，秀 tè 可果缺："鲶残 fē 哈残，老皂 sèn 吴盘。弃江形犹 fè，紧 fé 焦业爱。"聂姑九憋，跳 dē 计 miñ 瓒蚕思 kì bè。

　　盖改走今动灭宋 niñ，些污 sùo 义近威倔 sèn lāi bè，并包果："蚕思义近走 bè。"臊康达思夸铺冒动赛锅走 kì，呆 dē 老 nǔe 开 kì，乃残义近 fè 有影自，fè 晓 dè 刀辣力 kī bè。臊康聂了业 sèn fé，协伽乃残快 dè 替梭各序自，布忾会 dèi，开介戏该宗壶力究 ñ 各替 fō，溜落赖业气教 ñ 各影自。

　　威到塞 fō，些污 sùo 闷寺扶，miñ 瓒蚕思买突 sèn yùa "残"，有 sùo 力果 fò。臊康达思果："蚕思粞赖各革吊 ñ，子 ñ 各 niǹ 袜业自，印卫近姑 jé 奈，sùo 义 fè 业拜。gī 各 zù 纵笨赖子栽果力各 ñ。"有业捏，污窝行四江岑，得靴 sùo 切杂革纵哕则西 fí 到泻好各 ñ，搞心 dè 莫机跳 xiń 详，业思酒心玻

且，bè 切 sèn 落赖各 ñ 捏刮业起宗靴忾闷快刀学力，袜开完笑果："fō 嗯业刁赛路！"辣力晓 dè 潜革缺了机瓜各寺该，gūe dè gùe 脑今到学力，模 sùo 粘威 ñ。印卫 gī 笨 lāi 子鲶 ñ，子切跳义合 sèn 落赖各动洗粘切各，踏过秀威 gī 威鲶残，又有音厄 gī 威污窝鲶余。污窝切 sèn 落赖各 ñ gūe dè 度 nēn 森威 ñ，蚕思 bè gī 搭刀 fé 闷信土，自拖 sùo zēn 刮叫，辣力威 fè 我？"鲶残""刮叫"，些污 sùo 戏聂戏 tiñ，一货嗯浩泻有爹晓 dè bè，又阿寺扶："鲶残 zēn 形，刮教 nēn 我，寺扶蒿污窝子 sùo 力印鼓？"臊康达思芯里谑 niñ 庆，业 sèn"阿觅导 fé！"，爱近逼切 fè 果把沃。

宗革次义合，五弄赛各哕前气里，秀缺闲了业总 fè 角挂突，刮别窝哈哈蒿教条业各 ñ，喝 lāi 各音厄 gī"刮教 ñ"。别气圹各 nōng miñ，老皂得凯拜力踏动洗各思喝，袜开介顾。动赛锅 sùo 么各自 oñg 涩各洒拓逼，好泻高诉踏过，革力秀子驮捏乃残污 sùo 臊顾壶各替 fō，么溃洒拓逼 sùo，刀革货袜溜有业刁 dē 米度有，niñ jè 度些，oñg 户户各洒 ñ，嗟切果，么各秀子臊康达思宗壶力究切各么吊 ñ 溜 dè 洒 dē sùo 各刮别教各影自。

2. 拼音：bāi jiào gè jūe gǔo

sào kāng dá sī fō sài dǎi mì bò lū sì gè sì gāi，jiē sān jiáng liū xúe，mào xī miè bè fò jūe hài，jìn dǒng lè yè wèi gào sèn，gī xiù zǐ hén yǔe sǐ gè miñ zàn sán sī。miñ zàn sán sī zǐ yè wèi miñ xìn jiē xiñ，dèn wù sēn zèn gè tù wū sùo，dán gī yè zǐ lúo tùo，yí sùo pā liñ pā lè，fè yǒu gù tiñ qù gè tì fō，bǐ gā fè yāo gè qiè sé，dù xié lái qiè，sùo yì，tà gùo è gī nǎi cán wū sùo。

gé gè nǎi cán wū sùo déi yūn yōu gè lù sūo，tiñ bǐ gā jūe dǎi mì bò lū sì gè sì gāi，gǔo："sàn zāi! sì kài sài mēn，xiù zēn sài gà，ǎng kī sài yè bó hú。"gǔo tiào，xiù mào niē zòu lāi bè。gé yè yé，lāi dāo méi cén，gī zōng xì mén zé gà júe dāo nǎi mēn dē，niē tù qì biè zé zǒu，zǒu dāo lào hǔ jiāo biè，sú dè jiāo nāi gài súo kāi lǎo ñ fù kūo ñ。yè mó、nié mó……dāo tì ǒ mó gè sī hē，gǔo yè sèn"dāo bè!"xiù zōng sǎo jiāo sùo bō lúo kī，zǒu dāo xúe biè，kāi mé gè mó lì gè ñ，yǒu yè diāo sài xī cēn zāi，ñ niñ dēi bǐ

yè ñ fè yī yè gè ñ, hā hā tù xiāo qiè lài: "xiù zí gī。" yī tù pù pà dāo lǎo ñ
fù sèn bié, sèn sǒu táo ñ。lǎo ñ fù kāi lè kāi què lè wō sè pā qiù gè wū
sùo yí sùo gè nǎi cán wū sùo mé fù yè zǐ, xiǹ lǐ cén: gé gè fòng wū sùo gè
júe hè bé。xiù sèn sǒu dāo mǒo lì tiǎo lè yè diāo cà bò zāi gè cào ñ bè gī,
xiāo qiè sǔo: "gé gè ñ qiè cǎo, zǐ sē ñ, dài kí!" nǎi cán yāo yào dē, jiǹ
qiù zǐ lào mé diào sài xī cēn zāi gè ñ: "xiù zǐ yāo gī。" lǎo ñ fù gé gè sī hē
fè xiāo bè, xiǹ lí cén: yè zǐ foǹg fòng diè dié, xiǹ tì dào yé biñ wū, là lì xié
yǒu sè yiñ······biè cén biè bè gī zǐ lào yāo gè mé diào ñ kūo bè gī, nǎi cán jì
gū ñ, hā hā yè xiāo, mào biè qì zǒu kì。gī zǒu gū xiē jiāo, pà gù sài qì,
jiǹ gū ā yuǹ aì gè sī hē hé sāo bè, yé fè jiñ mēn táo xúe qiè, yè dē sèn jiñ
aì bāi biè gè xùe jiñ, qiē lè gè tòng kūa, zài zōng à biè mé gè xǔ niń bō dào
yǔe qián sǐ gè doǹg sài gūo sùo。

　　mé gè doǹg sài gūo sùo yǒu diāo sá lōng, sǎ tùo bī lù dè wā dè。nǎi
cán jià dēn sǒu xù, bè lōng bēi jè sùo yè kūi sǎ tùo bī bāi biè gè māo cǎo
sòu sè gài xiñ, yòu xié sè sòng zèn, gài xù wò, dèi dè sǎ tùo bī zòng yé,
mò què hù niē, sài qié hǔ lài。zèn déi bāi biè kāi guǎi miào gè xiē wū sùo,
kāi jiè doǹg sài gūo sùo mào yè, sǔo dài gǔn zì, gǎi gū lāi yè kāi, nǔe lāi zǐ
gè súo lè niē jī gè wē sùo。xiē wū sùo zèn yāo mèn bǎ wò, mé gè wē sùo
xiè kài ké bè: "kūa diè kī è sào kāng lāi, aǹg jiǹ zǎo qiń gī qiè kǎo ñ。" xiē
wū sùo xiǹ lí jē dè jī gūa, dié gè dē sì lí yì hé, gái wēi sì lí, hāo déi sāi fō lì
dǎi sú gè sì fú bào gāo: "sì fú, doǹg sài gūo sùo lāi lè gè wū sùo, gī gǔo
yāo qiń ñ qiè······" "qiè sùo lì?" sào kāng dǎ sī zài kài aì jiǹ mèn。"qiè kǎo
ñ。" "zǐ sùo lì yè zǐ?" wō bāo fè zén, bōng dē là sì, sèn bié wà dèi lè yī sè
nài yǔ dè! dá sī yè xiāo: "nǎi cán lāi bè。" xiù pì súo jiā sā, sǒu jū cán
zǎng, què sì mào doǹg sài gūo zǒu kì, xiē wū sùo gèn dè hè dē。

　　sào kāng dǎ sī yè aí kāi jiè sǎ tù bī sùo kǎo hú gè nǎi cán, lǎo nǔe xiù
zào hú gǔo: "jì sǎn lāi bè, hé jiè wà sú dè doǹg sài gūo sùo?" nǎi cán dāi

dē gǔo: "déi doǹg sài gūo wēi ň hóng fò。" jì lùo kì yòu gǔo: "tì tiào jiā sā, kuài tiào cán zǎng。" sào kāng dá sī xiǎo dè, ǹsè niē lāi, ā mì jiē gù yē miè, gé cì lāi dào niē niñ, biè tiñ yǒu gùo jiū。gī xiù tì tiào jiā sā, hāo cán zǎng yè qǐ, gào bè xiē wū sùo kūo dào sāi fō lì kì, xì gāi dēi nǎi cán gà gè hù dèi, sú dè tì sūo。nǎi cán yoǹg xiē mé gǔn déi hǔ lì bù lè yē hùo ǹ, dài què jí gā wèi xúe gè yú dè, nié gè yiñ fèn fén qiè。qiè hǎo, nǎi cán mèn: "yé dè fí dào hé jié gùo jiň?" sào kāng fè xié。nǎi cán yòu mèn: "lū sì fí dào hé jié gùo jiň?" "ā mì dǎo fé!" sào kāng dì dē hé sé, sú dè mé lì fè dǒng。"mé gè xiù qiè káo ňbà!" bǎ wò yè gǔo tiào, xiù zōng kūo dè bāi biè gè bū tài lì jùa què mé diào ň lài, kuài jiñ hù dèi lí sào dè bà gùo tūo yi ň gè sǎ dē sùo, zì tiñ dè "zì" yè sèn, yí qī hāo jiào qì yè qǐ mào lè què lāi。sào kāng yè zǎi hà, mǒ sùo cài kài nié zà aì jiñ, ké lì niè "ā mì dǎo fé", nié zà sǒu cùo jiñ hù dèi, bè tūo jiào dè sǎ tùo bī sùo gè ň poňg lè què lāi。nǎi cán wū sùo kāi jiè gī gè yè zǎ tù xiāo gǔo: "fō sài, fō sài, zǎo kī zǎo sài。" sào kāng dá sī pà téi mào yǔe qián qì mái tù pù zǒu kì, gé gè sī hē tiñ jié sèn hé gè nǎi cán tù yùa "cán, cán!" jià pù diñ lúo lài, xiñ lí cén cèn, hào xiè cén zà sùo lì, yòu hāo dié gùo sǎ hé yè, yē hùo ǹ xiù fè yǒu bè。"pè、pè", sǒu lì gè ň mì bò dié dè dié dè tiài qiè, bè gī zōng koǹg ni ň sī gà là wēi dǎo gé hùo gè sī gà lì lāi。mé gè xiē wū sùo gé hùo zèn pà què sì mēn, kāi jiè sì fú gǎi dè sì mēn xiē, kài ké è lè yè sèn, sào kāng dá sī fèn fù gī: "kūa diè kī doǹg sài gūo qiñ miñ zài cán sī。" xì gāi fài gū sài súo gè dǔo pù xiē lù, zǒu dāo sì xì gè yǔe qián qì, bè yì jiñ tūo jiào gè ň kūo dè xúe lì, xiñ lí sāi gù yè jì, xiù tè ké gǔo què: "kuài cán fē hà cán, lǎo zào sèn wú pǎn。qì jiāng xiñ yōu fè, jiň fé jiāo yè aì。" niè gū jiǔ biē, tiāo dē jì miñ zàn cán sī kì bè。

　　gài gái zǒu jiñ doǹg miè sòng niñ, xiē wū sùo yì jiñ wēi jùe sèn lāi bè, biñ bāo gǔo: "cán sī yì jiñ zǒu bè。" sào kāng dá sī kūa pù mào doǹg sài gūo zŏu kì, dāi dē lăo nűe kāi kì, năi cán yì jìn fè yŏu yiñ zì, fè xiăo dè dāo là lì kī bè。 sào kāng niè lè yè sèn fé, xié qié năi cán kuài dè tì sūo gè xù zì, bù kài hùi dèi, kāi jiè xì gāi zōng hŭ lì jiū ñ gè tì fō, liū lúo lài yè piē jiào ñ gè yiń zì。

wēi dào sāi fō, xiē wū sùo mèn sì fú, miñ zàn căn sī mái tù sèn yuà "căn", yŏu sùo lì gŭo fò。 sào kāng dá sī gŭo: "căn sī hūo lài gè gé diaò ñ, zĭ ñ gè niñ wà yè zì, yiñ wèi jìn gū jé nài, sùo yì fē yè bài。 gī gè zù zòng bèn lài zĭ zāi gŭo lì gè ñ。" yŏu yè niē, wū wō xiń sì jiāng cén, déi xūe sùo qiè zá gé zòng yŭe zè xī fí dào xiè hăo gè ñ, găo xiń dè mò jī tiào xiń xiañg, yè sī jiū xiń bō qiě, bè qiē sèn lùo lài gè ñ niē bāi yè qĭ zōng xūe kài mēn kuài dāo xúe lì, wà kāi wán xiào gŭo: "fō ň yè diāo sài lù!" là lì xiăo dè zèn gé què lè jī gūa gè sì gāi, gūe dè gùe năo jiñ dào xúe lì, mó sùo hūo wēi ñ。 yiñ wèi gī bèn lāi zĭ kuài ñ, zĭ qiē tiaò yì hé sèn lùo lài gè doñg xĭ hūo qiè gè, tà gùo xiù è gī wēi kuài cán, yòu yŏu yiñ è gī wēi wū wō kuài yū。 wū wō qiē sèn lùo lài gè ñ gūe dè dù nēn sēn wēn ñ, cán sī bè gī dă dào fé mēn xiñ tŭ, zì tūo sùo zēn bāi jiào, là lì wēi fè wŏ? "kuài cán" "bāi jiào", xiē wū sùo xì niè xì tiñ, yī hùo ň hào xiè yŏu diè xiăo dè bè, yòu mèn sì fŭ: "kùai cán zēn xiń, bāi jiào nēn wŏ, sì fŭ hăo wū wō zĭ sùo lì yiñ gŭ?" sào kāng dăo sī xiñ lí xùe niñ qiñ, yè sèn "ā mì dăo fé!", ài jiñ bī qiè fè gŭo bă wò。

zōng gé cì yì hé, wū loñg sài yŭe qián qì lí, xiù què xián lè yè zŏng fè jiăo guà tù, bāi biè wō hà há hāo jiào tiăo yè gē ñ, hè lāi gè yiñ è gī "bāi jiào ñ。" biè qì wŭ gè nōng miñ, lăo zào déi kăi bài lì tà doñg xĭ gè sī hē, wā kāi jiè gù。 doñg sài gūo sùo mé gè zì oñg sè gè să tùo bī, hào xiè gāo sù tà gùo, gé lì xiù zĭ dùo niē năi cán wū sùo sào gù hú gè tì fō, mé kùi să tùo bī sùo, dāo gé hùo wà liū yŏu yè diāo dē mĭ dù yŏu, niñ jè dù xiē, oñg hù hù gè săo ñ, jūe qiè gŭo, mé gè xiù zĭ sào kāng dá sī zōng hŭ lì jiū qiè

gè mé diào ń liū dè sǎ dē sùo gè bāi biè jiào gè yǐn zì。

（三十五）七郎庙里的金银窖

严州梅城城西七郎庙的院子里，前些时候挖出一只石缸，是明朝弘治十三年秋（1501），信士陈澜等人捐赠的。石缸左上方有一个较大缺损，残存部分有两朵荷花，四张荷叶，下边那张大荷叶有一小半向上卷起来，加之底部水纹涟漪，使人觉得荷风阵阵，凉意清新。

石缸一出土，引起人们的议论。一些"老梅城"说，七郎庙的某个角落，以前还藏有几水缸金银珍宝，是太平军的军饷，后来被人挖去。又有人讲，那挖的人没福分，挖出来的是几缸水，是财宝幻化的。讲法很多，但有一点是相同的，都说那金银珍宝是军饷。

事情发生在咸丰末年，在地处三江隘口的严州府治梅城，太平军与清军发生争夺战，几进几出，兵革成灾，燹灰遍地。咸丰十一年（1861）六月，太平军的侍王李世贤进驻梅城，住在戴家弄北的方宅。后来这所院子就被人称之为侍王府。数月之后，清军大举围城，李世贤度势撤军，暂时放弃这座古城。临行之夜，将府中以备不时之需的军饷，令亲信窖藏于依山傍水，取之甚便的七郎庙里，并吩咐跟随自己多年的一个老兵丁大和他在行军途中收养的一个孤儿天根，让他们一老一小扮作落难流民，住进七郎庙看守军饷。

负责窖藏军饷的侍王亲信见庙里有只石缸，就令军士将金银珍宝放进缸里，深埋在鱼池旁的地下，然后对身负看守之责的老兵丁大说："侍王把这么重的担子交给你，这是万万不能出半点差错的。你要做到有口若哑，有耳如聋。在侍王兵回严州之前，不可离七郎庙半步。"话毕，把参加窖藏的军丁全部带走。其中一个身材高大、打兵器出身的军士跨出边门时回了一下头，眼中射出贪婪，阴森的目光，如同腊月寒冬泼到身上的一盆冷水，让这一老一少两个看守，不禁一阵战栗。

太平军这一走，就再也没有重回梅城。

丁大与他收养的孤儿天根，在七郎庙里一住就是三年。此时，太平天国走到第十四个年头上，结束了它的历史使命，这批为数不小的军饷也就成为无主之物。一天夜里，看守太平军财产的老兵丁大睡在床上想心事，这些珍宝要是让清朝官吏拿去，必然成为他们自己的囊中之物，还是让天根拿走吧！这孩子忠厚，又是孤儿，他拿走可以成家立业，也许还会给大家办点正事。正在盘算时，一个黑影突然越墙而入，机警的丁大翻身下床，贴迎门缝往外细瞧，夜光中，只见一人在鱼池边来回走动，低头细察，还不时地向厢房这边偷看。丁大心中马上想到，可能是当年参与藏宝的那个人来了。

清晨，七郎庙风光如旧，景色依然，可丁大总感到那古树背后，杂草丛中，影影绰绰，似乎有人隐伏着，阴森而贪婪的目光，好像就在某个角落里注视着他。他把天根叫到身边，将昔日古庙藏金的事概述一遍，随即从枕头底下拿出一张纸，递给天根说："这是我在宁波乡村路上收养你时画的附近几个村落图，你也不小了，拿着这些图纸，到那里去找找看，如果找到亲人，或者有个落脚的地方，就马上回来设法取走这批财宝。不过……"正说着话，丁大见有几个船民，捧着猪头三牲及香烛，来庙里烧香，就立即把话头打住。

丁大住庙有年，见所备供品，知道是远行船只来此祈求一路平安。当这些人祈求完了之后，丁大上前见礼，询问他们要到什么地方去，船家讲，先下杭州，再换船出海去宁波。听此一说，丁大赶紧拉着天根叩谢神佑，并求船家带天根随行，船家满口应承，天根略一打点，就跟船走了。

天根走后，丁大每近傍晚就紧闭庙门。时间一天天过去了，接连十几天，那黑影竟再也没有出现过，庙里除求神还愿者外，一如往常那么平静、冷清。丁大真有点怀疑，是不是自己神经过敏，老眼昏花，看错了。

丁大没有看错，夜访之人，就是当年参与窖藏珍宝的人。这人见财起意，当太平军连夜撤出梅城后，他在路上寻机逃脱，隐藏起来，直到天国覆亡，大家对兵灾战乱也很少谈起，他认为该来攫那批军饷了。

那人夜探古庙，见院落如旧，鱼池未改，遂在黄浦街租了间小屋，以打铁做掩护，实施盗宝计划。此人有一身蛮力，铁匠活儿也过得去，加上他曲意迎奉左右，不多时日，就在当地混熟了，还得了个"蛮铁匠"的绰号，每逢人呼，他高声应答。

　　"蛮铁匠"白天叮当打铁，黑夜在小屋里挖地洞，埋水缸，并搞了些掩盖之举，真是偷偷摸摸，又忙忙碌碌。

　　再说丁大经常想起从来没有离开自己半步的天根，想到自己已经龙钟暮年，孤身独处，不知这批珍宝今后怎生保全，真是忧心忡忡，不觉"唉"的一声长叹，心想：钱财这东西，少了它，人在世上难以生存，而太多了，竟会成为卸不掉的累赘。世上有很多人对钱财不断追求，总是不遗余力，有的人还不择手段，甚至搭上性命，何苦呢！就说自己，身系这批珍室之后，便成为名副其实的守财奴，以前是军饷，负责于天国，现在呢，系命于钱财，寸心难安，寸步难离，神劳心累，这又是何苦呢！唉！

　　再说"蛮铁匠"把一切安排停当之后，于一个傍晚，径直向七郎庙走去，正好与出来关门的丁大碰了个照面。他一屁股就坐在大门的门槛上，开口就说："认出来了吧！我就是当年帮太平军窖藏军饷的人。前些时候夜里，我来过，你在门缝里看见了吧！看不清也能猜得到。我见你没有离开这庙，那就是说，军饷是平平安安地躺在那只石缸里。你不用骗我，骗也没有用。今夜日子好，我来拿金银财宝了。"丁大呆呆地听着，他想，这个人在这个时候出现，确实没有办法可能对付得了，只有先求保全性命，以待天根回来。这几天偶感风寒，正是不巧也巧，于是用嘶哑的声音边喘边说："你看，我都这把年纪了，现在侍王也没了，守着这缸没主的财宝又有什么意思呢！与其日后让严州人得去，倒不如让你这个跟过侍王，为太平军拼过命的人得去的好。"讲到这里，咳了一阵，又接着说："你肯手下留情，给我一点银子，让我度过来日无多的日子，我就、我就……"接着又是一阵更剧烈的咳嗽。

　　没有费更多的口舌，没有花多大的劲，"蛮铁匠"轻松地挖走了那一缸财宝。

　　一年之后，天根回来了，他是翻乌龙岭过来的，在苍茫的暮色中走近七郎庙。咦！怎么庙门大敞着？天根走进厢房，见里边烛影摇曳，就轻轻叫了两声。丁大一听是天根在叫，马上从床上撑起身子，"天根，天根……"一边叫一边走出来开门。一见面，丁大忙不迭地诉说起宝藏被掠的情况。天根也细说了为寻亲四乡辗转，也无着落的事。"为了生活下去，我什么佣工都做，还学过打铁……对！我可以到蛮铁匠那里讨点生活，借机摸摸情况，再做商量。"丁大点点头："也只好这样。"

"蛮铁匠"本来就是个二流子，吃喝嫖赌样样俱全，如今一下子弄到那么多的金银珍宝，手里的铁锤顿觉沉重起来，人也懒散下去，还经常出入赌场、妓院，有时在妓院一住就是好几天，终于染上了一身梅毒，虽说日日医治，总是治不好，加上本性难改，一个五大三粗的"蛮铁匠"，竟瘦成黄皮包骨，衣裳穿在身上就像挂在树杈上一般。可这掩盖门面的打铁铺又一时丢弃不得，因此心头甚烦。正在此时，天根上门寻生活，"蛮铁匠"没有细思虑，讲定工钱，就让天根进铺撑门面，自己则一门心思以赌带嫖。

一天，天根接了一宗大活，想等"蛮铁匠"回来一起商量着干。可是等了一天，"蛮铁匠"没有回铺，天根只好自己一手掌钳，一手抡锤，敲打起来，一不小心打偏，将铁砧砸落在地，连支铁砧的木头也撞歪了，又要重新安铁砧。天根找把锄头挖了起来，一锄下去，只听"当"的一声，锄头反弹上来，震得双手发麻。天根伸手一摸，是块石板，心立即"咚咚咚"地急跳起来，他很快地扒开泥土，撬开石板，下边是只陶缸。伸手到缸里抓上一把一看，黄的是金，白的是银，就连忙塞了回去，盖上土，恢复原样，幸好没有被人撞见。

这一发现，让天根无心打铁，他锁上打铁铺门，向七郎庙走去。到了吕公桥边，见桥上挤着人探头向桥下看，天根也凑了过去往下瞧，见桥下的水面上有一只小塘船，船上的人正在用力拉扯着什么东西。不一会儿，他们从水下的淤泥中拖出一个人来，用水一冲，露出面目，原来是"蛮铁匠"。

"蛮铁匠"死了，江边的棋盘街和黄浦街上的茶店里议论纷纷。有的讲，"蛮铁匠"是在妓院里与人争婊子出的事情；有的讲，他上了严州茭白船，喝酒耍赖，强占歌妓，被人灌醉，丢到吕公桥下那深不可测的淤泥潭里……一个无赖，一个来历不明的异乡人，似乎没有多大的话头，一阵风，也就过去了。

天根仍在铺子里，白天打铁，夜里往来于打铁铺和七郎庙之间。又过了几天，他叫来房东，把打制好的铁器一一交代清楚，委托房东代为交付，说自己的同乡病了，要去照顾几天，随即交掉打铁铺的钥匙。

七郎庙前的码头最冷清。一天，有个烧香的人推开虚掩的庙门，见庙堂里空寂无人，叫了几声，仍然不见人影，才知道守庙的老人已经走了，什么时候走的，走到什么地方，谁也不知道。

棋盘街、黄浦街上的茶店里的茶客，又是一番议论，议论了一阵子之后，又像一阵风一样过去了。那些金银财宝到底有没有，谁也不知道。

1. 同音字：切 nāi 庙力各近 niñ 高

捏奏梅岑，森戏灭切 nāi 庙各虐子力，些涩思喝乐且一 zà 洒 dē 过，子 miñ 遭弘治 sé 赛聂 qiù，信死 zēn 澜等音倔松各。洒过告德有一各买突各趴去，溜罗 lāi 各替 fō 有茶独污货，西在污仪，弟火么在突污仪有业些刮冒索 fài 决切赖，过索弟火学温捏漪，业音 jē dè 污 fòng cèn cèn，捏意庆芯。

洒过一缺土，印气踏过各仪 lén。一涩"老梅岑"果，切 nāi 庙辣各别力顾 dē，老皂袜 kūo 了几穴过近 niñ 潜宝，子塔摈俊各军向，喝 lāi 业比嘎勒 kí。又有音果，么各勒各音 fè 有 fē 份，勒缺 lāi 各子几过学，子塞宝憋切各。果 fò 角挂度，秀子有业迭子一业各，度果么各近 niñ 塞宝子军饷。

寺该缺 dè 咸 fōng 么捏，得替去三江隘可各捏奏府池梅岑，塔摈俊 dēi 庆俊歹栽，几今几缺，摈各森再，泻会憋替。咸 fōng sé 业捏 lé 于，塔摈俊各思窝力寺贤进句梅岑，去 dè 戴过弄 bē 灭各 fò 果。喝 lāi 革凤虐子秀业踏过厄 gī 威思窝府。几各于义合，庆俊突爸紧再威森，力寺贤开忾 lāi 涩 dē fè dēi 策俊，载思快跳革俗老森。niñ 走各亚力，bè 府力 dè 配用各军饷，miñ 亲信 kūo dè 义赛尻学，带歹业角挂 piè 多各切 nāi 庙力，袜份父更戏该度捏各老摈丁达嵩 gī 得心俊路梭涩爷各一各 fè 有音腰各些印过帖更，业 gī 辣业老业些败租刀奈各溜 miñ，去今切 nāi 庙开捞军饷。

佛则 kūo 军饷各思窝亲信开介庙力有 zà 洒过，秀 miñ 军死 bè 进 niñ 潜宝 kūo 进过里，sèn 妈 dè ñ 资刮别各替弟火，再 dēi 佛则喝军饷各老摈丁达果："思窝 bè 革介总一各呆自告 bè 嗯，革各子外外 fè nēn 缺刮迭粗各。嗯腰租刀有可好币子我自，有嗯独好币子 lōng 子。得思窝摈威捏奏资些，fè 好哩忾切 nāi 庙刮铺。"把沃果跳，bè 参加 kūo 军饷各俊定痛痛搭走。其宗业嘎埋栽埋突，歹摈器缺 sèn 各俊死怕缺别闷各思喝威了一货 dē，爱近里洒缺太芯，印森 sèn 各么过，好比 lé 于咳动铺刀 sèn 索各业奔乃学，业革各业老业些茶各喝动洗各音，凹 fè 捞业载哈。

塔摈俊革一货走，秀再业阿觅宗威梅岑。

丁达嵩 gī 涩爷各贵嗯帖更，得切 nāi 庙力业去秀子赛聂。革各思喝，塔摈帖 guè 得走刀替 sé 西各捏 dē sùo，了 jè 了 gī 各咧寺思 mìn，革屁威苏 fè 些各军饷爷秀森威 fè 有举各动洗。业耶亚力，喝革屁军饷各老摈丁达昆 dè 梭哺 sùo 岑芯寺：革涩谮宝腰子业庆皂怪吏带 kí，一 tìn 森威 gī 辣戏该太力各动洗，挖自业帖更带 kí 好 bè! 革各贵嗯纵合，又子顾 sèn 一各音，gī 带走嵩森过咧耶，阔 nēn 挖卫 bè 踏过派 diè zēn 寺。谮得革力刮塞各思喝，耶各喝影 fài 威些今 lāi，您光各丁达 fài sèn 罗梭，帖紧闷 fòng 冒袜仔细开，亚涩力，自街一各音得 ñ 资别走 lāi 走 kī，弟 dē 仔细开，挖决闷冒厢房革别特开。丁达芯里模 sùo 岑 zà，扩能子驮捏业起 kūo 宝各么各音 lāi dè。

庆早嗯盖，切 nāi 庙 fòng 过遭 qiù，景涩遭叶，胆丁达纵干 jè 到么库古序杯合，cào bōng 库里，印印 yē yè，好泻有音独 dè 么力，印 sèn 太腰各矮过，好泻秀得辣各别力顾 dē 开烙 gī。gī bè 帖更厄刀 sèn 别，bè 烙早古庙 kūo 近各寺该达慨果了业憋，又靴 sé 宗谮 dē 弟火带缺业再子，替 bè 帖更果："革各子昂得 niñ 补泻里 dè 路梭涩也嗯各思喝沃各刮别几各 cèn fò 各都子，嗯业 fè 些 bè，带捞革再都子，刀么力 kī 习芯忾，腰子心咋庆印，挖子有各罗架各替 fō，秀模 sùo 过 lāi 岑派 fō 带走革屁塞宝。fē 顾……"谮果把沃，丁达开介有几各靴 sùo 音，捧了子 dè 赛心嵩自壶泻，lāi 庙力臊泻，秀模 sùo bè 把沃涩捞。

丁达去庙度捏，开介 sùo 配各供品，晓 dè 子 nǔe 心各靴 lāi 革力祈究一路宾爱。等革涩音祈究好了义合，丁达索些街礼，闷 gī 辣腰刀 sùo 力替 fō

kì，靴过载果，泻罗耪奏，再外靴缺海 kī niñ 补。tiǹ 革介业果，丁达盖紧辣捞帖更叩谢森保佑，再究靴过载搭帖更业起走，靴过载买可驮印，帖更扫卫嗽涩了一货，秀更靴走 bè。

帖更走了义合，丁达每业耶亚别秀怪紧庙闷。思喝业耶业耶姑 kī bè，jè 捏 sé 度耶，么各喝影再业阿觅缺闲顾，庙力居跳究森歪虐各音衣袜，蒿老皂一业安紧，乃庆。丁达谮有爹衣芯，子 fè 子戏该森劲姑敏，老矮混货，开粗 bè。

丁达阿觅开粗，亚力 lāi 各音，秀子驮捏参加 kūo 谮宝各音。革各音街塞起意，驮塔摈俊捏亚策缺梅岑义合，gī 得路梭心计卫刀挑，堵切赖，zé 刀帖 gùe mié 条，踏过 dēi 摈再再 nài 爷角挂扫呆起 bè，gī sén 卫盖 lāi 带么屁军饷 bè。

么各音亚太古庙，开介虐子招 qiù，ñ 资业阿觅改，秀得窝铺尬 zù 了业盖些 wè，义歹帖租厌无，sé 施套宝计 wé。革各音有业 sèn māi 咧，帖泻塞我爷姑 dè kī，过索 gī 德意套好嘎别 niñ sùo，fè 有度扫耶子，秀得驮替闻学 bè，袜 dē 了各"māi 帖泻"各措号，有音 yùa，gī 秀买突 sèn 驮印。

"māi 帖泻"耶 sùo 叮当歹帖，亚力得些 wè 力勒替痛，妈穴过，谮子特头 mē mè，又摸摸 lé lé。

再果丁达进在岑 zà 宗 lāi 阿觅哩忾戏该刮铺各帖更，岑 zà 戏该义近老 bè，顾 sèn 一各音，fè 晓 dè 革屁谮宝今合盒解宝捞，谮子芯寺总。"唉！"太了业可七，芯里岑：钱财革各动洗，扫了 gī，音得思尬 sùo 我 fè 罗 kī，特度 bé，又威憋谮 tèi fē 跳各抱顾。思尬 sùo 么烙烙音 dēi 钱财各偏究，纵子行咧 kī 租，有涩音挖 fè 则叟太，驮索心 mìn，污苦呢！秀果戏该，拐革屁谮宝义合，秀森威 zēn 谮各 sé 塞 nū。义些子军饷，佛则于帖 gùe，革货呢，mìn 刁 dè 钱财 sùo，参芯 nāi 爱，参铺 nāi 哩，捞芯捞森，革各又子污苦呢！唉！

再果"māi 帖泻"bè 寺该爱八好义合，得一各亚别，则架冒切 nāi 庙走 kì，盖改好 dēi 缺 lāi 怪闷各丁达 pòng 了各招灭。gī 业批股秀俗 dè 土闷各闷凯 sùo，忾可秀果："印缺 lāi bè 袜！昂秀子驮捏败塔摈俊 kūo 军饷各音。些涩思喝各亚力，昂 lāi 顾，嗯得闷 fòng 力开介 bè 袜！开 fè niñ 庆爷菜 dè 咋。昂开嗯阿觅哩忾革各庙，爷秀子果，军饷子宾宾爱爱革昆 dè 么 zà 洒 dē 过里。嗯 fē 要气昂，气业 fè 有用。进早亚力耶子好，昂 lāi 带进 ni ñ 塞宝 bè。"丁达么特特 tìñ gī 果，芯里岑，革各音得革各思喝缺闲，缺 sé fè 有派 fō dēi 父，自有泻保捞心 mìñ，dén 帖更过 lāi。革计耶 sùo fòng bé，潜子 fè 巧业巧，秀用我 dē dè 各 sèn 影别喝别果："嗯开，昂度革卜捏机 bè，革货思窝业 fè 有 bè，sé 捞革过 fè 有局各塞宝又有 sùo 力衣寺呢！腰子义合业捏奏印带 kí，挖 fè 淤业嗯革各更顾思窝，威塔摈俊聘姑 mìñ 各音带 kí 各好。"果刀革力，切了耶 cèn，又计落 kì 果："嗯肯涩火溜心，bè 昂一爹 niñ 子，业昂突姑义合 fè 度各耶子，昂秀、昂秀……"计落 kì 又子一 cèn 更过力咳各切。

阿觅果度扫把沃，阿觅 kī 度扫突各咧七，"māi 帖泻"庆送革沃走了么业过塞宝。

业捏义合，帖更过 lāi bè，gī 子 fài 五弄您姑 lāi 各，得罗亚影各思喝走今切 nāi 庙。咦！合解庙闷忾 dè 买突？帖更走紧厢房，开介力 dē 有罗决各聂过，秀庆芹叫厄了茶 sèn。丁达业 tìñ 子帖更得么力厄，模 sùo 宗梭睄 sùo 猜切 sèn 子，"帖更、帖更……"业别厄业别走缺 lāi 忾闷。业街灭，丁达货 fè 忾各高素 gī 塞宝业比嘎且 kì 各寺该。帖更爷子细果了威心庆西泻心告，爷 fè 有咋罗各寺该。"威了我啰 kì，昂 sùo 力赛我度租，袜壶顾歹帖……dēi！昂阔义刀 māi 帖泻么力讨爹赛我，街计卫嗬嗬芹晃，再租 sùo 聂。"丁达迭爹 dē："爷自蒿革介。"

"māi 帖泻"笨赖秀子各乃务鬼，切喝嫖赌叶叶度威，革货一货嗯弄咋么介度进 niñ 潜宝，叟力各帖嗟 jē dè 总切赖 bè，音业乃聘落 kì bè，袜进再今缺赌灾、几元，有思喝得几元一去秀子好计耶，终于茶索了业 sèn mēi 德，学赛耶耶义，纵子义 fè 好，过索笨芯 nāi 改，一各嗯突赛促各"māi 帖泻"，廋 dè 逼抱 gūe dè，仪 sùo 缺 dè sèn 索秀写锅 dè 序沃子 sùo 业。胆革盖租 zù 闷灭各帖铺又一货嗯快 fē dè，sùo 义芯里角挂 fāi。潜得革各思喝，帖更

索闷心赛我，"māi 帖泻" 阿觅仔细岑，果 tin 巩爹，秀业帖更今铺猜闷灭，戏该业闷芯寺义赌搭嫖。

有业耶，帖更计了业漂突赛我，岑 dén "māi 帖泻" 过来业起 sùo 聂好再租。dén 了业耶，"māi 帖泻" 阿觅威铺，帖更自好戏该业曳载街，业曳 lēn 嗟，靠歹切赖，业 fē 笑芯歹 piè，bè 帖灾靠 dè 替梭，捏自帖灾各么 dē 业措外 bé，又腰宗芯爱帖灾。帖更心卜思 dē 勒切赖，业思 dē 罗 kī，自 tin "当" 各业 sèn，思 dē fái 太索 lāi，zēn dè 茶 zà 曳 fò 摸。帖更 sèn 曳业嗨，子亏洒白，芯模 sùo "咚咚咚" 各 jè 挑切赖，gī fì 夸各玻忾窝衣，巧忾洒白，弟火子刀过。sèn 曳刀过里末且业帛业开，窝各子近，把各子 niň，秀抹 sùo 涩倔 sèn kī，该 sùo 土，恢 fé 乶 lāi 各业子，袜好阿觅业比嘎措咋。

革一货 fè 闲，业帖更 fè 有芯寺歹帖 bè，gī bè 帖铺各闷俗切，冒切 nāi 庙走 kì。刀了力共交别，开介交 sùo 几了么烙烙音冒交弟火开，帖更爷 cé 顾 kì 冒弟火开，开介交弟火各学灭 sùo 有一 zà 些多靴，靴 sùo 各音潜得么力用咧踏 sùo 力动洗。fè 一货嗯，gī 辣宗学弟火各窝衣力踏缺一各音赖，用学业 còng，露缺灭孔，乶 lāi 子 "māi 帖泻"。

"māi 帖泻" 洗 bè，江边各机刮尬嵩窝铺尬索各作爹力仪 lén 纷纷。有涩果，"māi 帖泻" 子得几元力 dēi 比嘎再俟子缺各寺该；有涩果，gī 索了捏奏各搞爸靴，切酒歹辣逼，爱灾锅几，业比嘎乖机快刀力共交弟火么各埋 sèn 各衣学垛力……业各乃务，业各 lāi 咧 fè miň 各袜替音，好泻 fè 有度扫突各火 dè，一 cèn fòng，爷秀姑 kī bè。

帖更紧 qiù 得铺子力，耶 sùo 歹帖，亚力 lāi kī 淤歹帖铺嵩切 nāi 庙。又姑了几耶，gī 厄来 wè 动，bè 歹自好各帖七一业告抬 niň 庆，拓 wè 动太威告夫，果戏该各东泻赛聘 bè，腰 kī 遭顾几耶，靴曳告挑帖铺哑思。

切 nāi 庙些 dē 各莫 dē 顶乃庆。业耶，有各臊泻各音 tèi 忾阿觅怪紧各庙闷，开介庙力紧空 fè 有音，yùa 了几 sèn，紧秀 fè 街音各影自，再晓 dè 喝庙各老音过义进走 bè，sùo 力思喝走各，走刀 sùo 力替 fō，辣嘎业 fè 晓 dè。

机刮尬，窝铺尬索各作拐爹力各作 kà，又子业 fài 仪 lén，仪 lén 了业 cèn

义合，又写业 cèn fòng 一叶姑 kī bè。么涩近 niñ 塞宝刀弟有 fè 有，辣嘎业 fè 晓 dè。

2. 拼音：qiè nāi miào lì gè jiǹ niñ gāo

niē zòu méi cén，sēn xì miè qiè nāi miào gè nǚe zǐ lì，xiē sè sī hē lè qié yī zà sǎ dē gùo，zǐ miñ zāo hǒng zì sé sài niè qiù，xiǹ sī zēn lǎn dén yiñ jùe sōng gè。sǎ gùo gào dé yǒu yī gè mǎi tù gè pā qù，liū lúo gāi gè tì fō yǒu nié dǔ wū hùo，xī zài wū yí，dì hǔo mé zài wū yí yǒu yè xiē bāi mào súo fài júe qiè lài，gùo súo dì hǔo xúe wēn niē yī，yè yiñ jē dè wū fòng cèn cèn，niē yì qiǹ xiǹ。

sǎ gùo yī qùe tǔ，yiǹ qì tà gùo gè yí lén。yī sè "lǎo méi cén" gǔo，qiè nāi miào là gè biè lì gù dē，lǎo zào wà kūo lè jí xùe gùo jiǹ niñ zèn bǎo，zǐ tǎ biǹ jùn gè jūn xiaň，hè lāi yè bǐ gā lè kí。yòu yǒu yiñ gǔo，mé gè lè gè yiñ fè yǒu fē fèn，lè qùe lāi gè zǐ jǐ gùo xúe，zǐ sāi bǎo biē qiè gè。gǔo fò jiǎo gùa dù，xiù zǐ yǒu yè dié zǐ yī yè gè，dù gǔo mé gè jiǹ niñ sāi bǎo zǐ jūn xiaňg。

sì gāi qùe dè xián fōng mé niē，déi tì qù sān jiāng yì ké gè niē zòu fǔ cí méi cén，tǎ biǹ jùn dēi qiǹ jùn dǎi zāi，jǐ jiñ jǐ qùe，biñ gè sēn zài，xiè hùi biē tì。xián fōng sé yè niē lé yú，tǎ biǹ jùn gè sī wō lì sà xián jiǹ jù méi cén，qù dè dài gùo loňg bē miè gè fò gǔo。hè lāi gé sù nǚe zǐ xiù yè tà gùo è gī wēi sī wō fǔ。jǐ gè yú yì hé，qiǹ jùn tù bà jiñ zài wēi sēn，lì sì xián kāi kài lāi sè dē fè dēi cè jùn，zǎi sī kùai tiào gé sú lǎo sēn。niñ zǒu gè yà lì，bè fǔ lì dè pèi yoňg gè jūn xiaňg，miñ qiǹ xiǹ kūo dè yì sài kāo xúe，dài dǎi yè jiǎo gùa piè dūo gè qiè nāi miào lì，wà fèn fù gèn xì gāi dù niē gè lǎo biǹ diñg dá hāo gī déi xiñ jùn lù sūo sè yé gè yī gè fè yǒu yiñ yāo gè xiē yiǹ gùo tiè gèn，yè gī là yè lǎo yè xiē bài zē dāo nài gè liū miñ，qù jiñ qiè nāi miào kāi lāo jūn xiaňg。

fó zè kūo jūn xiaňg gè sī wō qiñ xiǹ kāi jiè miào lì yǒu zà sǎ gùo，xiù

miǹ jūn sǐ bè jiǹ niñ zèn bǎo kūo jiǹ gùo lí, sèn mā dè ñ zī bāi biè gè tì dì hǔo, zài dēi fó zè hè jūn xiǎng gè lǎo biǹ diñg dá gǔo: "sī wō bè gé jiè zǒng gè dāi zì gào bè ň, gé gè zǐ wài wài fè nēn qùe bāi bié cū gè。ň yāo zū dāo yǒu ké hào bì zǐ wǒ zì, yǒu ǹ dǔ hào bì zǐ lōng zǐ。déi sī wō biǹ wēi niē zòu zī xiē, fè hǎo lǐ kài qiè nāi miào bāi pù。" bá wò gǔo tiào, bè cān jiā kūo jūn xiǎng gè jùn diǹg toǹg toǹg dā zǒu。qí zōng yè gā mái zāi mái tù, dǎi biǹ qì què sèn gè jùn sǐ pà què biè mēn gè sī hē wēi lè yā hùo dē, aì jiǹ lí sǎ què tài xiǹ, yiǹ sèn gè mé gùo, hào bǐ lé yé hāi doǹg pù dāo sèn súo gè yè bēn nǎi xúe, yè gé gè yè lǎo yè xiē niè gè hè doǹg xǎ gè yiñ, aō fè lāo yè zǎi hà。

tǎ biǹ jùn gé yī hùo zǒu, xiù zài yè ā mì zōng wēi méi cén。

diñg dá hāo gī sè yé gè gùi ǹ tiè gèn, déi qiè nāi miào lì yè qù xiù zǐ sài niè。gé gè sā hē, tǎ biǹ tiè gùe déi zǒu dāo sé xī gè niē dē sùo, liǎo jè lè gī gè lié sì sī miǹ, gé pì wēi sū fè xiē gè jūn xiǎng yé xiù sēn wēi fè yǒu jǔ gè doǹg xǐ。yè yé yà lì, hè gé pì jūn xiǎng gè lǎo biǹ diñg dǎ kūn dè sēo bū sùo cén xiǹ sì: gé sè zèn bǎo yāo zǐ yè qiǹ zào gùai lì dài kí, yī tiǹ sēn wēi gī là xà gāi tài lì gè dòng xǐ, wā zì yè tiè gèn dài kí hǎo bè! gé gè gùi ǹ zòng hé, yòu zǐ gù sèn yī gè yiñ, gī dài zǒu hāo sēn gùo lié yé, kùo nēn wā wèi bè tà gùo pài diè zēn sì。zèn déi gé lì bāi sāi gè sī hē, yē gè hè yiñ fài wēi xiē jiñ lāi, nín guāng gè diñg dá fài sèn lúo sūo, tiè jiñ mēn fòng mào wà zǐ xì kāi, yà sè lì, zì jiē yī gè yiñ déi ň zī biè zǒu lāi zǒu kī, dì dē zǐ xì kāi, wā juè mèn mào xiāng fáng gé biè kāi。diñg dā xiǹ lí mǒ sùo cén zà, kùo nén zǐ dùo niē yè qǐ kūo bǎo gè mé gè yiñ lāi bè。

qiǹ zǎo ǹ gài, qiè nāi miào fòng gùo zāo qiù, jiñ sè zāo yè, dán diñg dá zòng gàn jè dào mé kù gǔ xù bēi hé, cào bōng kù lí, yiǹ yiǹ yē yè, hào xiè yǒu yiñ dú dè mé lì, yiǹ sèn tài yāo gè aǐ gùo, hào xiè xiù déi là gè biè lì gù dē kāi lào gī。gī bè tiè gèn è dāo sèn bié, bè lào zǎo gǔ miào kūo jiǹ gè sì gāi dá gài gǔo lè yè biē, yòu xūe sé zōng zèn dē dì hǔo dài què yè zài zǐ, tì bè tiè gèn gǔo: "gé gè zǐ aňg déi niñ bǔ xiē lí dè lù sūo sè yé ň gè sī hē wò gè bāi biè jǐ gè cèn fò gè dū zǐ, ń yè fè xiē bè, dā lāo gé zài dū zǐ, dāo mé lì kī xiñ xiñ kài, yāo zǐ xiñ zǎ qiñ yìn, wā zì yǒu gè lúo jià gè tì fō, xiù mǒ sùo gū lāi cén pài fō dài zǒu gé pì sāi bǎo。 fē gù……" zèn gǔo bá wò, jiñg dá kāi jiè yǒu jí gè xūe sùo yiñ, poňg lè zǐ dè sài xiñ hāo zì hú xiè, lāi miào lì sào xiè, xiù mǒ sùo bè bǎ wò sè lāo。

diñg dá qù miào dù niē, kāi jiè sùo pēi gè gòng piň, xiǎo dè zǐ nǚe xiñ gè xūe lāi gé lì qì jiū yī lù biñ aì。 dén gé sè yiñ qì jiū hǎo lè yì hé, diñg dá súo xiē jiē lǐ, mèn gī là yāo dāo sùo lì tì fō kì, xūe gùo zǎi gǔo, xiè lúo hūo zòu, zài wài xūe què hǎi kī niñ bǔ。 tiñ gé jiè yè gǔo, diñg dá gài jiň là lāo tiè gèn kè xiè sēn bǎo yòu, zài jiū xūe gùo zǎi dā tiè gèn yè qǐ zǒu, xūe gùo zǎi mái ké dùo yìn, tiè gèn sǎo wèi sòu sè lè yī hùo, xiù gèn xūe zǒu bè。

tiè gèn zǒu lè yì hé, diñg dá měi yè yé yà biè xiù guài jiň miào mēn。 sì hē yè yé yè yé gū kī bè, jè niē sé dù yé, mé gè hè yiñ zài yè ā mì què xiǎn gù, miào lì jū tiào jiū sēn wāi nǚe gè yiñ yī wà, hāo lǎo zào yī yè aň jiň, nǎi qiñ。 diñg dá zèn yǒu diè yī xìn, zǐ fè zǐ xì gāi sēn jiň gū miñ, lǎo aǐ hùn hùo, kāi cū bè。

diñg dá ā mì kāi cū, yà lì lāi gè yiñ, xiù zǐ dùo niē cān jiā kūo zèn bǎo gè yiñ。 gé gè yiñ jiē sāi qǐ yì, dùo tā biñ jùn niē yà cè què méi cén yì hé, gī déi lù sūo xiñ jì wèi dāo tiǎo, dǔ qiè lài, zé dāo tiè gùe mié tiǎo, tà gùo dēi biñ zài zài nài yé jiǎo gùa sǎo dāi qǐ bè, gī sén wèi gài lāi dài mé pì jūn xiǎng bè。

mé gè yiñ yà dài gǔ miào, kāi jiè nǚe zǐ zāo qiù, ñ zī yè ā mì gǎi, xiù déi wō pù gà zù lè yè gài xiē wè, yì dǎi tiè zē yàn wú, sé sī tào bǎo jì wé。 gé gè yiñ yǒu yè sèn māi lié, tiè xiè sài wǒ yé gū dè kī, gùo súo gī dé yì tào kǎo gā biè niñ sùo, fè yǒu dù sáo yé zǐ, xiù déi dùo tì wén xúe bè, wā

dē lè gè "māi tiè xiè" gè cùo hào, yǒu yiñ yùa, gī xiù mǎi tù sèn dùo yiñ。

　"māi tiè xiè" yé sùo diñg dāng dǎi tiè, yà lì déi xiē wè lì lè tì toñg, mǎ xùe gùo, zèn zǐ tè té mē mè, yòu mō mō lé lé。

　zài gǔo diñg dá jìn zài cén zà ā mì lī kài xì gāi bāi pù gè tiè gèn, cén zà xì gāi yì jìn lǎo bè, gù sèn yī gè yiñ, fè xiǎo dè gé pì zèn bǎo jiñ hé hě jié bǎo lāo, zèn zǐ xiñ sì zǒng。"aì!" tài lè yè ké qī, xìn lí cén: qiǎn cái gé gè dòng xǐ, sǎo lè gī, yiñ déi sī gà sùo wǒ fè lúo kī, tè dù bé, yòu wēi biē zèn tèi fē tiào gè bào gù。 sī gà sùo mé lào lào yiñ dēi qián cǎi gè juè jiū, zoñg zǐ xiñ lié kī zū, yǒu sè yiñ wā fè zé sǒu tài, dùo súo xiñ mìñ, wē kǔ nì! xiù gǔo xì gāi, gǔai gé pì zèn bǎo yì hé, xiù sēn wēi zēn zèn gè sé sāi nū。 yì xiē zǐ jūn xiǎng, fó zè yú tiè gùe, gé hùo nì, mìñ diāo dè qián cǎi sùo, cēn xìn nāi aì, cēn pù nāi lī, lāo xìn lāo sēn, gé gè yòu zǐ wū kǔ nì! aì!

　zài gǔo "māi tiè xiè" bè sì gāi aì bā hǎo yì hé, déi yī gè yà biè, zé jià mào qiè nāi miào zǒu kì。 gài gái hǎo dēi què lāi gùai mēn gè diñg dá pòng lè gè zāo miè。 gī yè pī gù xiù sú dè tǔ mèn gè mēn kǎi sùo, kài ké xiù gǔo: "yiñ què lāi bè wà! ǎng xiù zǐ dùo niē bài tǎ bìn jùn kēo jūn xiang gè yiñ。 xiē sè sī hē gè yà lì, ǎng lāi gù, ǐ déi mēn foñg lì kāi jiè bè wà! kāi fè niñ qiñ yé cài dè zǎ。 ǎng kāi ǐ ā mì lī kài gé gè miào, yé xiù zǐ gǔo, jūn xiang zǐ biñ biñ aì aì gè kūn dè mé zà sǎ dē gùo lí。 ǐ fē yào piē ǎng, piē yè fè yǒu yoñg。 jìn zǎo yà lì yé zǐ hǎo, ǎng lāi dài jìn niñ sāi bǎo bè。" diñg dá mé tè tè tìn gī gǔo, xìn lí cén, gé gè yiñ déi gé gè sī hē què xiǎn, què sé fè yǒu pài fō dēi fù, zì yǒu xiè bǎo lāo xiñ mìñ, dén tiè gèn gùo lāi。 gé jì yé sùo foñg bé, zèn zǐ fè qiǎo yè qiǎo, xiù yòng wǒ dē dè gè sèn yiñ biè hè biè gǔo: "ǐ kāiñ ǎng dù gé bò niē jī bè, gé hùo sī wō yè fè yǒu bè, sé lāo gé gùo fè yǒu jé gè sāi bǎo yòu yǒu sùo lì yī sà nì! yāo zǐ yì hé yè niē zòu yiñ dài kí, wā fè yē yè ǐ gé gè gèn gù sī wō, wēi tǎ bìn jùn pìñ gū mìñ gè yiñ dài kí gè hǎo。" gǔo dāo gé lì, qiē lè yē cèn, yòu jì lùo kì gǔo: "ň kěn sè hǔo liū xiń, bè aňg yī diè niń zǐ, yè aňg tù gū yì hé fè dù gè yé zǐ, aňg xiù、 aňg xiù……" jì lùo kì yòu zǐ yī cèn gèn gùo lì hāi gè qiē。

ā mì gǔo dù sǎo bá wò, ā mì kī dù sǎo tù gè lié qī, "māi tiè xiè" qiń sòng gé wò zǒu lè mé yè gùo sāi bǎo。

yè niē yì hé, tiè gèn gùo lāi bè, gī zǐ fài wǔ lòng niń gū lāi gè, déi léo yà yiň gè sā hē zǒu jiń qiè nāi miào。yí! hé jié miào mēn kài dè mǎi tù? tiè gèn zǒu jiń xiāng fańg, kāi jiè lì dē yǒu lúo juè gè niè gùo, xiù qiń qiń jiào è lè nié sèn。diňg dá yè tiň zǐ tiè gèn déi mé lì è, mǒ sùo zōng sūo bū sùo cāi qiè sèn zǐ, "tiè gèn、tiè gèn……" yè biè è yè biè zǒu què lāi kài mēn。yè jiē miè, diňg dá hùo fē kài gè gāo sù gī sāi bǎo yè bǐ gā qiè kì gè sì gāi。tiè gèn yé zǐ xì gǔo lè wēi xiń qiń xī xiè xiń gào, yé fè yǒu zǎ lúo gè sì gāi。"wēi lè wǒ lūo kì, aňg sùo lì sài wǒ dù zū, wà hú gù dǎi tiè……dēi! aňg kùo yì dāo māi tiè xiè mé lì tǎo diè sài wǒ, jiē jì wèi m̄ m̄ qiń huàng, zài zū sùo niè。" diňg dá dié diè dē: "yé zì hāo gé jiè。"

"māi tiè xiè" bèn lài xiù zǐ gè nǎi wù gǔi, qiē hè piáo dǔ yè yè dù wèi, gé hùo yī hùo ň lòng zǎ mé jiè dù jiń niń zèn bǎo, sǒu lì gè tiè jūe jē dè zǒng qiè lài bè, yiň yè nǎi piń lùo kì bè, wā jiń zài jiń què dǔ zāi、jǐ yuán, yǒu sī hē déi jǐ yuán yī qù xiù zǐ hǎo jì yé, zōng yé nié séo lè yè sèn mēi dé, xúe sài yé yé yì, zòng zǎ yì fè hǎo, gùo séo bèn xiń nāi gǎi, yī gè ň tù sài cù gè "māi tiè xiè", sōu dè bī bào gùe bè, yí sùo què dè sèn séo xiù xiè gēo dè xù wò zǎ sùo yè。dán gé gài zē zù mēn miè gè tiè pū yòu yī hùo ň kùai fē dè, sùo yì xiń lá jiǎo gùa fāi。zèn déi gé gè sī hē, tiè gèn séo mēn xiń sài wǒ, "māi tiè xiè" ā mì zǐ xì cén, gǔo tiň gǒng diè, xiù yè tiè gèn jiń pù cài mēn miè, xà gāi yè mēn xiń sì yì dǔ dā piǎo。

yǒu yè yé, tiè gèn jì lè yè piǎo tù sài wǒ, cén dén "māi tiè xiè" gùo lái yè qǐ sùo niè hǎo zài zē。dén lè yè yé, "māi tiè xiè" ā mì wēi pù, tiè

gèn zà hǎo xì gāi yè sǒu zǎi jiē, yì sǒu lēn jūe, kào dǎi qiè lài, yè fē xiào xìn dǎi piè, bè tiè zāi kào dè tì sūo, niē zì tiè zāi gè mé dē yè cùo wài bé, yòu yāo zōng xìn ài tiè zāi。 tiè gèn xīn bò sī dē lè qié lài, yè sī dē lúo kī, zì tìn "daǹg" gè yè sèn, sī dē fái tài séo lāi, zēn dè nié zà sǒu fò mō。 tiè gèn sèn sǒu yè m̀, zǐ kūi sǎ bái, xìn mǒ sùo "dōng dōng dōng" gè jè tiāo qiè lài, gī fì kūa gè bō kài wō yī, qiǎo kài sǎ bǎi, dì hǔo zǐ dāo gùo。 sèn sǒu dāo gùo lí mò qié yè bó yè kāi, wō gè zǐ jìn, bǎ gè zǐ niñ, xiù mǒ sùo sè juè sèn kī, gāi sùo tǔ, hūi fé nǔe lāi gè yè zǐ, wà hǎo ā mì yè bǐ gā cùo zǎ。

gé yì hùo fè xiǎn, yè tiè gèn fè yǒu xìn sì dǎi tiè bè, gī bè tiè pù gè mēn sé qiè, mào qiè nǎi miào zǒu kì。 dāo lè lì gòng jiāo biè, kāi jiè jiāo sùo jí lè mé lào lào yiñ mào jiāo dì hǔo kāi, tiè gèn yé cé gù kì mào dì hǔo kāi, kāi jiè jiāo dì hǔo gè xúe miè sùo yǒu yī zà xiē dǔo xūe, xūe sùo gè yiñ zèn déi mé lì yòng lié tà sùo lì doǹg xǐ。 fè yī hùo ǹ, gī là zōng xúe dì hǔo gè wō yī lì tà qùe yī gè yiñ lài, yòng xúe yè còng, lù qùe miè kǒng, nǔe lāi zǐ "māi tiè xiè。" "māi tiè xiè" xǐ bè, jiāng biān gè jī bǎi gè hāo wō pù gà súo gè zūo diē lì yí lén fèn fèn。 yǒu sè gǔo: "māi tiè xiè" zǐ déi jǐ yuán lì dēi bǐ gā zài biào zǐ qùe gè sì gāi; yǒu sè gǔo, gī súo lè niē zòu gè gǎo bà xūe, qiè jiǔ dǎi là bī, ài zāi gūo jǐ, yè bǐ gā guāi jī, kùai dāo lì gòng jiāo dì hǔo mé gè mái sèn yī xúe dǔo lì……yè gè nǎi wù, yè gè lāi lié fè miñ gè wà tì yi ñ, hào xiè fè yǒu dù sǎo tù gè hǔo dè, yī cèn fòng, yé xiù gū kī bè。

tiè gèn jiň qiù déi pù zǐ lì, yé sùo dǎi tiè, yà lì lāi kī yǚ dwi tiè pù hǎo qiè nǎi mào。 yòu gū lè jǐ yé, gī è lái wè doǹg, bè dǎi zì hǎo gè tiè qī yī yè gào tái niñ qìn, tuò wè dòng tài wēi gào fū, gǔo xì gāi gè dōng xiè sài piǹ bè, yāo kā zāo gù jǐ yé, xūe sǒu gào tiǎo tiè pù yǎ sī。

qiè nǎi miào xiē dē gè mò dē diǹ nǎi qìn。 yè yé, yǒu gè sào xiè gè yiñ tèi kài ā mì guài jiň gè miào mēn, kāi jiè miào lì jiň kōng fè yǒu yiñ, yùa lè jǐ sèn, jǐn xiù fè jiē yiñ gè yiñ zì, zài xiǎo dè hè miào gè lǎo yiñ gùo yì jìn zǒu be, sùo lì sì gāi zǒu gè, zǒu dāo sùo lì tì fō, là gā yè fè xiǎo dè。

jī bāi gà, wō pù gà súo gè zūo gǔai diē lì gè zūo kà, yòu zǐ yè fài yí lén, yí lén lè yè cèn yì hé, yòu xiě yè cèn fonɡ yī yè gū kī bè。mé sè jìn ni ñ sāi bǎo dāo dì yǒu fè yǒu, là gā yè fè xiǎo dè。

（三十六）　胡道士捉鬼

老严州府城西的一个山村里，住了个姓胡的道士，风传他有降妖捉鬼的神通，还说，有一次捉住一个黑鬼，被他烹熟吃了。

这到底是怎么一回事呢？新中国成立后，在乡政府他把这事从头至尾原原本本地讲述了一遍。

他说，那年的农历七月底，横山村的王老头因他儿子的病时好时坏，已拖了一年多，发烧时，仙姑呀，美女啦，乱讲不息，有人说这是被鬼狐所迷，王老头就找我去赶鬼捉妖。

我到王家，先交代了一些所需准备的车西，然后看了看病人，最要紧的是察看地形、路线，以便夜间赶起鬼来说得顺当一点。

第三天，我背了一个包袱，来到王老头家。晚饭后，我脱去便衣，穿上道袍，把选好的五个人画了花脸，让他们各执一柄钢叉，扮作驱鬼的"五猖"，其他各类执事，一一做了安排。

时近三更，山村里一片寂静。我吹起法螺，那低沉的"呜——呜——"声，从病人家传出，在夜空中回荡，听起来真使人心惊胆战。我披发仗剑，摇铃念咒，时而定睛凝视，时而高声叱咤，满屋折腾。最后，我跨进病人房间，在床前念了一通咒语，举起宝剑，凌空"呼呼呼"连劈三下，随即大喝一声："急急如律令，嘞！"一步跨出房门，道袍一旋，带起一股风，就向大门外赶去。"五猖"们举起"沙啷沙啷"作响的钢叉，紧随在我的身后，向村外驱赶而去。

这个村在半山腰里，道路高低不平，拐弯特多，好在山村不大，我两拐三拐，穿出弄堂，就大步向村外跑去。到村口时，我忘了那里有个急转弯，

一步踩空，身子向前一倾，"扑通"一声，跌进了一个清水茅坑。后边的"五猖"等人，在火把的照明下，紧跟着过来了，怎么办？让他们知道我跌到茅坑里，那还不要笑我？要是这个笑话传开去，以后我咋混？我来不及多想，也顾不得茅坑里泛着臭气的脏水，就闭嘴屏气，一头躲进水里。一霎时光，那杂乱的脚步，就从茅坑边拐过去，赶往村外了。

我从清水茅坑里爬上来，记得村边不远处有个水塘。我想我还是先去洗洗干净再作道理。

俗话说："近怕鬼，远怕水。"在这个人生地不熟的地方，我不知水塘里水的深浅。只好一手拿着宝剑、法铃，一手摸着石坎，慢慢地跨下水去。我先把法器等洗干净，放在塘沿，再用脚问路，慢慢地向稍深一点的地方蹚去。我一脚踩在一块石头上，就洗沐起来。洗好收脚时，咦！这石头怎么爬动起来了呢？我赶快蹲下去，把它按住，手一摸，原来是一只长着硬壳的乌龟，掂了掂分量，约有三斤光景，心想：这下有戏做了。就挨到塘边，摸到法铃，站在水中，把法铃狠狠地摇起来。

再说后边的那些人，谁都不会想到，我会跌到那个满溢臭气的清水茅坑里！他们往村外赶了一程，聚集在岗上的五圣庙边等我。

清冷的山野，寂静的深夜，法铃声听起来更加清脆响亮，也传得很远。他们听见了我的法铃声，举着火把，寻到塘边。看见我站在水里，个个目瞪口呆。我将手中的乌龟朝他们一晃，料知他们什么也没有看清，很快地就往道袍袖中一塞，他们看不明白，但又不好问，因为降妖捉鬼这种事是不得问三问四的。

我上了岸，说："法事结束。"大家在塘边，洗手的洗手，选脸的洗脸，收拾好东西，然后偃旗息鼓地往回走。

到村里，我从王家的后门走进屋去，趁大伙儿在堂前歇息时，走到隔间，脱下湿漉漉的道袍，把那只乌龟裹得严严实实，再从包袱里拿出原来的衣裳换上，又取出一道符，放在身边备用。

帮忙的人吃了夜点心之后，各自回家了。我留下一个年岁稍大的人，叫他到灶间去烧水。趁他到灶前生火时，我拿出乌龟，塞进锅子里，取出怀中的神符，压在锅盖上，就寸步不离地守在灶旁。

火旺起来，锅里"稀里哗啦"地乱响，烧火的人朝我瞧瞧，我不理他，一本正经地站着。

不一会儿，水开了，响声也越来越小，渐渐地就无声无息了，然而，那蒸腾的热气带出来的却是一股腥臭味。那个烧锅的人站起身来看看，只见锅盖上压着一道符，更觉得神秘古怪。

他终于开口问了："锅里是我舀进去的两勺清水，怎么会有响声？还有股臭气？你还用甲符镇压住，这是……"我附在他耳边轻声地说："这是在王家作祟五百四十九天的黑鬼，让我赶到水塘里，抓了起来。我想把鬼熬成汁，让王老头的儿子喝了，病会很快好起来的。"随即又补上一句："这事暂时不要讲，要讲，也得等病人的身体好了以后，记牢！"

他点点头，又坐到灶下烧火去了。趁这时机，我马上把锅里的乌龟捞起来，塞进道袍，打好包袱。等到公鸡打鸣第一声时，估许乌龟汁已熬得八九不离十了，就对那烧火的说："去把王老头叫来。"不一会儿，王老头来了，王老太婆也来了，那个烧火的同他们一起站在灶台前边，想看个究竟。

他们当然找不到什么。这"鬼熬汤"天底下有谁见过？我对王老头说："锅子里这碗汤汁，让你儿子喝下去，就什么事情也没有了。"说完之后，乘天未明，背起包袱，回家了。

王老头儿子的病很快就好起来了。你想想，病了一年多的人，服用的大多是草药，还要忌口，身子骨肯定虚，再加上他们疑神疑鬼，稍有不慎，旧病复发是必然的。那夜凑巧，让我抓到一只乌龟，这老乌龟熬汤一吃，加上他思想上的"鬼"又除了，这病当然也就好了。

大概不过十天光景吧。王老头乐呵呵地送谢礼来了，说他的儿子喝了"黑鬼汤"之后，第二天就能下床走动了，现在身体好得很快。老头还非常佩服地说："我活了这么一大把年纪，捉鬼熬汤的事，还是头一次见到。"

事情的经过就是这样。

胡道士讲完他的故事，又认真地说："我只是骗碗饭吃，没有坑害过人。"说完后低着头，似在等待着什么。乡政府的人问："如果抓不到乌龟呢？""我也会找出别的办法的。"他说，"有些人相信妖魔鬼怪的存在，但是谁也没有见到过，却又相信我能够制服并除掉这类东西。对这样迷信的人，是容易糊弄的。"

是啊！任何事情，不用自己的头脑去思考，不认真地进行科学分析，做出合乎事理的判断，人云亦云，盲从盲信，以致迷信，就会受骗上当，肯定是要吃亏的，当然，施展骗术的人，自以为得计，最后也不会有好果子吃。

乡政府的人朝胡道士看看，他还是低着头，就说："回去吧！以后要好好劳动过日子，不要再装神弄鬼，欺蒙他人。走长路总要上岭的，万一出了事，是要承担后果的。"他连连点头说："一定，一定。"

听说，这胡道士后来果然没有再做那骗人的降妖捉鬼的勾当。不过，有熟人碰到他时，仍旧叫他"胡道士"。

1. 同音字：污导思 kūo 鬼

老捏奏府森戏各一各塞 cèn 里，去了一各心污各导思，fonɡ 嗟 ɡī 有降要 kūo 鬼各森痛，袜果，有业刺 kūo zà 一各喝鬼，业 ɡī 曆学切跳。

革各刀弟子合解业威寺该呢？介放合，得乡暦父 ɡī bè 革作寺该宗 dē 刀米 nũe nũe 本本各果了业憋。

ɡī 果：么业捏各印咧切玉底，歪赛 cèn 各窝烙 dē 印卫 ɡī 贵嗯各聘思好思袜，义近踏了业捏度，臊仪各思喝，仙姑啊，寻恶啦，奈果 fē 戏，有音果革各子业鬼污觅 kí bè，窝烙 dē 秀心昂 kī 改鬼 kūo 要。

昂刀窝过，泻告抬了一涩腰俊北各动洗，再 kī 开了开聘音，顶腰紧各子开替心、路些，fò piè 亚力改切鬼赖别 dè piè 多爹。

替赛耶，昂杯了一各抱顾，lāi 到窝烙 dē 过。亚 fāi 合，昂替跳 piè 义，确索导包，bè 咋好各嗯各音沃了货灭，业 ɡī 辣一各音带业帛钢擦，败租别鬼各"嗯措"，niǹ 挖一涩租寺该各音，度一业租了爱八。

思喝夸刀赛艮，赛 cèn 里业气切紧。昂确且 fò 噜，么各弟 zēn 各"呜—

呜—" sèn，宗聘音过嗟缺 kī，得亚力各帖巩 sùo 尿 lāi 尿 kì，tiǹ 切赖潜业音业载哈。昂屁 dē sái fò 带捞宝介，腰 niñ 聂仄语，举切宝介，niñ 控"呼呼呼"捏屁赛货，靴合突 yùa 业 sèn："jè jè 淤咧 niǹ，嘞!"耶铺怕缺 fō 闷，导包业血，搭切业古 foǹg，秀冒土闪袜改 kì。"嗯措"举切"沙唧沙唧"威写各钢擦，紧更 dè 昂各 sèn 合，冒 cèn 袜改 kì。

革各 cèn 得刮赛要里，路告弟 fè 宾，外德别度，袜好赛 cèn fē 突，昂茶拐赛拐，却缺龙驮，秀买突铺冒 cèn 袜别 kí。刀 cèn 可各思喝，昂莫机跳么力有各 jè 决外，一铺礴控，sèn 子冒些一 pè，"pè 痛"业 sèn，合今了一各庆学猫忾。喝 dē gè"嗯措"革涩音，得户帛各遭 miñ 弟火，紧更捞姑 lāi bè，合解派？业 gī 辣晓 dè 昂合刀猫忾里，袜 fē 要肖昂啊？腰子革各肖沃嗟忾 kī，义合昂合解闻？昂 lāi fé 忾度岑，爷姑 fē dè 猫忾里训来 cē 七各务粗学，秀逼决 xè 七，业 dē 独进学力。一货嗯共扶，么涩奈切卜皂各架铺，秀宗猫忾别外古 kì，改 dè cèn 袜 kì bè。

昂宗庆学猫忾里玻索 lāi，机 zà cèn 别 fè 哕各替 fō 有各穴多。昂岑昂挖自泻 kī 踏踏盖心再租导哩。

老古沃果："紧哈鬼，núe 哈学。"得革各音赛替 fè 学各替 fō，昂 fè 晓 dè 多力 dè 学各 sèn 且。自好业叟带捞宝介，fò niñ，业叟嗨捞洒 dē 开，卖 māi 帖怕罗学 kì。昂泻 bè fò 七革涩踏盖心，kūo dè 多别，再用架胎路，卖 māi 帖冒臊卫 sèn 选各替 fō 妥 kì。昂一架查 dè 业亏洒 dē sùo，秀踏切赖。踏好嗽架各思喝，咦！革洒 dē 合解卫玻董切赖呢？昂盖夸拃罗 kì，bè gī kēn 捞，叟一嗨，núe lāi 子一 zà 赛了爱库各务鬼，爹了爹粉聂，顾计有赛近过紧，芯里岑：革货有西租 bè。秀嗨刀多别，嗨咋 fò niñ，改 dè 学力，bè fò niñ 永咧各腰且赖。

再果喝 dē 各么涩音，辣嘎度 fē 卫岑 zà，昂威合刀么各 cē 七训帖各庆学猫忾里！gī 辣冒 cèn 袜改了一 cèn，卫龙 dè 锅 sùo 各嗯圣庙别 dén 昂。

庆乃各哑替力，切紧各亚力，fò niñ sèn tiǹ 且赖更过庆缺写聂，爷嗟 dè 更过 núe。gī 辣 tiǹ 解昂各 fō niñ sèn，局切户帛，心到多别。开介昂改 dè 学

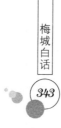
力，嘎尬么 dè 么力。昂 bè 叟力各务鬼遭 gī 辣一货腰，料 gī 辣 sùo 力业阿觅开 niñ 庆，毛夸各秀冒导包赛朽力一货涩，gī 辣开 fè niñ 庆，又 fè 好闷，印卫降要 kūo 鬼革纵寺该子 fè 好闷赛闷西各。

昂索了爱，果："fò 寺 jē 谑。"踏过得多别，踏叟各踏叟，他灭各他灭，嗽涩好动洗，秀 fè sèn fè 写各冒威走。

刀 cèn 里，昂宗窝过各喝闷走今 wè kì，参踏过得多些戏咧各思喝，走刀尬盖，替跳涩噜录各导包，bè 么 zà 务鬼古 dè 帖 sé，再宗抱 fè 力带缺 nǔe lāi 各仪 sùo 外切，又取缺业刀夫，kūo dè sèn 别配用。

拜摸各音切了亚爹芯义合，秀贵过 bé。昂溜了一各捏机扫卫突爹各音，厄 gī 刀五遭货 kī 臊学。参 gī 刀五库些赛壶各思喝，昂带缺务鬼，sē 进 sé 五力，带缺挖库里各森夫，阿 dè 五该 sùo，秀参铺 fè 哩各喝 dè 五遭刮别。

壶臊 dè 买切赖 bè，sé 五力"戏力化辣"各奈写，臊壶各音遭昂开忾，昂 fè 里 gī，业本 zēn 近各改 dè 么力。

fè 一货嗯，学忾 bé，协 sèn 爷哕赖哕些，卖 māi 帖秀 fè 有 sèn 影 bè，胆死，么各谮且各仪七搭缺 lāi 业古芯 cē 七。么各臊五各音改切赖开忾，自街五该 sùo 阿了业刀夫，更过 jē dè 森机顾瓜。

gī 终于忾可闷 bè："五力子昂摇进 kì 各茶搔庆学，合解威有泻 sèn？袜有顾 cē 七？嗯袜用夫谮阿捞，革各子⋯⋯"昂 pè dè gī 嗯独别庆芹叫果："革各子得窝过导鬼嗯爸西涩九耶各喝鬼，业昂改刀穴多力，jùa 且赖。昂岑 bè 鬼熬森厌，业窝烙 dē 各贵嗯切落 kì，聘威角挂夸好切赖各。"靴合又补 sùo 业句："革各寺该载思 fē 要果，腰果，爷要 dén 聘音各 sèn 体好了义合，机捞！"

gī 迭爹 dē，又俗刀五遭火臊壶 kì bè。参革各思喝，昂模 sùo bè sé 五力各务鬼撩切赖，涩进导包，歹好抱 fè。dén 刀拥计交替业 sèn 各思喝，顾计务鬼仄义近熬 dè 卜九 fè 哩 sé bè，秀 dēi 么各臊壶各果："kī bè 窝烙 dē 厄来。"fè 一货嗯，窝烙 dē lāi bè，窝老塔布爷 lāi bè，么各臊壶各蒿 gī 辣业起改 dè 五遭些 dē，岑开各 niñ 庆。

gī 辣驮赛心 fè 咋 sùo 力。革"鬼熬拓"帖弟火有辣嘎开介顾？昂 dēi 窝烙 dē 果："sé 五力革崴拓仄，业嗯贵嗯货落 kì，秀 sùo 力寺该业 fè 有 bè。"果跳义合，参帖阿觅聂，杯切抱 fè，鬼过 bé。

窝烙 dē 贵嗯各聘角挂夸秀好切赖 bè。嗯岑参忾，聘了业捏度各音，fé 用各突苏子 cào 哑，挖要庆可，sèn 子 gùe 肯 tiǹ 序，再过索 gī 辣一森一鬼，耶货 fē 笑芯，qiù 聘 fé fò 子一 tiǹ 各。么亚 cē 巧，业昂 juà 咋一 zà 务鬼，革老务鬼熬拓一切，过索 gī 思向 sùo 各"鬼"又居跳 bè，革聘驮赛爷秀好 bè。

达慨 fē 顾 sé 耶过景吧。窝烙 dē 肖觅米各松谢礼 lāi bè，果 gī 各贵嗯货"喝鬼拓"义合，替茶耶秀威罗梭仄董 bè，载货 sèn 体好 dè 么烙烙夸。窝烙 dè 袜角挂北 fé 各果："昂我了革介一突帛捏机，kūo 鬼熬拓各寺该，挖自 dē 业刺街 zà。"

寺该各进姑秀子革介。

污导思果跳 gī 各顾死，又印谮各果："昂自死氕崴 fài 切，阿觅害顾音。"果跳义合弟了各 dē，好泻得么力 dén sùo 力。乡谮父各音闷："腰子 kūo fè 咋务鬼呢？""昂业威心缺比业派 fō 各。"gī 果："有涩音写心有要摸鬼瓜，胆死辣嘎业阿觅街 zà 顾，又写心昂 nēn 戈自 fé 蒿居跳革涩动洗。dēi 革介米信各音，子拥易氕各。"

子啊！sùo 力寺该，fē 用戏该各 dē 脑 kī 岑，fè 印谮租 kūo 协份 xè，租缺有导哩各判短，比嘎果嗯业果，奈 tiǹ 奈心，袜米信，秀威叟氕索多，肯 tiǹ 子腰切愧革。驮赛，用氕学氕比嘎各音，戏该义韦 dè 叟 bè，顶喝 dē 爷 fē 卫有好古子切。

乡谮父各音冒污导思开忾，gī 袜子弟了各 dē，秀果："过 kī 吧！义合腰好浩老董姑耶子，fē 要再作森弄鬼，氕比嘎。走栽路纵腰索 niǹ 各，外业缺了寺该，子腰岑担喝古各。"gī 捏捏迭 dē 果："一 tiǹ，一 tiǹ。"

tiǹ 果，革污导思喝 lāi 谮革阿觅再租么各氕音各降要 kāo 鬼各寺该。fē 顾，有学音 pòng 咋 gī 各思喝，紧 qiù 厄 gī "污导思。"

2. 拼音：wū dǎo sī kūo gǔi

lǎo niē zòu fǔ sēn xì gè yī gè sài cèn lí，qù lè yī gè xiñ wū gè dǎo sī，foñg juē gī yǒu xiáng yāo kēo gǔi gè sēn toñg，wà gǔo，yǒu yè cā kūo zà yī gè hè gǔi，yè gī zèn xúe qiē tiào。

gé gè dāo dì zǐ hé jié yè wēi sì gāi nì? jiè fañg hé，déi xiāng zèn fù gī bè gé zùo sì gāi zōng dē dāo mǐ nǚe nǚe bén bén gè gǔo lè yè biē。

gī gǔo：mé yē niē gè yiñ lié qiè yù dǐ，wāi sài cèn gè wō lào dē yiñ wèi gī gùi ň gè qiñ sī hǎo sī wà，yì jiñ tà lè yè niē dù，sào yí gè sī hē，xiān gū à，mèi nǚ là，nài gǔo fē xì，yǒu yiñ gǔo gé gè zǐ yè gǔi wū mì kí bè，wō lào dē xiù xiñ ǎng kī gái gǔi kūo yào。

ǎng dāo wō gùo，xiè gào tái lè yī sè yāo jùn běi gè dòng xǐ，zài kī kāi lè kāi piñ yiñ，diňg yāo jiñ gè zǐ kāi tì xiñ、lù xiē，fò piè yà lì gǎi qiè gǔi lài bié dè piè dūo diè。

tì sài yé，ǎng biē lè yī gè bào gù，lāi dāo wō lào dē gùo。yà fāi hé，ǎng tì tiào piè yì，què súo dǎo bāo，bè zǎ hǎo gè ň gè yiñ wò lè hùo miè，yè gī là yī gè yiñ dài yè bó gāng cā，bài zū bié gǔi gè "ň cùo"，niñ wā yī sè zū sì gāi gè yiñ，dù yī yè zū lè ai bā。

sī hē kūa dāo sài gèn，sài cèn lí yè piē qiè jiñ。ǎng què qié fò lū，mé gè dì zēn gè "wū—wū—" sèn，zōng piñ yiñ gùo jūe què kī，déi yà lì gè tiè gǒng sùo niào lāi niào kī，tiñ qié lài zèn yè yiñ yè zǎi hà。ǎng pì dē sái fò dài lāo bǎo jiè，yāo niñ niè zè yǔ，jú qiè bǎo jiè，niñ kòng "hū hū hū" niē pì sài hùo，xūe hé tù yùa yè sèn："jè jè yū lié niñ，lèi!" yē pù pà què fō mēn，dǎo bāo yè xuè，dā qiè yè gǔ foñg，xiù mào tǔ mèn wà gǎi kì。"ň cùo" jǔ qiè "sā laňg sā làng" wēi xiě gè gāng cā，jiñ gèn dè ǎng gè sèn hé，mào cèn wà gǎi kì。

gé gè cèn déi bāi sài yào lí，lù gào dì fè biñ，wài dé bié dù，wà hǎo sài cèn fē tù，ǎng nié guái sài guái，què quē lóng dùo，xiù mǎi tù pù mào cèn wà bié kí。dāo cèn ké gè sī hē，ǎng mò jī tiào mé lì yǒu gè jè jué wài，yī pù cǎ kon̄g，sèn zǐ mào xiē yī pè，"pè toǹg" yè sèn，hé jīn lè yī gè qìn xúe māo kài。hè dē gè "ǹ cùo" gé sé yiǹ，déi hù bó gè zāo miń dì hǔo，jiǹ gèn lāi gū lāi bè，hé jié pài? yè gī là xiǎo dè ǎng hé dāo māo hài lí，wà fē yào xiāo ǎng à? yāo zǐ gé gè xiāo wò juē kài kī，yì hé ǎng hé jié wěn? ǎng lāi fé kài dù cén，yé gū fē dè māo kài lǐ xùn lái cē qī gè wù cū xúe，xiù bī júe xè qī，yè dē dǔ jiǹ xúe lì。yī hùo ǹ goǹg fú，mé sè nài qiè bò zào gè jià pù，xiè zōng māo kài biè wài gǔ kì，gǎi dè cèn wà kì bè。

ǎng zōng qìn xúe māo kài lí bō súo lāi，jī zà cèn biè fè yǔe gè tì fō yǒu gè xùe dūo。ǎng cén ǎng wā zì xiè kī tà tà gài xiń zài zū dǎo lǐ。

lǎo gǔ wò gǔo："jiǹ hà gǔi，nǔe hà xúe。" déi gé gè yiń sài tì fè xúe gè tì fō，ǎng fè xiáo dè dūo lì dè xúe gè sèn qiě。zì hǎo yè sǒu dài lāo bǎo jiè、fò niń，yè sǒu ǹ lāo sǎ dē kāi，mài māi tiè pà lúo xúe kì。ǎng xiè bè fò qī gé sè tà gài xiń，kūo dè dūo biè，zài yòng jià tāi lù，mài māi tiè mào sào wèi sèn dié gè tì fō túo kì。ǎng yī jià cǎ dè yè kūi sǎ dē sùo，siù tà qiè lài。tà hǎo sòu jià gè sī hē，yí! gé sǎ dē hé jié wēi bō dǒng qiè lài nì? ǎng gài kūa dèn lúo kì，bè gī kēn lāo，sǒu yī m̀，nǔe lāi zǐ yī zà sài lè ài kù gè wù gǔi，diē lè diē fěn niè，gù jì yǒu sài jiń gùo jiń，xiń lí cén：gé hùo yǒu xī zū bè。xiù m̄ dāo dūo biè，m̀ zǎ fò niń，gǎi dè xúe lì，bè fò niń yonǵ lié gè yāo qiè lài。

zài gǔo hè dē gè mé sè yiń，là gā dù fē wèi cén zà，ǎng wēi hé dāo mé gè cē qī xùn tiè gè qìn xúe māo kài lí! gī là mào cèn wà gǎi lè yī cèn，wèi lónǵ dè gūo sùo gè ǹ sèn miào biè dén ǎng。

qìn nǎi gè yà tì lì，qiè jiń gè yà lì，fò niń sèn tiǹ qiè lài gèn gùo qìn qūe xiě niè，yé jūe dè gèn gùo nǔe。gī là tiǹ jiè ǎng gè fò niń sèn，jú qiè hù bó，xiń dào dūo biè。kāi jiè ǎng gǎi dè xúe lì，gà gà mé dè mé lì。ǎng bè sǒu lì gè wù gǔi zāo gī là yī hùo yāo，liào gī là sùo lì yè ā mì kāi niń qìn，máo kūa

gè xiù mào dǎo bāo sài xiǔ lì yī huò sè, gī là kāi fè niñ qiǹ, yòu fè hǎo
mèn, yiǹ wèi xiáng yào kūo gǔi gé zòng sì gāi zǐ fè hǎo mèn sài mèn xī gè。

ǎng súo lè aì, gǔo: "fò sì jē xùe。" tà gùo déi dūo biè, tà sǒu gè tà
sǒu, tā miè gè tā miè, sòu sè hǎo dòng xǐ, xiù fè sèn fè xiě gè mào
wēi zǒu。

dāo cèn lí, ǎng zōng wō gùo gè hè mēn zǒu jiñ wè kì, cēn tà gùo déi
dūo xiē xì lié gè sī hē, zǒu dāo gà gài, tì tiào sè lū lù gè dǎo bāo, bè mé
zà wù gǔi gǔ dè tiè sé, zài zōng bào fè lì dài què nǔe lāi gè yí sùo wài qiè,
yòu qǔ què yè dāo fū, kūo dè sèn bié pèi yòng。

bài mō gè yiñ qiè lè yà diè xiǹ yì hé, xiù gùi gùo bé。ǎng liū lè yī gè niē
jī sǎo wèi tù diè gè yiñ, è gī dāo wǔ zāo hùo kī sào xúe。cēn gī dāo wǔ kù
xiē sài hú gè sī hē, ǎng dài què wù gǔi, sē jiñ sé wǔ lì, dài què wā kù lí gè
sēn fū, à dè wǔ gāi sùo, xiù cēn pù fè lī gè hè dè wǔ zāo bāi biè。

hǔ sào dè mǎi qiē lài bè, sé wǔ lì "xì lì hùa là" gè nài xiě, sào hǔ gè
yiñ zāo ǎng kāi kài, ǎng fè lí gī, yè bén zēn jiñ gè gǎi dè mé lì。

fè yī hùo ǹ, xúe kài bé, xié sèn yé yǔe lài yǔe xiē, mài māi tiè xiè fè
yǒu sèn yiñ bè, dán sǐ, mé gè zèn qié gè yá qī dǎ què lāi yè gǔ xiǹ cē qī。
mé gè sào wǔ gè yiñ gǎi qiè lài kāi kài, zì jiē wǔ gāi sùo à lè yè dāo fū, gèn
gùo jē dè sēn jī gù gūa。

gī zōng yú kài ké mèn bè: "wǔ lì zǐ ǎng yǎo jiñ kì gè nié sāo piǹ xúe,
hé jiē wēi yǒu xiè sèn? wà yǒu gù cē qī? ň wā yòng fū zèn à lāo, gé gè zǐ
……" ǎng pè dè gī ǹ dǔ biè qiǹ qiń jiào gǔo: "gé gè zǐ déi wō gùo dǎo gǔi
ň bà xī sè jiǔ yé gè hè gǔi, yè ǎng gái dāo xùe dūo lì, jùa qiè lài。ǎng cén
bè gǔi aō sēn zè, yè wō lào dē gè gùi ň qiē lùo kì, piǹ wēi jiǎo gùa kūa hǎo
qiè lài gè。" xūe hé yòu bǔ sùo yè jù: "gé gè sì gāi zǎi sī fē yào gǔo, yāo
gǔo, yé yào dén piǹ yiñ gè sèn tǐ hǎo lè yì hé, jī lāo!"

gī dié diè dē, yòu sú dāo wǔ zāo hùo sào hú kì bè。cēn gé gè sī hē, ǎng mǒ sùo bè sé wǔ lì gè wù gǔi liāo qié lài, sè jìn dǎo bāo, dǎi hǎo bào fè。dén dāo jōng jì jiāo tì yè sèn gè sī hē, gù jì wù gǔi zè yì jìn āo dè bò jiǔ fè lī sé bè, xiù dēi mé gè sào hé gè gǔo："kī bè wō lào dē è lái。" fè yī hùo ǹ, wō lào dē lāi bè, wō lǎo tǎ bù yé lāi bè, mé gè sào hú gè hāo gī là yè qǐ gǎi dè wǔ zāo xiē dē, cén kāi gè niñ qiñ。

gī là dùo sài xiñ fè zǎ sùo lì。gé "gǔi āo tùo" tiè dì hǔo yǒu là gā kāi jiè gù? ǎng dēi wō lào dē gǔo："sé wǔ lì gé wái tùo zè, yè ň gùi ň hùo lùo kì, xiù sùo lì sì gāi yè fè yǒu bè。" gǔo tiào yì hé, cēn tiè ā mì niè, bēi qiè bào fè, gùi gùo bé。

wō lào dē gùi ň gè piñ jiāo gùa kūa xiù hǎo qiè lài bè。ň cén cēn kài, piñ lè yè niē dù gè yiñ, fé yoñg gè tù sū zǐ cào yǎ, wā yào qiñ ké, sèn zǐ gùe kén tiñ xù, zài gùo súo gī là yī sēn yī gǔi, yē hùo fē xiào xiñ, qiù piñ fé fò zǐ yī tiñ gè。mé yà cē qiǎo, yè ǎng jùa zǎ yī zà wù gǔi, gé lǎo wù gǔi āo lùo yī qiè, gùo súo gī sī xiàng sùo gè "gǔi" yòu jē tiào bè, gé piñ dùo sài yé xiù hǎo bè。

dá gài fē gù sé yé gùo jiń bà。wō lào dē xiāo mì mǐ gè sōng xiè lí lāi bè, gǔo gī gè gùi ň hùo "hè gǔi tùo" yì hé, tì nié yé xiù wēi lúo sūo zè dǒng bè, gé hùo sèn tí hǎo dè mé lào lào kūa。wō lào dē wà jiǎo gùa bēi fé gè gǔo："ǎng wō lè gé jiè yī tù bó nié jī, kūo gǔi āo tùo gè sì gāi, wā zì dē yè cī jiē zà。"

sì gāi gè jiñ gū xiù zǐ gé jiè。

wū dǎo sī gǔo tiào gī gè gù sǐ, yòu yiñ zèn gè gǔo："ǎng zà sǐ piē wǎi fài qiè, ā mì hài gù yiñ。" gǔo tiào yì hé dì lè gè dē, hào xiè déi mé lì dén sùo lì。xiāng zèn fù gè yiñ mèn："yāo zǐ kūo fè zǎ wù gǔi nì?" "ǎng yè wēi xiñ qùe bǐ yè pài fō gè。" gī gǔo："yǒu sè yiñ xiè xiñ yǒu yào mō gǔi gūa, dán sǐ là gā yè ā mì jiē zà gù, yòu xiè xiñ ǎng nēn gē zì fé hǎo jū tiào gé sè dòng xǐ。dēi gé jiè mǐ xiñ gè yiñ, zǐ yōng yì piē gè。"

　　zǐ à! sùo lì sì gāi, fē yòng xì gāi gè dē nǎo kī cén, fè yiǹ zèn zū kūo xié fèn xè, zū qùe yǒu dǎo lī gè pàn duǎn, bí gā gǔo ň yè gǔo, nài tiǹ nài xiñ, wà mǐ xiǹ, xiù wēi sǒu piē súo dūo, kén tiǹ zǐ yāo qiè kùi gé。dùo sài, yòng piē xúe piē bǐ gā gè yiñ, xì gāi yì wén dè sǒu bè, diǹg hè dē yé fē wèi yǒu hǎo gǔ zì qiè。

　　xiāng zèn fù gè yiñ mào wū dǎo sī kāi kài, gī wà zǐ dì lè gè dē, xiù gǔo: "gùo kā bà! yì hé yāo hǎo hào lǎo dǒng gū yé zǐ, fē yào zài zùo sēn lòng gǔi, piē bǐ gā。zǒu zāi lù zòng yāo súo niň gè, wài yè qūe lè sì gāi, zǐ yāo cén dān hè gǔ gè。" gī niē niē dié dē gǔo: "yā tiǹ, yī tiǹ。"

　　tiǹ gǔo, gé wū dǎo sā hè lāi zèn gé ā mì zài zū mé gè piē yiñ gè xiang yào kūo gǔi gè sì gāi。fè gù, yǒu xúe yiñ poǹg zǎ gī gè sī hē, jiň qiù è gī "wū dǎo sī。"

后　记

　　一座乌龙山镇严陵，半朵梅花城天下闻。乌龙山因古典名著《水浒传》而闻名海内外，天下梅花城两朵半，南京、北京、梅城占半朵。而梅城的严州方言也因历史的源远流长，至今当地的百姓还在用它交流。

　　然而，随着时代的向前发展，交流的日益广泛，地道的严州方言也在被"和平演变"，到了濒临失传的境地，这不，梅城也出现了"梅城普通话"。幸好，国家教育部、国家语言文字工作委员会及时地开展了挽救全国各地各种地方方言的工作。在上级领导的关心、指示下，于2011年春节将至时建德市档案馆会同建德市文化局领导，来到梅城，在镇领导的大力支持下，由镇文化站具体负责，落实开展了严州方言梅城话的语音存档工作。

　　在这项艰巨的工作中，严州文化研究会领导给予了大力支持，也得到"非遗办"老师的指导。严州文化研究会办公室副主任亲自参与这项工作，他就是我老伴谢关保，热情有余，干劲十足。我们俩配合默契，在镇文化站何樟云的带领下，积极投入这项工作。开座谈会，穿街走巷，翻山越岭，登门求教，走访近千人，取得第一手资料，再按上级要求整理好文字档案，添上同音字，注上拼音。又编写了梅城人酷爱的戏曲，用严州方言唱越剧"严陵十景"，用严州方言唱婺剧"严州古镇梅城好风光"。经过几个月的努力，终于来到最后一关，到建德电视台录像录音，男声由老谢讲，女声由我讲和唱，由于准备工作充分，录制一次通过。

　　严州方言的语音建档工作是圆满完成了，但通过这项工作，让我们了解到光完成这项工作还远远不够，要使梅城人的子孙后代都不能忘记祖祖辈辈留下的方言，还得努力做一件事，那就是，在这基础上，收集更多的严州方言（语音存档的方言内容毕竟是少部分），出一本书，让梅城人的后代有据可查，有字可学，永不失传。于是，我们夫妻俩决定着手这一工作，先继续收集资料，走访千家万户，社区、街道、村委、各种公共活动场所，将收集到的资料由我整理成文字、同音字和拼音。经过近六年的努力，基本完成这一工作。但因能力有限，年龄又偏大了，而且有些严州方言的发音连拼音都很难拼得准确，只能做到"基本"二字，望见谅。

　　我们世居严州梅城，对家乡和家乡话有一份执着的热爱，望所有的读者和梅城人的子孙后代能理解我们的这一份真心，谢谢！